权威·前沿·原创

皮书系列为
"十二五""十三五"国家重点图书出版规划项目

中国社会科学院创新工程学术出版资助项目

政治参与蓝皮书
BLUE BOOK OF POLITICAL PARTICIPATION

中国政治参与报告（2018）

ANNUAL REPORT ON POLITICAL PARTICIPATION IN CHINA (2018)

主　编／房　宁
执行主编／周庆智

社会科学文献出版社
SOCIAL SCIENCES ACADEMIC PRESS (CHINA)

图书在版编目(CIP)数据

中国政治参与报告.2018/房宁主编.――北京:社会科学文献出版社,2018.9
（政治参与蓝皮书）
ISBN 978-7-5201-3278-7

Ⅰ.①中⋯ Ⅱ.①房⋯ Ⅲ.①公民－参与管理－研究报告－中国－2018 Ⅳ.①D621

中国版本图书馆CIP数据核字（2018）第185719号

政治参与蓝皮书
中国政治参与报告（2018）

主　　编 / 房　宁
执行主编 / 周庆智

出 版 人 / 谢寿光
项目统筹 / 黄金平　王　绯
责任编辑 / 黄金平

出　　版 / 社会科学文献出版社·社会政法分社（010）59367156
　　　　　 地址：北京市北三环中路甲29号院华龙大厦　邮编：100029
　　　　　 网址：www.ssap.com.cn
发　　行 / 市场营销中心（010）59367081　59367018
印　　装 / 三河市龙林印务有限公司
规　　格 / 开　本：787mm×1092mm　1/16
　　　　　 印　张：24.5　字　数：408千字
版　　次 / 2018年9月第1版　2018年9月第1次印刷
书　　号 / ISBN 978-7-5201-3278-7
定　　价 / 118.00元

皮书序列号 / PSN B-2011-200-1/1

本书如有印装质量问题，请与读者服务中心（010-59367028）联系

▲ 版权所有 翻印必究

政治参与蓝皮书编委会

主　　　编　房　宁

执 行 主 编　周庆智

编委会成员　（以姓氏笔画顺序排列）

　　　　　　　马宝成（国家行政学院）

　　　　　　　王炳权（中国社会科学院）

　　　　　　　毛寿龙（中国人民大学）

　　　　　　　卢春龙（中国政法大学）

　　　　　　　史卫民（中国社会科学院）

　　　　　　　肖唐镖（南京大学）

　　　　　　　佟德志（天津师范大学）

　　　　　　　张小劲（清华大学）

　　　　　　　张明军（华东政法大学）

　　　　　　　周少来（中国社会科学院）

　　　　　　　周叶中（武汉大学）

　　　　　　　周庆智（中国社会科学院）

　　　　　　　郎友兴（浙江大学）

　　　　　　　房宁（中国社会科学院）

　　　　　　　赵秀玲（中国社会科学院）

　　　　　　　赵树凯（国务院发展研究中心）

主要编撰者简介

房　宁　中国社会科学院政治学研究所所长、研究员，中国政治学会副会长。2006年加入全国宣传文化系统"四个一批"人才培养工程。2007年享受国务院颁发的政府特殊津贴。2013年起担任监察部特约监察员。长期从事政治学研究工作，多次参加国家有关部门的重要调研和理论文章写作工作。2005年参加起草中国国务院新闻办公室《中国民主政治建设》白皮书。2010年9月，为中国共产党第十七届中央政治局第23次集体学习讲解《正确处理新时期人民内部矛盾》。2013年4月，为中国共产党第十八届中央政治局第5次集体学习讲解《我国历史上的反腐倡廉》。主要著述有《社会主义是一种和谐》《全球化阴影下的中国之路》《成长的中国——当代中国青少年国家民族意识研究》《论民族主义思潮》《民主的中国经验》《亚洲政治发展比较研究》《中国政治制度》等。

周庆智　北京大学法学（社会学专业）博士，中国社会科学院政治学研究所政治文化研究室主任，研究员，博士后合作导师，中国社会科学院研究生院教授，博士生导师。研究领域为政治社会学、社会人类学、历史学。主持完成中国社会科学院重大及重点项目、国家社科基金重点项目、教育部哲学社会科学研究重大课题攻关项目等多项课题。出版学术专著《中国县级行政结构及其运行——对W县的社会学考察》（2004）、《中国基层社会自治》（2017）、《县政治理：权威、资源、秩序》（2014）、《在政府与社会之间：基层治理诸问题研究》（2015）、《乡村治理：制度建设与社会变迁》（2016）等6部。在《政治学研究》《南京大学学报》《武汉大学学报》《华中师范大学学报》《江汉论坛》《学海》《社会科学战线》等学术期刊发表学术论文100余篇，50余篇论文为《新华文摘》《中国社会科学文摘》《人大复印报刊资料》《社会科学文摘》等转载。

摘　要

本报告主题是中国基层政治参与，关注当前中国民主政治发展最活跃的基层政治参与实践领域，力图系统、全面地把握当前中国基层政治参与的创新探索和发展趋势。

本报告由主报告、专题报告、数据报告、案例报告四部分组成。主报告部分，阐释基层公共财政建构的社会治理转型含义，指出从实现国家职能的财政转变为满足社会公共需要的财政，不仅具有基层政府公共财政建构及其财政职能转变的实质意义，也是形成基层社会民主治理的改革方向。专题报告部分，比较全面地分析和阐述了当前中国政治参与各个领域的实践发展和制度创新。数据报告部分，通过多类型数据、多群体样本对中国公民政治参与的影响机制、线上和线下政治参与现状的表现形态、内部构成因素的关系等进行了实证分析。案例报告部分，从当前基层在制度建设和社会建设进程中创新热点领域的典型案例，观察和分析当前中国基层政治参与的特点和趋势，针对存在的问题提出政策建议。

本报告问题领域如下。

第一，基层公共财政建构与社会治理转型的关系。公共财政是个人需要、公共需要、政府财政职能相统一的民主财政。政府财政为社会公共需要负责，赋予财政以民主的性质，保障民众的政治、经济、社会和文化方面的权利，让纳税人从政府享受到的公共利益大于其通过税收转移给政府的资源价值，使政府的公共性与基层公共性社会关系的建构内在地关联起来，这具有现代社会治理的本质含义。

第二，政府治理与公民参与的制度化和有序化，是当今中国基层政治参与的重要议题之一。本报告阐述了地方政府一些重要的制度创新实践以及一些重要的参与形式。包括民生政治参与的政治文化转型意义、农村公办义务教育的治理问题、民营企业主的政治参与现状与趋势、基层党建方面存在的问题和实

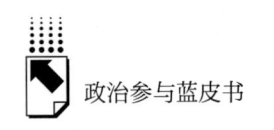

践探索等，并指出当前中国政治参与的新形式和新的社会阶层政治参与的法治化、程序化、制度化，是中国基层政治参与的新特点和新动力。

第三，在数据分析和调查问卷的基础上，对中国公民参与做出实证分析。（1）基于对国内外专业调查数据的实证分析，探讨了相关影响因素（如政治认同等）与中国公民政治心态与政治参与行为的关系机制。（2）对不同群体样本（青年群体、企业经理等）在政治态度和政治参与行为上的表现形态进行了准确的描述与分析。（3）运用中国社会科学院"中国公民政治文化调查项目"数据，从认知与行为的角度分析了三种参与形式（社团参与、表达参与、公共服务参与）之间的影响机制及作用边界条件。（4）在对系统化调研数据进行统计分析的基础上，研究了网络情境中公民个体政治参与的现状、影响因素及其后果。

第四，对基层治理中制度创新和公众参与形式进行案例分析。包括对地方人大代表选举实践和公民参与地方人大监督工作的观察分析、"参与式预算改革"的地方实践讨论、城市社区社会组织参与基层治理的实践探索和制度创新等，这些新的政治参与形式吸引公民的平等参与，发挥公民在公共事务中的主体作用，对于推动当代中国基层民主政治建设发挥了积极的作用，是当前中国政治参与制度建设的重要组成部分。

《中国政治参与报告（2018）》由中国社会科学院政治学研究所负责组织完成，作者来自中国社会科学院政治学研究所、北京大学、清华大学、复旦大学、南京大学、浙江大学、中国政法大学、华东政法大学、华中师范大学、南昌大学等国内研究机构和高校。

目 录

Ⅰ 主报告

B.1 中国基层公共财政建构的治理意义 …………………… 周庆智 / 001

Ⅱ 专题报告

B.2 民生政治参与与中国政治文化的现代转型 ……… 张明军 朱玉梅 / 027
B.3 当前农村义务教育的发展与地方政府治理 ………………… 郭建如 / 048
B.4 当前民营企业主的政治参与及趋势 ……………… 吴理财 瞿奴春 / 068
B.5 当前农村服务型基层党组织建设状况 ……………………… 田改伟 / 089
B.6 国际化社区治理：优化基层党政权力运行的试验场 ……… 樊 鹏 / 116

Ⅲ 数据报告

B.7 中国三资企业管理技术人员阶层的政治参与意识调查
　　………………………………………………………………… 卢春龙 / 136
B.8 中国高科技白领阶层的政治认同感：理论与实证分析
　　…………………………………………… 陈周旺　唐朗诗　李中仁 / 155
B.9 中国公民社团参与、表达参与和公共服务参与的关系
　　——基于"认知与行为"的全模型检验 ………………… 郑建君 / 178

B.10 当前我国青年群体参与公共事务的发展状况与特征
　　　　　　　　　　　　　　　　　田改伟　王炳权　樊　鹏　郑建君 / 210

B.11 中国公民的网络政治参与 ………………… 孟天广　宁　晶 / 242

Ⅳ 案例报告

B.12 地方人大代表选举是选优还是汇集民意或其他：基于2016年
　　　杭州市西湖区第十五届人大代表选举的观察
　　　　　　　　　　　　　　　　　　　　　　　郎友兴　宋天楚 / 269

B.13 基层赋权、组织动员与公民参与：参与式预算改革的"西湖模式"
　　　——基于南昌市西湖区"幸福微实事"的实证研究
　　　　　　　　　　　　　尹利民　刘　威　黄雪琴　尹思宇 / 291

B.14 公民参与地方人大监督工作的实践分析 ………… 孙彩红 / 315

B.15 城市社区社会组织培育发展的实践探索
　　　——以深圳市宝安区为例 …………………………… 杨浩勃 / 336

Abstract ……………………………………………………………… / 364
Contents …………………………………………………………… / 367

主报告
General Report

B.1
中国基层公共财政建构的治理意义

周庆智*

摘　要： 公共财政是个人需要、公共需要、政府财政职能相统一的民主财政，从实现国家职能的财政转变为满足社会公共需要的财政，不仅具有基层政府财政职能转变的实质意义，也是促进基层社会民主治理的变革方向。因为政府财政为社会公共需要负责，赋予财政以民主的性质，保障民众的政治、经济、社会和文化方面的权利，让纳税人从政府享受到的公共利益大于其通过税收转移给政府的资源价值，才能使政府的公共性与基层公共性社会关系的建构内在地关联起来，这具有现代社会治理的本质含义。

关键词： 公共财政　社会治理转型　社会利益组织化　公共性社会关系

---

* 周庆智，中国社会科学院政治学研究所研究员。

当前关于社会治理转型的讨论，对政府财政的公共性与民主治理的关系关注不够，也无意解释两者之间如此密切相关的联系，政府财政问题似乎成了政治家、行政职能部门及其财政专家可以专断和擅权的事情。但事实上，财政问题更是一个民主社会建设的问题，在这个意义上讲，没有公共财政的建立，或者说，不从财政的公共性建构上入手，所谓社会治理转型就不会有多少民主治理的意义，包括当下地方政府和学界共同推动的"参与式预算"的社区治理实践，① 可以确认的一些事实是，在没有一个民主治理的制度架构下，它也就不会有多少实质性的制度创新和改革意义。

政府财政的公共性之于社会治理转型的意义，涉及税制民主、资源分配公平和分配正义，这也是推动当前财政体制从计划经济的"经济建设型财政"向市场经济的公共财政转型的实质含义，② 并且，财政的公共性与政府的合法性密切关联，公民的同意纳税或拒绝纳税，构成一国民主制度发展的基础，公民权利也由此对国家权力形成制约，③ 它体现的是现代社会民主治理的本质意义。所以，服务于国家职能实现的"生产建设型财政"与服务于公民福祉的公共财政，具有本质的不同，就是因为这个问题与政权的合法性紧密相关。换言之，公共财政所体现的公共性正是当下现代社会治理转型的内在要求，也可以这样讲，政府财政的公共性问题归根到底是一个民主社会治理问题，它揭示的是公共权力的正当性/合法性和社会资源分配体制的公平正义。

一 公共财政及其现代治理含义

对现代税制的合法性关注始于早期资本主义发展过程的权利主张，在理论上对此做出全面阐释的就是以亚当·斯密（Adam Smith）为代表的古典自由主义。④ 自那时起，现代税制的合法性问题一直与公共部门（政府）的公共性问

---

① 孟元新：《我国参与式预算实践考察研究》，中国改革论坛网，http://www.chinareform.org.cn/gov/service/Forward/201010/t20101012_46242_5.htm，最后访问日期：2018年4月23日。
② 夏杰长：《提供基本公共服务供给水平的政策思路——基于公共财政视角下的分析》，《经济与管理》2007年第1期。
③ 熊伟：《宪政与中国财政转型》，《法学家》2004年第5期。
④ 关于古典自由主义的赋税理论，参见亚当·斯密《国富论》，唐日松等译，华夏出版社，2005。

题联系在一起。比如,税收体现了两个原则:国家的财政需要和纳税人的利益。换言之,并不是所有的财政收入形式都可以被称为"税收",因为现代税制的首要特征是纳税人的同意。税收是只存在于由自由公民组成的现代国家中的财政收入形式,其实质是共同体成员自愿拿出部分资源以便共同体有力量来完善每个成员。与之比较,皇权专制社会的财政,依托于国家掌握的财产(土地)所有权而获取财政收入,它的合法性不是确立在人身权利和财产私有权上,而是确立在税权为皇权私有的法理基础上。① 概括地讲,前现代国家的(皇权或王权)税(taxes)不是建立在纳税人同意的基础上,它也可被称为"捐"(contribution),或者说这种捐并不是税,② 体现的是税的强制性和掠夺性特性;而现代国家的税制建立在民众同意(所谓"无代表不纳税")的合法性上,包括税收及其使用方向,必须经由代议机构批准且建立在公共利益的基础上,它是现代国家本质性的标志之一。

但以现代税制为核心的国家财政,是一个历史范畴,而不是一个逻辑范畴,它建立在一定的经济制度与政治制度之上,或者说,经济政治体制不同,财政模式也不同,财政的公共性也就有了不同的论述。比如,社会主义国家财政的税制,这种税制通过代议机构——人民代表大会——获得合法性,服务于"生产建设型财政",即国家是社会资源配置的主体,财政作为以国家为主体的分配职能,在社会资源配置中居于主导地位,财政几乎覆盖了生产、投资乃至消费的各个方面。与这种财政体制必然关联的就是计划经济体制和"全能主义"③ 国家治理模式,这种财政体制将全体公民纳入国家资源分配体系当中,如城市的单位制和农村的人民公社体制,就是这种财政体制下财富、资源分配方式的典型利益组织化形式。

上述财税性质的不同类型引出本文的问题,即纳税人的同意是财政公共性

---

① 王毅:《中国皇权社会税赋制度的专制性及其与宪政税制的根本区别》,《学术界》2004 年第 5 期。
② 理查德·马斯格雷夫(Richard A. Musgrave)、艾伦·皮考克(Alan T. Peacock):《财政理论史上的经典文献》,第 3 章"论税收/洛伦佐·冯·斯坦因",刘守刚、王晓丹译,上海财经大学出版社,2015,第 53 页。
③ 邹谠(Tang Tsou)提出的概念。全能主义(totalism)即"政治机构的权力可以随时地无限制地侵入和控制社会每一个阶层和每一个领域的指导思想"。详见邹谠《二十世纪中国政治——从宏观历史与微观层面看》,牛津大学出版社(香港),2000,第 206~224 页。

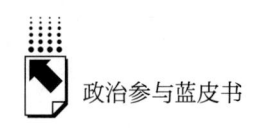

的本质内涵，那么，基层政权的合法性与财政的公共性是一种什么关系？不同性质取向的财税制度与纳税人形成了怎样的公共性社会关系？或者说，基层公共政权的公共性与基层公共性社会关系的内在关联是什么？这些问题因财政体制的转型与公共性社会关系性质的变化密切相连，对当下中国基层社会治理转型的意义，涉及两个层面：一是从计划体制向市场体制的转型，导致社会资源分配方式的变化和产权关系的变化，国家或全民所有的社会组织在整个中国社会中所占的比重迅速下降，在某些经济领域和行业中，国家或全民所有的经济组织已经变成一个很小的部分，取而代之的是私营的、合资的或股份制的经济组织形式。① 进入市场组织的人在不断增长，还在单位利益结构当中的人在不断地减少。它的社会治理意义是，财政在从单位社会的利益组织化框架已经进入公共社会的利益组织化框架后的功能和作用是什么。二是基层社会利益组织化的新形式是什么。经济结构的变化导致社会财富资源分配方式的多样化，这与利益多元化、社会冲突和社会竞争有直接关系，它的社会政治意义就在于，财政的公共性与社会资源分配公平正义直接相关，过去的财税制度服务于强化基层权威的目的，因此这种财税制度的转型就是要把政府财政的公共性确立在纳税人同意和公共利益的基础上。

对于上述问题的正确理解和完整解释首先需要回到基层政权组织的公共性建构问题上。或者说，只有回到基层政权建设的历史发展上，才能明确政府的合法性基础与财税制度的公共性具有什么样的内在逻辑因果关系。从中国的基层政权功能和地位的历史演变上看，传统皇权到现代国家形式，是一个现代国家主义的合法性建构过程，在这个过程中，基层政权建设的目标并不是要完成现代公共性社会关系的建构，它只是国家政权建设（财税汲取与社会控制及动员能力）的功能实现部分。② 或者说，它没有把现代政权建设与现代基层公共社会关系建构联系起来，它只是完成了自身权威的现代再造和强化，这一点集中体现在服务于地方权威的具有国家主义特性的财税制度上。进一步讲，税收征收方式与公共权力的性质内在关联，后者的性质体现于经济制度，比如，

---

① 李汉林：《中国单位社会：议论、思考与研究》，中国社会科学出版社，2014，第1页。
② 张静：《国家政权建设与乡村自治单位——问题与回顾》，《开放时代》2001年第9期。

"生产建设型财政"是计划经济的产物,① 财政体制或有不同,比如统收统支、财政包干制、分税制等,但国家财政的本质要求(财税汲取)没有发生变化,它的基本原则或特性包括:第一,国家是社会资源配置的主体,第二,国家财政的分配原则建立在国家、集体、个人三者利益调整关系上,第三,民生或社会福祉的投入在国家财政里一直处于次要的地位。② 概言之,关注财政体制的变化,更核心的问题是财政体制与社会资源的分配公平正义的维护机制密切相关,通过关注财政体制的历史轨迹及其所体现的制度程序和公共性质,就能够辨认基层政权建设是否以基层公共性社会关系建设为基本任务,这恰好可以揭示社会治理现代转型的核心含义。

换个角度讲,现代国家的财政民主与公民权利的发展互为支撑,一个本质的标志是政府公共性的不断扩大。这才有引出公共财政问题讨论的必要。所谓"公共财政"是社会公众基于共同利益的需要,通过让渡其部分财产所有权来换取他们所需的公共产品和服务的一种契约安排。本质上,公共财政体现了纳税人与国家之间的一种社会契约关系。③ 因此,公共财政具有三个基本特征:第一,满足社会公共需要。社会公共需要决定着公共财政的活动范围和活动效果。第二,非营利性。公共财政框架下的政府部门,是一个以公共利益最大化为动力的单位和实体,它必须提供物质保障,但不能直接介入市场,这样可以避免政府部门以权谋私的腐败行为。第三,政府收支行为规范化。一是以法制为基础。财政收入的方式和数量以及财政支出的去向和规模的确定必须建立在法制的基础上。二是全部政府收支进预算。通过政府预算的编制、审查、执行和决算,可以使政府的收支行为从头到尾处于立法机关和社会成员的监督之下。三是财政税务部门总揽政府收支。④ 所以,财政体制并非只关乎经济增长问题,它更本质的意义体现在社会资源的分配公平正义。比如,为什么经济增长的同时,社会利益冲突也随之增长?再比如,政府变得越来越富有,民众却

---

① 王国清、沈葳:《国家财政与公共财政模式关系辨析》,《财经科学》2005 年第 1 期。
② 夏杰长:《提供基本公共服务供给水平的政策思路——基于公共财政视角下的分析》,《经济与管理》2007 年第 1 期。
③ 魏建国:《近代西方代议制宪政功能的形成及其内在机理——一种基于公共财政视角下的诠释》,《浙江社会科学》2006 年第 1 期。
④ 魏建国:《代议制与公共财政——近代西方代议制宪政模式的形成及其作用机理分析》,《政法论坛》2005 年第 6 期。

不能富起来？这些问题都不是"发展中的问题"，它直接指向的是政府的财政公共性问题。所以，公共财政的要义就集中体现在政府预算法治和财政民主所揭示的"政治实质"内涵上。

对国家财政性质做出上述解析后，可以把公共财政所具有的现代社会治理含义，概括为以下几点。第一，纳税人的权利。与前现代国家权力不同，现代国家权力来源于纳税人，它必须为纳税人提供他们所需要的公共产品与服务，所以纳税人是"最终的立宪者"，这要求财政必须是民主财政，财政职能是为了实现公共利益，税制确立在民众同意的基础上。在社会主义体制下，纳税人权利的实现有另一套法理体系表述，即国家垄断了几乎所有经济资源，财政来源主要是国有企业利润，国家直接参与经济生活，参与社会财富的初次分配和再分配，国家财税制度的分配原则是集体主义，它是社会主义的分配原则和分配形式。即个人财产所有权、国有财产权、集体财产权的分配关系，是建立在纳税人的权利融合于国家、集体、个人三者利益关系调整上的集体主义原则上。

第二，公民参与财政决策的权利。政府财政收支、预决算等，即财政支配权和决定权，必须在公民实质性的参与下做出，这个权力不是政府的，是人民通过代议机构行使对财政预算的监督和控制权力。并且，必须是在公民实质性监督下进行的，即人民有财政监督权，它是民主财政或财政民主的本质含义，或者说，财政体现了纳税人与国家之间是一种社会契约关系。也就是说，国家的征税权力是与其提供公共服务的义务相对称的，人民的纳税义务是与其享有国家提供的公共服务的权利相对称的，这是一种基于相对等的社会契约。①所以，实现公民实质参与及其参与法治化、制度化是公共财政建构的应有之义。

第三，公共财政体现公民与国家之间的权利与义务关系。传统国家或专制国家的税制或财政只为（或主要为）一个人或一部分特权阶层的人服务，现代民主国家不同，由于民众权利意识的强化，要求政府的公共性（其中最重要的是财政的公共性）必须建立在所有公民的个体权利和社会权利之上。"权利与义务二者的范

---

① 魏建国：《代议制与公共财政——近代西方代议制宪政模式的形成及其作用机理分析》，《政法论坛》2005年第6期。

围与性质决定了国家政体的性质"①，也就是说，民众向国家纳税——让渡其财产的一部分，为的是能够更好地享有国家的公共服务，反过来讲，如果国家财政不具备公共性，国家也就不具有合法性，因为没有公共财政，就不能保证国家权力的公共性，也就不能确保国家权力只用于提供公共服务。这样的宪政权利关系，要求社会资源分配的公平正义，亦即纳税人是所有公民，而不是一部分（特权）公民，也就是说，社会资源的分配必须将所有公民的权益考虑其中。

二　政府财政职能演变与社会利益组织化形式

但只对财政做出上述体制特征上的区分还非常不够，因为必须澄清或首先明确一个中心问题：国家统治权与财产权的关系。从国家类型上看，有两种财政模式：其一，统治权与财产权合一的财政模式，即依托于国家对财产的所有权而获得的收入，包括国家拥有、支配或转让财产所产生的各种收益，可称之为国有财产收入。在皇权专制时代，它是普遍的收入形式。其二，统治权与财产权分离的财政模式。只有在现代国家，政治权力才依托于经民众选举产生的组织而存在，此时的权力才具有真正的公共性。也就是说，现代国家的征税权力，依托于经选举产生的公共化组织，采用了普遍、平等、直接、规范的理性化形式，并且只允许用于公共的目的，因而这样的征税权体现了真正的公共性。② 这两种不同的财政模式由不同的政治制度和法律制度所决定或建立在不同的政治制度和法律制度上。

也就是说，从统治权与财产权关系的角度，可以在理论上对前现代国家与现代国家的财政性质做出根本性的区别：前者的财政特征依托于国家掌握的财产（土地）所有权而获取财政收入，国家制度以财产（土地）及其所有权为支撑建构而成，由此产生的财政权兼具统治权与财产权的性质，虽具有一定公共性，却混合了（王权）私人性，并非真正的公共权力；③ 后者的税收不同于

---

① 〔美〕H. W. 埃尔曼：《比较法律文化》，贺卫方、高鸿钧译，清华大学出版社，2002，第55页。
② 〔美〕约翰·肯尼思·加尔布雷思：《权力的分析》，陶远华、苏世军译，河北人民出版社，1988，第37~42页。
③ 〔美〕理查德·派普斯：《财产论》，蒋琳琦译，经济科学出版社，2003。

国有财产收入，它体现的是公共性，这标志着真正的现代公共权力。因此，要了解一个国家的税收或财政性质，就需要回溯其传统国家权力形态及其现代国家公共权力成长的历程，基于历史的根据来说明统治权与所有权之间的联系，即从前现代国家进入现代国家的统治权与所有权关系性质的演变上，来揭示财政职能在统治和治理社会方面的本质含义。

皇权社会的财政权首先属于皇室，这有一套颇为复杂的关于王有和私有的财税关系论述，比如土地国有和私有的本质特性，以及两者错综复杂、形式繁复的法律关系。① 历史上看，尽管帝制财政权客观上也具有"公共性"特征，但这只是皇室所有权的衍生形式，土地国有制下的土地私有制，具备统治权与财产权合一的政治特性。② 进一步讲，土地国有（王有）与私有并存，即土地王、民所有的状况一直并存，但土地王有始终是名义上的最高制度理念，所谓"土地，王者之所有；耕稼，农人之所为"③，乃指土地王有（国有）制下的土地私有制。④ 皇帝同时担任其帝国的统治者和所有者的角色，而且，统治权与财产权合一的财政模式历经2000多年的帝制时代而没有变化。

确立在统治权与财产权合一的赋税制度就是"编户齐民"。"'编户齐民'就是列入国家户籍而身份平等的人民"⑤。"编户齐民"没有人身权和财产权：第一，在皇权统治之下，农民没有脱离"编民"制度而成为自由人的权利，与皇权确立在依附关系上。亦即在这个制度的法权关系中，农民不是自由民或自耕农，是作为皇权统治基础的"编户齐民"制度中的一个分子。第二，与上述"人身权利"的性质相一致，农民没有财产权，一切财富在源头上都属于帝王所有。所以，"编户小民虽然占有一小块土地，甚至还可以进行买卖，但在观念上土地最高所有权一直属于皇帝……当编户小农人身还是被占有的时候，他们的土地占有权的意义是不会超过他们的人身的意义的。"⑥ 概括地讲，

---

① 冯天瑜：《"封建"考论》，中国社会科学出版社，2010，第396~402页。
② 王毅：《中国皇权社会税赋制度的专制性及其与宪政税制的根本区别》，《学术界》2004年第5期。
③ 《陆宣公集》卷二。
④ 冯天瑜：《"封建"考论》，中国社会科学出版社，2010，第396~402页。
⑤ 杜正胜：《"编户齐民论"的剖析》，载王健文主编《台湾学者中国史研究论丛：政治与权力》，中国大百科全书出版社，2005，第14、16、36页。
⑥ 刘泽华：《中国的王权主义》，上海人民出版社，2000，第84页。

"编户齐民"制度下的农民,其人身和其他编户的人身一样是属于皇帝的。皇帝可以役其人身,税其人身,迁移其人身,固着其人身。因编户齐民所具有的人身依附关系,其赋税或劳役不可避免地具有专制性和掠夺性。

近现代以来统治权与财产权关系发生了变化,即从传统的皇权统治转变为以推翻旧政权为目标代之以现代政治形式出现的国家形态,但贯穿其中的政治统治逻辑依然是传统的政治统治逻辑——夺取了(土地)所有权才获得了统治权,国家权力与所有权关系就建立在这个逻辑之上。在这样的逻辑支持下,现代国家是为了从乡村社会提取尽可能多的资源和强化社会动员能力。尽管基层政治已经发生改变,基层社会的制度型权力依然没有建构起来,"代表国家权力的管辖权和规则既没有建立,也没有通过机构的设置贯彻下去,国家并没有改造地方权威的管制原则或取代它的管制权力,从而将地方社会纳入国家规则的治理范围中"①。也就是说,旧的制度和旧的秩序原则并没有改变,不仅如此,还要通过复制旧制度和新的代理人来重构基层社会秩序。这导致两个直接的后果,一是国家政权建设的"经纪型"特性而发生"内卷化"②;一是现代公共性社会关系并没有建构起来。

统治权与财产权的一体化始于新中国。国家实行计划经济制度,财政体制建立在统治权与财产权合一的制度建构逻辑上。在这样的财政体系中,持有国有财产而获得的财政收入,在性质上可能是垄断租金,即政府为自己以特权创设垄断地位而获取的超额利润,可能是经营利润,即政府不依靠特权而依靠国企才能获得的正常利润,也可能是使用费或普通租金,即政府将其控制的财产使用权出借而获得的收益。出售或转让国有财产,也可能产生收入,即所有权转让收入。在国有财产收入的上述收益来源中,最为常见的收益实际上是垄断租金,它是国家运用强制力量创造出来的。这样的财政收入形式,混淆了公权与私权不同的性质,既破坏了私经济的运行又败坏了权力的公共性。③ 与统治

---

① 张静:《基层政权:乡村制度诸问题》,浙江人民出版社,2000,第31页。
② 杜赞奇提出的概念,即正式的国家政权虽然可以依靠非正式机构来推行自己的政策,但它无法控制这些机构。这种情形被称作"国家政权的内卷化"。参见〔美〕杜赞奇《文化、权力与国家:1900-1942年的华北农村》,王福明译,江苏人民出版社,1994,第66~68页。
③ 理查德·A. 马斯格雷夫(Richard A. Musgrave)、艾伦·T. 皮考克(Alan T. Peacock)主编《财政理论史上的经典文献》,第14章"财政问题的社会学研究路径"(鲁道夫·葛德雪),刘守刚、王晓丹译,上海财经大学出版社,2015。

权和财产权一体化相适应的社会管理制度就是城市实行的单位制与街居制和乡村实行的人民公社制度，整个社会就被纳入国家权力支配体系当中。"社会成员不仅有了所属的'组织'，能够工作并得到报酬，更重要的是，他们和公共制度的结构性关系建立：个体在新的公共体制中获得位置，成为其中的成员。这等于个体获得相应的公共资格，社会成员和国家正式制度之间的联系也就此发生。"① 就单位制来说，"国家将强制性的行政权力和交换性的财产权力集于一身，通过对单位组织的资源分配和权力授予，拥有了直接控制单位组织的权力，并使单位组织依附于国家"②。并且，整个社会成员被不可移动地固定在户籍制度所形成的权利差别体系当中。

上述统治权与财产权关系的特性在基层政权的所有权上获得了完整的体现：行政管理权与资源所有权的一体化。后者是指基层政权组织合法地掌握和支配的资源，包括国家授权的经济资源控制权地位（包括税收权、资金管理权以及国家提供的其他各种资源和资源处置权等）；立法、执法的管辖权地位；动员社会、形成议案、制定程序、收集和垄断信息等组织和决策的权威地位；等等。这些"公共"条件不仅使基层政府成为本行政区的行政管理者，而且也使它成为地方公共资源的经营者。它把上述"公共"条件广泛地用于经济目的，成为从事经营而又不必承担任何风险的经济行动者。或者说，基层政府的经济行动者身份使它的财政自主性迅速提高，并且它凭借"公共身份"不断地开辟自筹经费渠道，来支持行政机构和人员扩张逐年增长的需求。在很大程度上，基层政权组织的存在就建立在预算外收入、企业上缴和自筹资金基础之上。③

也就是说，基层政府的财政职能是公共资源的控制权和获益权。在这个制度下，基层政府的地方领土管辖权、司法和执法权，对土地的控制权，创办企业的权利，筹集资金的权利，以及对国营或集体企业的控制权是不可分割的。这些权威造成了基层政府不必依赖国家的财政支付或基层社会力量支持就能生

---

① 张静：《通道变迁：个体与公共组织的关联》，《学海》2015年第1期。
② 李路路、李汉林：《中国的单位组织——资源、权力与交换》，浙江人民出版社，2000，第1页。
③ 周庆智：《中国县级行政结构及其运行——对W县的社会学考察》，贵州人民出版社，2004。

存的事实，同时，公共资产经营者角色的发展，使基层政权组织更深地卷入资产、融资、信贷和市场信息的垄断活动当中。而且，凭借公共权力的象征资本——资源占有和支配地位、集资的权利、资产处置权、信贷信用和定价地位等等，基层政权组织从事经营活动，极大地削弱了其他社会经济行动者的竞争能力，同时也将它置于与社会各个经济组织之间的利益竞争和冲突的地位上。[①]

从国家权力与所有权的关系上，以及社会成员所承担的税收制度以及其背后的身份特征和户籍制度上看，当代基层税制的很多方面都可以从历史中找到痕迹，也就是说，这些税制的基本理据和收取方法在几个世纪甚或是更长的年间变化甚微。[②] 与帝制时代的"编户齐民"在历史形式上的区别在于，前者"以天下奉一人"，为皇权服务；后者为现代国家政权服务，在这里，社会成员是国家、集体、个人之利益关系当中的一个"财富积累"的基础环节。"在实质性的管辖权方面，基本的权力格局还是旧的，统一的行动规则——法律和税制体系并没有确立，农民仍然处于分割化政治单位的统治中"[③]。也就是说，除了国家权力与所有权关系的法理叙述不同之外，基层政权建设并没有与现代公共性社会关系的建构联系在一起，后者的意义是国家与公民权利关系的法律固定和宪政结构形式。传统与当代财政体制下的社会利益组织化形式，编户齐民与户籍制度具有一脉相承的历史形式。

三 公共财政建构的制度改革意义

如上所述，国家类型不同，财政体系及其财政职能也不同。比如，皇权专制社会的财政是专权财政，但现代国家的财政未必就是公共财政，主要是因为政治体制和经济体制的性质不同，能够区别的体制特性是：为实现国家职能的财政亦称"生产建设型财政"，以及为满足公共需要的财政亦称"公共财政"，

---

① 周庆智：《论县级行政结构规模增长的制度性根源——对县级行政权力结构及其运行的实证分析》，《社会科学战线》2005年第4期。
② 张静：《基层财税制度及其政治后果》，《基层政权：乡村制度诸问题》，上海人民出版社，2007。
③ 张静：《国家政权建设与乡村自治单位——问题与回顾》，《开放时代》2001年第9期。

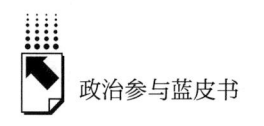

前者属于计划经济体制或国有财产权占支配地位的经济体制，后者是与近现代的民主政治和市场经济相适应的财政制度，财政民主不仅结合了宪政主义和法治主义，更是统一了政治民主与经济民主的要求，它的实现对政府行为法治化和公民权利保障有着重要意义。

也就是说，市场经济是公共财政建构的推动力量之一。对社会主义国家体制来说，经济社会结构的变化并不必然带来政府财政职能的变化，但市场化改革推动全民所有制之外的多元经济共同体的成长，以及公民经济社会生活的多元化，则要求财政职能必须以公民享有个人需要、公共需要、政府财政职能相统一的民主财政为税政公共发展方向。或者说，统治权与财产权的分离是全体纳税人的权益要求和实现资源分配公平正义的基本前提条件。从实践经验上看，市场化改革后，私有财产权的范围不断扩大，其对国家财政的贡献越来越大，财政变成了"有偿财政"，即民众以其部分财产权为代价来获取公共产品和公共服务，这要求国家必须为民众提供满意的公共产品和公共服务并接受其监督。① 与此同时，税收的公共性质问题也突出出来。因此，实现国家财政权与公民财产权之间的平衡，保障纳税人经济、社会和文化权利的实现，这对政府征税权的宪政约束提上议程，② 确立在集体主义原则上的分配关系已经失去了社会多元利益组织化的功能和作用，一方面，公民对政府财政的公共性需求不断扩大；另一方面，现代社会治理要求保障公民的个人权利和社会权利，其中，纳税人的权利具有社会资源分配公平正义的实质意义。保障纳税人权利包括生命权、自由权和财产权以及其他权利，使社会正义以及基本人权的理念能在现实的制度安排中得以具体化，实现法治财政，让政府财政活动置于公民即纳税人的监督之下。

在上述经济社会背景下，21世纪以来，建立"公共财政"（预算法治和民主财政）③之议被不断提起，综合官学两界的表述，它的含义可以归纳为三个

---

① 熊伟：《宪政与中国财政转型》，《法学家》2004年第5期。
② 杰佛瑞·布伦南、詹姆斯·M. 布坎南：《征税权——财政宪法的分析基础》，载〔澳〕杰佛瑞·布伦南、〔美〕詹姆斯·M. 布坎南《宪政经济学》，冯克利、秋风、王代等译，中国社会科学出版社，2004，第137页。
③ "公共财政"导向于1998年被明确提出，其后，关于建立公共财政框架的要求，写入了中共中央全会的文件和国家发展计划文件。

方面：一是保证国家汲取能力（即国家从社会获取财政资源的能力），促进国家与地方政府的财税关系确立在宪政架构上；二是遏制基层政权组织的不法税费征缴行为，使基层政权组织真正成为国家在基层社会的代理人；三是消除基层社会不断积累起来的（官民之间）矛盾和冲突，使民众即纳税人的权利和权益得到保障，确保地方秩序稳定。

但时至今日公共财政建构仅体现在政府财政结构中所谓"民生部分"的投入增加上，也就是说，公共财政所必然具有的"公共性"——预算法治和财政民主——还没有融入政府整个财政收支的过程中，没有融入政府制定财政政策的过程中，没有融入政府编制预算、控制预算中。基层政府一直专注于经营性与竞争性领域，几乎把所有的行政力量都集中在国有资产收益，亦即凭借其资产所有权取得的股息、红利、租金、资金占有费、土地批租收入、国有资产转让及处置收入等，以及政府各部门收取的各种费用和基金性收入，包括行政执法过程中收取的各种规费和公共财产使用费。并且，政府在资源配置中一直发挥基础性或决定性作用，它通常利用各种执法权去为自己的经营活动排斥和扫除各种竞争因素，并凭借对公共资源的垄断地位，控制市场机会的分配，使之朝着有利于自己的利益和偏好的游戏规则发展，以便追求优先于他人的利益，致使个体经济行动者处在不公正的竞争地位，从而抑制了地方社会的经济权利、个人产权制度化和市场规则的生长。

换言之，公共财政建构之所以还没有获得实质性的推进，这需要从体制方面去找原因：第一，现行税制以及由此产生的基层财政税收活动并非确立在社会同意的基础之上，因此，它在客观上不能起到调节收益分配的作用，也不必对乡村公共物品开支负责，而只是将收益最大限度地向收税者——基层政权组织集中。第二，现行税制及其"税政改革"并不是基层民众能够在参与地方公共事务的决策与管理过程当中，与国家和基层政权进行双边及多边平等对话而形成的，它具有不容置疑的专权特性。第三，财政集权体制导致基层政权组织首选的行动策略必然是增加管理成本和强化管理能力，把税收任务强制推行下去。而诸如"村财镇管""乡财县管"等举措的目标却是要把本来属于农民集体的资金管理权限上提到县政府。这必然产生一个制度性违规后果：县乡挤占、挪用集体资金，乡村集体则有"理由"对农民再加码收费。第四，这样的税制设计在招致纳税人积极或消极的抵制情况下，税费征收日趋困难，基层

政府则更倾向于扩大干部队伍和强化税收管理（收费）职能，由此增大的管理成本，又势必加重农民的摊款负担。

比如，在制定税收任务方面，基层政权组织只关注能征收多少、如何超额多征、如何"挖掘税源"，并不在意其税收规则或税收方案在多大程度上获得了纳税者的同意和服从，亦即并不考虑如何赢得民众支持其税收结构即公正税收的合法性问题。它只从自身的利益和偏好上考虑，追求税收最大化，并把纳税者刻画为总是故意隐瞒其经济条件以及提供虚假信息的逃税者，将其视为不遵守规则的对手而非合作者。这种情况集中反映在它的"以支定收"的财政预算方案上。亦即，这种预算的制度安排使预算过程只有少数人参与，从而有利于最大限度地降低政治参与者由于利益矛盾而可能导致的冲突；但这一过程带来的不透明性在很大程度上使预算决策与资金分配成为少数人的个人行为。① 这种类似于"用别人的钱讨论自己的开支"② 的财政预算方案通常只能依靠"强化征缴措施"的行政方式来执行。这势必造成基层民众与税政部门的不合作乃至对立。不履行纳税义务、低报应税收入、不及时纳税等逃税欠税行为大量存在，基层税收工作困难重重，基层政府与基层民众之间的关系总是处在紧张和冲突当中。

概括地讲，不应把公共财政建构或财税体制改革简化为一个国家汲取能力或财政问题，而应该以权力的竞争、权利平衡配置的制度化发展为架构来进行。从这个意义上讲，"税制选择中的关键，不在于什么样的税收结构合理可取，而在于决定税收结构的决策过程，是否能够全面反映被赋予相同权利的个人及组织的偏好和价值"③。进一步讲，应该对现行政治与行政体制进行改革，发展出能够起到制衡基层权威的社会力量，比如，或者民众可以在最能反映他们支出意愿的人大代表候选人之间做出选择，或者民众或社会组织可以直接参与预算编制，并将此种社会监督力量引入地方政治关系当中，以制度化的方法确定基层权威的社会性基础，同时，基层政权组织退出对公共资源的垄断经营

---

① 王蓉：《中国县级政府财政预算行为：一个案例研究》，http://www.cngdsz.net，2018年4月访问。
② 〔美〕米尔顿·弗里德曼、罗斯·弗里得曼：《自由选择：个人声明》，胡骑等译，商务印书馆，1998。
③ 转引自张静《基层政权：乡村制度诸问题》，浙江人民出版社，2000，第139页。

地位，消除各种垄断权力，保护个人的经济机会和交易权利，促进单个的经济行动者成长，等等。

与市场化改革下从计划财政体制转变为财政专权体制相适应，国家治理改变了过去的政治控制和社会动员方式，从由国家力量构建起来的基层社会秩序结构转变为以国家的规范性权力为主与以乡村社会的（村民自治）非规范性权力以及基层社会规范为辅的秩序形态和组织形式。第一，国家改变了对基层社会的控制方式，从政社合一体制到政社分离体制，体制性权力从村社收缩至乡镇一级，国家与基层社会的关系发生了变化。第二，乡村社会组织形式发生了改变，即实行村民自治组织形式。村民自治是与集体土地产权相连的成员身份共同体，其自治更多的是体现在经济意义上。第三，国家权力的退出和村组制度性权力的弱化。与过去不同，现在的基层社会是一个国家直接面对个体民众的官－民（干群）结构关系。基层社会组织形式重构的秩序特征，一方面，在国家正式权力的运作过程中，引入了基层社会规则或地方性知识，展现了国家与农民关系的实践形态。[①] 另一方面，国家权力将村民自治组织作为控制和影响基层社会秩序的新的组织形式，是国家权力对基层社会重新"行政化"即官治化，后者成为乡镇基层政权对基层社会控制和动员能力的主要组织形式。

换言之，基层财政体系依然在传统的政治动员型体制和行政压力型体制内运行，并且因应市场化改革带来的社会分化和利益多元，形成了比较完整的权威秩序整合体系。第一，政府权威。建构在自上而下的政治与行政授权关系之上，作为国家政权代理人，基层政府是基层社会权威性资源与配置性资源的中心。第二，代理治理模式。典型运作形式是自上而下的行政任务下派方式，比如上下级政府之间签订的"行政目标管理责任书"，这造成大量的"非正式"制度和"变通"实践成为基层政府治理行为中的"均衡"常态，与此互为表里，代理治理的运作逻辑造成基于不同的控制权基础上的多重权威中心治理结构。第三，社会原子化。集权化与行政化的后果是社会自主支配空间日益萎缩，社会自组织的缺位，使社会分歧和冲突加剧并外溢，政府与公民之间缺乏利益协调和整合机制，公民参与管道不顺畅，社会矛盾不断积累起来，分歧和

[①] 孙立平、郭于华：《"软硬兼施"：正式权力非正式运作的过程分析》，载清华大学社会学系主编《清华社会学评论》（特辑），鹭江人民出版社，2000。

冲突成为社会生活的常态。要之，在社会资源结构变化了的情况下，传统的基层治理结构并没有发生改变，基层社会秩序仍然确立在正式制度与非正式制度并存、象征性权力与实质性权力互为转化的结构形式上。

四 公共财政建构与社会治理转型

公共财政建构的实质性一步，就是首先要对政府财政权力进行监督，这也是保证政府财政公共化的关键一步。财政监督主要由代议机构即"人大"来履行，事实上，现代代议制产生的最根本原因就是源于对政府财政公共化的监督要求。[①] 反过来讲，如果代议机构并不是一个有效的政治机构，又不能发挥财政监督的政治责任，那就不可能保证政府财政公共化。现实政治运行中，基层人大是党政权力的构成部分，其监督作用受到诸多体制机制上的牵制和约束，这使它很难避免成为一个为政府财政政策和税收行为提供"合法性"的咨议性组织形式。正因为如此，21世纪以来，一些地方政府尝试所谓"参与式预算"的社区实践探索，如浙江温岭市、江苏无锡市、黑龙江哈尔滨市、上海闵行区、河南焦作市、四川巴中市白庙乡、安徽淮南市、广东佛山市顺德区等多个地区，针对政府预算实施，在人大体制外开展了"参与式预算"的社区治理实践形式，通过这种"民间的"监督和参与形式，希望政府预算支出照顾到"纳税人的偏好"[②]，试图在公共权力与公民权利之间找到连接点，保证基层政府财政公共化，同时也是面对社会利益群体的不断分化，为了增强政治内聚力，试图把民众从政治的边缘带进政治中心的努力。

下面对一个比较典型的个案——浙江温岭市的"参与式预算"社区实践进行分析，因为从某种意义上讲，这一个案揭示了中国基层公共财政建构途径的某些侧面，以及它必须面对和必须解决的若干体制性或制度结构性问题，最

[①] 魏建国：《代议制与公共财政——近代西方代议制宪政模式的形成及其作用机理分析》，《政法论坛》2005年第6期。

[②] 在没有财政民主化和财政透明度的情况下，政府预算支出不是以纳税人的偏好来进行，而是取决于领导的个人偏好。在缺乏对财政支出的民主约束和监督的时候，领导的偏好很有可能偏离纳税人的偏好，基本公共产品和公共服务在预算支出中难以得到有效的保障。参见夏杰长《提供基本公共服务供给水平的政策思路——基于公共财政视角下的分析》，《经济与管理》2007年第1期。

后尝试在个案讨论的基础上提出几点观察性意见。

始于2005年前后的浙江温岭"财政预算改革",因提供吸纳民众代表与政府官员进行"民主恳谈"的方式,让公众参与政府预算编制,被视为全国"走得最远"的财政预算改革,曾被认为代表了基层公共财政体制建构的发展方向。下面就以浙江温岭所谓"参与式预算"的社区实践个案,来分析政府财政公共化与社会治理的关系,以及在政府的公共性建构和新的基层公共性社会关系建构当中,这样的所谓"参与式预算"社区实践的有限意义,表明在没有民主财政结构的框架下,这种努力的意义非常有限,几乎与所谓公共财政建构没有多大关联,也不会对社会利益组织化结构和社会公正机制带来多大的改进意义。不过,浙江温岭的所谓"参与式预算"这个个案能够在很大程度上揭示基层政府财政的性质、社会治理的结构特征和利益组织化形式。

综合政府、学界包括公共政策领域以及媒体的讨论和介绍,浙江温岭包括其他地方推行参与式预算的直接动因,一方面是为了使政府预算编制公开、透明、公平,强化预算监督,提高财政资金的使用效率,促进公共利益最大化,而参与式预算的实践在客观上有助于基层社会治理的优化和民主进步。另一方面,实施参与式预算的目标是解决财政危机,加强对财政收支的制约,公平地分配稀缺资源,以及促进透明行政。比如,促使温岭市新河镇实施参与式预算的直接动因就是解决财政赤字。2007年新河镇的累计财政赤字接近5000万元。财政危机促使镇领导接受了通过民主恳谈实施参与式预算的建议。另外,镇领导相信群众参与过程能够缩减过度开支,激发行政能力,以及促进公共利益。而且,通过增加监督资源分配的公民人数,提高透明度,可以减少腐败和提高官僚机构的行政效率。

尽管各地参与式预算的做法各异,但稍加归纳,也可区分为三种类型:一是以焦作市为代表的预算公开;二是以无锡市为代表的公共项目选择;三是温岭市的参与式预算,是这种实验的复合体,既注重公众参与下的预算编制、审查和监督,又兼有预算公开和预算项目选择。温岭市的参与式预算起步最早,持续时间最长,探索的领域最全面,也最具有典型性和代表性。温岭市的参与式预算由两大板块组成,即泽国模式和新河模式。参与式预算已经在温岭市各镇、街道和部分市政府部门推广,正在持续稳步推进。镇级预算执行情况逐月公开,每季度评估绩效,年终细化编制决算报表并委托第三方评估绩效,下年

初提交人代会审查。市政府部门预算编制，举行民主恳谈会公开听取社会公众意见，经修改后提交市人代会审查并票决。

学术界以及公共政策领域推动"参与式预算"的初衷是把它视为"协商民主"制度的一部分——以财政预算为协商内容的协商民主形式。但实质上，参与式预算是党政权力"汇集民意"的一个举措，它既不是一种公民直接参与决策的治理形式，也不是参与式民主的一种形式。比如，温岭市委是把松门镇的民主恳谈会作为"思想政治工作的新方式"来总结推广的，一方面，出台规范性文件规定民主恳谈主题要由党委和政府确定，普通公众无法对议题确定发挥任何实质影响，民主恳谈的结果并非决策本身。公共政策的最终决定者仍是党委和政府以及人大。甚至，民主恳谈的组织者如果没有采纳公众的建议和意见，都没有向公众反馈和解释的义务。① 另一方面，将开展民主恳谈纳入政府绩效考核指标体系，绩效考核标准直接涉及政府工作人员的福利、待遇和升迁，成为决定公务人员行为方向的重要因素，对于调动各级政府和各个部门开展民主恳谈的积极性、推动民主恳谈的深化和发展具有重大意义。因此，所谓"协商民主"这一源于西方民主社会的概念，与中国的社会政治语境几乎没有共通之处，运用这一概念分析中国社会政治实践没有多少实质性的意义。比如，温岭参与式预算的"民主恳谈会"并不能解读为"草根民主"，它实际上脱胎于乡镇的思想政治工作实践，其自始至终都是由党政部门自上而下所主导和推动，这与"草根"没有任何关系。并且它主要是为了解决政府自身的财政问题及提高政府绩效或效率，也就是说，政府并没有把纳税人的预算参与视为一种权利实现方式，而是把它视为政府的"政绩"实现形式。简言之，以所谓"参与式预算"附会"协商民主"或者以所谓"协商民主"附会"参与式预算"，都不具有多少预算法治和财政民主的实质意义。

预算法治和财政民主之议出现的更深层次原因，与市场化改革以来全民所有制之外的（民营和个人）产权发展比例不断扩大和社会利益多元化直接关联。一方面，虽然主要由国有企业构成的全民所有制体系占支配地位，但也存在一个由无数小企业、农场、个体经营者组成的市场体系，后者产生纳税人意

---

① 程同顺、邝利芬：《温岭民主恳谈的意义及局限》，《重庆社会主义学院学报》2014年第2期。

识并要求相应的权利；另一方面，由于社会分工和社会分化，整个社会存在各种收入分配不平等、经济发展不平衡、资源配置失调、通货膨胀与失业等问题。为解决这些问题，需进行制度改革和社会改革，通过国家力量使两种体系的权力与收入平等化。除了上述两方面原因，基层社会政治认同下降以及党政权力动员体系的不断弱化则是预算法治和财政民主要求的直接原因之一。这就是所谓"参与式预算"出现的经济社会原因，当然它或可成为政府公共财政建设的努力方向之一。但问题是，这首先需要改变代议机构即人大的法权地位并使其实质性运行起来，同时，政府要把公共资源用于公共目标，而不能只用在"经济发展"或"生产性财政"上。如果上述方面都难以改变，诸如所谓"参与式预算"之类的社区范围内的实践就不可能有什么实质性的意义。

进一步讲，不从国家体制的政治逻辑和治理逻辑上考虑，所谓的预算法治或财政民主，就不可能是一个真实的问题。事实上，"参与式预算"并没有或者无法贯彻其初原的本来意义：这个舶来的概念指的是一种创新的政策制定过程，是公民直接参与影响自身利益的决策过程。公民可以借助各种论坛、会议等平台，确定资源分配、社会政策优先性，以及监督政府的公共支出等行为。这样的参与式预算要达到如下目标：第一，促进公共学习和激发公民的权利意识；第二，通过改善政策和资源分配，实现社会公正；第三，改革行政机构。在这种直接的、自愿和普遍参与的民主过程中，人们能够平等讨论和决定公共预算、各项政策，以及政府管理。随着低收入、弱势以及边缘群体等传统上受排斥的社会群体获得参与决策的机会，社会与政治排斥将会被逐渐消除。这样的参与式预算才是一种参与民主的形式，它将直接民主和代议民主有效地结合起来。① 以此反观中国（而不是将其直接套用）的地方实践，几乎所有的"参与式预算"都是在基层政府的控制和引导下的社区范围内的实践，并且也只能局限于社区范围之内而少有例外。所以，预算改革本质上是一个政治问题，就是说，在现行体制的约束下，没有政府预算公开、没有社区自治、没有法律

---

① 有论者把源于外域的参与式预算概念直接比附于中国的地方财政民主实践，这类观点可参见陈家刚、陈奕敏《地方治理中的参与式预算——关于浙江温岭市新河镇改革的案例研究》，《公共管理学报》2007年第3期。但这类观点要么是对外域参与式预算的误读，要么混淆了其民主的形式与实质，对理解和解释中国的地方财政民主实践不仅意义不大，而且还会产生知识性和实践性的误导作用。

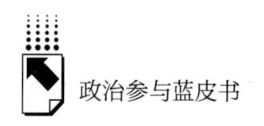

支持，在代议机构即人大是党政权力的构成部分的体制下，几乎所有的所谓预算改革也只是纠结在预算透明公开这个层面上。因此不能也不必赋予所谓"参与式预算"之类的实践太多的预算改革或公共财政建设意义。

比如，与来自域外（主要是巴西）的经验对照，① 参与式预算是预算决定机构（主要指民意代表机构如议会等）把一部分预算决定权让渡给普通民众，即通过预算领域的直接民主（以参与式预算方法）对间接的议会民主作为补充。而中国目前的参与式预算实践，表现为在现有体制内、以落实人大对预算的审议审批权力为核心的基层政府公共预算改革。② 换言之，连法定的人大代表的预算审议决定权都难以完全落实保障的话，根本没有法律依据的参与式预算不可能有制度改革意义，最多只能靠个别改革者的推动。从某种程度上讲，人大代表的预算审议决定权与普通公民参与式预算是共生的关系，这就是说，推动以人大代表实质审议预算的基层政府公共预算改革，只是在为开展普通公民参与式预算创造条件。

再比如，体制外的"参与式预算"，不能也不可能法治化和制度化，因为它具有不可控的政治竞争意味，进而主张分享政治权力。撇开人大这个立法机关，政府与民众进行"民主恳谈"，让公众参与政府预算编制，这类似于"群众路线"（汇集民意）的做法，或者说，这不是作为主体的独立的、自治的社会力量参与的组织化形式。事实上，至今出现的参与式预算实践形式主要还是体现为人大代表某种程度的参与，因为现实中人大不能决定预算，以人大代表为主体的参与式预算，是对落实人大预算决定权路径的探索，即"激活基层人大的职能"，这一点在温岭市新河镇的实践上表现得尤为显著。从政治体制

---

① 所谓"参与式预算"，最早于1989年在巴西的几个城市中开始出现，它的目的是将普通民众容纳进城市资源的优先性确定和分配的年度预算过程之中，从而实现城市资源的再分配，使这些资源从强势群体向弱势群体倾斜。至2003年巴西的140多个城市实施了参与式预算。参与式预算并不仅仅局限于巴西，许多拉丁美洲国家也实施了这样的项目，例如秘鲁、阿根廷、哥伦比亚、智利、墨西哥。欧洲的一些城市也实施了参与式预算，如西班牙、意大利、德国和法国等城市。在非洲和亚洲的某些城市，也可以看到各具特色的参与式预算正在兴起。参见陈家刚、陈奕敏《地方治理中的参与式预算——关于浙江温岭市新河镇改革的案例研究》，《公共管理学报》2007年第3期。

② 孟元新：《我国参与式预算实践考察研究》，中国改革论坛网，http://www.chinareform.org.cn/gov/service/Forward/201010/t20101012_46242_5.htm，最后访问日期：2018年4月23日。

特性上看，党政机构权威超越立法机构即人大的权威地位，或者说，人大的权威附属于党政权威，基层人大的权威一直处于形式化和边缘化状态。

另外，在"参与式预算"社区实践中，大多数的乡村和社区居民并没有参与政府与公民之间的讨论、对话和交流。目前的公民参与多以村干部和企业领导者为多。一方面，参与式预算实践，比如温岭市的"新河试验"，表现为在现有体制内、以落实人大对预算的审议审批权力为核心的基层政府公共预算改革。但参与式预算的真意在于普通公民对预算的参与，或实质表现为对所参与预算的决定权。另一方面，没有真正维权意义上的社会组织参与其中，或者说，社会中介组织、行业协会等一些非政府组织以及社会各界中真正关注政府预算的人，还没有或不可能参与到政府预算当中。从根本上讲，没有真正的社会（社区）自治，或者说，没有社会自治组织的实质参与，就不可能有所谓的参与式预算，而当下的村居委会只是基层政府的行政分支，只是政府主导的参与式预算的协助者而已。

没有民主政治结构和自治的多元主体治理体系，就不会确立公共财政，因为公共财政体制建立在民主政治和民主治理的制度结构上。反过来讲，没有公共财政，也就失去了民主治理的核心意义。但在今天，社会利益组织化形式的多样化、社会联系方式的多元化、公域与私域的界分、国家与社会之间权利范围的不断确认，无论从理论上还是实践上讲，基层公共财政建构都具备了政治社会基础和条件。所以，应该在如下方面推进基层公共财政的建构。

第一，把统治权与财产权区分开来。对国家权力与财产权关系做出宪法厘定和界分，这是基层公共财政建构的体制和观念上的根本前提。国家权力与财产权关系有两种类型：或者政治权力依托于财产，或者政治权力依托于经民众选举产生的组织而存在。前者的公共性只是统治权的衍生形态而不能发展成为纯粹的公共权力；后者的权力才具有真正的公共性而成为真正的公共权力。这里的核心问题在于统治权与所有权的剥离，即国家没有财产，国家不是也不能是财产国家，国家依靠税收而成为税收国家，这才有了国家与民众不是一种依附支配关系而是一种社会契约关系。国家权力与财产权关系之所以是核心问题，因为：（1）依托于国家掌握的财产所有权而获取财政收入，包括国家拥有、支配或转让财产所产生的各种收益，可称为国有财产收入。（2）这样的财政收入混淆了公权力与私权力不同的性质，以公权名义参与国有财产创收的

过程，既破坏了市场经济的运行又败坏了权力的公共性，并会带来权力腐败和滥用的问题。（3）财政决策具有专权性质。一方面，税制的设置不是基于纳税人的同意，代议机构不能成为民意汇集场所，民众的纳税权利得不到保障，另一方面，纳税人没有知情权，事前不知税款的（公共利益）使用方向，事中（征税与用税的过程中）不能发挥监督作用，事后不知审计与问责机制能够起到什么作用。概言之，民众不能参与到财政决策的过程当中。

第二，强化代议机构的财政立法和财政监督的法权地位。如果统治权与财产权得以区分开来，那么理论上，代议机构——人大首先忠诚于国家、忠诚于公民，它就能够也必须置身于政治与行政权力之外，成为真正的民意代表机构。至于人大与执政党的关系，那是另一个法理问题，没必要在这里讨论。从体制现实出发，基层人大的权威性和代表性应该从如下方面落实：（1）根据宪法，基层（乡镇）人大代表是由选民直接选举产生的。这个"选民"应该是全体公民，而不能是一部分"特殊"公民，或者说，人大代表不能够由地方党委指定候选人。因此，让当地民众来决定或选举人大代表，人大代表就能够对选民负责，代表民众行使权力包括财政监督权力。（2）人大代表的职权行为受选民监督和质询，比如，审查和批准财政预算，监督财政预算的执行情况，是宪法和法律赋予地方各级人大及其常委会的一项重要职权，也是人大财经监督工作的中心任务。如果人大不能履职或受制于权力集团的影响而不能发挥作用，如一些地方年度财政预算的拟定，先由党委、政府"定盘子"，再提交人代会进行审查批准，那么民众在程序上能够进行监督、质询甚至罢免。（3）人大代表不能成为以功能界别遴选的"样本代表"——体制的代言人，在今天社会利益多元化的情况下，人大代表必须能够真正代表不同利益群体的权益诉求，站在纳税人的立场，充当社会利益表达的中介和代言人。实际上各地的"参与式预算"社区实践，针对的就是人大的虚拟代表形式，发起体制外的"民主恳谈会"方式，这表明人大起到的是形式合法化的意义。概言之，上述方面如能获得实质性意义，人大就能发挥国家与民众间的互动谈判机制的功能和作用，真正成为预算法治和财政民主的推动者、监督者和宪法履行者，这是人大这个代议机构最实质性的功能和作用之一。

第三，让纳税人从政府享受到的公共利益大于其通过税收转移给政府的资源价值。反过来讲，如果纳税人看不出他们上缴的税款能够给他们带来哪些公共服务，他们便不会服从纳税规则，并大都把纳税看作一种强加于身的"负担"而不能成为守法的纳税人。主要原因在于，政府把大部分税费用于生产性投资，而不是花在公共物品的供给上。实际上，如果民众不能成为自己缴出款项的受益者，同时大量的税款却被政府用来追求"收益最大化"的利润生产上和政府自身的财政支出上，那么只会造成民众从他们所感受到的或想象到的否定方面来看待政府的政治后果。其结果是，收税者和纳税者都不能或不愿意承担各自应负的公共责任，依法征收和依法纳税的观念很难生长。

第四，以社会自治推动财政民主。社会自治对于财政民主的意义在于：把财政的公共性与公共需求表达和实现机制密切关联，推动公民参与的制度化。反过来讲，没有利益表达机制，政府总是"替民做主"，所谓财政公共性，就不可能有实质意义。因此，这涉及两个方面的问题，一方面，通过民主的形式，由社会公众、社会团体等利益主体，在"追求自身利益最大化"的公共选择程序中完成，以保障社会公共需求的满足；另一方面，在公共财政体制的设计上，通过民主机制，体现出法治与民主的基本理念，由社会公众自己决定何谓公共利益、公共利益应通过何种途径实现等问题。上面讨论的所谓"参与式预算"，参加者是政府人员以及政府的各种代理组织，比如村居委会以及与政府有雇佣关系的市场化组织，这些都不是真正意义上的自治组织，而是不具有独立性的依附性社团组织，而那些有维权性质的社会组织比如非政府组织如服装协会、渔业协会、农村技术推广协会等行业组织，并没有参与到参与式预算活动当中。

第五，推进基层民主政治发展。一是法治政府建设。一方面，政府财政权力受法律约束，即政府的财政活动必须在法律的范围内；另一方面，政府的财政行为必须有法律依据。市场经济是法治化的经济形式，公共财政是与市场经济相适应的财政模式，因此，法治化也是公共财政应遵循的基本准则之一。比如上面讨论的"参与式预算"，就应该先有预算公开，亦即政府向社会公众公开其财政职能、财政政策意向、公共部门账户和财政预算信息等，才能有真正参与的问题。一是民主政治建设。理论上讲，先有民主体制，后有公共财政。公共财政制度只有在民主体制的基础上才可能建立起来。当前迫切的问题是扩大政治参与，因为现行体制机制比如人大存在的缺陷和失效，已造成普通民众不能通过制度化正常渠道实现自己的利益表达，并被排除在重要政治过程包括财政决策过程之外。

五 结论及其政策启示

国家财政不是政治家、财政专家或政府职能部门等"小圈子"可以专断或擅权的事情。说到底,没有预算法治和财政民主,就根本谈不上民主治理或社会治理转型。所谓"无代表不纳税"的立论并没有过时,即财政民主和纳税人权利保障,这是现代社会民主治理的内驱力所在。所以,公共财政是个人需要、公共需要、政府财政职能相统一的民主财政,个人如此,国家亦然。或者说,对处于社会治理转型中的中国来说,从实现国家职能的财政转变为满足社会公共需要的财政,不仅具有基层政府公共财政建构及其财政职能转变的实质意义,也是形成基层社会民主治理的变革方向。

因此,基层公共财政建构是一个社会政治问题,它涉及一系列观念上、体制上、制度结构上的转变。自市场化改革后,财政收入的国有垄断虽凭借"公共条件"占尽市场先机,但市场机会也公平地给了民营企业和个人,在国企背靠政府成为市场的垄断力量下,也造成了所有权的多元化以及财产权的权利主张,因此,传统的统治权与财产权一体化的观念、体制和制度设计都需要做出改变,并且,公权与私权、公域和私域的权利界定和功能界分,不断地以公民个人权利主张和社群权利的利益组织化要求表现出来,这一切既是传统财政模式转型所面临的挑战和压力,也是当前基层公共财政建构所具备的经济社会发展基础和条件。

在上述意义上,公共财政建构就是现代民主治理的型构,因为,难以想象没有民主治理结构却能够建立起以预算法治和财政民主为目标的公共财政,比如,上面提到的各地"参与式预算"实践有头无尾的结果,就是一个失败的例证。也就是说,必须先有民主权利或民主治理结构,才能实现公共财政的预算法治和民主财政的目标。这些目标包括:纳税人的权利保障、公民参与的秩序化与制度化、政府的公共性和社会治理的民主化和法治化,等等。换言之,以建构公共财政为目标的财税改革就不只是财政制度、经济制度的变化,而是要以纳税人制度改革为中心,以政府预算制度改革为主线,强化财政民主化和法治化,最终建立公共财政制度体系。其中,财税改革与社会治理转型之间具有内在联系。只有公民实质性地参与到政府财政决策当中，政府财政为公共需要负责，赋予财政以民主的性质，保障民众的政治、经济、社会和文化方面的权利，让纳税人从政府享受到的公共利益大于其通过税收转移给政府的资源价值，如此才能使政府的公共性与基层公共性社会关系的建构内在地关联起来，形成相互支撑的互惠关系，这才是现代社会治理的本质含义。

必须认识到，从单位社会的利益组织化架构进入公共社会的利益组织化架构，不仅是社会组织形式和社会联系方式发生了变化，更本质的是社会资源结构发生了变化。因此，当基层政权的财政政策还在专注于"经济建设型财政"，就必然会引起社会不公平和社会利益冲突，因为这样的财政政策不能必然创造"公共产品"，甚至可能损害公共利益，这与政权的公共性直接相关，所以，在"经济建设型财政"和旧的公共性社会关系性质维持不变的条件下，推进政府财政公共性建设的努力就不会有实质性的内容和制度改革意义。

上述讨论都直指当下基层政府的公共性建构问题，涉及政府决策、政府管理、政府服务等方面，这些政府的责任包括三个方面：第一，公民参与制度化，涉及政府财政决策和财政政策信息的公开透明。一方面，明确和限定国家和政府的有限职能，即建立一种有限政府的权力结构，并依此来不断调整国家与非政府组织和团体的关系；另一方面，社会组织参与是公共秩序不可替代的利益组织化形式，它受法律、法规以及社会规范体系的限制和约束，它阻止公共权威直接地、最大限度地施加于每个个体的社会成员之上。第二，公共服务型政府建设。公共财政是为满足社会公共需要而构建的政府收支活动模式或财政运行机制模式，[①] 公共财政制度建设是公共服务型政府建设的前提和内容，涉及承担运用法律保障经济自由与激励的任务，通过权利分配保护经济自由，为合法的交易提供安全。这"不仅保证了公共权威的财政来源，更重要的是，它约束了税入必须作为'公共财产'来处理"[②]。第三，现代公共性社会关系建设。这是基层公共政权建设及其推动预算法治和财政民主的基本任务，也是

[①] 王曙光、周丽俭、李维新主编《公共财政学》，经济出版社，2008。
[②] 张静：《国家政权建设与乡村自治单位——问题与回顾》，《开放时代》2001年第9期。

基层政府公共治理和公共服务体制建构的社会基础和制度条件。换言之，公共财政是以市场经济为基础的一种财政形式，其活动主要在为社会公众提供公共商品和服务的所谓公共领域中开展，是对市场配置资源的补充或替代。[①] 所以，把政府的公共性与其公共服务职能联系起来，才能将基层政权的公共性质和基层公共性社会关系性质的变化放在财政民主和社会资源分配公平正义的法治基础上。

---

① 高培勇：《公共性：公共财政的实质》，《人民日报》2004年10月22日。

专题报告
Special Reports

B.2
民生政治参与与中国政治文化的现代转型

张明军　朱玉梅*

摘　要：作为政治参与的重要形式之一，在当下中国，民生政治参与对于推进社会主义民主政治的渐进发展和中国政治文化的现代转型，具有较之其他途径更大的优势。基于紧贴民生问题、注重沟通协商、具有持续性和连续性的特性，民生政治参与不仅可以营造政治文化转型所需的稳定环境、提升政治文化转型所需的政治知识和技能，还能有效激发政治生活主体的主体意识。因此，需在把握民生政治参与限度的前提下，强化政府对民生政治参与的引导和推动、加强公民的政治参与教育与实践、优化民生政治参与的社会生态环境以及拓宽民生政治参与的内容和渠道，以期更好地推动民生政治参与的

---

* 张明军，华东政法大学政治学与公共管理学院教授、博士生导师；朱玉梅，华东政法大学政治学与公共管理学院博士研究生。

优化和政治文化现代转型的实现。

关键词： 民生政治参与　政治文化　现代转型

　　随着中国政治体制改革的不断深化和中国社会转型的急剧加速，形成以自由、平等、民主与法治为内核的政治文化，实现中国政治文化由传统向现代转型已成为政界和学界的基本共识，这既是突破阻碍中国政治体制改革症结的关键所在，也是建设法治国家、法治政府与法治社会的应有之义，同时，还是顺应社会转型背景、满足公众日益增长的美好生活需要的客观诉求。然而，中国政治文化转型的实践探索却充满曲折，转型效果也与预期相差甚远。有研究指出，近现代以来，中国政治文化一直处于向现代化转型之中，19世纪末兴起的戊戌变法至20世纪初的新文化运动，虽然起到了一定意义上的积极作用，但终究未能成功。新中国成立后特别是在改革开放的进程中，在各种因素的交织作用下，民主、法治、集体主义等构成了当代中国政治文化的主要内容，但从传统文化中积淀下来的等级、人治、依附等观念依然潜在而又深远，从而造成了主导政治文化的严重扭曲。[①] 因此，探寻适合中国国情的政治文化转型之路，实现中国政治文化的现代转型成为亟须解决的问题和难题。

　　当前，已有学者对政治文化转型问题进行了研究，并积极探索破解政治文化转型不成功、不彻底等困境的路径和方案。如有研究者指出"从人类政治生活的实践看，促进政治文化转型的路径主要有两条：思想启蒙和政治参与，并认为对于促进中国政治文化转型而言，政治参与具有思想启蒙所不及的功能，因此，在积极推动政治文化的转型过程中，当务之急是落脚于积极推动政治参与"[②]。民生政治参与作为政治参与的重要形式之一，在中国处于社会转型的特定时期，其对于推进中国政治文化的现代转型，具有较之选举政治参与更大的优势。在正确把握民生政治参与限度的前提下，通过优化民生政治参

[①] 张明军、陈朋：《民生政治参与与深化中国政治体制改革的突破口选择》，《理论探讨》2012年第6期，第5~10页。

[②] 张明军、陈朋：《民生政治参与与深化中国政治体制改革的突破口选择》，《理论探讨》2012年第6期，第5~10页。

与，对推进政治文化的现代转型和中国特色民主政治的实现具有重要的理论价值和实践意义。

一 民生政治参与的概念和特征

政治参与是现代政治生活的重要体现和主要模式，在政治参与过程中通过沟通、协商、妥协以及票决等行为形成基本共识，解决政治分歧等诸种问题是政治参与的基本功能。但政治参与从不同的维度检视，具有多元模式。民生政治参与作为政治参与的模式之一，在政治生活中具有无可替代的独特价值。为此必须首先厘清民生政治参与的内涵及其特征。

（一）民生政治参与的概念

理解和把握民生政治参与的概念，首先需认识和厘清政治参与的概念和定义。目前，关于政治参与的定义众说纷纭，较为典型的定义有：政治参与是指参与制定、通过或贯彻公共政策的行动。[1] 亨廷顿和纳尔逊则认为政治参与是平民试图影响政府决策的行动。[2] 中国有学者认为政治参与是普通公民通过各种合法方式参加政治生活，并影响政治体系的构成、运行方式、运行规则和政治过程的行为。[3] 由此可见，不同学者所提出的政治参与概念虽在参与主体与范围、参与行为与方式等方面存在差异，但其本质意蕴和内核具有共通性和交融性，均指公民以一定的方式影响官僚政治的行为和过程。[4]

相对于政治参与而言，民生政治参与的概念在内涵和外延上有所变化，其关涉的范围不再是一切政治或行政领域中的活动，而是与民生问题、民生议题等紧密相关的政治活动。其关涉的参与主体也不再是有限的、低效的参与政治生活，而是广泛的、有效的参与政治生活。基于此，本文认为民生政治参与就

---

[1] 戴维·米勒、韦农·波格丹诺主编《布莱克维尔政治学百科全书》，邓正来译，中国政法大学出版社，2002，第608～609页。
[2] 〔美〕塞缪尔·亨廷顿、琼·纳尔逊：《难以抉择——发展中国家的政治参与》，汪晓寿等译，华夏出版社，1988，第4页。
[3] 王浦劬：《政治学基础（第二版）》，北京大学出版社，2006，第166页。
[4] 王明生等：《当代中国政治参与研究》，南京大学出版社，2012，第10页。

是在政治参与实践中，以民生议题为公民有序参与的核心，以民生改善为党和政府公共决策的直接指向，以实现民生福祉为社会公共事务治理的根本落脚点，通过有效引导公众采取协商、沟通、权衡、比较的方式实现合法有序的参与活动和过程。[1] 在民生政治参与模式下，公众将参与与自己切身利益息息相关的民生问题的政策制定，公众参与会因之获得充足和持久的动力，公众的政治知识、政治技能以及对规则、程序的认同感等也会在此过程中予以增强和提升，政治文化的现代转型也将可能得以实现。

（二）民生政治参与的特征

根据政治参与的内容，可将政治参与划分为两种：一是选举政治参与；二是民生政治参与。[2] 而在当前的社会转型背景和现实国情下，民生政治参与具有选举政治参与所不具备的特征和优势，也更有助于推进中国政治文化的现代转型。相较于选举政治参与，民生政治参与主要具有如下特征。

1. 参与内容紧贴民生问题

马克思主义政治参与观认为，追求利益是人民群众参与政治生活的重要动因，"人们为之奋斗一切，都同他们的利益有关"[3]。反映和维护自身利益，是公众参与政治生活的重要动力和最终目的。而民生问题事关公众的基本生存和全面发展，与公众的切身利益息息相关，因此，以民生问题为直接指向、以实现民生福祉为根本落脚点的民生政治参与，比选举政治参与更容易贴近公众，更容易吸引公众参与。与选举政治参与立足于选出合适的人来承担某种政治职务或公共职务不同，民生政治参与直接指向不同层面、不同领域的民生问题，小到柴米油盐、生老病死等基本生活需求层面，大到环境卫生、交通规划、产业规划等重大议题，或者中间层面的社区治理、税收、社会保障等与公众利益有关的议题都属于民生政治参与的讨论范畴。在这些关涉民生问题的政策制定过程中引入公众参与，公民或公民团体能以合法的途径和方式，以政策主体的

---

[1] 张明军、陈朋：《中国特色社会主义政治发展的实践前提与创新逻辑》，《中国社会科学》2014年第5期，第38~59页。

[2] 张明军、雷俊：《制度与文化的双重变奏：互动与发展——兼论民生政治参与的功效》，《太平洋学报》2011年第11期，第19~24页。

[3]《马克思恩格斯全集》第1卷，人民出版社，1995，第82页。

身份直接或间接地参与与自己切身利益相关的民生政策制定，以表达个人意愿、利益诉求和实现自己的利益，同时保障其知情权与选择权、参与权与监督权等的落实。

2. 参与过程注重沟通协商

与选举政治参与相比较，民生政治参与超越了"民主授权"的竞争性政治委托－代理形式，① 倾向于参与主体的直接参与而不苛求代议，注重参与主体多样化、多层化的利益诉求的表达，这客观要求了民生政治参与对沟通协商的注重，只有注重沟通协商，多样化、多层化的利益诉求才能转化为一致性意见，更优的政策规划方案才能被识别更让人满意的民生政策才能最终形成。民生政治参与的这种沟通协商贯穿于公众参与民生政策制定的全过程。虽然政策制定不同阶段、不同环节的沟通协商在表现形式、所涉主体等方面存在差异，但始终都是围绕制定更满意的民生政策而展开。具体来说，民生政治参与中这种沟通协商特征主要体现为：一是政府与公众之间的沟通协商。同其他公共政策制定中的公众参与形式一样，民生政策制定中的公民参与形式也主要有公民调查、公民会议、公民听证会、专家咨询、关键公众接触、由公民发起的接触、民主恳谈会、公民旁听等。② 虽然不同民生议题以及政策制定不同阶段所适用的公众参与形式有所不同，但政府与公众之间的沟通协商始终都是存在的。即使在公民调查这种公民与政府间的沟通存在单向性和单次性的参与形式中，沟通协商也是有所彰显的。至于其他公民参与形式，公民与政府间不仅有存在双向互动关系的，也有合作或共同协作、公民主导政策议程等关系的，在这些公民参与形式中，沟通协商的存在更是毋庸置疑。二是公民与公民之间的沟通协商。在参与民生政策制定时，不同主体会基于自身需求和利益对民生政策形成不同态度，有支持的，有反对的，也有中立的。将这些参与者不同的、分散的、不系统的态度和利益诉求进行整合，必然会涉及参与者之间的沟通、协商、权衡、相互体谅，甚至妥协让步，只有如此，参与过程中所有参与者的真实想法和利益诉求才能得到充分尊重，关于政策的多数意见或一致意见才能

---

① 张明军、陈朋：《中国特色社会主义政治发展的实践前提与创新逻辑》，《中国社会科学》2014 年第 5 期，第 38～59 页。
② 王建容、王建军、刘金程：《公共政策制定过程视角下的公民参与形式及其选择》，《天府新论》2010 年第 4 期，第 94～98 页。

最终形成，最后制定的政策才能具有高接受度，政策的合法性也才能得以保证。

3. 参与行为具有持续性

与选举政治参与相比，民生政治参与具有选举政治参与所不及的持续性和连续性，这种持续性和连续性是保证民生政治参与影响力的重要条件，是与多种因素的作用与影响密不可分的。首先，参与行为的持续性和连续性与民生问题的特性密不可分。从前文论述可知，民生政治参与是一种利益驱动型政治参与，从与公众生产生活利益攸关的现实问题入手，拟通过政治参与的方式来解决，且民生问题涉及范围广、牵涉主体多，当一项民生问题被解决后，会有新的问题涌现，当针对某一民生问题的政策制定后，会有新的民生政策需要制定，从而带来新的公民参与行为。而选举是定期举行的，具有周期性与间断性，公众的选举政治参与自然也是定期的、不连续的，因而，选举政治参与不具有民生政治参与的持续性和连续性。其次，参与行为的持续性和连续性与参与主体的积极性密不可分。与选举政治参与不同，民生政治参与对参与主体的基本要求不高，只需参与主体能正常表达自身的诉求和意愿，不需要像选举政治参与一样具备民主操作技能、了解选举规则和程序、知晓被选举对象的信息和立场等，因而，也更能让公众持续保持参与的积极性，从而使参与行为具有持续性和连续性。最后，参与行为的持续性与参与结果的影响力密不可分。受传统政治文化的影响、现代选举文化的缺失以及选民的有限理性等因素的影响，当前中国的选举过程容易被人操控，选举结果公平性存在有限性，容易造成公众逐步产生政治冷漠。而在民主政治参与过程中，参与主体的参与行为总能在一定程度上影响政府的决策活动，包括影响政策议程、影响政策规划甚至影响最终政策等，这就容易让参与主体在民生政治参与过程中获得政治效能感，从而使公众有动力持续参与民生政策制定，使得参与行为具有持续性和连续性。

二 民生政治参与的功能与政治文化的渐进

就民生政治参与的功能而言，民生政治参与不仅可以运用民主的运作机制保障公民权利的落实和公民利益的实现，而且还可以营造政治文化转型所需的稳定环境、提升政治文化转型所需的政治知识和技能,同时,还能激发政治生活主体的主体意识。总体上看,民生政治参与主要从以下四个方面为政治文化的转型奠定基础,进而推动着政治文化转型。

(一)民生政治参与能营造政治文化转型所需的稳定环境

稳定的社会政治环境是政治文化形成的基本条件,同时,也是实现政治文化现代转型的重要前提和基础。具备了稳定的社会政治环境,政治文化的现代转型才能持续稳定地进行,反之,在政治动乱和政治斗争的环境和条件下,政治体系本身便会遭到破坏,更不用说增强公众对制度与法治、规则与程序等的认同,而且,业已形成的信仰自由、尊崇法治、尊重规则等观念和行为也有可能被中断或破坏,进而直接影响政治文化的现代转型。而民生政治参与不仅对政治稳定有促进作用,对社会稳定也有一定的调节作用。一方面,民生政策制定过程中所牵涉的利益主体是多元的,因而,民生政策的制定过程必然是一个妥协、协商的过程,这种妥协、协商的政治精神不仅是现代政治文化所不可或缺的,也是保证参与秩序、增强政治稳定所必不可少的。而且,民生政治参与主张公众采取沟通、权衡、比较的方式实现合法有序的参与与无序参与和违法参与不同,这种参与方式是政治体系和制度可以容纳和承担的,因此,当公众参与规模适当时,不仅有助于提升民生政策的公共性和正当性,也有利于维护政治稳定。另一方面,公共政策是政府"对一个社会进行的权威性价值分配"[①],而公众参与民生政策制定的过程是其表达利益诉求的过程,它可以促使作为社会价值和利益分配的民生政策以符合公众诉求和愿望的方式加以制定。当公众的愿望和诉求得到应有满足时,公众的社会公平感以及对政府的信任度便会有所提升。而这种公平感和信任感既是公众持续参与的动力,也是维护和增强社会稳定的重要前提,进而为政治文化的现代转型营造良好的环境基础。

(二)民生政治参与能提升政治文化转型所需的知识和技能

政治文化的转型说到底是政治生活主体的政治认知和政治行为的转型,而

---

① 宁骚:《公共政策学》,高等教育出版社,2003,第184页。

政治认知和政治行为的转型又有赖于政治生活主体对政治知识和政治技能的储备和掌握。政治教育与学习固然是获取有关政治体系的知识、了解政治生活规则和规范、掌握政治参与技能的重要途径，但远不如通过民生政治参与实践而获得的知识和技能来得直接和深刻。政治实践是客观政治世界之于人们主观政治心理和政治意识的最重要的桥梁，① 比起其他获取政治知识和政治技能的途径来说，它更具有根本意义。一方面，公众通过民生政治参与，可以直接获取对于社会政治的认识和从事政治生活的技能。在民生政治参与实践中，公众参与所涉及的政策议题是多元的，且公众参与形式和参与深度会依据政策议题的类型、政策制定的阶段而予以调整，这就使公众认识政治体系和政治过程，了解政治生活规则和程序的机会得以增加，从而有更多时空直接获取第一手的政治知识、有更多机会逐步提高政治技能。另一方面，基于民生政策参与行为具有持续性的特性，公众不仅可以在持续的民生政治参与实践中反复检验自己对政治知识和政治技能的掌握程度，深化自己对政治系统的了解，增强对政治体系的认同，同时，还能让自己对政治体系的评价逐步趋于客观合理，情感归属实现基本稳定，并最终将这种认识、评价、情感内化为自己的政治心理和政治观念。虽然公众通过民生政治参与实践获得的政治知识和政治技能并不一定能立刻推动中国政治文化现代转型的实现，却是推进政治文化现代转型所不可或缺的前提和基础。

（三）民生政治参与能激发公众政治主体意识的觉醒

在当代中国，推动政治文化现代转型的关键在于真正树立起政治主体意识，使公民真正成为有政治主体意识的公民。② 公民只有真正具有了包含权利意识与责任意识、参与意识与平等意识等在内的主体意识，从传统文化遗留下来的人治、等级、依附等观念才会逐步消退，具有复合型特征的中国政治文化才能逐步实现现代转型。首先，在民生政治参与实践中，以关心和维护自身利益为参与出发点和参与动力的公众，在通过合法有序的途径参与到民生政策制定过程中后，可以意识到自身具有同他人平等的参与权利、参与机

---

① 王浦劬：《政治学基础》，北京大学出版社，2006，第286页。
② 李志勇：《市场经济视野中的中国政治文化转型研究》，河北人民出版社，2009，第209页。

会与条件,可以切身体验到法律面前人人平等。其次,在公众参与民生政策制定的全过程中,公众的知情权、参与权、表达权、监督权等都将得以体现和落实,由此,公众可以通过参与实践知晓自身所享有的政治权利,并懂得要维护和依法行使这些政治权利。最后,在民生政治参与实践中,公民在通过合法有序的方式表达自身诉求后,其表达的诉求和意见将会对政策议程、政策规划以及最终决策等产生不同程度的影响,这便有助于公众切实感知自己在政治体系中的作用,认识到自己合法权利的行使对自身和社会所具有的价值和意义,从而明白自身的责任和义务。由此,公众的平等意识、权利意识、责任意识等将在这一过程中得到激发和培育。在具有一定的权利意识、责任意识、法治意识后,政治生活主体不至于再以冷漠态度对待政治参与,同时,也不至于陷入政治狂热,而是将参与活动与自身权利与义务、利益与责任等联系起来,并逐步成长为具有良好的主体意识、独立的政治人格的政治生活主体。

三 民生政治参与的实践与政治文化变迁——基于浙江温岭民主恳谈会的实证分析

始创于20世纪90年代末期的浙江省温岭市的民主恳谈会,可看作以民生政治参与模式推动政治文化变迁的成功案例。

(一)浙江温岭民主恳谈会的实践概览

浙江温岭的民主恳谈活动,肇始于1999年温岭市松门镇的"农业农村现代化教育论坛",至今,已走过了将近20年的发展历程。在近20年的实践探索中,温岭民主恳谈会活动的范围不断扩大,议题不断拓展,程序不断规范,逐步形成了一个多轨并行和多元并存的良好局面。为清晰、简洁地展现温岭民主恳谈会的实践情况,本文主要从它的范围、议题、程序以及效果等方面来对其进行简要介绍。

1. 民主恳谈会的范围

民主恳谈会缘起于松门镇的"农业农村现代化教育论坛",在"教育论坛"获得意想不到的社会反响后,温岭市委迅速总结松门镇的做法,将恳谈的范围由镇、村两级向企业、社区、事业单位等延伸,① 并将各地形式不一、名称各异的探索和创新统一命名为"民主恳谈。"此后,在党和政府的共同推动、专家学者的智力支持以及公众的积极参与下,民主恳谈会的范围进一步拓展。所涉范围不仅延伸到了城镇居民社区、基层事业单位、党政机关、群团组织,还逐步延伸到了市一级部门。所涉领域不仅包括行业工资协商、重大公共事项决策,还涵盖了人大的财政预算,这样,民主恳谈会逐步形成了纵向上有村、乡镇、市政三级协调推进,横向上有"对话型民主恳谈、决策型民主恳谈、党内民主恳谈、参与式预算、工资集体协商"② 等多种类型全面发展的良好局面。

2. 民主恳谈会的议题

定位于"民主、服务、教育"的民主恳谈活动主要以群众普遍关心的各类民生问题为恳谈议题。在村一级,民主恳谈会作为村级民主议事机制,主要针对村级财务公开、村里公共事务和农村群众切身利益密切相关的事情进行对话协商。③ 在乡镇一级,其讨论议题则主要围绕经济社会发展中群众普遍关心的热难点问题,如松门镇2004年围绕渔需品物资市场建设做了一次规模较大的民主恳谈会。在企业单位,则围绕发展经济,推进社会公益事业,保障劳动者的正当权益等方面确定议题。④ 在居民社区,则主要围绕创建群众满意活动、提供优质服务等确定议题。总之,民主恳谈会的议题大多与贴近群众利益的经济社会问题相关联。

3. 民主恳谈会的程序

民主恳谈会是中国地方政府讨论公共议题、参与公共事务的一种新模式,⑤ 它通过一整套具有相当程序性的实践为政府部门与公众之间搭建了一种有效的沟通互动机制。这种程序性在前期主要体现为公众提问题,干部解答,

---

① 陈朋:《民主恳谈:生长在中国改革土壤中的基层民主实践——基于浙江温岭"民主恳谈"的案例分析》,《当代中国政治研究报告》(第7辑),2009,第156~176页。
② 朱圣明:《民主恳谈:中国基层协商民主的温岭实践》,复旦大学出版社,2017,第1页。
③ 卢剑峰:《参与式民主的地方实践及战略意义——浙江温岭"民主恳谈"十年回顾》,《政治与法律》2009年第11期,第56~65页。
④ 慕毅飞、陈奕敏:《民主恳谈:温岭人的创造》,中央编译出版社,2005,第130页。
⑤ 郎友兴:《公民文化与民主治理机制的巩固和可持续性——以温岭民主恳谈会为例》,《中共浙江省委党校学报》2012年第2期,第5~12页。

公众的参与具有较大的随意性。经过一段时间的探索，这种程序不仅有了制度层面的规定，也有了实践层面的规范。比如在乡镇民主恳谈会中，相关文件便规定其恳谈程序为："在镇政府的主持下，邀请当地人大代表、相关利益群体、政协委员等参加，其他社会公众也可报名参与。在恳谈会上，由镇政府先提出民主恳谈的议题，参加民主恳谈的人员均可就讨论事项提出意见、要求和主张，与政府展开平等对话，在听取辩论发言情况后，领导班子再集体研究对讨论事项做出决定，对争议较大的事项，再交由镇人民代表大会审议表决做出决定。"虽然不同层面、不同形态的民主恳谈会具有不同的恳谈程序，但基本实现了恳谈程序的制度化和规范化，为保证恳谈效果奠定了基础。

4. 民主恳谈会的效果

经过近20年的探索和实践，温岭民主恳谈会已成为温岭市地方治理过程的惯行，[①] 当遇到重大问题时，地方官员和公众便会想到用民主恳谈的方法来解决。这种民主恳谈的生活化和习惯化，不仅强化了公众的民主意识和主体意识，培养了其现代理性思维和独立人格，还有效提升了公众的参与技巧和能力；不仅让政府部门学会了倾听民声，了解民意，增强了其民本意识和服务意识，还有效促进其执政效率和执政能力的提升；同时，这种民主恳谈的生活化与习惯化，还有效缓解了干部与群众、群众与群众之间的矛盾与冲突，从而为当地经济社会及文化发展营造了稳定的社会环境。总之，民主恳谈会的效果是全方位的，温岭民主恳谈实践的发展历程，也是温岭政治经济文化社会生活改变的过程。

（二）温岭民主恳谈实践之于政治文化变迁的价值意蕴

政治文化是一个民族在特定的时期流行的一套政治态度、信仰和感情。[②] 作为一个观念形式的存在，其现代转型的实现不是一朝一夕便能完成的，其间必然会经历一个长期的变迁过程，而民主恳谈实践作为民生政治参与的重要形态，其对于政治文化的变迁具有深远的价值意蕴。

---

① 郎友兴：《公民文化与民主治理机制的巩固和可持续性——以温岭民主恳谈会为例》，《中共浙江省委党校学报》2012年第2期，第5~12页。
② 〔美〕阿尔蒙德、维巴：《公民文化：五国的政治制度和民主》，马殿君等译，浙江人民出版社，1989，第29页。

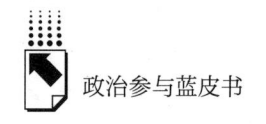

1. 促进公众的政治认知走向全面化

政治认知是政治主体对于政治生活中的各种人物、事件、活动及其规律等方面的认识、判断和评价，即对各种政治现象的认识和理解。① 对于中国政治文化的现代转型而言，公众政治认知的全面化是重要的基础因素。只有全面了解政治客体及其行为过程、行为方式和行为规律，公众才能形成客观的政治态度和政治情感倾向，才能理性地选择政治方式和政治行为，才能形成与时代和社会发展要求相适应的政治观念和政治信仰，并在不断的政治实践和政治生活中将这些政治态度、政治情感、政治信仰内化为某种政治认同感和政治归属感，进而促进政治文化的变迁与现代转型的实现。在浙江温岭民主恳谈实践中，当地公众通过参与不同层面、不同类型的民主恳谈活动，既对政治权威、政治制度、政治活动等的认知不断明确，如公众通过参与民主恳谈实践，意识到全镇（村、居）范围内的重大事项必须经由民意代表和人大代表参与讨论、恳谈、表决以后才算有效，否则，就不具备合法性，② 体现了其对政治权威的认知更趋理性化。同时，对公共权力的运作过程、运作机制的了解也逐步深化，如通过决策型民主恳谈，知晓了与城镇规划、村庄整治、街道治理等民生问题密切相关的公共决策如何产生，通过参与式预算了解了公共资源如何分配及政府如何服务于公众等。这种政治认知水平的提升，不仅有助于公众对政治客体形成客观公正的政治认知判断和评价，也有助于让公众的政治心理、政治态度和政治行为方式等经历一个现代化的转变，从而为促进政治文化的变迁和现代转型奠定基础。

2. 促进公众的政治态度走向理性化

中国政治文化现代转型实现的关键就是要将传统政治文化中内含的等级、人治、依附、盲从等内容转化为以自由与平等、民主与法治为内核的政治文化。这就需要破除以专制集权的政治特权和政治权力依附为特征的封建政治心理和政治思想、消除非理性的、狂热的、偏激或冷淡的政治心理和政治思想，③ 逐步在社会成员中培养以自由与平等、民主与法治为内核的政治文化。

---

① 王浦劬：《政治学基础（第二版）》，北京大学出版社，2006，第253页。
② 张明军、陈朋：《民生政治参与与深化中国政治体制改革的突破口选择》，《理论探讨》2012年第6期，第5~10页。
③ 王浦劬：《政治学基础（第二版）》，北京大学出版社，2006，第339页。

在浙江温岭民主恳谈实践中，公众通过参与民主恳谈活动，不仅加深了对政治系统、政治事务等的认知和了解，其政治态度也在此过程中得到了调整和转变，为消除上述消极的政治心理和政治思想、促进政治文化的变迁和转型奠定了良好的心理基础。这种政治态度的调整与转变主要表现为：其一，公众的政治情感态度发生了变化。具体来说，主要指民主恳谈活动的开展促使公众的政治信任感、政治效能感、公民责任感等得到了强化。在民主恳谈实践中，每个参与者都有权利和机会表达自己的意见和诉求，且相关部门也会充分考虑和尊重这些意见和诉求，并最终将其中合理的、一致的诉求在公共政策、公共决策中得到不同程度的体现。由此，公众便能通过参与实践切实感知自己的参与行为对公共决策的影响，认识到自身合法权利的行使对自身和社会所具有的价值，明白自身的权利与责任，同时，增强对相关部门和相关政策的信任。其二，公众的政治行为态度发生了变化。具体来说，主要指民主恳谈活动的开展促使公众以一种更加理性、宽容的政治态度来对待政治参与。以平等、自由的沟通协商为基本特点的民主恳谈活动，对激发公众参与热情、消除公众政治冷漠、培养开放合作与妥协宽容的政治心态等具有积极而有效的作用，且随着民主恳谈实践的持续推进以及其效用的不断彰显，公众对它的认知、情感和评价也会得到提升，同时，他们的这种参与行为还受到政治系统的鼓励和支持，[①]在这种环境的熏陶和浸润下，理性、宽容的参与态度自然会得到培育和发展。

3. 夯实政治文化变迁所需的经济社会基础

政治文化变迁的最终目标是实现政治文化的现代转型，而这种现代转型的实现离不开一定的经济社会基础的支撑和保障。这种经济社会基础主要是指经济发展水平的提升和稳定的社会政治环境。没有良好的经济基础作支撑和保障，公众便不可能有谋生以外的时间和精力来关心公共政治事务，这样，公众的政治理念、政治心态的转变也就无从谈起。没有稳定的社会政治环境，公众便没有机会和兴趣来参与社会政治生活，政治文化的变迁和转型也会无以为继。浙江温岭民主恳谈实践正是在这种经济社会基础上诞生和发展起来的，同时，这种实践反过来又推动了经济发展，维护了社会稳定，夯实了政治文化变

[①] 陈文正：《基层民主实践与乡村治理绩效——基于温岭的调查与分析》，《中共浙江省委党校学报》2008年第1期，第100～107页。

迁所需的经济社会基础。一方面，民主恳谈实践的开展，使政府部门在解决重大经济发展问题、制定与经济发展有关的公共政策前，会广泛征求民意、倾听民声、凝聚民智，会特别注重政府与公众，以及公众之间的沟通和互动，既有效避免了决策的盲目性、保证了决策的科学性，也有助于提升公众对政策的理解和支持，减小政策执行过程中的阻力，从而为促进经济发展提供支撑和保证。另一方面，作为民生政治参与的重要形态，民主恳谈实践以民生利益为直接指向，注重与公众经济社会生活密切相关的问题的讨论和协商，关注与公众切身利益相关的难题的回应和解决，因而，民主恳谈会的开展，不仅能有效地化解干群之间、群众之间、部门之间的矛盾，促进基层社会关系的和谐发展，为地方经济社会发展创造良好的社会环境，① 也能及时化解公众的不满情绪，削减社会中的诸多不安定因素，从而有效维护社会稳定，为政治文化变迁提供支撑和保证。

四 民生政治参与的限度及其原因

从前文可知，民生政治参与是促进中国现代民主政治发展的重要力量，是当前推动中国政治文化现代转型的重要路径，但这并不意味就能随意扩大和深化民生政治参与。要充分发挥民生政治参与的功能和效用，就必须将民生政治参与行为控制在一定限度内，让民生政治参与符合宪法法律要求，让民生政治参与规模、范围与现有政治系统承受能力相适应，同时，还需保证参与过程的有序化与理性化。

（一）民生政治参与的合法性

民生政治参与作为政治参与的重要形式之一，其功能与效用的充分发挥，首先便离不开现有宪法和法律的约束和保障。这就需要在法律法规中明确规定民生政治参与的程序、内容、范围等，让民生政治参与符合宪法和法律的要求，让民生政治参与的过程有法可依、有章可循。将民生政治参与纳入法制轨道，让民生政治参与具有合法性，主要是基于以下两个因素的考虑：其一，是

---

① 杜才平：《台州民主政治概论》，知识产权出版社，2012，第82页。

构建法治国家、法治社会的基本要求。法治国家、法治社会建设进程的持续推进，离不开我国法律法规体系的健全和完善，当然，也需要与民生政治参与有关的法律法规的健全和完善。同时，法治国家、法治社会的构建，要求人们树立法律至上的理念，维护宪法和法律的权威，要求用法律来规范人们所有的社会行为，规范所有社会事务的运作,① 当然，也包括公众的民生政治参与行为。公众只有依法参与政治生活，其行为和权利才能得到法律的支持和保障。其二，是维护社会和谐稳定的重要内容。民生政治参与对缓解社会矛盾、维护社会和谐稳定具有相当的促进作用，但这种作用的发挥是有前提和条件的，而民生政治参与的法治化便是重要的前提条件之一。公众的民生政治参与行为首先只有遵循法治原则，以法律规定和允许的程序和方式进行，才能避免一些无序的、非制度的参与，才能促进社会和谐稳定，反之，则会破坏社会和谐稳定。

（二）民生政治参与的适度性

同政治权力的行使需要划定边界一样，公众的民生政治参与行为也需划定边界，需要将参与广度和深度控制在适度范围内，否则，公众基于自身利益的民生政治参与行为，既有可能造成参与过度，也有可能造成参与不足。一般来说，那些可能对自身利益带来直接、明显影响的民生政策领域容易造成参与者趋之若鹜，出现参与过度，那些对自身利益不会带来直接、明显影响的民生政策领域则可能造成公众不愿参与或拒绝参与，出现参与不足。而过度的民生政治参与或参与不足都有可能影响民生政治参与功能与效用的发挥，从而阻碍中国现代民主政治的发展和中国政治文化的现代转型。因此，在民生政治参与实践中，既要避免参与过度，也要避免参与不足，其原因主要有：其一，过度追求参与广度，不仅需要巨额的参与成本，且参与规模还有可能超出现有政治系统的承受范围，而随着参与规模的扩大，公众在参与过程中就某一问题所表达的观点很有可能趋同化，使得这些意见对提升民生政策科学性、合理性的效用并不会随着参与人数的增加而增长，导致参与效

---

① 伍俊斌：《政治参与和有序政治参与的基本内涵分析》，《上海大学学报》（社会科学版）2013年第4期，第9~18页。

用与参与成本的不对等，因此，需将民生政治参与控制在适度范围内。其二，过度追求参与深度，不仅需要参与者对相关问题和信息十分了解，还需要参与者有一定程度的参与能力和素质做支撑。而在参与实践中，就某一民生政策的制定而言，公众所能掌握的信息不可能是全方位的，决定了公众在判断问题时的局限性，且参与者的参与能力和素质也会参差不齐，因此，过度追求深度参与缺乏现实基础的支撑和保障。其三，就参与不足而言，既容易造成民生政策制定后一些公众不接受它、不理解它、阻碍其执行等现象的出现，也会让诸多公民错失民生政治参与实践的机会，由此，通过政治参与实践提升公众政治知识和技能、强化公众主体意识等便无从谈起，进而政治文化现代转型的进程也会受到影响。因此，民生政治参与实践需追求适度参与。

（三）民生政治参与的有序性

民生政治参与作为政治参与的重要形式，对推进中国政治文化现代转型具有极其重要的价值和作用。发展社会主义民主政治、推进中国政治文化的转型必然要求扩大和深化民生政治参与，但这种扩大化的政治参与不是盲目的、无节制的，而是合法的、适度的、有序的，这就需要将合法性、适度性、有序性作为民生政治参与不可突破的底线予以坚持。就民生政治参与的有序性而言，将其作为民生政治参与过程中不可突破的限度之一主要是基于以下因素的考虑：其一，民生政治参与有序性的实现，既需要公众在参与民生政策制定时以正常的渠道和途径表达诉求，按照法定的程序和规则予以进行，也需要健全的民生政治参与制度和政治系统的稳定运行做支撑。这样，可以让公众的民生政治参与行为与现有政治体系相适应，让现有政治制度接纳，从而有效维护和增强政治稳定，还可以对民生政治参与相关制度的健全与完善提出一定要求，进而促进相关制度的健全与完善。其二，有序化民生政治参与的实现，需要公众在表达自身利益诉求、维护自身利益的同时，不忘尊重和维护他人的利益和诉求。如果参与者只关注自身利益，而完全忽视他人利益诉求的表达和实现，势必会造成参与过程中的无序和混乱。这样，便可以不断培养公众妥协、宽容的心态和精神，从而对社会主义民主政治的发展和中国政治文化现代转型起到促进作用。其三，随着政治经济的发展、教育的普及以及传播媒介的发展等，公众的民生政治参与需求会不断增长，如何在暴增的参与需求、参与数量与政治系统的承受能力之间实现平衡，有效维护政治权威和政治稳定，就更需要将有序化作为民生政治参与不能突破的底线之一予以坚持。

（四）民生政治参与的理性化

民生政治参与功能与效用的充分发挥，除了将合法性、适度性、有序性看作民生政治参与的重要限度之外，理性化也是民生政治参与过程中必须予以坚持的。其原因主要有：其一，民生政治参与理性化的实现，既需要公众基于自身所掌握的政治知识和政治技能，在独立自主、理性分析的基础上做出判断和选择，也需要公众在参与过程中避免因受他人意见的影响或外界的干预而一时冲动改变自己的想法和立场，这样，便可以让公众的真实想法和意见得到表达，从而为保证参与结果的客观性、公平性奠定基础。其二，民生政治参与理性化的实现，需要公众在参与有关民生问题的政策制定时以合法、合理的方式表达诉求和愿望，而不是以偏激、极端化的方式进行；需要公众对相关部门做出的公共决策、制定的公共政策予以充分理解和支持，即使自己在参与过程中表达的利益诉求未能在决策中得到体现，如此，便可以为保证参与过程中的秩序和政治系统的稳定运行提供有力的保障。其三，理性政治参与是公民主要基于行使合法权利、维护正当利益、履行公民职责、促进政治发展的目标参与国家政治生活。[①] 民生政治参与理性化的实现，自然也不例外，需要公众真正以维护正当权益、承担公民责任等为出发点而参与，为促进中国政治发展和政治文化转型奠定基础。

五 优化民生政治参与推进中国政治文化转型的逻辑

在明晰民生政治参与对推进中国政治文化现代转型的重要价值后，如何优化民生政治参与推进中国政治文化现代转型就成为一个重要的现实问题。作为一项复杂的社会系统工程，它需要政府、公民、社会等多方的共同努力与合

---

① 伍俊斌：《政治参与和有序政治参与的基本内涵分析》，《上海大学学报》（社会科学版）2013年第4期，第9~18页。

作，不断探索和实践民生政治参与得以优化的现实路径，以期更好地推动中国政治文化的现代转型。

（一）强化政府对民生政治参与的引导和推动

中国的现实国情决定了政府是民主进程的主导力量，[①] 而民生政治参与作为推进社会主义民主进程、推动政治文化转型的重要内容和途径，其定位和发展必然深受政府的行政理念、角色定位、运行机制等的作用和影响，因此，优化民生政治参与推动中国政治文化现代转型，政府的引导和推动是必要前提和保障。其一，需要政府以开放的姿态推动民生政治参与的发展。作为民生政治参与的主导力量，政府只有以积极主动的态度支持民生政治参与，民生政治参与才能得到不断的发展和优化。作为民生政治参与模式的典型形态，温岭民主恳谈实践就鲜明地体现了这一点。正是温岭市委市政府以积极开放的姿态敢于探索和创新，民主恳谈实践模式才能得以创始，并不断发展和深化。也正是温岭市委市政府以积极开放的姿态积极推广与大力支持，公众才会积极主动参与到民主恳谈中来，民主恳谈会也才会发展成为纵向上有村、乡镇、市政三级协调推进，横向上有"对话型民主恳谈、决策型民主恳谈、党内民主恳谈、参与式预算、工资集体协商"[②] 等多种类型全面发展的良好局面。其二，需要政府的自我完善来引导民生政治参与的优化和政治文化的现代转型。政府的价值取向、行政理念、角色定位等不仅会影响政府的公信力和形象，对公众的政治认知、参与意愿等产生影响，而且对民生政治参与模式的价值取向、运行状态与运行效果等也会产生直接影响。这就需要政府在行政过程中始终坚持人民民主、以人为本的价值取向，让公众真正感受到自己是国家的主人，意识到自己有权参与政府决策过程，让政府明白群众利益无小事，做到时刻关注民生动态，这样，便能促进公众民生政治参与意愿的增强以及民生政治参与以人为本的价值取向的确立。同时，也需要政府在行政过程中真正做到依法行政，让政府工作人员尤其是领导干部破除人

[①] 吴兴智：《我国公民文化发展逻辑：协商民主的视角——以温岭民主恳谈会为个案的思考》，中国行政管理学会2010年会暨"政府管理创新"研讨会论文集，2010。

[②] 朱圣明：《民主恳谈：中国基层协商民主的温岭实践》，复旦大学出版社，2017，第1页。

治思维，树立法治思维，这样，既可以为将民生政治参与导向法制化轨道奠定基础，也可以促进政府工作人员法治思维、法治观念的提升，为促进政治文化的现代转型打下基础。而且，还需要政府将自己的角色定位于服务者，以便能给公众提供更优的服务，这就需要政府在制定民生政策时清楚公众想法和要求，在做出重大民生决策时与公众充分讨论和协商，同时，在保证参与效果的前提下适度深化公众参与公共政策制定的广度和深度，不断推动民生政治参与走向扩大化与更优化。

（二）加强公民政治参与教育与实践

作为民生政治参与的重要主体，公民的政治认知和政治态度直接决定了其是否愿意参与，公民的政治素养和政治能力也直接决定着民生政治参与的积极性和有效性，且政治文化现代转型的实现，最终也落脚于公民的民主意识、法治意识、公民意识等的培养和强化。因此，优化民生政治参与推进政治文化转型，加强公民的政治参与教育与实践是重要的前提和保证。其一，对公民进行民主政治与法治的意识和公民意识的教育，培养其在社会公共生活和政治生活中的平等、权利、参与、自主、宽容和理性的公民意识和公民精神。[①] 这样，既可以促进公众摆脱传统的依附型臣民人格，让公众以积极的主人翁态度主动参与到民生政策制定的讨论协商中来，也可以促进公众主体意识的增强，让公众意识到自己可以为维护自身正当利益而影响政府决策，同时，还可以增强公众的政治责任感和政治认同感，为保证公众民生政治参与行为的合法性和有序性提供心理和意识层面的准备和支撑，进而为优化民生政治参与推进政治文化转型奠定基础。其二，对公众进行特定的民生政治参与知识和政治参与技能的传授和训练，让公众熟悉民生政治参与的内容、规则和程序等，以保证其顺利有效地进行参与。虽说民生政治参与实践对参与者的基本要求不高，只需要其能正常表达自身的合理诉求即可，但随着民生政治参与逐步走向扩大化和深入化，必然会对政府、公众等提出更高要求。既需要政府采取多样化和灵活的方式设定具有现实性和吸引力的议题、简化"进入"程序以吸引最广泛的民众参与政治生活、运用通俗易懂的

---

① 王浦劬：《政治学基础（第二版）》，北京大学出版社，2006，第340页。

技术推动参与过程的有序运转,① 同时,也需要从公众这一层面着手,通过相关教育与实践,促进其民生政治参与能力的提升,从而为提升民生政治参与效用和优化民生政治参与提供能力支撑。

(三) 优化民生政治参与的社会生态环境

民生政治参与是在一定的社会生态环境中进行的。通过民生政治参与来推动社会政治文化环境的改变,是民生政治参与的目的之一。同时,民生政治参与的优化也需要良好的社会生态环境的支持。因此,在积极鼓励公众了解民生政治参与,吸引公众加入民生政治参与中的同时,也要不断优化民生政治参与的社会生态环境,为民生政治参与的健康运行与不断优化提供环境支撑与保障。其一,优化民生政治参与的制度环境。这就需要不断建立健全民生政治参与的相关制度,在制度中明确公众的民生政治参与权利,让公众的民主权利获得制度性的实践机会和依据;在制度中明确规定民生政治参与的渠道与空间、规则与程序等,让民生政治参与过程有据可依、有章可循,为实现民生政治参与的适度性、理性化、合法性与有序性等提供支撑与保障。同时,还需依据民生政治参与实践的变化而及时对相关制度规定进行调整,让公众合理的愿望和利益诉求得到充分体现和保障。其二,优化民生政治参与的经济社会环境。如前文所述,民生政治参与的推进需要良好的经济基础、稳定的社会环境作支撑和保障。因此,优化民生政治参与推进政治文化转型,就必须促进经济发展、维护社会和谐稳定,只有这样,才能为优化民生政治参与推进政治文化转型提供良好的社会物质基础。其三,优化民生政治参与的文化环境。政治文化现代转型的实现需要民生政治参与的优化,而民生政治参与的优化也需要良好的文化氛围与环境作支撑。这就需要通过大力发展文化教育事业、继续推进社会主义民主政治建设、加快法治社会建设进程等途径,让公众的文化素质得以提高、民主法治意识得以增强、自主参与意识得以强化等,由此,便可以有效推进理性的参与型文化在社会中的培育与发展,从而为优化民生政治参与推进中国政治文化转型提供文化层面的支撑与保障。

---

① 张明军、陈朋:《民生政治参与的一个初步经验分析》,北京大学政治发展与政府管理研究所会议论文集,2011。

（四）拓展民生政治参与的内容和渠道

从前文的分析可知，民生政治参与对推进社会主义民主政治的发展和中国政治文化的转型具有重要的价值和意义，但这种功能效用的充分彰显，除了需从政府、公民、社会等层面予以努力外，还需以公众的充分、有效参与为前提和保证。这就需要适时拓展民生政治参与的内容和渠道，以参与内容的拓宽来实现公众的有效参与，以参与渠道的拓展来保证公众的充分参与，以此推动民生政治参与的优化和政治文化转型的实现。其一，拓展民生政治参与的内容和范围，推进民生政治参与向纵深化发展。一方面，要在明确民生政治参与限度的基础上，逐步拓宽民生政治参与的议题覆盖面，将教育医疗、环境卫生、社会保障、发展规划、社区治理等不同层面、不同领域的民生问题纳入民生政治参与的议题范畴中，让民生政治参与的议题不再局限于某些领域、某些层面的问题，切实推进民生政治参与内容和空间的扩大。另一方面，在继续扩大和优化政府层面的民生政治参与时，也需将民生政治参与引入党内，让党在做出事关民生政治决策时，充分听取普通党员的诉求和意见，有效推进党内民生政治决策的科学化和合理化。其二，要拓展民生政治参与的渠道。当前，我国民生政治参与已有一些渠道，如公众通过公民调查、公民听证会、公民旁听、公民会议、专家咨询、民主恳谈等形式参与到民生政策制定中来，但随着公民意识的增强和法治政府建设的推进，应努力寻找更多元、更有效的民生政治参与渠道，如采用电视问政、网络参与等新形式，让公众更多地参与到民生政策制定中来，以期通过民生政治参与渠道的拓展，推进民生政治参与的优化和政治文化转型的推进。

B.3
当前农村义务教育的发展与地方政府治理

郭建如*

摘　要： 21世纪以来，我国农村义务教育出现了重大变化：一方面经过多年努力，全国范围终于普及了真正的免费义务教育；另一方面却是在农村局部地区出现了普遍的"逃离"义务教育阶段公办学校的现象。本文围绕这两种现象探讨了普及义务教育的原因，分析了义务教育普及过程，特别是围绕着我国农村义务教育管理体制和财政体制的重大变革，建立了相应的分析框架，从国家与社会关系演变的视角分析农村义务教育不同阶段出现的问题，探讨地方政府对农村义务教育的治理能力，强调地方政府现阶段应将农村义务教育的质量放在教育发展的首位。

关键词： 农村义务教育　普及　逃离　地方政府　治理

一　问题提出

21世纪以来，我国农村义务教育发生重大变革，出现了两个值得关注的现象。首先是在国家强力推动下，对农村义务教育财政体制进行重大改革，免费的农村义务教育在全国范围内真正得以实现。20世纪90年代是全国大多数省份普及农村义务教育的10年，多数省份依靠农村教育费附

---

* 郭建如，北京大学教育学院教育管理与政策系、教育经济研究所教授。

加、学杂费、群众集资等方式筹集资金，实现"村村有校"、就近入学。2000年3月开始的安徽省农村税费改革试点可以说是我国农村义务教育财政体制与管理体制变化的分水岭；2006年6月全国人大修订《义务教育法》，明确义务教育不收学费、杂费，"农村义务教育所需经费，由各级人民政府根据国务院的规定分项目、按比例分担"。至此，通常意义上具有公共性、免费性特点的义务教育才真正在现代中国变为现实，而这距离清朝末年所提出的义务教育理念已过去了100多年。由此产生的问题是：虽然耗时100多年，为什么政府仍孜孜以求推行义务教育？中国传统上是集权国家，为什么义务教育的推行却耗费100多年时间才实现呢？第二个值得关注的现象是：农村基础教育阶段，特别是初中阶段的民办教育虽受到免费公办义务教育的短暂冲击，但很快就获得了很大发展，不少农村家庭愿意将子女送入相对高收费的民办学校，甚至是到城市去择校而不是选择就近进入当地的公办学校。一些学者惊呼城市基础教育出现"拉美化"迹象：城市家庭在小升初阶段纷纷选报知名的民办初中，这些学校往往会在中考中胜出。①大量中高收入家长逃离公共教育体系，在私立部门寻求更高水准的服务，公立学校特别是基础教育阶段的公立学校逐渐成为低劣质量机构的"代名词"。实际上，这种现象在农村地区已经呈现出局部的普遍化。

这两种现象看似是相矛盾的过程：免费的义务教育是农村家庭一直所渴望的，获得权利的过程是非常艰难的，但为什么不少农村家庭在享受这种权利没多久就自愿放弃了呢？民办教育的发展对于国家和民众来讲意味着什么？地方政府如何才能进行有效治理？要对这种现象进行探讨，就有必要对义务教育制度及其与国家和社会的关系进行深入剖析。

义务教育是由国家用法律形式规定对一定年龄所有儿童和少年实施的有一定年限的、强制受教育者接受的、经费由政府保证的世俗性的免费教育；强制性、免费性、普及性、世俗性等是义务教育的基本特点。在世界范围内，尽管国家之间在实施义务教育的起始年龄、义务教育年限长短、义务教育与普通学校教育阶段的关系等方面存在不同，但义务教育已成为

---

① 王蓉：《直面中国的"教育拉丁美洲化"挑战》，《中国教育财政》2017年第5期。

世界上大多数国家普遍实施的基本的教育制度。① 为什么要实行义务教育？这种制度为什么能够成为一种全球性的制度，同时这样的制度又是如何在不同的国家中建立起来的？围绕着这些问题，不同学者从不同角度进行了探讨。

1. 实施义务教育的原因

对实施义务教育原因的解释通常来自两个方面：一是应然方面，对这一问题讨论较多的是经济学和社会学的学者；二是从实然方面，从教育史角度对世界上一些主要国家实施义务教育的背景和过程进行分析，希望找出影响这些国家实施义务教育的主要因素和机制。

经济学家对义务教育解释的理论依据主要是公共物品理论。但某种物品属于公共物品或私人物品在很大程度上取决于政府、市场和社会群体之间的互动过程，就教育是垄断性公共物品还是非垄断性公共物品的定位，更是一个法律或政府政策规定的问题。② 公共物品理论没有回答为什么法律要规定这种教育是义务性的，并由政府来承担义务教育的经费投入与管理的责任。马莫洛也指出公共产品是随人们的价值观而变化的，公共物品提供的偏好是宪法界定的。③ 这说明义务教育作为一种社会建构的制度，具有一定的武断性。但仅仅知道义务教育是法律的或社会的建构还不够，还应该知道为什么要建构这样的制度。

社会学者从教育的社会功能角度对国家为什么要通过法律实施义务教育提供了解释，其中最具代表性的人物是迪尔凯姆（也译为涂尔干）。在迪尔凯姆看来，社会只有当"社会成员获得足够多的同质性时"才能够存在，教育通过在儿童身上确立集体生活所必需的基本相似性，维持和巩固了这种同质性，教育就是年轻一代系统地社会化的过程。④ 他进一步解释说，在个体身上有两种存在：一种是个体存在，另一种则是一套体现着我们所参与的群体或各个不

---

① 赵亮宏、史习江：《义务教育》，黑龙江教育出版社，1989，第2、9页；成有信编《九国普及义务教育》，人民教育出版社，1985，第1页。
② 郭垒：《教育是公共物品还是私人物品》，载金安平等编《权利与权力：教育公共政策的政治学研究》，中国文联出版社，2007，第60、63页。
③ 王蓉：《公共教育解释》，中国财政经济出版社，2009，第34页。
④ 〔法〕涂尔干：《道德教育》，陈光金等译，上海人民出版社，2001，第308~309页。

同群体的观念、情感和实践的体系的"社会存在","教育的目的就是在我们每个人身上形成这种社会存在"①。因此,教育是关涉一个社会的传承与整合的问题,教育并不是个人的事情,也不是家庭的事情或者是某个社会群体的事情,而是国家的事。

从实然角度考察,世界范围内主要国家义务教育产生的背景和条件均不尽相同,实施义务教育的初衷也不一样。最早实施义务教育的普鲁士是出于军事考虑,而美国则是为了确立新移民国家的国家认同。但在20世纪,义务教育扩散成为全球性教育制度既同各国的实际需要有关,也同这种制度已被合法化为基本人权以及变成国家文明的标志有关。可以说,义务教育作为一项社会制度,是特定的社会所建构的,受到了特定社会许多因素的影响,打上了这些社会的烙印,其主要内容以及实现形式也被所在的社会所塑造。

2. 义务教育制度建立过程:利益团体、阶级与国家

从历史上看,义务教育从理念到真正成为一种制度并不是一帆风顺的,各个国家确立义务教育制度的历史路径都很不相同。一些社会学者进行了卓有成效的分析,其中尤以英国的阿切尔和格林,美国的鲍尔斯和金蒂斯等的研究较突出。阿切尔借鉴韦伯的相关理论,以围绕着教育的相关利益团体的互动为核心,探讨了世界上一些主要国家现代教育的起源,考察教育体系中的变化机制。鲍尔斯和金蒂斯等人认为,美国的公立教育基本上是对无产阶级化过程中所产生的问题以及痛苦的城市生活的一种反应,与其说公立学校教育的任务是为工业生产提供新技能,还不如说是为了灌输服从、纪律和道德,借此来抵抗普遍的社会混乱,鼓励工人阶级乃至全社会都接受竞争资本主义的价值观。受葛兰西关于霸权理论解释的影响②,格林认为一国的公共教育体系同国家形成过程有关,他所指的国家形成是现代国家建立的历史过程,不仅包括政治行政部门以及组成"公共"范畴的所有政府控制的机构的组建,也包括使国家权力合法化、巩固民族和民族"特点"的意识形态和集体信念的形成,国家的

---

① 〔法〕涂尔干:《道德教育》,陈光金等译,上海人民出版社,2001,第309~311页。
② 〔英〕安迪·格林:《教育与国家形成:英、法、美教育体系起源之比较》,王春华等译,教育科学出版社,2004,第105页。

独特性在很大程度上塑造了教育的特点。① 格林还指出，现代资本主义国家国民教育体系发展的不平衡既同国家政治体制是集权或分权有关，也同这些国家的统治力量对利用国家和政权力量推行教育的取向不同有关：在英国，政治传统强烈反对国家扩张和干预，国家权力中反对发展教育的力量极为强大，使国家公共教育不可能获得发展；② 而美国作为一个反对中央集权、在教育上深受地方主义与自主自愿思想影响的国家要比同样对政府控制教育反感的英国比较早地建立公立教育制度，主要在于美国公立教育的发展同国家建设之间存在密切的关系。③

3. 义务教育普及与发展中的政府管理体制与财政体制

从全球主要国家义务教育的实践看，义务教育的普及深受义务教育体制的影响。义务教育体制的核心在于处理权和财的问题，主要涉及两种关系。一是纵向的政府系统各层级的关系：各级政府对义务教育的责任是什么？为什么要承担这样的责任？各级政府究竟承担多大的责任是比较合适的？各级政府承担的管理责任与承担的义务教育经费的责任应该如何匹配？二是横向的关系，即政府与社会之间的关系。社会在管理以及资金投入方面是否应该介入义务教育发展中，以什么样的方式介入，以多大的程度介入是比较合适的？无论是在这个纵向的关系上，或者是横向的关系上都存在着资金与管理的问题。尽管资金与管理是可以分离的，谁出资并不一定就由谁管理。一个国家义务教育的管理体制与义务教育财政体制深受一个国家体制特征的影响，如集权制和分权制国家的政府对义务教育推行与完善方面的作用差异就很大。法国是一个典型的集权制国家，与其中央集权型的办学体制相对应，法国的义务教育经费公共投资体制实行集中模式，以 2000 年为例无论是财政转移支付前或之后，中央政府的投入都占到了 90％以上。日本、德国和美国等国家的义务教育投资体制属于相对集中模式，即义务教育公共经费的投资主体是省、邦、州等较高层次的地方当局。

从世界上主要发达国家的历史来看，义务教育从最初确立到最终完善成熟

---

① 〔英〕安迪·格林：《教育与国家形成》，王春华等译，教育科学出版社，2004，第184页。
② 〔英〕安迪·格林：《教育与国家形成》，王春华等译，教育科学出版社，2004，第120页。
③ 〔英〕安迪·格林：《教育与国家形成》，王春华等译，教育科学出版社，2004，第200页。

和在一个国家内实现完全普及均用了较长时间。从总的变化趋势来看，无论是分权制的国家或是集权制的国家，中央或联邦政府和省或州政府在经费方面承担的责任在增大，基层地方政府经费承担责任在降低；相应地，中央或联邦和省或州政府在义务教育管理方面的权力也在增大。义务教育管理体制与财政体制的变化过程因为涉及了各级政府之间、政府与民众之间利益关系而带有更强的政治性。法国的中央与地方共同分担并以中央为主的义务教育经费体制是在长达一个多世纪内形成的，经历了以市镇为主到以中央为主，从义务教育的投资分散模式向集中投资模式转变的过程；① 日本的义务教育公共投资体制也经历了一个几乎全部由市町村负担逐步转为三级财政共同负担的过程；② 美国义务教育管理和投资责任最初在镇，继而是学区，从学区发展到州一级则经过了相当长的政治过程。

围绕着管理体制和财政体制的是如何处理钱和权的问题：公立学校的资金应该出自受教育者、教会、社会力量，抑或是应该来自政府财政？如果主要由政府承担的话，应该由哪级政府承担？如何才能通过立法或其他措施使某一级政府承担这样的责任？在权的方面则涉及相关方对教育管理的介入：在法国，义务教育体制涉及政府与教会之间的斗争，美国则涉及地方主义与州的统一领导的问题。

4. 社会主义体制下的政府行为与财政运行机制考察

在许多资本主义国家，财政税收是政治问题，常常体现为议会中的斗争。社会主义国家因政治体制不同，国家基本权力结构不同，财政问题背后复杂的政治性过程很难体现在各级的人大会议上，因此对财政问题的分析应更多地聚焦在政府运作体制与运作过程中。科尔奈对经典社会主义体制模式下权力结构以及政府和官员行为模式的分析对理解同属于这一模式下的中国可能有很多启发性的意义：政治和行政混同；政府官员对上负责而不对下负责；各级政府把精力投入抓重点工程和项目中，并常常采用发起运动的方式实现目标；在政府上下级之间充斥着讨价还价等这些特点在教育供给领域同

---

① 詹瑞令：《法国普及义务教育》，载成有信编《九国普及义务教育》，人民教育出版社，1986，第172~182页。
② 周鸿志：《日本普及义务教育》，载成有信编《九国普及义务教育》，人民教育出版社，1986，第79、87页。

样存在。① 北京大学马戎教授团队曾在 20 世纪 90 年代中期对全国六大行政区划 24 个县的农村基础教育进行调研，发现在许多县，教育财政严重不足，政府的主要精力放在经济发展上而不是教育方面；同时也发现在一些教育发展较快的县内，还存在教育发展重视速度，重视数量而轻视质量的问题，如在普及义务教育过程中增添的电脑等设施并没有发挥应有的用处，许多地方还存在着"对上负责而不对下负责"的情况。② 本文的研究则聚焦于 2000 年以来发生的重大变化。

二 分析框架

1. 我国农村义务教育制度确立及普及方面的独特性

要深入研究我国农村义务教育财政体制的变化就必须将之放在我国义务教育制度确立及发展完善过程中，探讨影响农村义务教育制度确立与发展的内外部因素，既要注意到我国农村义务教育制度在确立与发展过程中与西方国家的一些共同点，也要高度重视我国的某些独特性，在此基础上建立起相应的分析框架。

我国农村义务教育在普及与发展中与西方一些主要国家有一些共同点：第一，农村义务教育的普及，特别是真正实现免费教育，从理念的提出到真正的实现并不是一蹴而就的，而是经历了相当长的一个历史发展过程；第二，农村义务教育真正实现的关键是管理体制与财政体制的变革，即由基层政府承担转变为更高层次的地方政府承担，由某个主要层级的政府承担转变为中央与地方共同分担；并将农村义务教育管理的责任转移到更高层次的地方政府；第三，同样地，农村义务教育在发展中必须处理纵向和横向的关系，纵向是政府各层级之间的关系，横向则是与社会中不同群体之间的关系。

我国农村义务教育在发展中呈现的一些独特现象主要是：其一，中国是一个后发国家，尤其是在新中国成立时，世界上主要国家已普及了义务教

---

① 〔匈〕雅诺什·科尔奈：《社会主义体制：共产主义政治经济学》，张安译，中央编译出版社，2007，第 132~136 页。
② 马戎等主编《中国农村教育发展的区域差异：24 县调查》，福建教育出版社，1999。

育，但中国并没有利用后发优势在全国很快普及义务教育；在很长时间内，是农村居民在承担着农村基础教育普及和义务教育普及的费用。其二，在很长时间内，义务教育的发展在区域间和城乡间的差距不断拉大，而不是在降低，这同集权制国家的驾驭能力不相协调。其三，围绕农村义务教育发展呈现的政治过程不同，我国农村义务教育的发展并不是依靠议会斗争或社会教育运动推动的，尤其是在1949年后，政府成为社会发展积极的发动者和组织者。我国农村义务教育确立与实施过程中这三个特点在很大程度上同1949年以后我国社会呈现出总体性社会特征，社会阶层划分不明显，各阶层意识不明确，每个阶层并没有出现自觉的集体行动，难以找到不同群体围绕着教育领域的行动，以及政府在社会中处于强势地位，主导着国家以及社会的发展规划有关。

2. 分析我国农村义务教育制度确立及普及的基本框架

我国农村义务教育近些年的重大变化是围绕着农村义务教育管理体制和财政体制变革这个主轴进行的，主要涉及两个方向、两个方面的变化。两个方向分别是：国家（或政府）与社会的关系，政府系统内部各层级之间的关系；两个方面分别是资金来源与管理权划分。但就国家与社会在资金来源与管理权限上就可以形成四种基本的组合情况：政府出资、政府管理；政府出资、社会管理；社会出资、社会管理；社会出资、政府管理。

表1　国家与社会在资金来源与管理权限的四种组合

		管理	
		政府	社会
出资	政府	政府出资、政府管理	政府资助、社会管理
	社会	社会出资、政府管理	社会出资、社会管理

政府出资与政府管理，是义务教育的基本体制；政府出资、社会管理在美国公立中小学改革中就出现过，如特许学校，或公私合作伙伴关系；社会出资、社会管理通常是私立教育，社会出资、政府管理则出现在公私立合作伙伴关系和许多国家在实施义务教育阶段初期征收学费阶段。当然，上述的类型划分是种理想型的划分，现实情况要更复杂一些。如在许多国家中，即便是政府出资和政府管理的公立学校，也会通过各种制度吸收社会力量，尤其

是学生家长和社区力量参与学校管理。如果将政府划分为不同层级，表1将会更复杂。

教育领域中的政府与社会关系要受到这个国家总体上的国家与社会关系的影响。就世界范围来看，国家与社会的关系类型有四种：强国家强社会，如美国；强国家弱社会，如中国；此外还有弱国家强社会、弱国家弱社会类型。在强国家与强社会类型中，国家与社会的关系呈现出金字塔状的三层结构：最上层是国家，中间是市民社会，即由市民社会治理的各种团体、组织和社会精英等；最底层是普通民众。中间层（市民社会）发育较好，社会较强大，国家就会通过中间层与民众沟通，民众意见也会经过社会的各种团体和组织以及社会精英传递给国家。而在强国家弱社会的类型中，作为市民社会的中间层可能不存在，国家直接面向民众互动，如中国。因为国家处于强者地位，民众处于弱势，国家意志往往会直接作用于民众，民众多处于被动地位。这种情况在计划经济体制下的中国尤其突出。在计划经济体制下，国家、单位与个人之间呈现出垂直控制关系，单位只不过是国家的延伸部分或政府控制下的某一个部门。具体到农村，则主要是集体组织，这种组织更多是对上负责的。这样，就将社会的力量包裹进整个国家中。改革开放后，社会流动资源增多，社会中间层逐渐发展，政府原有的一些职能剥离出来也进入社会这个范畴；但相对于政府，"社会"并没有真正地自主、独立和整合，呈现分散的、附属性的状态。以农村教育领域而言，在长时间内国家力量渗入社会之中，或者是扎根于社会中，不断汲取社会的资源，在中国教育中出现了典型的"大公立部门小公共财政"的形式。学校的管理权归政府，但学校的运行，甚至校舍的建设费用则来自学生家庭或当地群众。2000年以后，经过税费改革，特别是2006年农村义务教育保障新机制实施后，政府不再从民众那里直接获得资源。由民间举办的私立教育，无论是个人或机构举办的，从办学初衷与宗旨来看很难讲是明确代表哪一个群体或阶层利益，举办者、学校和学生家庭更多地停留在市场的供求关系上，这三者之间的政治性联结并不非常突出。只是在一些大的城市中，可能会出现某些贵族学校，在学校培养目标、学生品味以及学生的筛选方面同某些群体更多地结合在一起。一些转制学校，或者是一些名校办民校，多是政府在利用市场机制从社会汲取更多资源，可以说是政府在控制着市场。

政府系统内部的纵向关系在我国主要涉及中央、省、市、县、乡镇、村委会（准政府）等之间的关系。从世界主要国家来看，在分权制国家，地方享有的自治权很大，中央与地方的权力界限也很明确，如美国宪法即规定教育权不在联邦而在州；中央集权制国家中，地方权力较小，中央与地方之间的权力划分并不很清楚，调整的随意性大。教育领域中政府出资与管理方式与政府体制并不完全一样，如日本是集权制国家，但日本三级政府承担的比例相近；在分权制国家中，地方政府通常会占主要部分；但英国虽是分权制国家，中央政府的出资却占绝大部分。从西方主要国家义务教育财政体制演变过程的分析看，政府间责任划分经过了复杂过程。我国同样如此，在财政体制不完善情况下，政府间的博弈现象较突出：中央财政较弱时，容易发生上级政府给政策而不给资金，转嫁包袱的现象；在中央财政较强时，容易发生中央的转移支付资金被中间政府截留或钱非所用的现象。地方政府可能会采取"倒逼机制"，将一些突出问题转交给上级政府，逼迫上级政府买单；或出现"挤出效应"，在上级政府对义务教育投入增多时减少本级政府投入。

将以上两个方向上的两条线索合并在一起考虑，农村义务教育体制的变化就更复杂。首先，国家意志通常会由中央领导进行宣示，并形成法律与政策，由政府实施，但实施程度受制于政府的执行力和执行方式。具体到农村义务教育，中央政府并不直接管理农村义务教育阶段学校，主要是通过政策和资金进行影响。当政策和资金传达到地方政府和地方教育行政部门后，地方教育行政部门会结合上级政府政策以及相关资金，通过直接管理影响所属公办学校，或通过监管等手段影响民办学校，进而会影响到所谓的社会（这里讲的"社会"并不是一个有着高度组织性的自主性的市民社会，就我国农村义务教育情况看，地方性社会主要是由分散的农村居民构成，其中包括义务教育的对象及其家庭、举办义务教育阶段民办学校的个人或社会机构等）。社会既受到政府影响，也会通过自己的方式影响政府，并不是完全处于消极状态。特别是地方性社会的问题也会通过各种媒体、通过全国层次的"两会"代表、委员等上升到全国层次上，形成"全国性社会"的问题，就会对中央政府形成压力，影响相关的政策和资金。这样，就形成了一个循环圈，见图1至图4所示。

三 普及、"逃离"与治理

从农村义务教育发展的不同阶段看，相同参与者在每阶段的地位和作用以及这些参与者相互间的关系有很大的不同。为简化起见，本文根据2000年的农村税费改革与以县为主的农村义务教育管理体制的确立、2006年农村义务教育经费保障新机制的建立和《义务教育法》的修订与实施，以及2010年后农村公办义务教育出现的局部的"逃离"现象为分界点将农村义务教育的发展分为四个不同的阶段。

第一阶段：2000年前的农村义务教育发展。

我国义务教育的理念在清朝末年就提出，民国时期得到了部分推行，但受制于国内混战、国外侵略、军阀割据等因素，义务教育的普及非常有限；1949年后，中国确立了社会主义体制，提出了普及义务教育的目标。但限于财力，在教育领域采取的是"两条腿走路"的做法，农村地区由农村集体举办中小学校。普及义务教育的目标直到1985年才再次由中央提出。国家意志要靠政府系统去落实，这就涉及政府的执行能力，而政府执行能力则要受到政府官员的重视程度以及政府财力的影响。1986年的《义务教育法》规定实行国务院领导、地方负责、分级管理制度，实行过程中教育管理权被层层下放、管理重心下移，农村义务教育最终靠的是通过乡村两级基层组织向农民征收教育费附加、教育集资以及学生缴纳的学杂费运行，在管理上以乡镇政府为主。

农村经济的凋敝很快就表明乡镇并不足以支撑农村义务教育的发展。在包干制的财政体制下，中央的财政能力也在不断弱化，有时国务院不得不向各省筹款[1]，很难进行大力度的转移支付，由此产生了一系列问题。第一，造成了东中西部地区间的差距拉大，城乡之间的差距拉大，学校之间的差异拉大。[2]第二，造成了中西部地区出现了大量的教师工资拖欠现象，导致一些教师上访，甚至是一些群体性事件发生。第三，民办教师大量存在于农村，严重影响

---

[1] 李鹏日记写到"1987年1月中央召开省长会议，实质是国务院向地方的筹款会"，见改革开放30年中国教育改革与发展课题组《教育大国的崛起：1978-2008》，教育科学出版社，2008，第132页。
[2] 李岚清：《李岚清访谈录》，人民教育出版社，2003，第240~241页。

了农村义务教育的质量。第四，在政府投入有限情况下推动的农村义务教育普及，只能是低水平普及，形成了"村村办学"的分散办学模式，造成了教育资源浪费，为以后的农村中小学校布局调整造成了很大阻力。第五，这一阶段农村义务教育主要依赖农村教育附加费、捐集资和学杂费运行；因为乡镇截留或挪用农村中小学教育经费，中小学校为了运转而不得不向学生收费，造成了乱收费现象，严重地破坏了学校和教师的形象，导致农民负担加重。① 在这个阶段，农村义务教育的发展虽然也有来自县以及县以上政府的各种教育拨款，但是这些拨款相对不稳定，具有很大的随意性，时断时续，不能成为地方教育经费的稳定收入。第六，因为农村中小学校归乡镇管理，一些乡镇政府将学校作为其完成其他政府任务的工具，学校没有自主权。1996年中央电视台"焦点访谈"节目报道了贵州省织金县少普乡政府下发红头文件，要求乡中小学教师全部停课督促农民种烤烟，并扣压教师完成这一任务的"责任金"②。

在这个阶段，地方社会出现的问题也会通过媒体（如少普乡的事件）、全国"两会"代表、委员等渠道不断反馈到全国层次，由此形成对中央政府的压力，促使中央政府在一定时期必须关注农村义务教育的发展。如关于教育经费占国民生产总值比重的研究就是因为1983年"两会"之前，人大代表、新闻媒体和社会各级高度关注教育经费短缺问题，引起中央政治局的关注，并在中央政治局的要求下开展此项研究。③ 1998年到2002年中央本级财政支出中教育经费所占比例连续三年（后又延续两年）每年比上年提高1个百分点的政策也是在1998年3月，陈至立听取人大代表对教育经费问题的意见后指示专门研究小组研究后争取时任总理朱镕基的同意进行的，这一政策使五年间中央本级财政预算内教育拨款累计比1997年增长489亿元。④ 到20世纪90年代末，教师工资拖欠现象减弱，同时民办教师退出历史舞台。这一阶段农村义务教育发展的基本情况如图1所示。

---

① 李岚清：《李岚清访谈录》，人民教育出版社，2003，第243页。
② 李岚清：《李岚清访谈录》，人民教育出版社，2003，第237页。
③ 改革开放30年中国教育改革与发展课题组：《教育大国的崛起：1978~2008》，教育科学出版社，2008，第49~52页。
④ 改革开放30年中国教育改革与发展课题组：《教育大国的崛起：1978~2008》，教育科学出版社，2008，第55~56页。

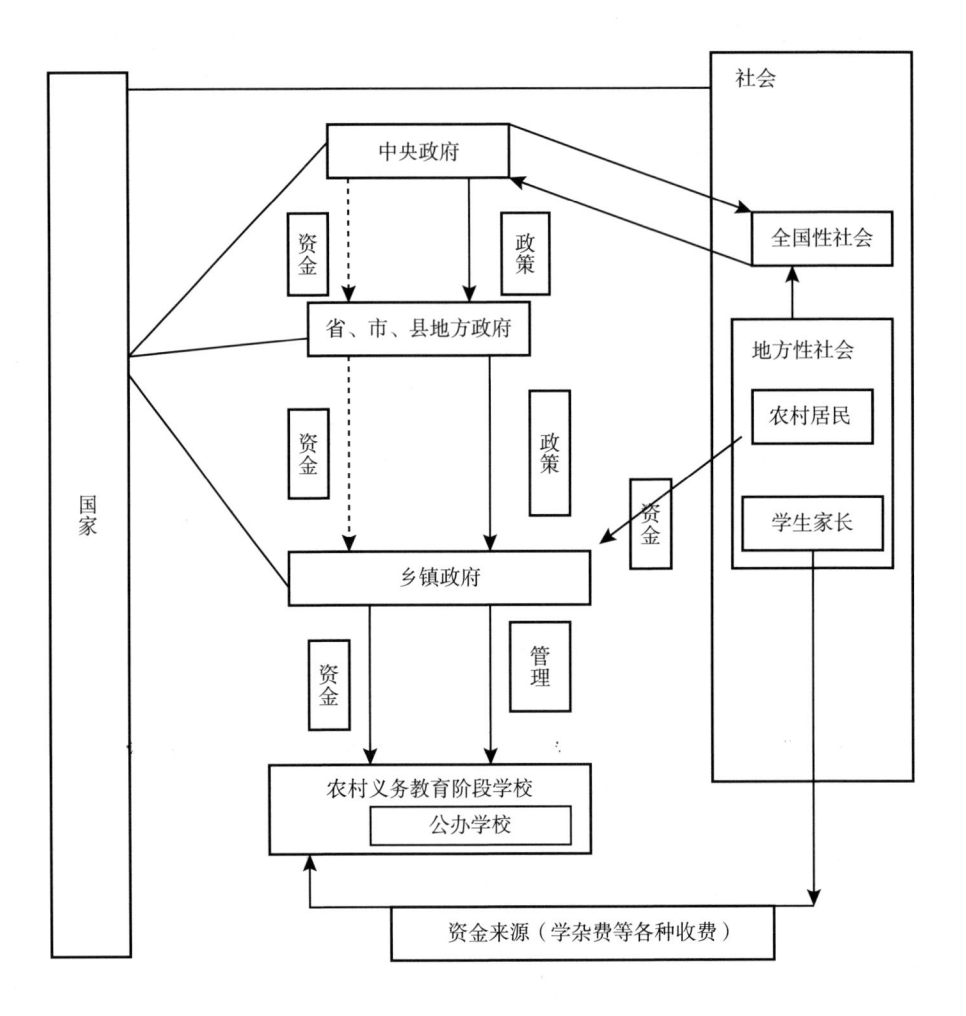

图 1　2000 年前的农村义务教育阶段发展

第二阶段：2000~2006 年农村税费改革与农村义务教育以县为主的管理体制确立。

20 世纪 90 年代后期，"三农"问题日趋严重，引起了中央高度重视。为解决农民负担问题，中央开始在安徽进行农村税费改革试点，免除农民的"三提五统"和捐资集资。但因为对农村义务教育依靠群众教育附加费和集资的程度估计不足，在税费改革中，农村义务教育经费短缺的问题突然爆发出来。中央还发现以乡镇为主管理农村中小学教育，不仅存在乡镇经费困难的问题，还可能出现乡镇政府不愿聘任公办教师而大量聘请代课教师，以减轻乡镇财政压力，使2000年前的"民办教师"现象以不同形式重新出现。① 于是，中央调整农村义务教育管理体制，由乡镇管理开始转为以县为主进行管理，同时各级政府开始加强对县级的转移支付。但一些研究发现，在上级政府加大农村义务教育转移支付力度时，县级政府在教育经费安排上会出现"挤出效应"。②

农村税费改革后，财力紧张的县在筹措资金方面重点向两个方向扩展：纵向上首先将乡镇政府原来承担的教育经费部分的收入上解到县，同时县级政府还向上级政府增大借款；横向上通过其他名目仍然向学生家庭转移部分负担，有条件的县积极鼓励发展民办教育，以减轻县级政府的财政压力，于是民办教育在一些县市开始蓬勃发展。这一阶段也是农村中小学真正实现公立化、国立化的过程。农村中小学校长任命、教师调动以及其他资源配置的权力收归到县教育局。为提升规模效益，一些县级政府开始大规模的农村中小学布局调整，在地理空间上将学校从农村环境中脱离出去；而在这个时期形成的民办学校很难代表哪一阶层的利益，更多是举办者与需求者之间在市场上的供求关系。但学校在举办的过程中，举办者与地方官员之间存在复杂的利益关系。这一阶段农村税费改革和以县为主的农村义务教育管理体制的确立状况如图2所示。

第三阶段：2006~2010经费保障新机制与《义务教育法》修订。

农村税费改革和确立以县为主的农村义务教育管理体制后，县级政府是否能够承担起教育出资责任成为重要问题。我国地域辽阔，地区之间差异很大，在2000多个县中，尤其是中西部地区，多数县相对贫困，处在收不抵支情况下，巩固和提升农村义务教育的问题就突出出来。因为县以上政府之间的投入关系并没明确，容易出现相互扯皮现象。随着我国经济的快速发展，中央财政收入的增长以及政府官员中公共财政理念的确立，农村义务教育纳入公共财政范畴中得到了强有力的支持。2006年春率先在西部实施农村义务教育经费保障新机

---

① 李岚清：《李岚清教育访谈录》，人民教育出版社，2003，第40页。
② 张强等：《农村义务教育：税费改革下的政策执行》，中国社会科学出版社，2004，第153页。

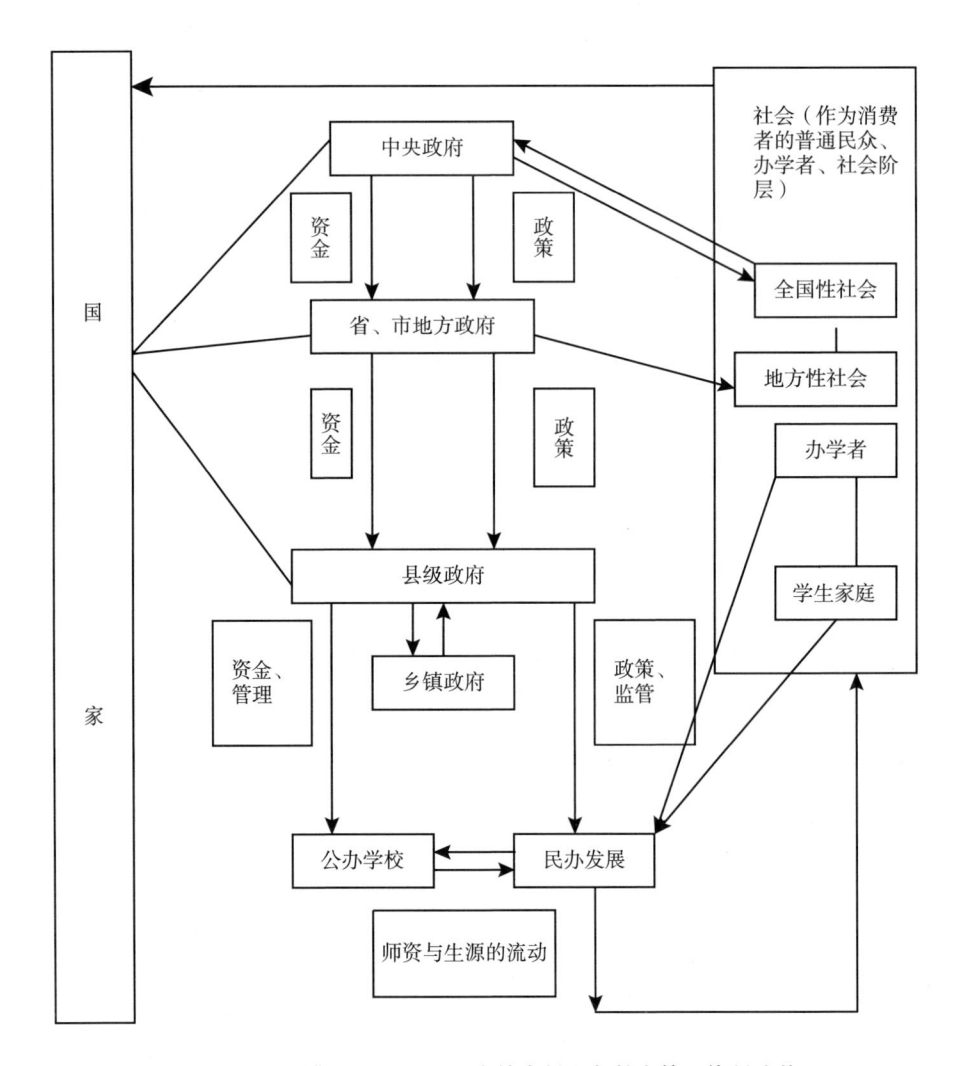

图2　农村税费改革和以县为主的农村义务教育管理体制改革

制，2007年春推行到中东部省份。特别值得注意的是，2006年6月，全国人大通过《义务教育法》的修订，吸纳了农村义务教育保障新机制的主要内容。

农村义务教育保障新机制重点解决县以上政府在农村义务教育方面的责任，确立中央和地方根据不同地区分项目按比例承担出资责任，并强调"省级统筹"和"省拿大头"的原则。《义务教育法》修订后，农村义务教育阶段的生均公用经费、贫困生的"两免一补"、教师的绩效津贴、学校危房改造长效机制得到逐步建立和完善,如国务院从 2009 年 1 月起按照不低于公务员的标准补发教师的绩效津贴,使公办学校的教师收入有较大程度提升,这对民办学校形成很大压力:如果同样程度提高教师收入,则会增加民办学校办学成本;如果不提高民办学校教师待遇,则民办学校就会丧失对教师的吸引力。同时,随着财政投入力度的加大,各地政府还对在前一阶段推行的转制学校、"名校办民校"等形式进行清理。在这样的情况下,一些地方的民办学校开始退出教育领域,出现"国进民退"现象。农村义务教育管理新体制与教育经费保障新机制在《义务教育法》修订后的状况如图 3 所示。

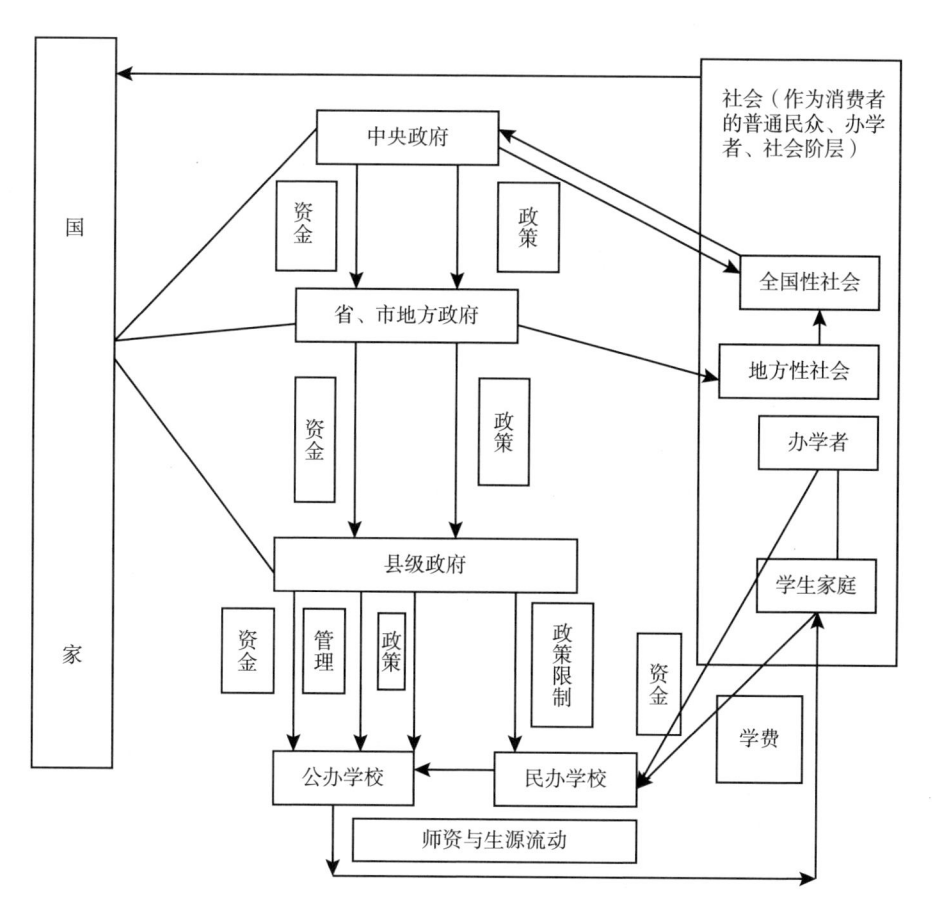

图 3 农村义务教育经费保障新机制实施与《义务教育法》修订后的状况

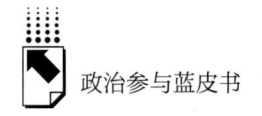

第四阶段：2010年至今，农村公立义务教育学校的低质量与"逃离"现象。2010年以来，农村义务教育的发展出现了新情况，主要集中在两个方面：一是农村义务教育以县为主的制度实施后，县级财政压力增大，为提高效率，保障公平，县级政府对农村中小学布局进行大规模调整。一些地方的布局调整超出了农村家庭可承受的负担，造成一些农村孩子上学不便而辍学的现象。二是农村义务教育虽然实现普及化，但局部地区出现了普遍的"逃离"公办教育的迹象，甚至出现了"拉美化"现象。王蓉指出，在上海、杭州、南京甚至是广东的佛山以及内地的昆明等城市，"最好的初中学校几乎已经是民办学校的天下"，而且民办与公办初中的教育质量差距越来越大，"公办学校劣势越来越明显"①。民办中学在中考中表现优异，城市家庭子女以进入这些知名的民办中学为荣。这种现象其实不仅仅在大城市中存在，在农村地区也开始变得普遍。农村孩子在小升初时，不少家庭宁可选择高收费的民办学校就读，也不愿意按照就近入学原则进入当地的公立学校就读，主要原因在于公立学校教育质量逐渐下降。甚至在一些县城，一些民办初中的教育质量已经超过了当地历史悠久、享有盛誉的老牌初中学校。

为什么会出现这样的现象？第一，中国经济在经过持续地高速发展之后，农村居民的收入有了切实提高，这使他们有能力为自己的子女选择更高质量的教育；第二，公立学校的教育质量明显下降与民办学校教育质量明显上升形成了强烈反差。学校的教育质量同学校的生源质量、校长管理水平及教师的质量、教师的时间精力投入有着密不可分的关系。公立学校的教育质量下降不是因为教师水平下降，更多地在于管理水平下降。公立学校实行就近入学政策，缺乏对学生的选择权，民办学校则有对学生的选择权，这使得公立学校的生源质量差异相对较大，难以管理的学生或问题学生较多。因为学校对学生的筛选权受到限制，进而在实施教育过程中，学校和教师对学生的惩戒权也受到严格限制，可能使班级班风、学校校风受到损害。就学校对教师的管理而言，因为教师的工资由县教育局财政局直发，学校难以有更高的灵活度调动教师的积极性。同时，公立学校教师收入在较长时间内没有增长，也在很大程度上影响了

---

① 王蓉：《直面中国的"教育拉丁美洲化"挑战》，《中国教育财政》2017年第5期。

教师的积极性。在不少地方，教师每月的收入已经低于当地农民外出打工的收入。一些教师自己外出打工，低薪聘请一些低质量的代课教师为其上课。由此，公立学校校长难以调动教师积极性，受到约束的教师难以积极管理和激励学生，导致学校—教师—学生的管理链条出现松弛。在民办学校，校长是聘请的，教师是挑选出来的，学生是根据考试成绩选拔的；再加上学校实行的是封闭式管理，统一的校园氛围更容易形成，自然就有利于提高学生的成绩。可以说，公立学校与民办学校的教育质量的差异在很大程度上是公立学校的管理体制与政策造成的。

在根本上，公立学校竞争力的下降与民办学校竞争力的上升与地方政府的教育管理政策有着直接的关系。许多田野调查和案例研究发现，民办教育之所以发展在很大程度上得益于当地政府的倾斜性扶持。这种倾斜性扶持在很大程度上是以约束、压制公办学校，甚至是以牺牲公办学校的质量为代价的，如鼓励甚至在全县范围内选拔有名望的公办学校校长、富有教育经验的教学骨干流动到民办学校，保留事业编制来去自由，允许民办学校跨地区招生等。在一些地区，民办学校的发展被当地作为重要的招商引资项目，得到了当地党政主要领导的青睐和"保驾护航"，在民办学校的创办者与地方政府的领导之间形成了某种结盟式的"法团"。[①]

听任这样的现象发展下去，完全可以想象当农村和城市中的义务教育阶段质量最好的学校都是民办学校的话，会对整个教育系统的公平造成什么样的冲击。地方政府在教育治理中的作用应该首先是保障公平，具有讽刺意味的是，这种可能出现的系统性的不公平则是地方政府直接造成的。这可能是当前地方教育发展中面临的一个比较突出的问题，对地方政府的治理能力提出了新挑战。党的十九大报告明确提出"努力让每个孩子都能享有公平而有质量的教育"，为解决这一问题指明了方向。对于地方政府而言，应该把切实提高农村公办义务教育学校的质量放在农村义务教育发展的首要位置上，如何使公办义务教育真正成为大多数普通农村家庭的自然的第一选择是地方政府官员应该认真思考的重大问题。

[①] 郭建如：《国家—社会视角下的农村基础教育发展——教育政治学分析》，《北京大学教育评论》2005年第3期。

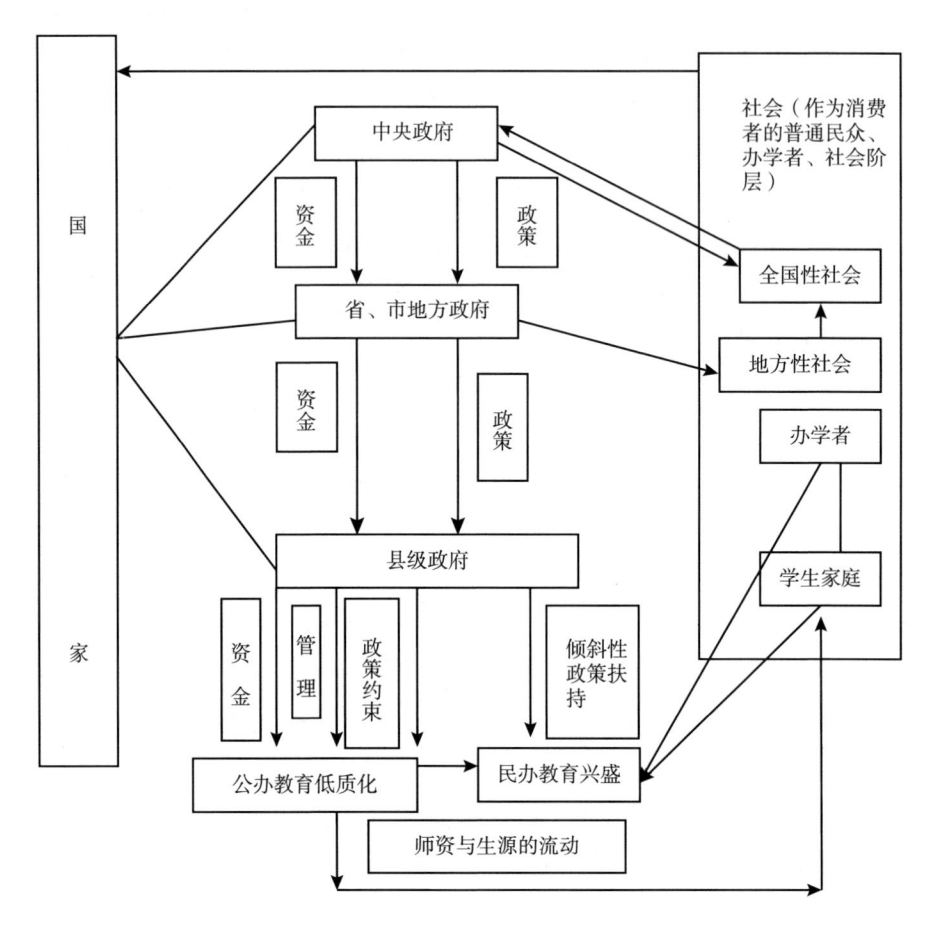

图4 2010年后农村义务教育的"拉美化"现象

参考文献

〔英〕安迪·格林：《教育与国家形成》，王春华等译，教育科学出版社，2004。

郭建如：《农村义务教育财政体制变革：社会学透视》，社会科学文献出版社，2010。

〔匈〕雅诺什·科尔奈：《社会主义体制：共产主义政治经济学》，张安译，中央编译出版社，2007。

马国贤:《中国义务教育资金转移支付制度研究》,《上海财经大学学报》2000 年第 6 期。

马骏:《中国公共预算改革:理性化与民主化》,中央编译出版社,2005。

〔法〕涂尔干:《道德教育》,陈光金等译,上海人民出版社,2001。

王蓉:《公共教育解释》,中国财政经济出版社,2009。

〔美〕阿尔伯特·O. 赫希曼:《退出、呼吁与忠诚》,卢昌崇译,经济科学出版社,2001。

B.4
当前民营企业主的政治参与及趋势

吴理财　瞿奴春*

摘　要： 民营企业主阶层伴随我国民营经济的快速发展而壮大成为一个相对独立的社会阶层，其在经济地位日渐提升的同时，政治诉求也明显增多，已经成为政治格局中不容忽视的一股新兴力量。基于此，笔者考察了民营企业主的政治参与动机，认为民营企业主的政治参与并非一种盲目行动，而是为了获得经济支持、政治保障、政治荣誉、社会资本。笔者认为，新时期积极推动民营企业主的政治参与是实现经济良性发展、完善政治参与机制和加快我国民主政治进程的客观要求，文中还归纳出当前民营企业主政治参与的几种渠道，分别为配合政府的治理行动、政治身份建构行为、间接政治参与行为和非制度化参与行为。并提出，21世纪以来民营企业主的政治参与出现了新特征，他们的参与意愿更加自主化、参与方式更加多元化、参与领域更加广泛化以及参与结构更加有效化。当然，一些不合理的参与方式带来的负面效应也不容忽视，这些消极影响与民营企业主政治参与渠道不畅通、参与机制不完善、法律保障不健全以及政治参与错误认识直接相关。因此，拓宽民营企业主的政治参与渠道、建立规范化的参与机制、完善政治参与的法律制度以及重视中小民营企业主的政治参与，是积极促进和引导民营企业主阶层政治参与有序化、合法化和扩大化的应然之举。

---

* 吴理财，华中师范大学政治与国际关系学院教授；瞿奴春，华中师范大学政治与国际关系学院博士研究生。

关键词： 民营企业　民营企业主　政治参与　民主政治

　　民营企业是在我国社会主义市场经济体制建立和发展的基础上产生的一种经济组织形式。关于民营企业的定义，已成文的规定有两种：一种是国务院1988年6月颁布的《中华人民共和国民营企业暂行条例》的规定，它将民营企业界定为："企业资产属于私人所有，雇佣8人以上的营利性经济组织。"另一种是1998年国家统计局和国家工商行政管理局联合颁布的《关于划分企业登记注册类型的规定》中对民营企业的界定："民营企业是指由自然人投资设立或由自然人控股，以雇佣劳动为基础的营利性经济组织。"目前，学界还没有形成对民营企业的统一定义，但被普遍认可的解释是从广义和狭义上来进行定义的。广义的民营企业是与国有独资和国家控股企业相对的一种经济组织形式，所有非国有独资和国家控股企业都可以被视为民营企业。《公司法》按照企业的资本组织形式将企业分为国有独资企业、国有控股企业、有限责任公司、股份有限公司、合伙企业和个人独资企业等类型。因此，从民营是一个与国有相对的概念来理解，民营企业的外延广泛，国有独资和国家有控股以外的所有企业都属于民营企业。在通常情况下，民营企业常常是从狭义上理解的，狭义的民营企业仅指私营企业和以私营企业为主体的联营企业。

　　改革开放40年来，民营企业已经成长为我国重要的经济组织形式，无论是对国民经济发展的贡献还是协助政府进行社会治理的努力，民营企业的作用都是有目共睹的。21世纪以来，国家制定和实施一系列政策和法律法规，确保不同性质企业的平等社会地位，在一定程度上拓展了民营企业主参与政治的领域。国务院于2005年颁发的《关于鼓励支持和引导个体私营等非公有制经济发展的若干意见》，第一次明确提出对于非公有制经济要"贯彻平等准入、公平待遇原则"，允许非公有制经济进入一部分垄断领域。2009年国务院颁布的《保安服务管理条例》又将犯罪预防领域向非公有制企业开放。各地方政府鼓励和吸纳民营企业参与扶贫的政策和做法也是由来已久，精准扶贫政策实施以来，民营企业更是大量和广泛地参与到政府发动的贫困治理行动中。他们当选为人大代表、政协委员或其他政治组织及团体的成员屡见不鲜。民营企业主的政治参与行为已经成为推动中国民主政治发展的一种重要力量，政治格局中的民营企业主阶层因而亟须

得到关注。因此，伴随越来越多的民营企业主参与政治现象的存在，作为公民政治参与重要组成部分的民营企业主政治参与已经成为民主政治发展的重要方面。

民营企业主随着民营企业的发展越来越成为一个相对独立的阶层，对于民营企业主的政治参与行为的考察，有利于深入认识民营企业主政治参与存在的问题，有助于正确处理民营企业发展与民主政治发展的关系。笔者力求对当前民营企业主的政治参与及其发展情况做较为客观的观察和分析，以期形成对民营企业主政治参与的合理解释。

一 当前民营经济的发展及企业主阶层的政治参与诉求明显增加

伴随民营经济的快速发展，民营企业主阶层也逐渐壮大起来，越来越呈现为一个独立的社会阶层，在经济地位日渐提升的同时，政治诉求也增多。民营企业主已经成为政治格局中不容忽视的一股新兴力量。

（一）民营经济发展迅速

民营经济是在我国经济体制改革中出现的一种新的经济形式，目前已经壮大成为国民经济的重要成分，在我国国民经济发展中起着举足轻重的作用。

据中华全国工商业联合会统计，2016年，前500强的中国民营企业营业额达193616.14亿元，平均营业额为387.23亿元，较上一年增长率为19.84%。这是2011年以来的最高增长速度。一些超大型民营企业增长迅速，2016年，苏宁控股集团、海航集团有限公司、华为投资控股有限公司、山东魏桥创业集团有限公司、正威国际集团有限公司、联想控股股份有限公司等企业营业收入突破3000亿元。2016年，资产总额突破1000亿元的民营企业共有50家，比2015年增加16家。2016年民营企业500强中有210家参与"一带一路"建设，占54.69%；有168家企业参与长江经济带建设，占33.6%；有116家企业参与京津冀一体化建设，占23.18%。①

---

① 《2017年中国民营企业500强发布报告》，中华全国工商业联合会网站，http://www.acfic.org.cn/zzjg_327/nsjg/jjb/jjbsjgk/201801/t20180125_51041.html。

民营经济发展迅速还可以从2017年中国私营企业工业增加值同比增长情况（如表1所示）中得到验证。从表1中的数据可以看出，2017年3月至7月，中国私营企业增加值一直保持着增长的态势。

表1　2017年中国私营企业工业增加值同比增长情况

时间	指标	数值（%）
2017年3月	私营企业工业增加值同比增长	7.4
2017年4月	私营企业工业增加值同比增长	6.8
2017年5月	私营企业工业增加值同比增长	6.6
2017年6月	私营企业工业增加值同比增长	7.4
2017年7月	私营企业工业增加值同比增长	5.5

数据来源：国家统计局进度数据库。

伴随民营经济的快速发展，民营企业不仅在国民经济中所占的比例越来越大，其在带动就业和促进社会稳定方面也扮演着越来越重要的角色，这一点可以通过私营企业的发展情况和其解决就业的情况得到说明。如2012年至2016年中国私营企业数量和就业人数情况表（见表2）所示，私营企业户数逐年递增，从2012年的1085.72万户增加到2016年的2309.20万户。私营企业就业人数从11296.1万人增加到17997.1万人。无论是在城镇还是乡村，私人企业吸纳的就业人数都在不断增加。显而易见，数量巨大的民营企业从业人员有了正当和相对稳定的经济收入来源，这不仅在很大程度上促进了经济的发展，还有益于社会的稳定。

表2　2012~2016年中国私营企业数量和就业人数情况

时间	私营企业户数（万户）	私营企业就业人数（万人）	城镇私人企业就业人数（万人）	乡村私人企业就业人数（万人）
2016年	2309.20	17997.1	12083.4	5913.7
2015年	1908.23	16394.9	11180.0	5215.0
2014年	1546.37	14390.4	9857.0	4533.0
2013年	1253.90	12521.6	8242.0	4279.0
2012年	1085.72	11296.1	7557.0	3739.0

数据来源：国家统计局进度数据库。

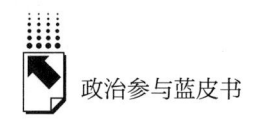

（二）民营企业主阶层壮大

民营企业主阶层是指由所有民营企业主所构成的社会群体，一般来说，民营企业主就是民营企业的重要资产投资者或所有者。民营企业主阶层是从所有制角度进行界定的一个概念。该阶层不仅包括拥有民营企业和占有生产资料的民营企业家，也包括依靠人力资源和智力资源兴办高科技企业的技术人群，即民营科技企业的成立人员或负责人。1978年改革开放以来，伴随私有经济的产生，民营企业主也逐渐出现，并随着民营经济的发展其数量快速增加。民营企业主阶层作为新兴阶层，没有上一代的经济资本积累基础，也基本上没有其他形式的代际资本传递，基本上没有表现出代际继承性。他们大多数是某个领域的创业者，并且拥有复杂的职业变换经历。民营企业主阶层是掌握着经济资本或技术的社会劳动者阶层之一，这个在新中国成立后就消失了的阶层，随着改革开放又出现并成长壮大起来，国家也对其发展越来越重视。民营企业主阶层已成为中国经济的重要推动力量、政治上的进步力量、社会稳定的依靠力量和社会主义建设的生力军。

（三）民营企业主政治参与诉求增加

随着民营企业数量的持续增加，民营企业主阶层也不断壮大，经济地位和社会地位显著提升，他们渴望政治参与的诉求也在增加。特别是一些中小民营企业主，为了更好地促进企业发展，为企业争取更多的资源和创造社会资本，他们往往比大型民营企业主更加急迫地参与政治。总体看来，民营企业主阶层已经越来越发展成为一个独立的社会阶层，他们在经济发展中起着越来越重要的作用的同时，通过政治参与提升其政治地位的诉求正在迅速增加。一方面他们普遍关心自己在社会结构中的政治地位和自己的前途、命运。另一方面他们也十分注重维护自己的合法权益，希望通过政治参与来获取更多的政治机会，从而为自己争取到更多的利益。

民营企业主的政治参与是我国民主政治发展的必然要求，其作为公民政治参与的重要组成部分，不容忽视。政治参与是民营企业主争取和保护自身经济利益的要求，也是民营企业主阶层政治参与意识增强的结果。与此同时，21

世纪以来我国民主政治进程的加快客观上为民营企业主更加广泛和深入地参与政治创造了新的政策环境。伴随民营经济的发展,民营企业主阶层也随之壮大的同时,其参与政治的程度和影响力也明显提高。因而,国家层面有必要积极推进民营企业主阶层的政治参与,从而让国家民主政治良性发展和民营企业主更为合理、合法地参与到民主政治建设中。

二 民营企业主的政治参与动机

于民营企业主而言,作为理性的经济人,民营企业主参与政治并非一种盲目行动,他们参与政治总是带有一定的目的。从根本上看,民营企业主参与政治是为了获得经济支持。除此之外,民营企业主政治参与的动机还包括获得社会资本、政治荣誉、政治保障等。

(一)获得经济支持

市场经济的不断发展让企业间的竞争更加激烈,为了获得竞争优势,企业想方设法地获取各种资源和有利于自身发展的外部支持,其中最为重要的方面是通过与政府建立起良好的关系,从中获取资源,因为政府在资源配置中起着至关重要的作用。民营企业主的政治参与建立起来的政治关联可以为企业发展带来所需的经济支持。经济支持不仅包括民营企业通过政府支持进行融资,解决资金不足的难题,还包括通过影响政府的经济政策,助力民营企业突破准入壁垒,进入一些新的和重要的领域和行业,从而实现经济效益提升。在资源有限和存在分配考量的情况下,民营企业主通过政治参与为自身谋取更好的经济发展环境和支持是民营企业主促进企业发展的一种途径或策略。高冰通过构建管理者政治关联和制度环境对企业绩效的交叉影响模型研究也表明:"企业管理者如果能与政府建立良好的联系,这将为企业发展带来巨大的收益。管理者政治关联对企业绩效增长有着积极的推动作用……融资决策、研发投入、慈善捐赠和社会责任是企业管理者政治关联影响企业绩效的有效路径;制度环境会对管理者政治关联和企业绩效之间的关系产生重要影响,相对于制度环境较好的地区而言,在制度环境较差的地区,管理者政治关联对企业绩效增长的推动作用更

强。"①

民营企业主作为理性的经济人,在企业成立和发展过程中十分清楚政府支持对于企业发展的重要性,为了获得政府的支持,必然想方设法地争取政治参与的机会,以便和政府建立起良好的互动关系。

(二)获得政治保障

民营企业与政府的关系不仅表现为围绕经济发展需要而形成的经济政策意义上的关系,还隐性体现为一种政治联系,这种政治联系是围绕国家民主政治建设和民营企业寻求政治庇护而建立起的"模糊性"政商关系。民营企业相较于国有企业而言,处于相对弱势的地位,其获取政策保障或争取资源的要求更加迫切。

民营企业的发展与我国经济发展政策紧密相关,其对政府有着极强的依赖关系,因为国家是拥有资源分配最大权力主体。资源依赖理论认为任何组织都处于一定的网络关系中,而并非独立存在,它们发展所必需的资源都需要从外部环境中获得,因此,资源需求方对资源控制方存在不同程度的依赖。一般来说,资源越重要、越不可或缺、越稀有,资源需求方对资源控制方的依赖程度就越深。民营企业在发展中需要政府提供相应的支持,才能获取发展所需要的资源。因而,民营企业作为资源需求方对作为资源控制方的政府就存在较为明显的依赖关系。毋庸置疑,民营企业在成立和成长中都离不开政府的许可或支持。为企业发展获取资源或争取支持,民营企业主有强烈的政治参与愿望,他们有意识地通过政治参与来提高自身的政治地位和建立政治关系,为企业的发展创造良好的外部环境。

就目前经济发展中的现实情况而言,需要正视的是部分地方、少数组织或人员依然存在忽视甚至歧视民营企业主的看法或做法,因而导致民营企业被排斥在某些领域之外、银行贷款困难、土地利用困难等问题,部分民营企业由于这些歧视的存在,为了获得相应的资源从而投入更多的成本,可以说是处于艰难地维持的景况下。民营企业与国有独资企业、国有控股企业之间的矛盾和冲

---

① 高冰:《管理者政治关联对企业绩效的影响研究》,博士学位论文,大连理工大学,2015,第117~118页。

突也增强了民营企业主参与机会政治的需求,他们试图通过更多的政治参与机会来争取平等的政策待遇,为企业发展排除困难或是争取利益。

(三)获取政治荣誉

民营企业主作为社会个体,在发展企业、提升自身经济地位的同时,越来越注重参与政治,获取政治荣誉,许多民营企业主成为全国或地方的人大代表、政协委员。有的民营企业主积极参与社会公益事业,发挥其社会影响力,成为某些慈善组织或准政治组织的发起人或主要负责人。政治荣誉的获得在快速提升他们的政治地位的同时又通过自己的政治身份和荣誉实现了对企业的宣传。特别是处于快速上升的企业,企业负责人为了争取政治庇护、产品推广、企业形象建构和个人社会地位的提升,其政治参与的愿望更加强烈。获得政治荣誉已经成为许多民营企业主衡量自己作为或评价成功与否的一个重要因素。

(四)获得社会资本

作为经济组织,民营企业都是在一个社会关系网络中生存和发展的。民营企业搭建起良好的社会关系网络能够在很大程度上为企业带来更多的信息和资源。民营企业主参与政治往往能够结识有利于企业发展的人员。在政治参与中,民营企业主通常会加入各类政治组织、社会组织或团体,并积极参加一些政治活动。通过合作和运筹,往往可以在各类组织机构和活动中建立起一定的社会关系和政治关联。建立起来的社会关系和政治关联在某种程度上构成了企业的社会资本。这些关系包括民营企业主之间的关系、民营企业主与党政官员的关系、民营企业主与社会组织组建者的关系,民营企业主与其他经济组织关键人物的关系,以及民营企业主与群众的关系。民营企业主常常通过政治参与得到媒体和网络的广泛宣传,有助于形成良好的企业形象。

三 新时期需要积极推动民营企业主的政治参与

改革开放 40 年来,我国在政治、经济和文化领域都得到了举世瞩目的发展。于国家而言,民营企业主参与政治是实现经济良性发展、完善政治参与机制和加快我国民主政治进程的客观要求。

（一）经济的良性发展需要促进民营企业主的政治参与

前面已经较为详细地呈现了民营经济在我国国民经济发展中的重要性，民营企业已经成为我国经济发展的重要组成部分和推动力，在某些行业甚至成为主导力量。社会主义市场经济体制的完善，需要给予并保障各类经济主体在市场经济竞争中处于平等地位。虽然国家层面已经出台相应的政策和措施以保证民营企业的平等地位，但在现实的经济环境中，民营企业的发展仍然是处处受到限制，在整个经济结构中处于弱势地位。要促使民营经济成分成长并充分发挥其潜在的优势，需要国家及各级政府在制定经济政策时给予恰当的关注。为民营经济发展创造良好的空间，保证民营企业主参与政治的渠道畅通和保证民营企业主在政策制定上有充分的话语权是必然之选。在当前民营企业主已经成长壮大的背景下，如何保证民营企业主的平等政治话语权，政府应该引起重视。这个问题的解决对于我国国民经济的健康发展尤为重要。

（二）促进民营企业主政治参与是完善我国政治参与机制的重要内容

美国社会学家米尔斯（Charles W. Mills）在分析美国中产阶级的政治冷漠时，仔细描绘了美国中产阶级的政治心态，颇具代表性。20世纪的美国新中产阶级，他们不清楚自己的过去，他们的历史单纯得根本就谈不上有什么英雄业绩可言；他们的生活中从未发生过那种可以让他们在困难的时候加以留恋和回味的黄金时代。可能正是因为他们不清楚自己将往何处去，他们的行为才表现得狂乱而匆忙。他们也不知道威胁着他们的本质东西是什么，他们对恐惧的反应是麻木的。[①] 虽然中国的民营企业主的政治冷漠表现有所不同，但不可否认的是，较长时间以来，民营经济处于弱势地位，民营企业主被排斥在政治体制之外。民营企业主的政治参与在1978年至20世纪末的一段时间都处于消极参与状态。除开民营企业主本身的政治参与意识不强的因素之外，还和我国的政治参与制度和机制不完善直接相关。疏通民营企业主的政治参与渠道，保

---

① 〔美〕C. 莱特·米尔斯编著《白领：美国的中产阶级》，杨小东等译，浙江人民出版社，1987，第9页。

证民营企业主政治参与的权利，提高民营企业主政治参与的积极性，是民营企业主阶层不断扩大的要求，也是我国政治参与机制应该完善的重要内容。

（三）民主政治建设也需要积极推进民营企业主的政治参与

我国民主政治进程的快速发展已经得到国内外的普遍认可。改革开放以来，民主政治制度在我国不断完善，这体现在公民政治参与的积极性和广泛性明显增加的诸多现象中。公民的政治参与程度是衡量一个国家民主政治建设成效的重要指标。加快我国的民主政治建设和完善已经成为我国政府和人民的共识，群众路线是中国共产党一直坚持的工作方法。党和国家非常重视推进我国的民主政治发展，吸纳各类社会主体参与到政治活动中来，为政府治理出谋划策及实现有效监督，公民的政治参与因而得到党和政府的高度重视。民营企业主作为一个新兴发展起来的阶层，他们的想法和建议对于促进政治治理效能提升非常重要。因此，民主政治建设需要积极促进民营企业主的政治参与，将他们吸纳到政治体制中来是我国政治发展的客观要求。

四　参与路径：当前民营企业主政治参与的渠道

民营企业主的政治参与途径是随着社会的发展而变化的，当前民营企业主政治参与的渠道可以归纳为配合政府的治理行动、政治身份建构行为、间接政治参与行为和非制度化参与行为。

（一）配合政府的治理行动：民营企业主积极参与社会治理

当下，社会治理不再是政府的单打独斗，多元共治和协作治理已经成为治理改进的重要内容。民营企业主参与社会治理的案例很多，其中，民营企业主参与贫困治理、犯罪治理和基础设施建设已广为人知。

1. 民营企业主参与贫困治理

2015年10月17日，全国工商联主席王钦敏在全国工商联、国务院扶贫办和中国光彩事业促进会在京举行"万企帮万村"精准扶贫行动启动仪式上讲到："在我国扶贫开发事业中，7000多万非公有制经济人士，率先响应改革开放号召、顺应改革开放政策，通过自力更生、依靠诚实劳动、经过辛苦打拼，

实现了自己和家人的脱贫致富，同时，通过创造和提供就业岗位，参与光彩事业等扶贫和公益慈善活动，先富带动后富，帮助其他贫困群众走上脱贫致富之路，成为我国扶贫开发事业中不可或缺的重要力量。"①

各地政府建立企业与农民共同发展的利益联结机制，出台了一系列政策推动产业扶贫，多方发力推进产业发展。如湖北省鹤峰县政府为激发企业参与贫困治理的热情，出台支持产业扶持的金融政策，企业每带动1户贫困户可获得贴息贷款1万元，最高限额50万元。扶贫成效突出、信用等级较高的民营企业，在县域经济调度资金、产业发展基金上政府给予重点倾斜扶持，还可获得300万元的低利率信用贷款。为激发广大贫困群众配合企业发展特色产业的积极性和主动性，对选择适宜的种植养殖项目发展产业的贫困对象，以"以奖代补"或种苗统一供应的方式给予直接奖补，除产业发展普惠政策外，单户奖补总额最高可达2000元；贫困户发展产业所需贷款，由政府建立担保基金，实行免担保、免抵押、全贴息。2015年，为涉农龙头企业、新型农业经营主体贷款2.475亿元，为贫困户贷款4900万元，发放产业"以奖代补"资金1008万元。湖北省鹤峰县在扶贫中走出了一条持续有效的路子，形成一种政府、民营企业和贫困户协同反贫困的利益耦合机制，这三方主体在反贫困中分别获利。②

在举全社会之力进行贫困治理的背景之下，民营企业作为已经成长起来并日益壮大的经济主体，在贫困治理中与政府发生多向度的合作，通过社会捐赠或产业扶贫的方式，成为政府贫困治理的协同主体。中国社会科学院发布的慈善蓝皮书《中国慈善发展报告（2013）》显示，民营企业在重大灾害事故、扶贫济困、助残、助学等方面发挥着重要作用，民营企业在解决这些社会问题的过程中扮演了越来越重要的角色。③ 在部分地方，已经探索出产业扶贫的有效发展路子，实现了大面积脱贫或减贫效应。

---

① 2015年10月17日，全国工商联主席王钦敏在全国工商联、国务院扶贫办和中国光彩事业促进会在京举行"万企帮万村"精准扶贫行动启动仪式上的讲话，http：//www.china.com.cn/cppcc/2015-10/20/content_36839368.htm。
② 吴理财、瞿奴春：《反贫困中的政府、企业与贫困户的利益耦合机制》，《西北农林科技大学学报》（社会科学版）2018年第3期。
③ 黄承伟、周晶：《共赢——协同发展理念下的民营企业参与贫困治理研究》，《内蒙古社会科学》（汉文版）2015年第2期。

2. 民营企业主参与犯罪治理

犯罪治理仅靠国家力量是有限的，需要组织和动员全社会之力进行综合治理。20世纪80年代中期，监狱系统提出了"'向前向后向外'三个方向延伸""走出去、请进来"等口号，并利用大量的社会资源开展帮扶教化工作。与企业签订帮教协议，为刑释人员提供帮助。[①] 一些地方的司法机关还在民营企业内部建立矫正基地，借助民营企业的力量共同矫治和预防犯罪。现代企业社会责任的扩展为企业参与犯罪治理活动提供了理论基础，增强了民营企业参与犯罪治理的主动性。如温州市鹿城区法院推行企业帮教制度，以民营企业为基地，监管、考察青少年缓刑犯。[②] 上海市虹口区也尝试建立假释辅导站，借助企业资源监管、考察假释犯。这些做法一方面缓解了基层犯罪治理资源短缺的压力，另一方面也让民营企业切实参与到犯罪治理中来，拉近了民营企业与当地司法机关的距离。

3. 民营企业主参与基础设施建设

新中国成立以来，基础设施建设长期被国有企业垄断。近年来，政府购买和PPP模式得到政府认可，各地方政府争先仿效，纷纷出台一系列的政策和举措，通过政府购买和PPP模式将一部分大型的基础设施建设工程项目交给民营企业来完成，政府和民营企业通过签订合作协议的方式成为合作主体。民营企业为了争取到项目合作资格，在整个项目实施过程中民营企业主展现出积极参与各类项目的竞标，开听证会、与政府进行合作谈判、寻求项目信息等政治参与行为。学校、医院、体育设施、文化设施等大型场馆及公路、地下管廊、桥梁等基础设施建设都不再是被国有企业垄断的领域。民营企业已经成为政府合作的新兴主体，民营企业主也表现出极大的兴趣参与到政府实施的基础设施项目建设中来。

（二）政治身份建构：民营企业主积极建构政治身份和推动设立企业党组织

民营经济快速发展的同时，民营企业主不仅在经济地位上快速提升，他们

---

① 吴之欧、言国新：《犯罪治理中的企业参与论析》，《江汉论坛》2011年第6期。
② 吴之欧：《企业参与犯罪治理的实践经验和理论思考——以温州鹿城法院推行的企业帮教活动为视角》，《社会科学家》2011年第4期。

的身份也从边缘群体逐渐变成社会中的重要主体。民营企业主在政治参与方面的诉求明显增加。他们越来越多地加入中国共产党和各民主党派,加入人大和政协,加入工商联、统战部、妇联、青联等组织并担任职务。这些做法让民营企业主在某些场域扮演着"商人"角色之外的公共角色,获得政治身份,并在一定场域建立起了政治身份认同。

为了展示政治参与的热情和重视,民营企业主还积极推动建立企业党组织。当然,这是基于相关规定而开展的。党章规定:"企业、农村、机关、学校、科研院所、街道社区、社会组织、人民解放军连队和其他基层单位,凡是有正式党员三人以上的,都应当成立党的基层组织。党的基层组织,根据工作需要和党员人数,经上级党组织批准,分别设立党的基层委员会、总支部委员会、支部委员会。"2016年珠海保税区以加强园区非公企业党组织建设和作用发挥为重点,实现非公企业党组织覆盖率86%、党的工作覆盖率100%。珠海保税区(珠澳跨境工业区珠海园区)作为单纯的经济功能区,没有镇(街道)村(社区)等基层组织,非公企业党组织在珠海保税区基层党组织中占比大。珠海保税区摩天宇航空发动机维修有限公司是中国南方航空集团和德国MTU航空发动机有限公司各投资50%合资组建的民用航空发动机维修企业。珠海摩天宇公司的党委本着"有利于党的建设,有利于党支部活动,有利于促进工作"的原则,成立了9个党支部,22个党小组,各党支部通过民主选举产生3名兼职支部委员,包括支部书记、组织宣传委员和纪检青年委员。民营企业中,红豆集团的党建工作也有很强的样本意义。其党委书记、董事局主席周海江有31年党龄,连任十七大、十八大、十九大代表。2015年,中组部还曾发文,向全国推广其党建经验,称其"为全国民企可持续发展提供了宝贵经验"[①]。十九大代表中有27位民营企业负责人,这充分说明了中国共产党对民营经济的重视和支持,当然,必须认识到民营企业在党建方面的不足和问题,企业内部没有建立党组织,党员员工只能把组织关系和自己的档案挂靠在人才中心或户籍所在地的党组织。更有党员将档案自己保管,成了"口袋党员"。因此,在民营企业中建立党组织,意义重大。

---

① 《民企为何要建党支部?中组部给了正面回应》,经济网《经济周刊》,http://www.ceweekly.cn/2017/1023/207648.shtml。

(三)间接政治参与:民营企业主通过加入社会组织实现政治参与

民营企业主加入社会组织包括各类行会组织、慈善组织和其他社会组织。其中加入行会组织是民营企业主最主要的政治参与形式。行业组织作为非营利组织,加入组织的条件和程序简单、门槛低。行业组织架起了政府和企业沟通的桥梁,还能协调企业之间的矛盾、制定和监管行业标准及维护和争取民营企业的正当利益,民营企业主加入行会组织的积极性高。部分民营企业主还积极加入一些慈善组织,通过加入这些慈善组织及参加活动来塑造良好的企业形象,甚至形成宣传效应,获得社会关注和政府支持。2014年1月9日,民政部、全国工商联联合发布《关于鼓励支持民营企业积极投身公益慈善事业的意见》,广大民营企业已成为我国公益慈善事业的主体力量,鼓励、支持民营企业继续保持发扬光彩事业精神,创新光彩事业发展新模式,并探索公益慈善事业的新途径和新机制。鼓励支持民营企业持续稳定关注某一公益慈善领域,以形成长期广泛的社会影响和正面积极的社会评价。民营企业参与公益慈善的途径有很多种。开展社会捐赠和设立慈善组织都是有效的途径。同时,鼓励支持民营企业成立扶贫济困、教育、医疗、养老、助残等方面的民办非企业单位,大力发展公益慈善事业,不断增加社会公共产品供给,提高公共服务水平。除此之外,还有民营企业主加入其他社会组织,以组织或参加相关活动实施政治参与行为。无论是加入行会组织、慈善组织还是其他社会组织,都是民营企业主的间接政治参与方式。在民间组织发展的背景之下,这种间接的政治参与行为也将扩大化。

(四)非制度化参与:民营企业主通过非制度化渠道参与政治

民营企业主通过不符合规定和程序的方式进行政治活动,以实现自身利益而影响政治决策的政治参与行为都属于非制度化政治参与。如拉拢或收买党政官员、贿赂选举、寻求企业的政治代言人、操纵选举、与党政领导建立有目的的私人联系、传播小道消息或政治笑话、群体性非法参与等,甚至还存在民营企业主兼任政府官员的现象。这些非制度化参与行为多表现为非公开、非正常、非正式的权钱交易,因而绝大多数非制度化参与行为都属于违法行为,这些政治参与行为不仅损害了党和政府的形象,削弱了治国理政的合法性,还助

长了腐败、破坏了公平竞争秩序，阻碍了民主政治的发展。

当前，一些民营企业与政府之间仍然是一种模糊型的政商关系，二者之间似乎一直处于若即若离的状态。二者之间有相互协作的需求，也存在政府偏好和民营企业寻求自身发展的背离。民营企业主在谋求企业发展中存在不安全感，部分民营企业主为寻求政治庇护，试图通过非制度化的政治参与来达到目的，这种非制度化的政治参与很可能是非规范化的运作行为。由此导致企业发展和滋生腐败之间发生联系。甚至有部分民营企业主认为"送礼"是企业获得政府支持的必然之选，政策环境并不是导致这一行为选择的充分条件，民营企业主自身的认识和判断是不容忽视的重要因素。无论是什么原因导致民营企业主通过非制度化参与政治，它们会侵蚀国家的政治体制，加剧群众的不满，也增加了企业发展中的风险。

五　当前民营企业主参与政治呈现的新趋势

进入 21 世纪以来，民营企业主的政治参与出现了新特征，他们的参与意愿更加自主化、参与方式更加多元化、参与领域更加广泛化，以及参与结构更加有效化。

（一）参与意愿自主化

随着社会发展的自主性和开放性增强，各种社会组织和团体迸发前所未有的活力，成为社会的重要影响因子。民营企业也成为活跃的经济力量，影响着整个社会的经济结构。并且，民营企业主也和绝大多数群众一样，个体的政治意识也在逐步增强。

就社会经济发展对政治参与的长期影响而言，社会经济发展促进政治参与的扩大，造成参与基础的多样化，并导致自动参与代替动员参与。民营企业在市场经济发展中，经历了较长时期被动政治参与时期，被动地接受政府的引导，为迎合政府的政策而实施并非目标明确的和自愿的政治参与行为。随着企业改制的全面实施和政治民主化进程的加快，21 世纪以来，民营企业主参与政治的主动性明显增强，政治参与的积极性和思想认识明显提高，部分民营企业主不仅主动参与到已形成的政治参与结构中，还探索出了一些具备当地特色和符合当地民主政治发展需求的政治参与途径。相比以前被动整合到政治场域或消极政治参与而言，当前的民营企业主政治参与表现为更加自主化。

（二）参与方式多元化

民营企业主的政治参与的诉求存在差异，参与的目标和可接受的参与形式不尽相同，导致参与的方式也呈现出多元化的趋势。除了前文提及的参与渠道外，民营企业主还通过参加会议、说服党政退休官员加入企业管理、配合政府某项政策或活动、通过个人活动进行政治宣传、参加居（村）委会等方式实现政治参与，当前的民营企业主政治参与的程序和内容也越来越呈现异化倾向。2015年7月21日受滁州市工商联和市委党校邀请，安徽省工商联副主席、安徽珍珠水泥集团股份有限公司董事长高允连，滁州市工商联副主席、凤阳金星化肥集团董事长周远达两位成功的民营企业家在滁州市委党校给明光市非公企业党建指导员及业务骨干培训班就创业与发展、谈机遇与挑战、党建在企业发展中的核心引领作用等内容进行授课。2015年7月31日，滁州市工商联携金鹏集团、申通科技、兴扬汽车赴滁州军分区开展拥军慰问活动。滁州市政协副主席、市工商联主席查镜波、市工商联副主席夏晨辰及民营企业家代表一行向部队官兵送去节日的祝福和6万元慰问金。市委常委、滁州军分区政委潘晓，滁州军分区司令员李金泉等部队领导出席活动。民营企业主参与这些活动实际上也是一种政治参与行为，体现了个人的政治热情和荣誉，为企业建立了政治关联，并起到了企业宣传效应。

伴随民营企业涉入领域的增多，民营企业主在政治领域的活力增强，其政治参与的方式也趋于多元化。

（三）参与领域广泛化

在民营企业主政治参与意愿增加、参与渠道增加及国家民主化发展的背景下，民营企业主的政治参与领域也更加广泛化。在经济发展作为衡量政府政绩的关键指标的导向下，各地政府为了促进经济的发展对民营企业更加重视，采取各种措施引导民营企业发展，其中包括为民营企业营造良好的政治环境。民营企业主成为各级政府施政中的依靠力量，与以往民营企业主被排斥在政治体制外的做法相反，政府主动听取民营企业的意见和建议，通过各种方式和创造

条件拉近与民营企业主之间的距离。随着民营企业越来越遍布各个行业甚至部分垄断行业的趋势，民营企业主的政治参与范围也更加广泛。在国家的政策执行中随处可以发现民营企业主的活动痕迹。不仅经济领域的政治参与广泛化，在政治领域和文化领域，民营企业主政治参与也呈现扩散化的趋势。

（四）参与结果有效化

民营企业主政治参与的另一个趋势是参与结果更加有效化。民营企业从无到有、从弱到强的过程也是民营企业主政治参与影响力和有效性从弱到强的过程。在各级人大和政协会议中，民营企业主代表越来越被关注，他们的提案和诉求也被媒体报道，引起广泛关注，政治参与的有效性明显提高。民营企业中建设党组织的做法近年来得到推广，通过企业党组表达政治诉求的做法增多。在一些政府垄断的行业，民营企业主也积极争取涉足其中，如当下流行的政府购买和PPP模式成为民营企业参与政治的新途径。在政府信息公开化和工作流程透明化已经成为当前政府执政的基本要求的情况下，政府对于民营企业主的呼声和诉求也必须给予合理的关注。这在客观上提升了民营企业主参与政治的主动性和积极性，相较以往的民营企业主政治参与不被重视的情况而言，他们对于当前的政治参与可能达到的目标预期更加充满信心。总之，不可否认的是，当前民营企业主政治参与的自主化和广泛性与参与结果的有效化带来的激励效应分不开。

六 当前民营企业主政治参与的不足及改进

民营企业主参与政治不仅是民营企业主阶层壮大而产生的必然结果，也是中国民主政治发展的客观要求。当前民营企业主的政治参与不仅有诸多积极意义，也因一些不合理甚至不合法的政治参与行为带来不可忽视的消极影响，对此需要客观看待，才能扬长避短，正确鼓励和引导民营企业主群体有效地参与政治，对我国民主政治建设起到有效的促进作用。

客观地说，民营企业主政治参与的消极影响和积极影响都较为明显。积极效应在此就不做过多的强调，为了更加明确民营企业主政治参与的不足，有必要把存在的问题加以明确化。各种资源寻租、权力寻租带来的行贿受贿问题层出不穷,"权钱交易"被大量报道,一些选举中的暗箱操控也和民营企业主脱不了干系,这些都是民营企业主非制度化和不合法的政治参与带来的政治参与恶果。当然,不能否认的是,这些消极因素与民营企业主政治参与渠道不畅通、参与机制不完善、法律保障不健全及政治参与错误认识直接相关,但这些不足之处和消极影响并不能否定民营企业主政治参与的重要性和带来的积极意义。为了更加全面地看待当前民营企业主的政治参与的现状和更好地完善民营企业主政治参与的政策,并清楚地呈现民营企业主政治参与中的问题,现针对存在的问题提出民营企业主政治参与改进的建议。

(一)拓宽政治参与渠道

就目前的民营企业主政治参与而言,一方面,由于政府已经以一定的形式将民营企业主阶层的代表人物吸纳到政治系统内,将民营企业主政治参与的空间、方式和内容限定在官定的架构之中。另一方面,中小民营企业主的政治参与相对滞后,在民营企业主政治参与多以个体为主的情况下,民营企业主的政治参与机会和影响力还是处于相对弱势的状况下。畅通和多途径的政治参与渠道是激励民营企业主政治参与热情的基本保障。目前的政治参与渠道虽然较以往而言已经得到了拓展,但客观看来,某些渠道流于形式,并未真正起到作用。拓宽民营企业主的政治参与渠道仍然是当前民主政治建设中需要给予足够重视的方面。

政府需要从多方面拓宽民营企业主的政治参与渠道,如加强民间组织培育就是拓宽民营企业主政治参与渠道和保证政治参与有效性的可行性策略。目前,中国社会还是呈现为大政府、小社会的格局,相较西方发达国家而言,民间组织依然处于弱势地位,组织发展缓慢,发挥作用更是有限。一个国家的民间组织发展程度本身就是衡量国家政治民主程度的一个重要指标。成熟的民间组织能够发挥群众与政府沟通的桥梁作用,还能通过组织行为影响政治决策。即便当前中国的民营企业主已经有通过民间组织参与政治的一些案例,但不可否认的是其确实因民间组织发育缓慢而受到了诸多限制。

同时,可以建立健全民营企业主阶层代表相关的听证制度及检举、揭发、信访等制度,加快推进电子政务,多举措并举拓宽民营企业主的政治参与渠道。

（二）建立规范化的参与机制

21世纪以来，民营企业主阶层已发展成为一个具有明显共同需求的新兴阶层，党和政府也陆续从法律、政策上保障这一群体的合理利益，并且积极扩大他们的政治参与渠道，提升他们的政治参与层次，民营企业主的政治参与由开始的无序、有限的参与阶段发展到现阶段的有序、扩大的阶段。但与西方发达国家相比较，民营企业主的政治参与依然存在制度缺失和规定性不够明确的问题。制度的不完善导致多种非制度化参与行为的存在，这在前面已经做了说明。非制度化参与带来一系列社会问题，不仅没有任何的积极意义，反而引起群众的反感和国家合法性的消解。

通过政治参与制度化的建设形成规范化的参与机制在目前民营企业主阶层扩大的趋势下凸显出重要性。各级党政部门结合当地的实际情况建立起便利于民营企业主政治参与的机制是减少各种非制度化政治参与的必然选择。规范化的政治参与机制是促进行政合法化、政治民主化和保护民营企业主群体利益的有效选择。

（三）完善政治参与的法律制度

以马克思主义思想为指导，不断创新和发展我国公民政治参与的理论和政策，从思想上引导民营企业主群体正确行使政治参与权利。法律制度是民营企业主政治参与有序化和合法化的前提和保障。党和政府应该在认识到民营企业主政治参与重要性的基础上，通过完善相关的法律制度，让民营企业主政治参与制度化和规范化，规避因法制建设不足导致的参与缺陷。我国宪法已经确定了从选举到监督的一系列规则，公民的政治参与也因此有了法律上的保障，保障公民享有批评、建议、申诉、控告和检举国家机关及其工作人员的民主监督权利；也享有言论、出版、集会、结社、游行、示威等政治自由权利；享有参与职工代表大会、工会和村民自治、居民自治等民主管理权利。虽然这些规定赋予了公民政治参与的权利，但仍然存在政治参与法律不完善的问题。目前，依法治国，建设社会主义法治国家已经得到普遍认同并强力推进。在此背景下，健全民营企业主政治参与的法律法规，从法律上明确界定民营企业主阶层的政治参与权利、途径和保障，确保其参与的程序化、规范化和常态化，是推动民营企业主政治参与良性发展的内在要求。

(四)重视中小民营企业主的政治参与

建立和完善政治参与机制是国家政治制度安排社会中各种社会势力进入政治体系的政府治理策略。在数量众多的民营企业中,中小民营企业又占了绝大多数,他们在政治参与中明显处于弱势地位。一些重要的资源无法获得,一些优惠政策往往被大型企业优先受益,其政治参与的机会和影响力相对于大型民营企业主而言也是相差甚远。在政治机会结构中,呈现为中小民营企业政策上的公平状态和执行中的不公平状态,这大大削弱了民营企业主政治参与的整体效应。零散的中小企业主组织化程度低、文化程度参差不齐、政治参与能力差异明显,他们在社会中被边缘化,处于政策体系的角落。中小民营企业主政治参与的缺位或弱势地位对于整体民主政治建设不利。党和政府应该在政策上保障民营企业主政治参与公平的情况下,关注中小民营企业主实际的政治参与诉求,更加重视对中小民营企业主政治参与的引导和规范。

结　语

民营企业主政治参与在扩大化和有序化的同时,一些不合理的参与方式带来的负面效应不容忽视。一些党员随着企业改制和民营经济的发展成了民营企业主,一些民营企业主也通过政治参与成为党员、成为一些重要会议和准政治组织的成员,他们对经济利益的过度追求使得共产党员偏离了入党的宗旨。他们的一些消极观念对主流意识造成冲击,导致政治上的实用主义、享乐主义,对党和国家的治国理政造成压力。民营企业主阶层是现阶段民营经济蓬勃发展的主导力量,需要对他们的政治参与现状和发展给予足够的重视。如何有效推动民营企业主的政治参与已经成为我国民主政治建设中的重要议题。民营企业主的政治参与对于国家权力结构变革、社会发展推动力量加强和新的国家与社会关系构建都具有现实意义。

从国家治理的需求来看,随着我国经济的快速发展,社会转型加快,国家治理能力的提升已成为党和国家自我发展的内在要求。治理主体多元化是现代社会治理的趋势,民营企业作为我国国民经济的新生力量和重要推动力量,政

府治理离不开民营企业的支持或配合。政府也更加倾向于发挥各类社会组织和群体的优势，将各类社会主体都纳入社会治理的过程之中。民营企业主作为越来越壮大的新兴阶层，已经成为国家治理方略中认可并积极拉拢的重要力量。民营企业主出于个人地位和企业发展的考虑，势必制定配合政府治理的种种策略，以便建立起和当地政府的良性互动关系。积极促进和引导民营企业主阶层政治参与有序化、合法化和扩大化，是必须完成的任务。

B.5
当前农村服务型基层党组织建设状况

田改伟*

摘　要： 农村围绕建设服务型党组织，主要在七个方面进行了探索：一是探索基层党组织管理向精细化迈进，为农村服务型党组织建设提供手段和平台。二是在推动结对帮扶中发挥服务功能。三是探索党员管理的新方式，维护党员的基本权利。四是落实基层党建工作责任制，探索加强服务型基层党组织建设的制度途径。五是推行区域化党建来改善党组织的服务功能。六是采用灵活多样的方式唤醒党员意识，提高党员党性。七是探索经济落后的农村基层党组织服务当地经济发展的主要方式，把基层党组织的政治领导功能和服务群众功能紧密结合起来；积极发展村集体经济，提高农村基层党组织引领发展的能力，以城乡发展一体化为重点，推动资源集聚下沉、打造"三农"服务体系。建立全面从严治党长效机制，彻底转变基层干部作风，搭建联系群众的工作平台，在建设农村服务型党组织具体化、制度化、长效化等方面下功夫。

关键词： 服务型党组织　服务型执政党　农村基层党组织

全心全意为人民服务是党的宗旨，也是中国共产党成为服务型马克思主义执政党的内在要求。在不同的历史时期，党总是根据时代要求和党的建设实际情况，制定符合世情、国情、党情的党的建设总目标，把党的宗旨更好地融入

---

* 田改伟，中国社会科学院政治学研究所研究员。

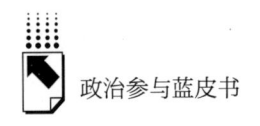

党的总目标和工作总布局之中,使党的建设始终更好地服从和服务于党肩负的伟大事业。历史地看,党执掌全国政权以后,特别是改革开放以来,党的建设总目标就是要把中国共产党建设成为中国特色社会主义事业的坚强领导核心。党的十八大提出"建设学习型、服务型、创新型的马克思主义执政党",并把它作为实现党的建设总目标的重要条件。这是对党的建设提出的新的定位和新的要求,为中国共产党的建设总目标注入了新的时代内涵。建设服务型政党的新要求,为基层党组织尤其是农村基层党组织找准自己的功能定位提供了坚实的理论依据。

一 提出建设服务型党组织是中国共产党加强自身建设的重大转变

提出建设基层服务型党组织的要求,是中国共产党加速自身建设的战略选择,具有重要的里程碑意义。

首先,建设服务型党组织,是实现新时代党的建设总要求的重要保证。把党建设成为一个什么样的政党,从来都是马克思主义政党建设的首要问题。党的建设目标和要求科学与否、贯彻落实的情况如何,直接关系到党自身能否健康发展、党描绘的蓝图能否顺利实现。在成为执政党后尤其是改革开放后,把中国共产党建设成为"马克思主义执政党"和"中国特色社会主义事业领导核心",始终是党的建设总目标总要求的核心要素,一以贯之地继承和坚持下来。如何在不同的历史时期更好地定位党组织的功能,决定着党能否顺利实现总目标,更好地完成执政使命。这就需要我们根据党在不同历史时期的主要任务对基层党组织的功能和主要任务提出不同的要求。党的十八大提出的"建设学习型、服务型、创新型的马克思主义执政党,确保党始终成为中国特色社会主义事业的坚强领导核心",突出了党组织"学习型、服务型、创新型"的新要求。党的十九大提出了"把党建设成为始终走在时代前列、人民拥护、勇于自我革命、经得起各种风浪考验、朝气蓬勃的马克思主义执政党",使党的建设在新时代有了更加明确的要求,把党的建设推向了新的境界。

其次,建设服务型党组织,是全面建成小康社会、实现两个"一百年"

目标，全面建成现代化国家的必然要求。我们党的先进性，从根本上看，就在于它能否坚持科学的理论指导，敏锐把握时代发展大势，根据不同历史时期的社会变化和主要矛盾，开辟一条实现人民解放、民族振兴的正确道路。经过40年奋斗，在党的领导下，全国各族人民一起奋发作为，高举中国特色社会主义理论的旗帜、坚持中国特色社会主义基本制度、成功开辟了中国特色社会主义道路，创造了社会主义现代化建设世界"奇迹"，成就举世瞩目。今天我们已站在中国特色社会主义发展新的历史起点上，党的建设和中国特色社会主义的建设进入了新时代。在新时代，根据我国转化了的社会主要矛盾，党提出了更加具体的战略目标和新的任务，充分体现了中国共产党对实现人民幸福、民族复兴的深谋远虑和责任担当。中国前所未有地接近"中国梦"的实现。要实现新的历史任务，党肩负任务的艰巨性和繁重性世所罕见，所面临的各种矛盾的复杂性世所罕见，在前进中所面对的困难风险和挑战世所罕见，必须要求各级党组织和广大党员干部在新的实践中不断加强学习，努力提高党服务群众的水平，只有这样，我们党才能化解各种风险、迎接各种挑战，始终赢得人民群众的理解和支持。

再次，建设服务型党组织，是推进改革全面深化、推进国家治理体系和治理能力现代化对党组织建设的必然要求。办好中国的事情关键在党，关键看党服务群众的功能能否充分发挥。新中国成立以来尤其是改革开放以来，我们党不断探索实践，逐步形成了一套与基本国情和国家发展要求相适应的制度体系，国家治理能力和治理水平不断提高。但是，相比经济社会发展和人民群众的要求，相比当今世界日趋激烈的国际竞争，相比实现国家长治久安，当前我们党在国家治理方面还有许多亟待改进的地方。面对出现的新情况、新问题，一些基层党组织找不准自己的位置，不明白承担的功能。一些干部深感新办法不会用，老办法不够用，究其原因，还是思想政治素质、科学文化素质和工作本领不强，服务水平不高。推进国家治理体系和治理能力现代化，既要靠健全完善的制度，又要靠我们党在国家治理方面的高超能力，建设一支高素质的执政队伍。建设服务型党组织，是回应国家治理体系和治理能力现代化的时代诉求，关系全面深化改革总目标能否如期实现。

最后，建设服务型党组织，是应对挑战和化解危险的迫切需要。进入新时代，无论是国际环境还是国内环境都在发生极为广泛而深刻的变化。我国正处

于改革的攻坚期、发展的关键期、矛盾的凸显期,决胜全面建成小康社会进入关键性阶段。执政考验、改革开放考验、市场经济考验、外部环境考验更加突出地摆在全党目前,破解前进道路上精神懈怠危险、能力不足危险、脱离群众危险、消极腐败危险的任务更加紧迫。解决这些问题,关键在于我们能否坚持党要管党、从严治党,能否更好地服务群众、维护群众的根本利益、更加紧密地加强党群关系。

二 农村基层服务型党组织建设的实践和取得的成就

围绕党章规定的任务和中央的要求,我国各地基层党组织围绕建设服务型党组织开展了丰富多彩、形式多样的实践。尤其是在农村,基层党组织根据不同村庄的具体情况,为建立服务型党组织开展了积极的实践探索和创新。

(一)基层党组织管理向精细化迈进,为农村服务型基层党组织建设提供手段和平台

这方面网格化管理最为典型,就是在基层以党的建设为核心,通过重构服务群众新体系、调整服务对象、重建服务群众新机制,实现党政主导、公众参与、社会协同、上下联动的基层工作新格局。浙江省舟山市在推进网格化管理方面走在了全国的前面。在2014年推进基层服务型党组织建设方面,网格化管理方式发挥了积极的作用。他们在不改变乡镇(街道)、社区(村)行政区划的情况下,一般以100~150户家庭为单位,把全市43个乡镇(街道)划分为2395个管理服务网格,通过整合基层各类组织和服务资源,对应每个网格组建由党员干部为主体的管理服务团队,并建立党的基层组织,全面承担网格内联系群众、掌握民情、改善民生、化解矛盾、维护稳定、促进发展等职责。并运用现代信息技术搭建信息化管理服务平台,为群众提供直接、便捷、高效的服务。这种管理模式以网格为单位,使同一网格内的党员组成一个党小组,构建"一网格+一党小组(党员活动小组)+一网格格长+一服务团队"的治理结构。由基层党组织牵头,将网格内的党务工作者、行政力量、群团成员、"两代表一委员"、民间社会组织的力量等资源整合起来,编入网格服务团队,形成为民服务的合力。为提高群众参与度,建立由乡镇(街道)党政主导,

各职能部门、村（社区）领导班子、网格团队和群众广泛参与、上下联动的民情恳谈机制。通过统一的信息收集和管理系统，实现多渠道、多方式受理、一网协同处理、统一定向服务的体制机制。同时，建立群众评议制度，强化考核评价机制。

网格化管理把基层党组织的建设工作与基层治理有机结合在一起，把党的基层建设、公共服务、社会管理、促进发展等功能进行了有效的整合，突出了基层治理综合性的特征，发挥了基层治理多元化的整体优势，这个工作方式也逐渐在全国推广。

（二）通过结对帮扶发挥党组织的服务功能

在城乡二元结构的大环境下，不少地方在探索通过各种结对帮扶的方式推动城乡融合发展。以一名干部联系一个村庄或社区、一个党员联系几户村民或社区居民等方式推动党组织的工作方式逐渐被总结和推广开来。比如西安，在开展的结对帮扶中，主要从六个方面进行了积极探索：第一，积极探索如何改善农村群众生产生活条件。重点是搞好帮扶村的水、电、路、通信等基础设施建设，给群众看得见、摸得着的实惠。第二，积极探索如何提升农村群众发展致富能力。摸清帮扶对象实际需求，进行劳动力专业技能培训，开展科技扶贫、智力扶贫等工作，努力提高帮扶农村尤其是贫困人口的综合素质。第三，积极探索如何调整农村产业结构，搞好产业化扶贫。发掘农村优势资源，建设和扶持现代农业，积极发展主导产业，拓宽农民增收的渠道。第四，积极探索如何加快农村社会事业建设。重点加强农村科技、教育、文化、卫生等方面的工作，不断推动农村各项社会事业全面、均衡发展。第五，积极探索如何建设农村社会主义文明新风。进行村容村貌整治，倡导健康文明的生活方式，促进农村文明新风建设。第六，积极探索如何帮助贫困群众解决生活中的实际问题。通过多种形式的送温暖、献爱心、捐款助学等活动，在帮助群众解决各种实际困难上下功夫。

党的十八大以后，随着群众路线教育实践活动和后来的党内教育的开展，不少地方把落实群众路线与结对帮扶联系起来，推动了县领导驻乡镇、乡镇领导驻村，并把这种制度逐渐制度化，形成了新形势下探索密切党群关系、干群关系，服务农村发展、拉近城乡差距的新途径。尤其是在当前的精准扶贫中，

农村党组织领导班子成员、党员联系贫困农户结对帮扶，帮助贫困户脱贫，成为基层党组织服务群众的主要方式。

（三）探索党员管理的新方式，维护党员的基本权利

没有量化，就没有管理。把基层组织服务、关怀、关心党员情况进行量化，是党员管理的新的方向。北京市昌平区在这方面进行了积极的探索，成为这方面的典型。昌平区通过对党员进行积分制考核，探索新的有效的党员管理方式。通过对党员参与活动、发挥作用等每一项工作进行打分，把党员的表现量化。成立积分考核评议小组，由党支部主要负责人、支部成员、党小组长和威信较高的党员组成，对党员的各种表现进行评议打分。同时参考其他党员和群众的反映，形成每名党员总体积分。将党员分为"先锋型""带头型""本色型"和"褪色型"四个等次，每个等次对应不同的分值。制定《党员"积分制"管理计分事项及标准》，把普通党员、在职党员、外出务工党员以及长期生病卧床的党员等4种不同类别的党员，设计不同类型的党内生活，确定每项党内活动的分值。明确了对13种不能持续发挥先锋模范作用的党员扣分办法。对不同类型的党员进行不同的激励和奖励办法，对"先锋型"党员要进行大力宣传，优先推荐参加评优，对"带头型"党员重点落实激励关怀措施，对"本色型"党员重点指导他们对症下药、提出改进意见并真抓实改；对"褪色型"党员重点进行批评教育、督促整改提高。昌平区对党员实施积分制考核管理的探索，提升了党员的党性意识，激发了党员的自觉行动，促进了党员的自我约束和自我督促，党员发挥作用的积极性明显提升，全区涌现了一批先进典型，受到了群众的普遍赞扬。

随着中国社会人员流动性的增强，党员的流动性也在明显提高，党员逐渐突破了原来的"单位制"的工作生活方式，变为"社会"人。如何加强对流动性党员的服务与管理，流动性党员如何发挥作用，都是党的建设出现的新问题。一些地方对此进行了积极的探索，摸索出党员分类管理的实现方式。如湖南省平江县2013年就探索农村党员分类百分制量化管理的方式，2014年把这一管理方式推向全县。他们在对党员管理中坚持权责一致、群众公认、科学分类和注重实绩等原则的基础上，把农村党员划分为行动不便党员、流动党员、在职（村组干部）党员和无职党员四类。分别就党性观念、支持村级工作、热

心公益事业、遵纪守法、弘扬社会正气等五个方面进行考核。考核方式采取党员自评、党员互评、群众测评和组织评定相结合的方式，不同的考核主体设置不同的分数值，实行百分制。考核结果在全村公示，对考核不合格的党员进行及时处置。通过分类量化管理，细化了党员管理的各项制度，提高了党组织的凝聚力和战斗力。

（四）落实基层党建工作责任制，探索加强服务型基层党组织建设的制度保证

党的十八大后，全面从严治党成为党的建设的主基调。加强全面从严治党，也是提高基层党组织服务功能的前提条件。服务型党组织建设得怎么样，取决于全面从严治党能否落到实处。习近平同志在2014年群众路线教育实践活动总结大会上谈到：党要管党，从严治党，关键是党委要真管党建，党委书记要真抓党建，党委班子成员要认真履行党建责任。"是不是各级党委、各部门党委（党组）都做到了聚精会神抓党建？是不是各级党委书记、各部门党委（党组）书记都成为了从严治党的书记？是不是各级各部门党委（党组）成员都履行了分管领域从严治党责任？"[①] 这三个问题也是衡量一个地方党建是不是搞好的三个维度，同样也成为基层落实党建责任制的重要内容。

2015年后，根据中央精神，党政机关、企事业单位、高校、农村等基层党组织都相继建立了党建责任制，尤其是农村基层党组织，各地情况差异性大，情况复杂，在2014年底前一般做法都是党委一把手抓基层党建进行述职，接受评议，是党建的第一责任人。一些地方在党建责任述职评议考核的基础上，对推动党建责任制的落实进行了有益的探索。

在这方面，安徽省的一些做法具有一定的代表性。他们通过建立"三个清单"，把基层党建工作落实到了实处。一是建立"问题清单"，找准落实党建责任制的靶子。在述职评议考核的过程中，各级梳理出各种问题近2万个。对这些问题进行梳理后，涉及农村基层党建方面的问题有2251个，内容涉及基层党组织覆盖死角问题、村级党组织"人难选"问题、农村党员教育管理问

---

① 中共中央文献研究室编《习近平总书记重要讲话文章选编》，中央文献出版社、党建读物出版社，2016，第170~171页。

题、村党组织软弱涣散问题、村干部作风不实问题等,发现有的市40%以上乡镇干部"走读",村党组织书记"空岗化"、"村级活动场所"空置化。全省有2205个村活动场所不达标,有的市41%的村干部报酬待遇落实不到位等。针对这些问题,省委召开专题研讨会进行研究,市县党委召开常委会,对存在的问题进行一项一项地讨论,领导班子成员对号入座、主动认领,并且区分轻重缓急、拿出解决问题的办法。① 二是建立"整改清单",确保问题解决。对于梳理出来的问题,党组织和相关负责人能够解决的,做出承诺、即知即改,针对干部的吃喝风、红包风、赌博风、"走读"风,持续开展专项整治,查处案例674件,涉及872人。连续选派近2万名机关优秀干部担任村第一书记,选拔2787名大学生村官进入村"两委"班子,并且安排3000多名村支书到先进村学习,选调2000名村支书参加大专以上学历教育。对于基层党组织自身无力解决、依靠部门不易推进的问题,通过整合资源、合力解决。推动省市县把基层党建经费和服务群众专项经费列入财政预算。解决村干部养老保险、生活补助、工作报酬等问题。三是建立"责任清单",把党建责任制落实到人、落实到事,建立健全制度并加强监督。安徽省委出台《加强党员领导干部联系服务困难地区的意见》《领导班子和领导干部综合考核评价实施办法》等文件,在考核时,把领导班子和领导干部的党建考核权重提高到35%。层层签订《基层党建工作目标管理责任书》,把党建的"软任务"变为"硬指标"。有些地方把党建整改清单共识,接受群众监督,省委定期派出监察组随机抽查。②

而河南省沁阳市通过制定落实从严治党主体责任,探索把党建工作推向新台阶的方式和途径。通过详细规定党组织领导干部及领导干部的具体党建责任,把全面从严治党纳入干部政绩中。如规定党组织领导班子的责任有:(1)加强党的领导,选好用好干部,防止出现选人用人上的不正之风和腐败问题。包括树立正确导向,严格选任程序,严肃换届纪律,进行科学考核评价,加强日常管理等方面。(2)坚决纠正损害群众利益的行为。包括深入改进作风,纠正突出问题,密切联系群众,化解矛盾纠纷等方面。(3)强化对权力运行的制约

---

① 中共安徽省委:《建立"三个清单"全面落实基层党建工作责任制》,《党建研究》2015年第9期。
② 参见中共安徽省委《建立"三个清单"全面落实基层党建工作责任制》,《党建研究》2015年第9期。

和监督,从源头上防治腐败。包括规范决策权行使,规范执行权运行,规范监督权行使等方面。(4)领导和支持执纪执法机关查处违纪违法问题。包括加强领导,整合力量,支持保障等方面。(5)要求党组织主要负责人管好班子,带好队伍,管好自己,当好廉洁从政的表率。党组织主要负责人的责任如下。一是牵头抓总。履行全面从严治党第一责任,及时传达贯彻上级党组织部署要求,主持研究提出本地本部门本单位贯彻落实的具体意见,对全局性工作作出决策部署,对重大问题和重要事项作出决定安排。定期召开会议,听取本地本部门本单位全面从严治党工作汇报,研究解决突出问题。二是统筹协调。既对本级党组织落实主体责任作出安排部署,又对直接管辖的党组织落实主体责任提出明确要求,凝聚各方力量,形成工作合力。三是组织推动。围绕全面从严治党各项任务要求,谋划和推动主体责任落实。加强对查办违法违纪案件的领导,支持执法执纪机关依法依纪办案,做到重要工作亲自部署、重大问题亲自过问、重点环节亲自协调、重要案件亲自督办。四是监督检查。督促班子成员和直接管辖的党组织主要负责人认真履行第一责任和一岗双责,加强日常教育、管理和监督,采取谈心谈话、工作约谈、提醒告诫等方式,督促纠正工作中存在的不足和干部群众反映的问题,管好班子、带好队伍。五是示范带动。自觉做学习党章、遵守党章的模范,带头严肃党内政治生活,带头执行民主集中制,推动形成风清气正的从政环境和政治生态。自觉做遵法学法守法用法的模范,带头依法办事,带头遵守法律。自觉履行主体责任,带头遵守廉洁自律准则和改进作风各项规定,从严加强家风建设,管好自己、管好配偶和子女、管好身边工作人员,主动接受组织和干部群众的监督。党组织领导班子其他成员的责任是:一是忠诚履职,履行全面从严治党一岗双责。二是监督管理。结合分管工作开展调查研究,督促检查分管领域全面从严治党工作,帮助基层党组织解决实际问题。定期约谈分管领域领导干部,及时发现纠正苗头性倾向性问题。统筹协调分管领域工作力量,配合支持党务部门推进全面从严治党各项工作。三是及时汇报。定期向党组织和主要负责人汇报分管领域全面从严治党工作情况,及时报告发现的重大问题和线索。四是以身作则。牢固树立纪律和规矩意识,自觉做到忠诚、干净、担当,当好"关键少数",形成一级做给一级看、一级带着一级干的示范效应。每一条规定下面,都具有量化的可操作性的具体内容。这样,就最大限度地把全面从严治党的责任落到实处。

（五）通过推行区域化党建来促进党组织的服务功能的发挥

随着基层党组织功能的多样化，在基层社会治理中的重要性越来越突出，区域化党建在不少地方悄然兴起，成为新时期基层党建工作创新的一个引人注目的现象。在多地调研中，我们都可以发现无论是农村还是城乡接合部，不少地方都在努力打破地域、行业的局限，统筹基层党建资源、搭建基层党组织公共服务平台，基础党组织设置呈现区域化发展，这种区域化党建的思维正在引领基层党建迈向一个新的探索阶段。

基层党组织区域化建设主要在两个领域表现更突出。

一是在城乡接合部推行区域化党建。在这方面，浙江省一些地方很早就开始进行了区域化党建的探索工作，并取得了很好的成效。如金华市金东区2013年就开始探索区域化党建，把区域化党建作为"一把手工程"来抓，有效整合区域内各类资源力量，使基层党组织由"单打独斗"走向"抱团合作"。实行"党建引领、服务下延、网格管理、互帮共建"的指导思路，突破以往单位党建模式，将农村、社区、企业等基层组织分区域捆绑起来，建立了93个区域党委，实现各类基层党组织全覆盖。按照"区域相邻、文化相亲，以强带弱、优势互补，自主自愿、发挥作用"的原则划分区域，进行村村联建、村校联建、村企联建、企业联建等方式组建区域党委。配强区域党委书记，一般由区域内影响力带动力最强的党组织书记担任。区域党委隶属乡镇党委领导，属上下级关系。以区域党委统筹区域服务资源，搭建区域内人人共享的综合型服务平台，具体承接单个组织提供不了的便民服务，以及政府部门延伸在农村的公共服务。按照"一区域一中心"的原则，建立区域党群服务平台，整合居家养老、卫生服务、社会调解、文化礼堂等服务资源，代办证照办理、民政社保、户籍计生等21项行政服务事项。建立矛盾接访调处平台，充分发挥村干部、"两代表一委员"、老党员等在化解矛盾中的作用。同时建立志愿服务平台，鼓励党员和群众广泛参与，认领公益服务岗。以"组织共建、资源共享、党员公管、事务共商、难题共解、发展共促"为原则，建立区域化党组织运行机制，解决了以前党组织职能单一、服务群众手段贫乏的问题。同时，通过乡镇干部分区域派驻、机关干部挂钩联系、村干部轮值坐班、"两代表一委员"下沉基层等措施，为区域化党组织充分发挥作用提供了有力的领导和人力保障。①

二是在农村推行区域化党建。这方面，广东省清远市的做法比较典型。广东省虽然经济比较发达，但清远市是一个以农业为主的地区，自然村普遍规模偏小，人口偏少，村经济发展水平比较低。2012年后，清远市通过在农村推行"三个重心下移""三个整合"来探索发挥农村区域优势的途径和方式，构建区域化党建为中心的农村治理新体制。"三个重心下移"，就是推动农村基层党组织建设中心下移、推动村民自治重心下移、推动基本公共服务重心下移。将基层党组织设置由原来的"乡镇党委——村党支部"调整为"乡镇党委——党总支——党支部"，普遍在行政村建立党总支，在村民小组以及具备条件的村办企业、农民合作社、专业协会等建立党支部。把以前的"乡镇——村（行政村）——村民小组"调整为"乡镇——片区——村（原村民小组、自然村）"，自然村真正成为农村自治单元。在县镇建立社会综合服务中心的基础上，在行政村一级全面建立社会综合服务站，为农民提供8大类108项农村基本公共服务。"三个整合"，是配合"三个重心下移"的进一步措施，一是开展农村土地资源的整合，推动农业适度规模化经营。二是开展财政涉农资金整合。三是开展涉农服务平台的整合。在行政村建设的综合服务站，服务的内容除了传统的行政代办项目外，还包括超市、医疗、农机、农产品购销、淘宝等。尤其是积极发展农村电商，打造农产品信息服务、物流配送等为一体的电商体系。

北京市通州区全面推行以基层党组织为核心、整合辖区内各类组织服务资源，建立"小支部、大党建"模式。通过重构党的基层组织设置，对党员干部队伍进行统一管理，对党建资源进行整合，统筹开展党的活动，实现了党的工作在村域内的全覆盖、全互动和全响应，做到了"事事有人管，问题不出村"。平谷区则通过实施市级以上部门、企业、区级领导、区直单位、乡镇工作组、先进村"6对1"结对帮扶工作机制，通过争取资金支持，推动经济发展。平谷区山东庄镇桃棚村在区委、区政府及相关部门的大力支持下，充分利用全区第一个党支部成立地的资源优势，大力改善基础设施建设，打造"北京市红色旅游景区、北京市爱国主义教育纪念地"，使桃棚村的生产生活环境

---

① 参见楼伟民《区域化党建引领基层社会治理创新》，《党建研究》2015年第10期。

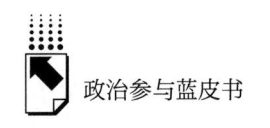

发生了巨大变化。门头沟区推行"党员责任区"制度，就是以党员的居住区来划分每位党员的责任区，有活动能力和条件的党员每人联系10～20户群众，向责任区内的群众提供帮助和服务，配合基层党组织做好带领群众增收致富、维护群众权益、代办各项事务、维护社会治安等工作，形成了覆盖全区的服务网络，做到了情况在一线掌握、问题在一线解决、党员在一线发挥作用。

（六）唤醒党员服务群众意识，提高党员党性

提高党组织的服务意识，首先是要唤醒党员的党性意识。2016年开展的全国性的党员组织关系排查，基本摸清了党内流动党员的现状，理顺了"空挂"党员的组织隶属关系，对"失联"党员进行了全面的排查。通过党员组织关系集中排查，有些一度没有正常党组织生活的党员也警醒起来，重拾身份、唤醒党员意识。

有些基层党组织还通过各种方式来提高党员的党性。如北京市平谷区主要通过四个方面的工作来提高党员党性和服务意识：首先是强化思想教育，通过丰富党员学习形式，为党员学习党的知识提供服务。其次是丰富实践载体，促进党员把党性外化于"行"。提倡党员立足岗位做贡献，规定党员在本职岗位亮身份、亮标准、亮责任，树立单位的先锋标杆。再次是以问题为导向，推动党员将党性实化于"像"。通过"画像"来进行解读标杆，通过"两规范一示范"大讨论等活动，引导党员对党性的深入理解。最后是用好民主评议。将党性分析作为党组织生活会和民主评议党员的一项主要内容，通过开展批评和自我批评，深入查摆分析存在的问题，促使党员在自省自检中使党性得到提升。

有的地方探索党员教育长效化的方式，为提升党员党性提供制度保证。综合各地的实践探索，这些方式大概有16种。它们分别是：（1）专家辅导。一般指邀请党校、行政学院等单位党建专家进行专题讲座，通过对党的理论、党的历史等辨析阐释，进一步强调党性原则，强化党性要求。（2）集体阅读活动。（3）党的知识问答活动。（4）缅怀纪念先烈。（5）特定情景体验。指让党员深入特定的情景，通过互动等方式实现一种情感体验。（6）警示教育。指组织党员干部到监狱或党风廉政警示教育基地，现场感受阶下囚的环境，观看失足官员的忏悔录，达到警示的效果，强化底线意识。（7）讲故事学典型。

宣传当代先进人物或身边优秀人物，号召广大党员学习其精神，创先争优。(8) 视听渲染。在党员工作生活的空间，通过特定视听媒介和内容的覆盖，潜移默化地对党员产生影响，让党员在不知不觉中感受直至认同党性要求。(9) 专题研讨。领导班子成员或以支部为单元组织党员就某个既定专题进行集体研讨，交流认识体会、思想态度等。(10) 讲党课。一般指党员领导干部、理论专家或优秀党员等为党员群众现身说法、交流思想，从而达到宣传党的政策方针、统一思想形成共识、传播正能量的目的。(11) 开放式大讨论。(12) 与权威人物和先进人物谈心谈话。(13) 民主生活会或党内组织生活会，集中开展批评与自我批评，查找不足，分析根源，明确整改内容及措施。(14) 重温入党誓词。(15) 在单位和社会亮党员身份作先进表率。(16) 组织志愿服务等。① 不同的基层党组织采取适合自身的方式，在不同程度上提升了所属党员的党性，为提高全党的整体素质打下了基础。

（七）探索经济落后农村基层党组织服务经济发展的方式和途径

党组织在农村发展中究竟如何发挥作用，是长久以来不少农村基层党组织在努力破解的问题。面对2020年全面建成小康社会的任务和国家精准扶贫工作的开展，下大力气发挥党组织在农村发展中的引领作用，带领村民脱贫致富，成为不少地方农村党组织工作的着力点。

推动基层党组织在农村发展中发挥作用，有些地方从落实主体责任，在形成上行下效、以上率下上下功夫。天津市北辰区就实施农村党建一把手工程，区委书记牵头制定党建工作要点，定期专题研究部署党建工作，对村级党组织班子建设、运转经费落实等问题，直接过问，形成了一级抓一级、层层落实的氛围。并且通过蹲点联系示范带动，由区领导带头，镇领导班子成员每人联系一个基础薄弱村和1~2户困难家庭，蹲点调研，做到谋划农村发展和党建一起抓。北京市密云区充分发挥基层党组织和党员在促进村经济发展中的作用，通过党组织和党员领办创办农民专业合作社、"项目党建"促增收、"村村组团"领发展等措施，创办农民专业合作社达942家，破解了农民一家一户分散

---

① 参见北京市委组织部党员教育管理处主持的2016年北京市党建研究会课题"经常性党性教育实现形式调研报告"。

经营、产业规模小、议价能力弱、销路不畅等问题，提高了农民组织化程度。由党组织整合各方资源，协调大企业、大项目入驻，打造出了许多旅游休闲产业项目，实现党组织力量在项目推进中加强、群众在项目参与中受益。通过打造作风过硬的基层党组织领导班子和农村经济发展能手，培养农村发展的生力军。天津市北辰区实施"先锋培养"工程，锻造过硬队伍。2016年通过采取集中辅导、交流研讨、骨干授课等形式，分批培训村领导班子成员、党员3600多人次。累计培训镇村党务干部、发展对象900多人次。①

陕西省户县实施了培养农村优秀青年带头人的"培优工程"，全县有5500多名符合条件的青年报名参加培训，学员除了参加培训外，还在镇机关参与各片、办、所工作，并定期轮岗，理解乡镇工作职能和方式方法，熟悉办事程序和业务流程，进行全方位的锻炼，取得了很好的效果。参加培训的学员有136人进入农村支部班子，258人进入村委会班子，62人当选村民监督委员会成员。2012年以来，培优青年独自创办或联办企业、门店、合作社135个，投资总额超过1.6亿元，新增就业岗位1300多个。②

通过大力发展多种形式的农村集体经济，来撬动农村的良性发展，发挥农村基层党组织在村集体经济发展中的作用，是党的十八大后不少地方基层党组织引领农村发展的探索方向。北京市怀柔区在发展农村集体经济方面也进行了积极探索。怀柔区一些农村基层党组织通过积极发挥村级党支部的政治引导和组织动员能力，借助林权制度改革、宅基地置换等现代农村改革举措，有效促进了村集体经济发展。如琉璃庙镇二台子村党支部通过主动疏解群众思想困惑，激发了群众的发展愿望，有效动员群众融入村级集体发展进程。逐步形成了由支部书记领着村干部干、党员领着群众干，层层示范帮扶、示范带动促发展的集体经济发展途径，实现了村民增收致富。

三 农村建设服务型基层党组织取得的主要经验

在重复之中把握规律，是我们观察和研究客观事物的重要方法，在各地农

---

① 此案例参见中共天津市北辰区委组织部《整体提升农村党建工作水平》，《党建研究》2017年第1期。
② 参见中共陕西户县县委《拓宽渠道培育农村发展生力军》，《党建研究》2017年第2期。

村积极推进服务型党组织建设中,由于有许多问题是广大农村普遍面临的问题,也由于我们党是一个有着统一组织和职责要求的政治组织,各地在建设服务型基层党组织的过程中凝结了许多共同的经验。这些经验大致有以下几个方面。

一是建设农村服务型基层党组织要努力围绕提高党的执政能力和繁荣中国特色社会主义事业来开展。

党的基层组织是党的组织系统的终端,党的各项方针政策最后都要通过基层组织来宣传、贯彻、执行。建设服务型基层党组织必须围绕提高党的执政能力来开展。"上面千条线,下面一根针",贯彻党的方针政策既是基层党组织的基本职责,又是我们党执政能力的集中体现。没有坚强的基层党组织,再好的政策也只能是"空中楼阁"或被束之高阁。没有千千万万基层党组织工作者的辛勤工作,没有千千万万党员和群众的实践,党组织就不会有任何战斗力,党也不会完成执政使命,社会主义建设事业也就无从谈起。环境改造人,人也在改造环境,环境的变化与人的变化是一致的。党的执政能力的提高就要不断发挥广大党员的主观能动性、创造性,不断发挥党组织和党员在改造社会环境中的先进作用。改革开放以来,我们之所以取得社会主义现代化建设的巨大成就,创造了世界经济发展的历史"奇迹",秘密就在于几百万基层党组织和千万党员不断努力服务群众工作、引领社会发展,在于亿万中国人民的辛勤劳动不断创造新的价值。

二是建设好农村服务型基层党组织,要努力提升党的建设科学化水平。

基层党组织能否在推动社会发展的工作中真正发挥作用,与我们党的建设科学化水平有着密切的关系。

党建科学化需要基层党组织无论是工作方式还是设置方式都要根据实际需要进行不断创新。随着经济社会的发展,我国无论是产业布局、行业分布还是阶级阶层都出现了深刻的变化,党员队伍也相应地发生了深刻变化,流动党员增多,原来的党组织设置方式跟不上经济社会的发展需要。要基层党组织因地制宜、因业制宜、灵活多样地推进党组织的设置。不仅要在传统领域如农村、社区、国企、高校、机关等继续搞好党的建设,又要在新兴领域如非公有制企业、社会组织、专业合作社、商务楼宇、产业链、外出务工人员集中点等搞好党的建设工作,这都需要基层党组织不断拓展思路、解放思想,努力在党组织

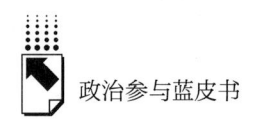

工作方式上跟紧社会发展的步伐。

三是在发挥服务功能的同时突出政治功能。

农村基层党组织要发挥好在农村的发展中处于领导核心地位的作用，就要把工作重心转移到服务上来，突出政治功能。突出基层党组织的政治功能与发挥服务功能是辩证统一的。政治功能是基层党组织充分发挥服务功能的基础，是基层党组织保持正确建设方向和阶级属性的本质体现。服务功能又是基层党组织政治功能发挥作用的强大动力。只有政治功能强大，党在基层的执政地位才能稳固，党的事业才有方向和主心骨。服务功能充分发挥，党组织才能自觉践行群众路线，全心全意为人民服务，党组织领导班子在村民中才有威望，党组织的政治地位才能稳固。十八大以来的实践证明，强化基层党组织政治功能，必须严肃党内政治生活，进一步规范和落实"三会一课"、民主生活会、批评与自我批评、民主评议党员等组织制度，集中查处发生在群众身边的不正之风和涉黑涉恶、小官巨腐行为。多地农村党建的成效，与村党组织善于强化基层党组织服务功能、创新服务方式和手段关系密切。有些农村基层党组织充分运用手机、互联网等新媒体技术，提高服务质量，整合服务资源，善于依靠各类社会服务组织，形成以基层党组织为核心、全社会共同参与的服务体系。

四是大力发展农村集体经济，为党组织服务群众提供物质保障。

物质条件是服务群众的首要条件。现阶段发展集体经济，是农民共同致富的强烈愿望，也有利于党组织提高在群众中的威望。集体经济发展好的党组织，就有条件为群众解决切身困难和问题，能比较好地满足群众的需求，党组织也就有很强的凝聚力和号召力。农村基层党组织发展集体经济大概有五种方式。一是党委统筹促集体经济发展。各级党委站在城乡一体化发展的高度，对农村产业布局、功能区划分、发展前景进行长远规划。二是充分利用农村资源进行集体项目运作。有的村庄开展农民住宅租赁改造运营，发展高端物业经营，促进农民财产性收入长效增长，有的以集体经济组织为主体自主开发集体建设用地，有的通过镇级统筹村集体土地运营，把以前分散的"瓦片经济"模式，发展为镇联营的高档产业园区经营模式，集约了土地利用，增加了农民收入，大大改善了村民的居住环境。三是引进外部资源借力发展集体经济。四是因地制宜培育主导产业。五是注重集体资产保值增值。尤其是一些近郊农村在拆迁、改制过程中，注意保留一定比例的集体资产，运营收益成为改善农村民生的重要资金来源。

四 农村建设服务型基层党组织存在的问题

尽管各地都有不少农村积极探索建立服务型党组织，也取得了不少成效，对于加强党组织在农村的领导、巩固党的执政基础起到了重要的作用。但是毕竟中国各地方无论自然条件还是经济发展程度差异性非常大，还有很多农村对建立服务型基层党组织没有思路、无从下手，有的甚至处在软弱涣散的状况。目前要实现全面建成小康社会，搞好精准扶贫，充分发挥农村基层党组织的服务功能，还存在不少亟待解决的问题。

（一）基层党组织建设面临着村集体经济薄弱，普遍缺乏服务群众和开展活动的物质基础的困境

随着中国改革的深化和对外开放的扩大，中国的经济体制和经济运行方式发生了深刻变化，在经济体制改革的过程中，多数集体经济都转为其他成分的经济，尤其是在农村，不少地方集体经济被"分光分净"，基层党组织可支配的物质财富几乎为零，服务群众就往往显得捉襟见肘。从调研的情况来看，这种情况尤其以中西部农村为普遍，一个农村党组织通过党费返还等形式，一年开展各种活动的经费好的仅有3000～5000元。另外如山东省章丘市，截至2012年底，有220个集体经济"空壳村"，这其中95.8%的村土地、山林等重要资源全部"分光吃尽"，60.3%的村集中在偏远地区，大部分村产业仍是以一家一户的传统农业形态为主，缺乏土地、区位、产业等基础资源，导致村级党组织靠自身抓发展、搞服务缺乏现实条件。

2015年，中央农村基层工作会议提倡发展壮大农村集体经济来为农村基层党组织建设提供更多的经济支持，地方开始支持发展村集体经济，把发展集体经济的成绩纳入地方干部考核的内容。但是农村普遍面临集体经济薄弱的局面没有根本性改变。就北京市平谷区来说，全区大多数村的集体经济都比较薄弱，相当数量的村集体资产都是厂房、机器设备等，由于缺乏有效的经营方式，很多都处于闲置状态，或者经营不善导致亏损。同时，绝大多数村都有债

务，无债务的仅有 6 个村，占 2.2%，债务在 100 万元以下的占 34.6%，101 万～500 万元的占 37.5%，501 万～1000 万元的占 8.8%，1001 万～5000 万元的占 13.2%，5000 万元以上的占 3.7%（见图 1）。①

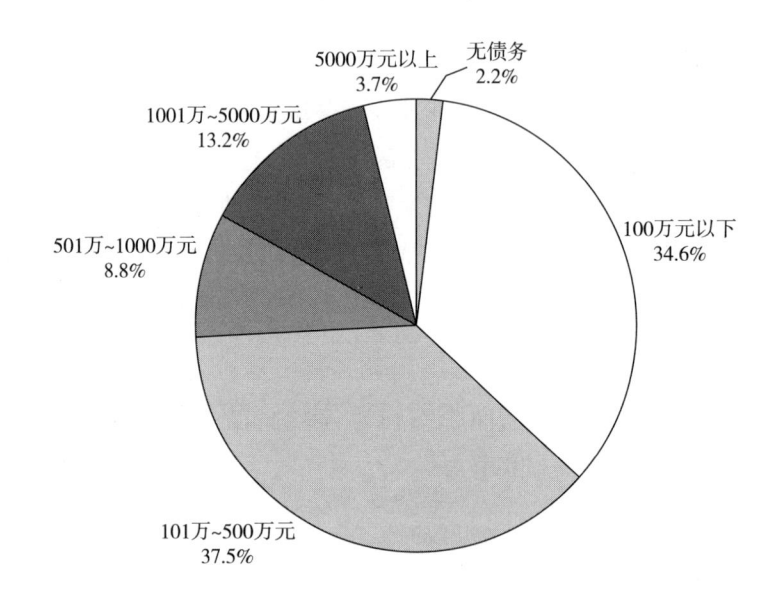

图 1　平谷区村集体负债情况

由于平谷区山区、半山区村较多，绝大多数没有固定的集体经济收入，同时个别村由于历史原因出现负债问题，导致大多数村集体经济收入薄弱，主要依靠传统农业和转移支付维持。首都的郊区农村尚且如此，其他地方农村的集体经济更是弱小。经济条件比较好的地区，靠财政下发党组织服务群众专项经费来提高自身服务群众的能力和手段，自身依然缺乏造血功能，不是长久之计。

（二）基层党组织领导班子服务群众能力缺失，担当不了引领群众的责任

首先，领导班子自身能力弱，尤其是领导群众致富的能力欠缺。据北京市

---

① 参见平谷区党的建设研究会课题组《强化农村基层党组织服务能力研究》，为北京市党建研究会 2015 年指导性课题的结项成果。

怀柔区统计，45个低收入村党支部书记中仅有2人有过企业经营经验。①

其次，有些村党组织领导人过于强调客观困难，把自己等同于一般群众。往往把村发展不好、党组织作用发挥不好从客观条件找原因，而不从班子的责任、自身的能动性不足上找原因。要么是抱怨村没能人，要么是抱怨村里没资源，要么是抱怨村地理位置没优势。干部缺少敢于担当、敢闯敢拼的精神和劲头，往往指望国家政策托底，指望上级扶贫项目。

再次，有些村干部服务群众不诚心诚意，习惯"为民做主"。有的领导班子对村内重大事项决策前征求群众意见只是走形式，征求意见走过场；在决策中决策内容语焉不详、村民代表讨论走过场；决策后不愿意接受群众监督，对决策结果和实施情况公开不及时、不彻底，群众参与程度不高。

最后，在一些经济比较发达的农村，村干部缺少统筹谋划、着眼全局的工作能力。部分党组织领导班子谋求村的发展、解决村矛盾存在"头痛医头、脚痛医脚"、工作碎片化现象，缺少系统整体上的谋划能力，结果工作上是"摁下葫芦起了瓢"。有的基层党组织喜欢在形式上创新，但对村治理的精准度不够，很难满足农民群众的差异化需求，往往重视产业典型培育，但缺少对专业化的服务队伍的培养。在精准扶贫的过程中，对低收入户脱贫不能对症下药、精准施策，往往是送钱送物以解"燃眉之急"。

（三）农村基层党建工作缺少整体性、统筹性，限制了党组织的服务功能的发挥

随着我国改革开放的深化和拓展，我国与世界的联系与沟通加强，中国与世界融为一体，在农村之间、城乡之间的沟通联系交流也越来越紧密，如何用基层党组织建设为打破农村之间的孤立状态，打破城乡二元对立的状态做出贡献和探索，使基层资源共享、人才流动，做到相互支持、共同发展，是今后基层党建的一个趋势。尽管有不少地方在积极探索区域化党建，但是依然存在不少问题。主要表现在以下几个方面。（1）一些基层干部对新时期新形势下区域化党建的重要性和必要性认识不足，缺乏基层发展的整体意识。即使搞了区

---

① 数据来源：怀柔区党的建设研究会承担的北京市党建研究会2016年课题"农村基层党组织在低收入村发展中作用发挥问题研究"。

域化党建的地方，也有不少人简单地认为区域化党建就是简单地将辖区内的党员每年集中在一起组织几场活动，开几次会，看几次电教片就算完成任务了，没有将构建党建区域化格局上升到更好地服务区内广大党员群众、提升基层治理水平的高度上来。(2) 有的基层干部对区域化党建的热情不高。不同村的干部往往只把目光放在本村的发展上，加上村里利益关系复杂纠结，很难顺利与其他村一起谋划共同发展。(3) 当前的区域化党建工作的常态长效机制缺乏。主要是区域化党建工作的发展模式缺乏稳定性，具有很多不确定的因素，区域内党组织之间缺乏深度融合，往往停留在党建工作联席会、辖区"共筑共建"活动以及在职党员进社区等工作形式，还处于一种"联谊式""人情式""援助式"的发展状态，靠人情维系多，靠制度保障弱。区域内资源整合难度太大。(4) 一些基层党组织服务功能未能充分发挥。基层干部任务十分繁重，主要精力用于抓综治维稳、计划生育、消防安全等一票否决事务上，谋划党建服务地区经济社会建设的时间和精力相对较少。随着城市化水平的提高以及"单位人"向"社会人"的转变，城市社区党员的数量越来越多，不少社区的党组织工作仍然停留在党员组织关系转接、开党员大会等日常工作上，工作没有新的思路。而在农村，年轻党员人数往往不多、党员老龄化严重，找不到合适的人来搭建党组织领导班子。这些基层党建尽管面临的问题不同，但是都影响了服务功能的发挥。

（四）上级党组织对农村基层党组织"压担子多、搭台子少，惠民生多、帮基层少，保运转多、促发展少"

一是压担子多、搭台子少。尤其党的十八大后，加强了巡查和监督，但是"责任在基层、权力在上层，服务在基层、资源在上层"的问题凸显出来。上级对基层习惯于行政指令式的工作，如计划生育、社会治安等督查、填表；有些部门把本应该自己负责的一些阶段性工作和日常事务也推给村党组织领导班子牵头"管"起来，如秸秆禁烧、信访稳定、环境治理等。有些地方"一票否决"规定繁多，使农村党组织领导班子主要精力往往局限于处理上级交办的具体村务的执行。"向上看得多、向下看得少"成为多数村干部的无奈选择。

二是上级惠民生多、帮基层少。有的村党支部书记反映，现在各种"资源"都在上头，很多"为人"（为群众服务）的事上级都直接办了，如各种惠农资金往往会通过"一卡通"直接发到农民手里，基层党组织得不到信任。但各种麻烦事、得罪人的事，要处理各种矛盾了，都推给村里办，弄得村干部在村里也没威信。

三是保运转多、促发展少。这几年，各级党委和政府不断加大向基层"输血"力度，为激发村干部干事的积极性，在保障村级组织正常运转和村干部待遇方面投入了大量资金，在一定程度上调动了村干部的工作热情。但往往只是单一的财政支持，缺乏对村级集体经济项目的资金扶持和项目推动，一些村干部出现了"混日子、拿工资"的心态，农村基层自身的"造血"功能还没有得到提升。

（五）对从严治党精神的理解和执行不到位

首先是对基层党组织的政治功能与作用认识不到位。尽管基层党组织被明确定位为基层"领导核心"或"政治核心"，但在实际工作中往往忙于抓经济、上项目，忽视或淡忘了基层党组织的作用，有的把党务工作当作党的建设的全部内容。其次是基层党建工作的责任主体不清晰。尽管中央明确了党组织负责人负有党建主体责任，但是在实际工作中，明显存在党委内部职责不清现象，班子其他成员究竟承担什么的党建职责不是很清楚，认为党组织领导班子成员党建职责相似和认为只有书记抓党建，其他人只抓业务的情况都存在。再次是管党治党责任空置。有的基层党组织把"党要管党、从严治党"的责任限于写进文件中、传达在在会议上、落实在口头上，一年开几次会议说说、布置一下就打发了，不检查、不督促。传达中央或上级文件，内容层层削减，到了支部很多就是念几句，谈些感想而已。最后是缺乏科学的基层党建责任制清单与综合评价体系。尽管有的基层党组织已经开始推行党建责任制，但总的说来，尚未形成科学的、量化的、操作性强的评价标准与考核体系，也缺乏落实基层党建责任制的基本制度保障。如当前的基层党建考评基本还是以上级考评、年度考评、台账式考评为主，党员与群众参与考核评价不足，容易形成考评中的形式主义；在单位整体考核中，党建所占的比重很小，许多单位不到10%，即便如此低，一些单位还是把党建当个"筐"、相关不相关的都往里装；党建考核的权威度不高，不重视甚至忽视党建考核结果的运用，基层干部抓党建的素质普遍需要提高。

（六）农村基层党组织工作者整体素质不高，工作方式缺乏创新

一是基层党建工作者年龄普遍偏大，尤其是农村和部分城市社区这种问题比较突出。往往由于年事已高，身体不好，工作起来往往"心有余、力不足"，没有多少精力参与村党建工作和党的活动。这种局面在近些年随着各级领导对党建的重视，大学生村官制度的推行等，情况有所改善。但从调研的情况来看，基层党建工作者年龄偏大，年轻人出路窄，留不住人的情况还是很普遍的，如何通过体制机制的创新，逐渐改变这种局面，是搞好基层党组织工作必须思考的课题。

二是基层党建工作者往往文化水平偏低。有的基层党组织成为安置闲置人员的地方，他们缺少主动学习的动力和追求，对我们党的基本理论、基本路线、基本方针、基本政策缺乏了解，对做好基层党建工作必须掌握的基本专业知识也知之不多，工作上只知道开会、下通知、盖章等。有的党建工作者工作热情有余，但通常兼职过多，疲于应对各类事务性工作，无心专门从事党务工作，再加上有些党务工作者收入过低，享受不到相应待遇，感觉不如外出打工，工作不积极主动，基层党组织班子队伍建设还有许多问题要从体制机制上给予解决。

三是基层党组织工作方式陈旧，主动性、创新性不足。不少基层党组织工作方式还是停留在开会、传达文件、读报等方式。而对于基层党组织工作的质量和实效很少关注，缺少结合群众意愿和关心的问题开展党的工作的能力，在带领群众致富、引领社会和谐、提供公共服务等方面缺少新思路、新办法。对党员的思想政治教育，不善于运用新媒体、新平台。有的虽然探索运用了信息化技术或新媒体手段开展思想政治教育，但内容上难以突破，习惯僵化的机械灌输，用传统的思维方式、老套的内容运行信息化平台，出现"新瓶装旧酒"的现象，造成老党员"不会开新瓶"、年轻党员不愿"喝旧酒"的尴尬境地。

五 如何建设好农村服务型基层党组织

十八大以来，随着全面从严治党的贯彻落实，基层党组织所处的政治生态环境得到很大的优化,建设服务型党组织有了比以往更好的政策基础和经济、政治和社会环境。围绕党的建设的大局和全面建成小康社会的总目标,当前农村建设服务型组织要从以下几个方面着手。

(一)基层党组织要在农村发展方面切实担负起领导核心作用

基层党组织只要勇于担负起自身的责任,就要在落实领导力和组织力上下功夫,一心一意为群众服务,才能在农村尤其是贫困村的发展中切实起到领导核心的作用。

首先是突出政治功能,把落实政治责任与促进农村、农业的发展结合起来。基层党组织要把宣传党的主张、落实党的政策、组织农民作为落实政治功能的首要任务。从夯实党的战斗堡垒的高度去看待和推动农村、农业的发展,农民的致富。把在市场经济下组织好农民与党一起奋斗,同奔小康路,实现共同的奋斗目标当作体现组织力的根本要求。只有这样,党组织才能在市场化、社会化、利益多元化的环境中始终在农村发挥出领导力和组织力。

其次是基层党组织领导班子和党员干部在切实落实国家民生政策尤其是精准扶贫上,要积极工作、敢于担当、认真履责。目前全国正在深入开展精准扶贫工作,为按期全面建成小康社会打下坚实的基础。全面建成小康社会,这是全党全国的大事,也是党对广大人民群众的庄严承诺。能否按期全面建成小康社会,关乎党的使命和威信,也关乎社会主义现代化强国目标的全面实现。同时,为如期全面建成小康社会,全国的资源往基层倾斜,基层党组织比以往服务群众更有抓手和资源。正是基层党组织为群众服务、展示党的形象和树立良好作风的大好时机和关键期。

再次是选强配优村级领导班子。办好中国的事情关键在党、关键在人。基层更是如此。要多方位选派村干部、拓展村干部来源。既要注重从回乡大学生、致富能人中推选村支部书记,也要注重从机关单位选聘年轻干部,下派村里做"第一书记",还要注重乡镇领导干部在村里的地位。要努力提高村干部待遇,村干部工资收入不能低于当地人均收入。可以考虑把村干部的工资纳入地方财政预算。要加强对新型农民培训,尤其是技术培训,引导农民自主创业,发家致富,在全面建成小康社会过程中勇当排头兵。

（二）把握群众需求，创新服务载体

一是创新联系群众的载体。可以组织开展党员访农户、党代表定期调研、党员干部定期走访、机关干部定期下乡考察等活动，畅通党组织联系群众的渠道，了解群众需求、有针对性地解决群众诉求，避免"费力不讨好""群众不买账"等现象的出现。

二是创新服务群众的载体。充分利用村委会日常办公场地，提倡党员主动认责、领责，建立党代表服务室、老党员服务站等服务载体，有条件的可以结合农村公共服务站，整合服务资源，细化服务举措，全力为基层群众办实事、办好事。

三是进一步拓宽服务渠道。进一步完善区、乡镇（街道）、村（社区）三级服务站点，搭建点线结合、横向互动、上下联系的党员群众服务中心，为党员群众提供政策咨询、技能培训、上学、看病、就业、低保、养老等关系党员群众切身利益的便民利民服务，打造"一刻钟生活服务圈"。有条件的地方，努力拓宽群众了解信息的网络渠道，建立党建工作网络、QQ群、24小时服务热线、党员在线服务等，更好地服务群众。探索建立党员管理类、为老服务类、为民解忧类等各类党建品牌，为群众提供经常化、特色化、亲情化、个性化服务，帮助党员群众解决生产生活中遇到的实际问题。

四是善于运用信息化手段，搭建不同部门、不同级别协同服务的平台。运用信息化手段收集群众服务需求，积极构建基层党组织信息化工作平台，利用大数据，探索县、乡、村不同部门联动响应机制，为群众提供更加主动、实效、便捷的服务。农村基层党组织要在有条件的地方充分发展党建信息化平台，通过建立网络党支部、红色微博、党建QQ群等方式，倾听群众最真实的呼声和意见，更好地了解基层群众的想法和要求。在此基础上，根据不同需求和不同发展阶段的农村类型，提供"适销对路"的服务，加强农村服务型基层党组织的建设。

（三）积极发展村集体经济，提高农村基层党组织引领发展的能力

各级政府加大对村级集体经济发展的政策倾斜和扶持力度，帮助村级组织立足本地资源，通过发展特色产业、扶持发展养殖、流转闲置土地、兴办经济

实体、争取相关部门支持、开展有偿服务等途径，发展壮大村级集体经济；盘活农村闲置的集体建设用地，鼓励由农村集体组织成立股份合作制公司，负责集体建设用地的开发经营，所得土地收益归集体和农民所有，同时鼓励农民通过出租、转让、入股等方式将土地向集体经济组织或农业企业集中，促进土地的规模化经营；用好山、水、林等资源。探索建立村事村办项目清单，对无须招投标、技术要求不高、便于协调管理、农民直接受益的田间路、街坊路硬化、绿化美化等小型基础设施建设工程，赋予村集体建设自主权。从严加强项目监管。发挥党组织对合作社、农民的组织带动作用。鼓励党员率先采用先进技术、生产经验，并积极帮扶其他村民。加快合作社的市场化步伐，以合作社为主体进行农产品收购与销售。进一步创新党组织设置方式，加强跨镇、跨村协会党支部的组建工作，实现资源整合、优势互补、以强带弱、促进共同发展；创新党组织活动方式，积极探索新形势下党组织和党员在产业链上发挥作用的有效途径，充分发挥农村专业合作社党组织和党员致富带头人的作用。发展村集体经济：一是要树立新发展理念，努力推动集体经济走规模化、产业化、集约化的新路。二是要遵循市场经济规律，选择股份制、合作制等多样化的所有制实现形式。三是要始终坚持富民强村相统一，着力健全村集体与村民之间的利益联结机制，打牢农民公共利益的联结纽带。

（四）推动国家资源集聚下沉、打造"三农"服务体系

我国进入了社会主义现代化建设的新时代，城市化、工业化、现代化也必定带有新的特征。随着乡村振兴战略的提出和全面建成小康社会的最后攻坚各种举措的落实，国家的资源集聚下沉，打造好"三农"服务体系成为今后党组织充分发挥作用的重要制度和物质保证。必须要统筹各种涉农资金和项目的使用和管理，把政策资源送到基层，既要真正减轻农民负担、提高农民收入，又要着眼长远，在打基础、谋战略上充分发挥好国家资源的作用。要推动公共服务下基层，让党组织干事有资金、花钱有章法。要把服务农村发展的资源真正沉到基层，变"输血"为"造血"。在发展项目规划上，可以多把一些能够带来经济收益、让群众得到实惠的项目交给村集体去抓，让基层党组织服务有抓手、有平台。要进一步探索简政放权，让基层党组织干事有权力、服务能"做主"。把握好"放权"节奏，防止"一管就死、一放就乱"的现象。

（五）建立全面从严治党长效机制，转变基层干部作风、搭建联系群众的工作平台

要完善基层党建工作责任制。可以考虑地方出台统一的党建责任制清单或落实基层党建主体责任实施办法。这样就会使各地节省大量的制度成本。建立和完善基层党建责任制，一是要围绕建立和完善领导体制机制。加强党委（党组）对本地区本部门党建工作统一领导，完善党建工作领导小组体制机制，充分发挥各责任部门作用，整合资源、形成合力，构建统一谋划、统一运行、统一考核、统一问责的大党建工作格局。二是要进一步健全党建工作责任制体系。党建责任制建设要层层压紧、环环相扣，消除工作盲点，形成体制机制的衔接。构建党建责任清单和党建工作绩效指标，把党建作为基层干部绩效考核的最主要内容。三是大力提升党建工作信息化水平，提升党建工作的科学化水平。有条件的地方可以探索搭建党建网络环境，建设党建工作应用平台等重点工作，建设信息共享互通的平台。四是提高党建责任主体的党建专业化能力建设。大力提升基层党组织领导班子党建工作能力。加强日常管理，加强对农村基层党组织干部的培训，制定基层党组织干部管理办法，完善考核监督和激励保障机制，充分调动广大基层干部履职尽责、干事创业的积极性。五是完善党建责任问责追责体系。建立严格的党建责任追究制度，各级党委、纪委和职能部门，都要对承担的主体责任、监督责任、分管责任进行"签字背书"，对党建工作不抓不管、敷衍塞责、失职渎职的，要进行"一案双查"，既追究当事人责任，又倒查追究相关领导包括主要领导的责任。

（六）推进农村服务型基层党组织建设的制度化长效化

落实新时代我们党的建设的总要求，要在落实农村党组织领导力和组织力的同时，必须推动基层党组织服务群众的制度化建设。一要深入推进县级以上机关干部直接联系服务群众工作制度。要健全完善县级以上机关选派优秀干部任村"第一书记"、领导干部蹲点下访等制度，把多种形式的上级机关进村入户活动用制度的形式固定下来。同时，要明确各自在农村发展中的责任，让机关干部在深入基层、服务群众中砥砺品质，让基层党组织成为各级党员干部服务群众的主阵地。二要推动发挥乡镇干部引领带动村基层组织发挥作用的制度化建设。改革和完善基层组织设置,使乡镇干部联系农村党组织有组织平台和工作抓手。真正让乡镇干部从繁杂的填表格、应付检查等事务中解脱出来,把工作精力有效投入服务群众、做群众工作中。三要推动农村基层党组织领导班子建设的制度化。要着力解决农村基层"有人服务、有能力服务"问题,把政治素质好、服务意识强、发展本领强作为选任村干部的重要标准。四要建立农村党员服务群众制度。推行基层党务公开,完善党内基层民主议事决策机制,让广大党员更加深入地参与到服务项目的决策、实施和监督过程中,激发党员自我服务、互帮互助的内在动力。不断创新服务载体,建立党员示范岗,开展志愿服务、承诺践诺等服务群众的实践活动,通过干部带党员、党员带群众,形成全覆盖、立体化的长效服务机制。

B.6
国际化社区治理：优化基层党政权力运行的试验场

樊 鹏*

摘　要： 加强社区治理的民主参与，提高社区治理的社会化、法治化、智能化、专业化水平，是党的十九大提出的社会治理建设的重要方向，也是中国政治发展的重要内容。国际化社区是当前社区治理领域最具挑战性和前瞻性的一个特殊板块，围绕如何在政府、社会和专业组织之间合理分配治理权能这一核心问题，类型多样化的国际化社区建设实践具有重要的试点价值和功能。增强社区治理的民主参与，构筑社区共建责任机制，在使基层党组织和居委会更好地聚焦政治功能的同时，广泛建立政府同社会专业力量的风险共担和协同共治机制。中国的国际化社区建设经验，对于更广泛意义上的中国国家治理体系建设和基层党政权力运行的优化，富有启迪意义。

关键词： 国际化社区　专业化治理　社会化治理　社区参与

　　大规模国际化社区的兴起是改革开放 40 年来的重要发展成就，也是中国坚持开放包容发展理念的产物，但类型多样化的国际化社区是中国进入新时代的一个现象级事物。国籍多样化，需求多样性，文化多元化，治理复杂化，是中国城市化发展和社区建设走向更高阶段、更高品质的必然方向。与此同时，中国对自身城市化和高端社区建设的设想，又不是一般意义上的文化多元化和种族

---

* 樊鹏，中国社会科学院政治学研究所副研究员。

多样性，而是一种能够更好地吸引国际高端人才的"高质量的多元化"，是能够包容更多普通外国人来华生活、定居、寻梦同时又能够保障和谐宜居为前提的"稳定的多元化"。

在明确这个"任务"的基础上，方能明白国际化社区治理担负着重要的试点探索功能。社区治理的本质是在政府和社区之间如何分配社区治理权能的问题，是通过何种制度激励激活社区资源形成高效合作体系的过程，尤其是面临社区公众公共服务需求的多样化、治理问题的复杂化以及在治理过程中牵一发而动全身的国际化因素，更加考验中国发达城市和地区党政权力运行的效率和质量。在这个意义上，国际化社区是测试当下基层党政权力运行的一个重要的社会治理试验区。"国际化社区试点建设"不仅是一个试点工作，而且是包括我国大都市地区发展的一个重要方向。[①]

党的十九大报告提出，要"打造共建共治共享的社会治理格局"，"提高社会治理社会化、法治化、智能化、专业化水平"。本文认为国际化社区是当下中国社会治理领域的前沿领域，在社会治理的社会化、法治化、智能化和专业化方面比一般社区的需求更为显著、迫切。国际化社区的有关治理实践，不仅在城市管理和社区治理领域具有政策创新试点功能，而且在如何优化基层权力运行从而同社会组织、专业机构和新技术拥有者展开更加充分的互动、形成更为广泛的协同治理结构方面，在推动社会文明发展方面，具备前瞻性探索意义。本文认为，目前中国各地开展国际化社区的建设实践和经验还尚未引起高度关注，更缺乏系统的总结提炼和理论升华。

一 国际化社区建设的有关理论视角和治理路径

根据国内外针对国际化社区开展的理论研究和治理实践——前者主要基于建立起配套齐全、功能完备、运行良好并承担社会整合功能的国际化社区的"建构性理论"，后者主要是国外经验以及国内处在不同发展阶段的各地区、

---

① 樊鹏：《国际化社区治理：专业化社会治理的中国方案》，《新视野》2018年第2期，第57~63页。

各城市所开展的试点探索和丰富经验——可以将国际化社区建设的代表性理论和基本推动路径分为以下四种。

1. 社会自主与族群分立

放眼世界，国际化社区治理不仅考验一个国家的治理水平，也考验这个国家的行政制度、社会治理的方式乃至政治文明的形态。在这个问题上，许多号称有数百年的城市发展和管理历史的西方发达国家和地区，也没有做得太好。根据国际化社区治理中政府和社区之间权能关系的分配，国际上主要有三种典型模式：以美国为代表的社区自治（自主）模式、以新加坡为代表的政府主导模式，以及以日本为代表的混合模式。受到自由民主思想和强势政治话语的影响，美国实行的社区自治模式风靡全世界。

事实上，美国所谓的社区自治模式，本质是"族群分立"（ethnic groups separation）的社区发展模式，表面的族群选择权、社区自治等体现社会自主的"政治正确"，实质上却掩盖了政府放任监管、社会经济权利的不平等，族群分立带来严重的社会安全的困扰，美国大都市地区的黑人社区成为社会犯罪的渊薮，这已成为全球公认的事实。

针对种族和文化多元化社区，包括法国、德国在内的欧盟国家实行的是"文化多元主义"的理念与管治路径，表面看是尊重族群、文化多样性，但是实际上在社区层面放任形成了以不同种族和族群为聚集中心的隔离式社区。例如在巴黎，从种族划分，有黑人社区、犹太社区、穆斯林社区，而相应地也产生了许多因频发的暴力和抢劫而著名的"危险地带"和"勿入街区"，生活在这些危险社区的人们甚至穿着印有本·拉登的 T 恤，更有人戏称今天的巴黎为"巴黎斯坦"。著名的巴黎亚眠北郊（Amiens Nord）的社区集中居住着法国的外国移民、贫困人群，饱受暴力和毒品问题困扰，形成了事实上的"城中之城"。在德国，"文化多元主义"带来了另外一些问题。例如，土耳其移民在德国许多城市形成了独立聚居，虽然没有带来像法国那样的治安困扰，但是由于土耳其居民的聚居性和高生育率，使得土耳其人社区和德国人社区基本隔离，因生育问题、就业机会及社会福利因素同本地社会和本土居民造成日益加深的矛盾和嫌隙。2012 年前后德国已经公开宣称放弃文化多元主义，呼吁社会融入与社区融合。欧洲"难民"危机爆发，更多少数族裔涌入欧洲，通过何种社区政策处理外国移民问题，成为欧洲各国当局的重要挑战。

2. 政府主导与行政管理

政府主导模式指的是采取以行政力量为主导的发展模式，在国际上主要以新加坡的管理模式为代表，事实上也是当代中国大部分城市国际化社区普遍采用的治理模式。

这一模式的特点具体表现在以下三个方面：一是社区事务的绝大部分经费来自政府拨款；二是国家有自上而下一套系统的组织机构负责社区事务的管理；三是社区的各种建设发展事务均由行政部门规划、组织和协调，并落实完成。在许多地区，对国际化社区的管理，也简单粗暴地延续了这种传统单一化、全能型政府的管理模式。

但是政府主导和行政管理的理论与思路并非一无是处，相反，政府对社区发展规划和议程的垄断、排他性的理性化官僚行政管理和法律实施，是国际化社区建设中体现政府角色和管理功能的必要手段。建立国际化社区的行政管理理论、探索有效的行政管理路径，重点在于如何使政府组织科学、高效地达成国际化社区管理的行政目标。例如，在国际化社区配套用房及社区公共设施和内部道路等地设置双语或多语标识、充分运用"云计算"和大数据等新一代信息技术搭建安全监测系统和智慧化社区服务管理体系、在建筑风格和建设方式上在一定程度上体现地域化的差异性等方面，都需要政府强有力的规划和管理能力，需要整齐划一的有效实施。事实说明，在这些领域，如果过分强调扁平化组织和民主参与，国际化社区建设的效率会受到很大影响。

此外，政府主导和行政管理的有关理论和治理路径对于维护一个社会的政治稳定尤为重要，这也是新加坡长期以来针对族群多元但仍然实行政府主导管理模式的关键。在国内许多城市，在经济高度发达、社区构造多元的情况下，地方政府仍然无法放弃传统基层党组织、行政架构和全能型管理手段，个中缘由也不难理解。例如在北京市朝阳区国际化社区建设实践中所形成的"朝阳模式"，除了针对社区内的外籍人口强调去特殊化、居民化管理之外，强化政治稳定压倒一切，牢牢抓住"社区"加"基层党组织"这两个高度行政化的管理资源，依靠社区居委会和基层党组织来管理社区、组织社区、服务社区，协调和提供社区的公共安全、公共卫生、公共福利和公共道德四大公共服务职

能，形成社会长效稳定效应。①

3. 社会互动与文化融合

国际化社区的另外一种治理理论和思路是基于"社区"的现代观念和先进理念。当代社区治理理论是以社会学中的"社区"这一经典概念和理论为基础展开的。"社区"是相对于社会的最基本、最广泛的社会学单位概念，被解读为具有共同价值观念的同质人口组成的关系密切、守望相助、富于人情味的社会团体，涵盖了居住地、组织关系和生活方式等诸多要素。社区建设则被理解为建立在一定地理区域上的、以文化或权利等要素为中心的共同关系和社会体系（网络）的构建，社区治理过程通常反映了求安、求和、求协调一致的社会互动过程，而信任、友爱、互助、奉献等人文精神应当在社区内得到保留和弘扬，以达成社区承担的经济、政治、教育、卫生、娱乐等社会功能。②

基于上述"社区"概念的理念，伴随着生产要素在全球范围内的大流动，"国际化社区"被认为是传统社区在全球化时代的更新和迭代，原有社区中的互动关系、归属感和认同意识需要以新的伦理形式得到保留、延续和重新建立。以社区治理理论为基础的国际化社区建设，将国际化社区视为居民社会生活的共同体、信任与互惠合作的摇篮，其核心要素或基础要素在于社区成员之间的信任关系，并要求社区在承担基础性的行政管理功能之外，发挥满足生活需求、社会化、社会控制、社会参与和社会互助等多种功能。③ 而要达成这种目的，必须综合运用制度化与非制度化的、正式的与非正式的各种手段，社区治理权力的行使方式则表现出多元化主体、多向性和柔性化等特点。因此，建立国际化社区，在正式组织间的正式协作关系以外，还需要包括居委会和专业社会组织在内的基层治理团队通过更多柔性的"友情操作"而非硬性的权力嵌入来建立友爱、和谐的情感氛围和社区文化，需要注重国际化社区成员之间的文化融合，通过组织语言学习、节日联欢、日常娱乐活动等，使具有

---

① 王名、杨丽：《国际化社区治理研究——以北京市朝阳区为例》，《北京社会科学》2011年第4期；北京大学国际关系学院课题组：《北京市朝阳区"国际化社区"建设——"朝阳模式"的新思路与实践》，内部报告，2016年8月。
② 刘玉东：《二十世纪后社区理论综述——以构成要素为视角》，《岭南学刊》2010年第5期，第121页。
③ 燕继荣：《社区治理与社会资本投资——中国社区治理创新的理论解释》，《天津社会科学》2010年第3期，第61页。

不同文化背景的中外居民在精神上融为一体，增强他们的团结合作意识、参与意识以及互助意识。①

4. 公民参与与治理创新

围绕国际化社区治理的最后一种理论和路径是基于"参与"（participation）和"善治"（good governance）的政治学观念和理念，前者回应的是治理主体的多元化等问题，后者除了治理主体外，还涉及打破行政管理的垄断性，强调治理的专业化、智能化支撑。

国际化社区建立的公众参与理论，探讨的主要是在政府和社区之间如何分配社区治理权能这一问题。国际化社区的情况更有其特殊性，社区成员的多元化决定了其价值需求的多元化，因此如何顺应国际化社区居民需求多样化的特点，构建居民交流和共商机制，通过居民自治、协商共议解决问题，并加速文化认同和社区整合，就成为国际化社区建立和管理的首要难题。② 国际化社区建立的公众参与理论将国际化社区的治理视为系统工程和集体选择过程，认为社区治理需要社会各界的广泛参与，而居民参与意味着社区居民对社区责任的分担和成果的共享，治理权力的多元配置意味着政府、社区组织、社区成员单位和社区居民等之间的合作互动过程，应当重视社区组织体系的发育完善、社区中正式和非正式制度规则的形成、不同行为主体交往互动的方式和机制的磨合等。③

在中国的社区建设中，如何实现社区治理从行政化向居民自治转型、从"街居制"向"社区制"转变也是一个重要任务，党的十七大提出要健全党委领导、政府负责、社会协同、公众参与的社会管理格局，明确了"公众参与"在社会管理和社区建设中的重要地位。十八大提出了把"协商民主"作为中国特色社会主义民主的重点，这些指导思想的变化对于国际化社区建设具有重要的指导和引领作用。2017 年党的十九大进一步提出，要加强社会治理制度

---

① 高征阖：《上海市国际化社区发展中的文化融合问题研究》，硕士学位论文，复旦大学，2010，第 4 页。
② 刘中起：《国际化社区治理进程中的公众参与及其路径选择——一项来自 S 市 B 社区的案例研究》，《中共浙江省委党校学报》2010 年第 5 期，第 49 页。
③ 刘中起：《国际化社区公众参与的路径研究》，《甘肃理论学刊》2011 年第 1 期，第 49 页；吴锦良：《建构国际化社区的治理结构》，《杭州》2016 年第 8 期。

建设，打造共建、共治、共享的社会治理格局，要通过完善社会治理体制，提高社会治理社会化、法治化、智能化、专业化水平。十九大报告的这些论述既是对当下社会治理领域创新实践基本轮廓的精准描述，也对新时代我国社会发展和社会治理改革具有极高的指导意义。

前述建立国际化社区的主要理论和路径，其具体手段并不是互斥的，在同一实践场景中也经常被混合使用。尤其是后三种理论对于国际化社区认识的共同性远大于差异性，对于现阶段的国际化社区实践也都具有重要的指导意义，只是侧重点不完全一致：社区治理理论强调国际化社区成员在共同体层面的价值认同意识，而公众参与理论则看重建立国际化社区过程中的多主体参与、协商和合作机制。行政管理理论虽然以行政力量为主导，但也并不否认国际化社区建设的多元参与主体和参与路径，而是意在通过行政力量完成建设任务并培育社会组织，在"强政府-弱社会"的现实背景下，自上而下地有效推行国际化社区的建设。

二 国际化社区建设的基本情况

21世纪以来，随着中国经济的持续发展和城市化进程的加速，中国与世界加速融合，中国自身对高端要素的需求与开放包容的大国胸襟，以及世界各国对分享中国发展红利的期待，都加速了中国的国际化社区的规模和多样化发展。尤其是过去十年，中国的国际化社区从"自发状态"进入"自觉状态"，社区类型更丰富。

国际化社区在中国的发展受到不同的动因驱动，最先发展起来的国际化社区是基于驻华外交使领馆机构的人员聚居，改革开放初期以来又主要受到发展主义导向的影响，为吸引外国专家和专业人才以及在金融商贸机构中工作的外籍人员，在政府干预和商业力量投资的共同作用下，形成了类型多样的国际化社区。此后，随着外资企业的发展壮大以及来华工作生活的外籍人口的增加，普通高档社区的国际化程度也日趋提高。综合来看，影响国内国际化社区形成发展的因素十分复杂，受到地理位置、聚居偏好、行政管理、交通、经济等多重因素的综合性影响。

以北京为例，使馆区的特殊选址、环境优美、交通便利、配套附属设施完备,排他性的居住政策等,形成了在京外国人最初的活动空间。2003年以前,北京市对来京外籍人员的居住地选择一直采取限制政策,外国人只能住在政府指定的涉外宾馆和外销公寓,使周边配套设施得到集中发展;房地产的针对性开发,在前述内外有别的居住政策背景下,房地产商为吸引外籍人士,在项目设计和实施中充分考虑外籍人士的置业需求,多在区位良好、靠近商业中心的地点开发外销房;外企的集中分布也是因素之一,例如外企在京投资的中心是望京地区,其空间分布呈现中心集聚的特征,促使在京外国人在工作地附近选择合适的住所居住。此外,外国人的择居意愿、生活方式、聚居倾向等因素也对国际化社区的地理位置产生影响,它们是北京国际化社区形成的主要动力。

随着中国的经济崛起和社会发展,中国境内的国际化社区类型日趋多样化。从目前的经验来看,中国的国际化社区的类型已经远远不再局限于外交人员构成的外交元素型社区,以及改革开放初期为吸引投资而设立的专门服务境外高端人群的类型。实际情况是,在广泛的对外交往和社会发展过程中,形成了更加多样化的社区类型。尤其是在深圳、广州、杭州等地涌现了由来自更多发展中国家、更多普通外国人构成的国际化社区,国际化社区内的人员和文化构成更趋多元化,需求更加多样化,社会权力的构造更趋复杂化,面临的新问题更多,管理的难度更大。

1. 外交元素型国际化社区

外交元素型国际化社区是指因外交关系及驻外使领馆因素形成的国际化社区。截至2017年6月,已与中华人民共和国建交的国家达到175个(其中两个是准主权国家),这些国家几乎全部在中国设置了大使馆和领事馆,一些国家在我国的不少城市设有领事馆,除了上海和广州这两个中心城市所设领事馆最多外(上海61家、广州37家),少数国家在一些他们认为重要的城市也设有领事馆,比如成都(5家)、重庆(5家)、武汉(2家)等地。此外,其他地方与有比较紧密关系的区域国家也设有领事馆,比如,拉萨有尼泊尔的领事馆,呼和浩特有蒙古国的领事馆,南宁有越南的领事馆,东盟有6个国家在昆明也设了领事馆,沈阳有俄罗斯、朝鲜、韩国、美国和日本的领事馆,青岛有韩国的领事馆,厦门有菲律宾和新加坡的领事馆。这些拥有使领馆的城市大多在政府政策之手的干预之下设立了外交人员及其家属专属的国际化社区。也有些城市虽然政府没有建立专属的排他性居住区和居住政策,但是通过环境、交通、配

套附属设施等因素的引导,也大体形成了以外交人员家属聚居的区域,例如北京市朝阳区的麦子店社区。

2. 产业集聚型国际化社区

产业集聚型国际化社区是指在改革开放过程中一个城市依托有吸引力的产业政策、雄厚的产业集聚现状,在广泛借鉴国际先进经验、前沿技术和实施标准的基础上,建设起来的高起点、高标准、高质量并集高品质居住、国际化教育和健康医疗服务多元化、文化设施等功能于一体的具有现代化国际品质的社区。这些社区通常由政府统一批地、统一规划,主要目的在于服务经济发展和吸引高端要素的要求。近年来,也有些地方政府将国际化社区的培育和建设交给社会和市场,积极发挥社会和市场的力量,优化国际人才创新创业的生活环境,强化产业服务支撑。例如杭州高新开发区产业集群就是产业集聚型国际化社区的代表,杭州市在杭州高新开发区(滨江)、杭州经济开发区、杭州大江东产业集聚区以及科创特色小镇、离岸创新创业基地、开放式创业街区和高端众创空间等高新人才聚集的产业园区和创新中心,通过以国际化社区建设为引领,统筹规划,重点打造了聚合高端要素的国际化创新创业社区空间体系。

3. 教育辐射型国际化社区

教育辐射型国际化社区是指在重点高校高教园区、国际化学校等留学生群体、国际教育人才聚集的地区,重点打造形成的富有人文气息的国际化生活社区空间体系。在全国许多城市,尤其是教育资源分布较为集中的地区,例如北京、上海、广州、杭州等地区,形成了许多具有教育辐射型特点的国际化社区。例如北京的五道口国际化社区,被作为北京市国际化社区建设的试点地区之一;又如笔者实地走访的杭州西湖区"环浙大"国际化社区等。这种类型的国际化社区,其社区治理和服务的主要对象是留学人员和外籍教师、访问学者,国籍构成多元但人口类型较为一致。在这些地区,地方管理者善于发挥教育资源的集聚优势,着力实现社区的基础设施与社会生态、人文生态的融合,着力借助国际化社区来提升区域性文化品位和本地居民素质,着力营造具有国际特点的社区文化空间,充分发挥教育型人才聚集和国际网络的优势,丰富国际文化交流,引入体现国际化内涵的社会化服务,倡导和推广国际化的社区生活方式,为整个城市的创新提供良好的资源环境。

4. 商业生态型国际化社区

商业生态型国际化社区是指在国际化商业中心和国际商业人员聚集的地区，打造形成的集商业与生活、生态相互融合发展的社区空间体系。商业集聚型国际化社区的特点是人群构成复杂多元、文化需求差异性大、社会化市场化特点显著。在北京、上海、广州、深圳、杭州等地区都有这类商业生态型的国际化社区，通常都是融商业娱乐、文化教育和商务休闲为一体，具有国际一流水准的现代化、综合性的城市高尚生活中心。例如，笔者走访过的深圳福田区香蜜湖东海社区，主要是以在大型商业楼宇工作的外籍人员为主，由来自83个国家的外籍人员聚集形成的国际化社区；又如杭州江干区钱塘CBD商区，以钱江新城、钱江世纪城等国际化商业中心和国际商业人才聚集形成的国际化社区。同其他类型的社区比较，商业生态型国际化社区是一种更为成熟的国际化社区，从居住、商业、服务、休闲，都坚持全要素开放式配套理念。高度开放性的社区商业业态，以及高品质的休闲文化交流，更易于满足社区居民多样化的服务需求，促进社区生活商务休闲的深度融合。

5. 族群聚居型国际化社区

族群聚居型国际化社区是指在国际化社区中主要以单一国家或地区的外籍居民为主构成的国际化社区。从国际和国内经验来看，美国人和欧洲人的居住相对比较分散，但是亚洲人和其他发展中国家的居民通常习惯于聚居。例如北京雅宝路一带形成了俄罗斯人聚居区，朝阳门一带的日本人聚居区，海淀清河一带的印度人聚居区，当然最知名的还是北京望京以韩国人为主的国际化社区。2008年的全球金融危机之前，望京的韩国人数量最多的时候曾一度达到7万人之多，占了当时整个望京总人口的1/3。当前，在上海龙柏中心商圈、深圳南山区，都有以韩国人为主的大规模、单一化族群为主的聚居社区。深圳南山区香蜜湖社区的韩国人多达8万人，这样的国际化社区治理往往需要联合中韩双方的交流机制和广泛的机构参与，许多重要活动已经成为外交事件。此外，随着中国的开放度越来越高以及"一带一路"倡议实施，越来越多的发展中国家的外籍居民到中国寻求就业发展。例如印度人、东南亚人、非洲人在中国不少城市正在形成族群聚居的社区形态，这些单一族群的外籍人员除了聚居之外，还存在收入普遍偏低、组织性较强的特点，有些还产生了较为严重的治理问题。例如在广州，过去几年形成了较大规模的黑人聚居的社区，据有关方面的调查，在广州外籍流动人口中，非洲籍流动人口已高达20多万人，非洲裔约占总数的1/2，其中绝大多数是非法滞留者。单一族群高度聚居的情况在欧美国家十分普遍，例如美国的黑人社区、德国的土耳其人社区、法国的北非人社区等。管理这样的社区，对于中国来说并不具备太多经验，是当前国际化社区治理领域的重要挑战和难题。

6. 融合混居型国际化社区

融合混居型国际化社区是社区居住结构中以中国人、本地人为主，外国人为辅的国际化社区，是一种以外国人"小聚居"、中外居民"大杂居"的国际化社区形态。相比较于外交元素型和产业聚集型国际化社区，这类国际化社区的外籍人口比重相对更低，国际化色彩相对更淡，但是由于外国居民融合在中国居民社区生活，因此这些国际化社区的主要任务不是提高社会化、高端化服务，而是顺应许多外籍人员的要求，促进中外居民的文化融合、提升地区公共服务对外籍人员的可及性，以及促进外籍居民对本地事务的参与，社区管理需要对这些需求有所考量和回应。全国各大城市都有中外居民融合混居的社区，例如在笔者调研的杭州西湖区文鼎苑社区，就针对社区外籍人员主要以浙大留学生和访问学者为主、文化素质相对较高、社区参与热情较高的特点，探索制定了涵盖外籍人员的社区公约，打造中外融合的社区文化氛围。融合混居型国际化社区从代表性上更加符合杭州提出的"国际化社区建设着重社区整体提升"的理念，旨在通过社区服务水平提升和文化融情建设，建设中外和谐共处的社区，使外籍人员更好地融入当地社会。

根据前文对国际化社区的定义，一般国际化社区并不是静止的，而是随着境外居民增加及其所占人口比例不断提高，本土社区也将可能面临国际化趋势，因此在任何国家和地区，国际化社区建设都无法同本地社区建设完全区分开来。一方面本地社区建设必须考虑到国际化趋势和因素，另一方面国际化社区的建设必须考虑同本土社区和本地社会的融合问题，在这个意义上国际化社区的建设和探索对本地社区具有显著的前瞻性，国际化社区的建设对本地社区建设要能够形成制度红利价值，同本地社区一道构成地区和谐发展稳定的基础。

从另外的意义上，融合混居型国际化社区也代表着一种在未来将更为普遍、社区需求将更加多元化、社区治理的内涵质量将更为丰富的国际化社区形态。有迹象表明，随着中国社会经济形态的发展变化，许多原有的以单一族群聚居为主的社区正在演变成为融合混居的形态。例如北京朝阳区麦子店社区如今已经是一个中外居民混居的社区，望京地区近年来韩国人所占人口比重也在持续下降，与此同时，这一地区新入驻了新兴互联网科技公司（占望京地区入驻公司比重高达65.4%），包括苹果研发中心、大众点评、奇虎360、陌陌、携程、触控科技、圣耀互动等等，而人员则多以青年为主。这不仅改变了中外混居的基本结构和类型，而且相较于一般混居型社区，这类新兴的混居型青年社区的政治文化的需求样态更特殊，他们更加渴望体现创新、科技、智能的公共服务，更乐于接受更加体现民主、参与的扁平化组织管理形态。

上述六大社区类型的产生，反映了中国与外部世界关系的变化和对外交往的拓展，体现了中国大都市地区国际化元素的加强与提升。更重要的是，从国际化社区形成的动因来看，逐渐从政治因素转向经济因素主导，从经济因素又转向社会发展驱动和文化辐射驱动。当前在中国大都市地区形成的大规模、多样化的国际化社区，已经不再局限于原有的政府主导干预的结果，在有些条件下反而是政府暂时性放任监管和规划的结果，聚居人群的构成也不再仅局限于外事人员或国外高端人群，越来越多的国外和境外的普通人来到中国大陆地区投资、工作、生活。

在一定意义上，这些新型的国际化社区可能不再是一种社会形态和城市管理的"例外"，而是代表了中国大都市地区、城市核心区持续建设发展的蓝图和方向，目前这些国际化社区所呈现的面貌，可能是未来中国大都市地区继续发展下去的缩影。国籍多样化，文化多元化，需求多样化，将是中国城市化发展和社区建设走向更高阶段、更高品质的必然方向。从目前北京、上海、深圳的国际化社区发展来看，外籍人口来源更加多元化，聚居层次更加多样化，人员结构更加复杂化，需求更趋复杂化，除了传统的通过外事、商贸、产业带动高端人才要素聚集之外，越来越多的普通外国人到中国定居甚至"寻梦"，这些因素大大改变了国际化社区的结构甚至性质。今天中国各大都市地区的国际化社区居民，对本地政府在公共服务、基础建设、社会治理、文化生活等领域提出了多元化需求。

三　国际化社区的治理模式

国际化社区的扩大与相应而来的治理挑战，正在考验着中国的制度体系，成为检验中国的社会治理机制和国家治理能力的重要试金石。在目前缺乏全国性指导意见和定型化制度形态的情况下，国内各地区国际化社区的治理主要还处在试点探索阶段，各地区针对不同类型的国际化社区的治理形成了不同的路径和模式，根据社区规模和类型，因地制宜发展出形式多样的政策工具。

结合文献分析和笔者在上海、杭州、深圳等地的调研，可以发现当前阶段，从类型上来看，国际化社区的治理模式或政策管理工具可以划分为三类：政府主导、市场主导和社会主导。尽管实践中这些类型并不完全相互独立存在，各类治理模式和政策工具是相互交叉使用的。第一，政府主导主要是党政主导下的传统行政管理模式，又可以划分为垂直单一管理模式、网格化管理模式，经过体制改革创新后形成的大社区管理、扁平化管理以及党建带动等模式；第二，市场主导主要是针对国际化社区管理中坚持高端要素定位、排他性服务、市场托管以及高端化物业服务；第三，社会主导主要通过社会专业机构加强社区管理和社会治理，体现了社会化、专业化、智能化的国际化社区治理新手段和新方向。

1. 市场化托管模式

市场化托管模式也称社会化管理模式，主要是把国际化社区建立在各高档"小区"基础上、通过高端化的市场专业托管或高端物业手段进行治理的模式。

在高端托管模式中，即在社区管理中基本排除了政府提供管理制度和公共产品的可能性，国际化社区的需求基本通过高端化物业和高度的社会化、商品化服务获得。政府在社区建设中主要承担基础设施建设、环境保护等有限政府的角色，在社区管理和社区治理中，主要以各高端小区为单位，进行市场化托管和物业管理服务。在极端的情况下，在有些高端化国际化社区中，以街道、社区为基本单位组织起来的"全能型"政府形式，甚至全盘撤出了国际化社区的管理。

笔者走访的位于上海浦东新区北中心位置的碧云国际社区就是这种类型的代表。碧云国际社区在20世纪90年代由浦东开发区管委会成立，一直以来采取租住形式，地产和固定资产均由上海金桥（集团）有限公司持有，由后者委托专门的高端物业管理公司（上海今晨物业经营管理有限公司）负责管理运营，目前这家物业公司专职服务于来自全球48个国家和地区的86家外资公司和高端社区，具体来说，服务于在华工作生活的约2500个国际家庭。

尽管金桥公司在法律意义上属于国有企业，但它针对国际化社区的功能定位，则是完全的高端化、特殊化、市场化特征。社区建立之初就秉承低密度、高规格理念，在社区文化方面刻意营造西方生活方式和文化氛围。碧云社区发端的20世纪90年代，正是中国建立社会主义市场经济的关键起步阶段，吸引国际高端人才和其他高端要素成为社区建设的主要目标，而当时来华的经济精英之所以选择在碧云社区，也源自他们对于在上海的工作生活绝不低于本国（发达国家）生活水准的高预期，因此社区从建设初期开始就坚持排他性和高端化定位，致力于打造一个由少数来华西方经济精英人群专享的生活空间。尽管今天上海浦东已经发生了翻天覆地的变化，中国理应具备基本的制度自信和文化自信，但是调研了解到，碧云社区至今仍然坚持社区内外国人的比例务必维持在80%以上，对于那些具备支付能力和居住意愿的中国人来说，要进入碧云社区生活，经济因素并非充分条件。①

2. 全能型政府模式

这里借用全能型政府的概念，主要是指在国际化社区治理中，对小区建设之外的"社区"的公共性和政府职责加以重视，但是公共权力和管理职责的行使主要是通过传统全能型的行政体制。全能型政府的职能模式是计划经济的产物，也称为统制性治理，政府垄断了行政权力，在高度垂直、单一化的行政体系中，处于行政体系最末端的是作为最基层政府的街道办事处（简称街道办），在街道办以下，不仅排除了社会力量和公民参与的可能，而且作为基层自治组织的居委会也在事实上演变成为执行政府自上而下行政指令的工具。全能型政府在今天已经发展成为一种"倒金字塔形"的管治结构。越往上机构设置越完备、岗位配置越齐全，上面"决策指导者"多，下面具体经办落实者少。权力的上游资源和人员高度集中，在权力的下游则是人员紧缺，造成议程和决策系统是"上头千根线"，而政策的落实和执行层面则是"底下团团转"。基层本来是为民办事的终端，但越是基层政府职能越交叉、政府组织越重叠、社会矛盾越集中，真正办事的人员反而越不够，这成为当下中国基层治理中急需解决的问题。

---

① 内容依据笔者2017年9月17~18日在上海市浦东新区的国际化社区的调研。

在当前国际化社区建设中，受到原有行政体制的影响，在多数地区仍然还维系着传统全能型政府的管理体制。国际化社区主要由作为政府派出机构的街道办事处（简称"街道办"）负责，但同级政府之间对社区的管理职责权限又相互交叉重叠，结果导致在社区治理方面难以统筹规划，难以形成适宜社区发展和居民多样化需要的公共产品供给。而街道办以下的居民自治组织也难以聚焦组织居民参与的功能，而是演变成为落实街道办和上级政府行政指令的工具。一方面是自上而下的各类政治任务和行政议程应接不暇，疲于奔命。比如，笔者在多地走访看到的居委会的办公场所，基本都有各种形式的"制度上墙"，各个部门、各项工作都要求张贴上墙、居委会主任带头抓。另一方面则是无暇顾及社区政治事务，无法通过广泛的社会专业机构相互合作治理，自然也难以将自下而上的诉求和需求反馈到行政系统中。由于这种陈旧的社区治理机制，许多地区的国际化社区建设整体发展缓慢，难以真正建立与国际接轨的治理机制。

3. 网格化管理模式

网格化管理依托统一的城市管理以及数字化的平台，将城市管理辖区按照一定的标准划分成为单元网格。通过加强对单元网格的责任部署和事件巡查，将过去被动应对问题的管理模式转变为发现问题和解决问题的基层社会治理模式。2013年党的十八届三中全会《关于全面深化改革若干重大问题的决定》提出，要改进社会治理方式，创新社会治理体制，以网格化管理、社会化服务为方向，健全基层综合服务管理平台。此后，网格化管理在全国社会治理实践中全面铺开。同"倒金字塔形"管理结构中存在的顶层官僚机器臃肿、底层执行实施乏力的特点不同，"网格化"管理模式是在全能型政府的前提下，强化基层的稳控能力，充分利用基层正式或非正式的管治机构（居委会、群众、企业等管理对象），按照权责分工和任务体系建立起来的网格化的管理模式。

笔者在调研中发现东部沿海地区的国际化社区普遍采取了这种治理形式。同国内社区建设中所采取的网格化管理模式不同的是，这些发达地区在涉外社区实行网格化管理，除了发挥政治稳控功能之外，主要是强化国际化社区层面的服务供给能力，在网格化管理中"嵌入"了许多创新化的服务机制。例如在我们实地走访的杭州市江干区钱塘社区，这个社区外籍（含境外）人员共计184人，包括美国、英国、德国等国家，以及中国台湾、香港，共涉及20个国家和地区。我们了解该社区建设宜居型国际化社区的先进理念和经验，主要的制度举措有两个方面，一是在所属街道层面规范职能，实行中心化管理，建立党群文化中心、社会管理中心、民生保障中心以及企业服务中心；二是在街道以下社区层面通过实行"一网三站"创新社区治理模式，加强国际化社区治理体系建设。做到了"一网到边，三站职能全覆盖"。

"一网"主要是网格化管理，例如钱塘社区，将辖区五大楼物业管家对网格内外籍人士进行摸底排查，划分为六大网格，充分发挥网格长、网格员的作用，联动辖区协警、对外籍人士提醒办理相关出入境手续。从而不断完善"三实"数据滚动排查机制，精准掌握外籍人士基本信息，逐步摸清辖区内的涉外资源，为全面做好涉外服务奠定了基础。

"三站"主要是以"涉外服务站（岗）"为中心，配合社区文化站、社区咨询工作站，将居委会、业委会、物业公司资源加以统筹使用，积极联络社区共建单位、社区组织、社工机构和志愿者参与，形成合力提高社区服务能力。我们了解到，社区利用辖区共建单位"第一英语课堂"的资源，在社区设立"涉外服务岗"，由社工和"第一英语课堂"的老师轮班担任志愿者进行涉外服务，有效解决社区外语资源的短板。据统计提供专职涉外服务的物业、社工及志愿者共22人，已服务221人次，极大程度地满足了外籍人士居住、生活、工作的不同需求。①

4. 大社区管理模式

大社区管理体制是指在街道以下各居委会联合基础上形成的社区联合体制，目的在于减少层级、克服社区资源分散、提供服务能力的行政治理体制改革。上海是我国较早探索大社区管理体制改革的城市，是在1995年上海市实施的"两级政府、三级管理、四级网络"的城市管理体制改革基础上的进一步优化改革，改革后大社区本身可以依靠更加强有力的行政力量，在街居联动的过程中发展各项社区事业。不同于街道办领导的网格化管理，在大社区模式下面，主要不是采取网格化模式和责任板块（"分"的思路），而是通过建立跨社区（跨居委会）的工作机制（"统"的思路），优化社区管理资源，创新社区管理工具，提供更加有效的公共产品。

笔者实地走访了上海浦东新区花木社区（街道）联洋社区的大社区体制

---

① 内容依据笔者2017年9月19日在杭州市西湖区、江干区的国际化社区的调研。

下的国际化社区管理。联洋社区地处浦东新区行政文化中心，居住区共有楼盘18个，商业配套面积约20万平方米，规划户数1.63万户，居民3.4万人，其中外籍人士约0.53万人，分别来自78个国家和地区，成为闻名上海的国际化社区。联洋社区设置社区党委和管理中心，下属6个居委会，社区党委下属4个居民区党总支、2个居民区党支部和1个直属党支部。在近年来国际化社区治理中，联洋社区逐步形成了以政府为指导、以社区为支点，以创新服务平台为依托，以居民参与为核心的一体化管理体系。

联洋社区的一大创新是"涉外服务站"，由浦东公安分局出入境管理办公一室、花木派出所、花木社区（街道）联洋新社区管理中心共同创办，配备涉外干事8名，具备英语、日语、韩语三大语种交流能力，站内新安装了由浦东公安分局自主研发的"境外人员信息社会化采集系统"，入住社区的境外人员无须到派出所，可就近完成临时住宿登记申报工作。这是一种集入住登记、咨询指导、沟通交流等功能于一体的新型社区服务模式。在联洋社区管理中心的共同孕育下，这种集入住登记、咨询指导、沟通交流等功能于一体的新型社区服务模式成为国际化社区治理中的重要创新举措。①

5. 专业化外包模式

专业化外包模式主要是指在国际化社区治理中改造治理机制、引入社会专业机构治理的模式。这在东部沿海和南方城市已经大量存在，政府街道办以下在加强党建聚焦政治功能的同时，将大量社区管理的具体事务委托给专业机构管理。在居委会聚焦群众自治功能的同时，大量社区事务通过政府购买服务以及聘用大规模专业社工提高服务能力。

在笔者调研走访的发达地区的国际化社区中，基层党组织协同居委会，在发挥政治引领和实现居民自治的前提下，花费了大量的精力聚焦于同各类社会组织和专业机构打交道。通过创新社区治理机制，积极组织中外居民并引入社会组织和专业机构、力量参与国际化社区服务和治理。例如在深圳南山蛇口，除了在社区治理层面建立社区行政中心（对接街道专注完成行政事务）、社区文化中心（组织居民文化活动），还建立了专门化、智能化支撑的社区服务中心。针对有80多个国家构成的数以万计的外国人社区和多达8万

---

① 内容依据笔者2017年9月17~18日在上海市浦东新区的国际化社区的调研。

人口的韩国人聚居区，当地社区引入了"南风社会服务社"。这个社会组织经营涉外工作站和蛇口境外人员管理服务中心，是一个专门在涉外社区领域探索涉外管理经验的社会机构，旨在通过深圳探索扩展在华南和华东地区的社会影响力，进而辐射全国。在笔者走访的深圳福田区香蜜湖街道东海社区，建立了"站、队、点"三结合模式，成立了东海国际友人服务站、国际友人志愿者服务队和政务服务代办点，体现专业化、智能化治理。①

6. 党建带动模式

党建带动模式是指在街道社区层面通过党的建设制度改革带动国际化社区治理的模式。这一模式的代表是四川成都和广东深圳南山区。2014 年，深圳南山区探索实施"一核多元"社区治理模式，其治理模式的目标任务为：深化并创新"一核多元"社区治理模式，对社区组织结构、资源力量、运作机制、治理方式等进行创新，计划通过 3 年时间，着力构建"定位清晰、各司其职、功能互补、和谐共生、共治共享"的"一核多元"现代社区治理结构，实现政府治理和社会自我调节、居民自治的良性互动，达到公众参与更加广泛、居民群众更加满意、公平正义更加彰显、社会各界更加关注的目标，更好地促进全区经济社会全面协调可持续发展。

深圳南山区以党建带动国际化社区治理，通过"2 + 13 模式"（1 个街道党群文化中心聚焦党建文化与政治统领，1 个行政服务中心，13 个社区服务中心提供具体社区服务），厘清党、政、群众自治组织、社会机构四角关系。通过党群文化中心聚焦政治事务，从而实现非政治类业务向社会机构和社会组织的转嫁、委托，通过行政服务中心整合行政事务，进一步为居委会去行政化，使之更好地聚焦政治事务，调动居民自治，发挥针对社会组织提供服务的监督评估服务职能，进一步激发社会活力。②

四 结论和启迪

国际化社区在中国并不是一个新事物，但是更趋多元化、复杂化的国际化

---

① 内容依据笔者 2017 年 9 月 21 日在深圳市福田区香蜜湖街道香蜜社区和东海社区的调研。
② 内容依据笔者 2017 年 9 月 20 日在深圳市南山区蛇口街道深圳湾社区调研时对南风社工服务社人员的访谈。

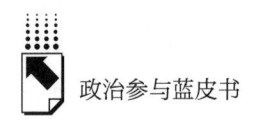

社区是中国社会发展和政治领域的一个现象级事件。对国际化社区的治理正在考验当下中国的基层国家治理体系，本文通过综合各方面的调查发现，中国的国际化社区治理正在经历明显的治理模式的转型，从原有的高度行政化垂直管理逐渐转变为更富有治理内涵、更为灵活的新机制。

加强社区治理的民主参与特征，提高社区治理的社会化、法治化、智能化、专业化水平，需要聚焦社区治理的前沿实践和重大挑战。国际化社区恰恰是当前最具前沿性、挑战性和最具前瞻意义的一个特殊板块。地方党政决策者和资源分配者面临一个富有挑战的治理任务，正在致力于通过各方面，优化基层党政权力运行的机制，提升公共产品和公共服务的质量，增进公权力和社会专业机构、社会组织的广泛协同，使国际化社区的治理过程呈现出行政体制变革乃至国家与社会政治关系变革的特征，而这个过程对于更为广泛意义上的中国国家治理体系建设和基层党政权力运行的优化、改造，富有极高的启迪意义。

国际化社区建设的一个重要启迪在于，要实现社区的协同治理和广泛参与，首先要优化社区治理的行政环境，要通过先进的治理理念和方式变革，推动原有的党政基层一元化领导体制转变为一种以党政为中心的协调各方的广泛合作体系。例如，在国际化社区的倒逼式改革中，街道行政工作重心由原来的抓社区"小事"，向统筹协调本区域内公共服务公共管理和公共安全等基层治理工作转变。要使街道将主要精力放在优化国际化社区公共服务工作站设置和运行上，要善于制定完善社区权力责任和服务清单，建立和完善政府与社区中各类组织的合作机制，推动政府、社会和市场多元力量的复合联动，发挥政府同社会专业机构有组织化联动和多元参与的作用，积极引导群团组织、社会组织志愿者、辖区单位等广泛参与社区治理，形成共建共享和谐有序充满活力的社区治理环境。

此外，我们从十分丰富的试点经验也可以看出，社会治理机制改革不是简单的简政放权和社会化改革，而是在该加强政府能力的地方加强能力，在该优化权力、简政放权的地方大胆放权。在街道以下社会治理机制中，关键是要改造基层党组织和居委会的功能和定位，增强社区治理的民主参与，构筑社区共建责任机制。社会治理机制实现社会化、专业化运行后，要能够发挥基层党组织的政治作用，调动党组织在协同治理方面的积极性，使其发挥统筹各方、系统治理的角色。居委会方面,则要能够使其真正恢复居民自治组织的性质,更好地聚焦政治工作,将大量事务性工作交给社会组织或专业社工队伍,通过简政放权、购买服务等方式扩大、丰富街道以下公共服务供给。

在体制机制的增量改革方面,要充分发挥基层党组织领导核心作用,以国际化视野探索基层协商民主制度,发挥社区多元人群和社会组织的主体参与作用,深化社区开放程度,鼓励支持中外居民广泛参与。要创造机会邀请社区居民为社区治理和服务出谋划策,让国际化建设成为居民自愿参与、主动推进的工作,逐渐推动中外居民形成对社区建设和公共事务的兴趣和责任感;要加强国际居民和本土居民的深层互动,动员中外居民中的骨干志愿者参加社区巡逻、文明劝导、环境美化、社区公益等共建活动;在社区居委会换届选举中,可以向其他城市学习,尝试邀请国际居民担任选举志愿者观察员等,形成民主参与的良好氛围,实现共同治理;在国际化人口聚集的社区,鼓励符合条件且热心社区事业的国际居民,通过民主程序吸纳为社区议事会成员、居民小组长楼栋长和居民代表等,参与社区建设,最终推动形成一套各方参与、有效运行的国际化社区共建体系机制。

最后,国际化社区的经验还告诉我们,要提高基层党政机构服务群众和解决社会治理难题的任务,还需要更多包容心态,高效利用新技术管理社会。提高社区智慧服务能力,坚持"互联网+"理念,充分运用云计算、大数据、移动互联网、物联网等新一代信息技术,搭建集网上办事、网格管理、居民自治、生活服务于一体的与国际接轨的智能化社区服务管理体系,鼓励辖区内各社区通过微信公众号、社区 APP 等新媒体手段,进一步提升国际化社区智慧服务能力,优化社区服务体验,及时高效地解决国际化社区治理问题,提升国际化社区运行效率。在基层社会治理这个更加广泛的任务意义上,基层党政机构可采取更多具体措施,培育和赋权社会组织,建构便捷开放的互动交流平台和公共设施,培育社工事务所并发挥专业社会工作者的作用,通过社区服务多元化提高社区成员对国际化社区的认同感和归属感,建立听证会和评议会等制度,制定社区自治章程和居民公约等,通过建立政府同社会专业组织的协同共治、风险共担、利益共享机制,优化社区治理结构、培育自治组织,进而克服现行社区管理体制的内在结构性弊端,真正建立起同国际接轨的制度体系和治理机制。

数据报告

Data Reports

B.7 中国三资企业管理技术人员阶层的政治参与意识调查

卢春龙*

摘　要： 随着外商直接投资的流入，一个新的社会阶层——在三资企业工作的管理技术人员阶层开始涌现于中国社会。本文的研究通过一个随机性的样本来理解三资企业管理技术阶层的政治态度和政治参与的方式，并进而解释其对我国民主政治建设的影响。研究发现，无论是在第二产业三资企业工作的管理技术人员还是在第三产业三资企业工作的管理技术人员都比在第一产业三资企业工作的管理技术人员（被设置为参照组）显示出更为强烈的平等权利意识、有着更高的政治效能感、有着更强的公民能力、有着更多的政治兴趣。这样的发现无疑有着丰富的理论意义和现实政策指导意义。

---

* 卢春龙，中国政法大学教授。

关键词： 外商直接投资 三资企业管理技术人员阶层 民主发展 政治参与意识

自1978年以来，中国大量引进国（境）外资本服务于经济建设。进入21世纪以后，随着中国加入世界贸易组织，流入中国的外商直接投资（foreign direct investment，以下统一简称FDI）高速增长，中国迅速超过美国，成为世界上最大的外商直接投资流入国。外商直接投资对于中国的经济发展发挥了重要的助推作用。第一，它帮助中国扩大了世界市场、迅速占据了国际贸易的相当大份额，因为外商直接投资的企业都是面向国际市场进行生产的企业，其产品一经生产就会出口国（境）外。所以说，外商直接投资一直是中国融入世界经济一体化进程、融入国际贸易体系的决定性因素。第二，外商直接投资是中国国内资本形成的重要来源。外商直接投资占中国国内生产总值（Gross Domestic Product，GDP）的比例从1983年的0.31%上升到1991年的1%，再到1994年的6.22%，自1997年以来一直保持在5%以上。第三，外商直接投资最主要的影响是创造了大量的就业机会，后面我们也会提到，外商直接投资在中国主要集中于第二产业，也就是制造业，这就为中国创造了大量的就业机会，雇用了一批规模可观的技术工人。第四，外商直接投资带动了向中国的技术转移，因为流向中国的外商直接投资大多来自工业发达地区，随着资本的流动，带来了先进的工业技术与生产工艺。外商直接投资使得先进的技术转移到中国，使中国的工业与经济更加现代化。来自美国、日本的跨国公司一直处于现代技术向中国转移的前沿，特别是在交通运输、通信网络、计算机和电子产品等领域。总而言之，与外商直接投资相伴随的技术转移帮助中国改变了产业结构，提高了制造业的产业绩效。

随着外商直接投资的流入，一些新的社会阶层开始涌现于中国社会，比如在三资企业（在中国境内设立的中外合资经营企业、中外合作经营企业、外商独资经营企业）工作的管理技术人员阶层。三资企业的管理技术人员阶层由于其先进的管理理念、与国际社会密切的交流以及高额的工资，在中国社会群体中引起了广泛的注意。众多的媒体与社会学研究者长篇累牍报告了三资企业管理技术人员的工作方式、文化理念以及引领中国社会的消费生活方式，并

用"小资""新白领"等专有名词来指称这一新社会阶层。2001年江泽民同志在中国共产党建党80周年的讲话中就明确指出:"改革开放以来,我国的社会阶层构成发生了新的变化,出现了民营科技企业的创业人员和技术人员、受聘于外资企业的管理技术人员、个体户、私营企业主、中介组织的从业人员、自由职业人员等社会阶层。而且,许多人在不同所有制、不同行业、不同地域之间流动频繁,人们的职业、身份经常变动。"①

与一般的媒体与社会学者的关注兴趣不同,政治学界对中国三资企业管理技术人员阶层的兴起及其带来的政治影响给予了特别的关注。学者们试图理解这一新兴社会阶层的政治态度和政治参与的方式,并进而解释三资企业管理技术阶层的政治参与行为对我国民主政治建设的影响。令人遗憾的是,以往的研究没有产生令人满意的结果:要么缺乏理论的深度,要么就是缺乏有代表性的样本来进行讨论。当然,最严重的问题还在于没有能够在理论上解释清楚三资企业管理技术人员阶层的政治参与行为对中国民主政治建设的影响。

为了填补以往研究中的缺陷,本文的研究主要集中在两个方面:首先,在理论上解释清楚,三资企业管理技术人员阶层的政治参与行为与民主政治建设之间的关系;其次,我们用一个有代表性的样本来进行研究,通过实证的数据来检验上述的理论关系。因此本文的结构可以分成四个部分:第一,从理论上解释清楚外商直接投资与民主政治之间的关系,特别要解释清楚外商直接投资在资本流向目的国培育了一个新兴的管理技术人员阶层,这一管理技术人员阶层对于民主政治的发展有着重要的影响;第二,解释清楚我们的数据收集过程以及我们的研究设计;第三,主要通过实证的数据来说明我国三资企业管理技术人员阶层在政治参与意识上具有什么样的特征;最后一部分是进行总结,对我们的一些发现进行理论上的讨论。

一 理论上的缘起

外商直接投资体现了当前资本流动超越国家的界限,在国际范围不断运动的过程,是一种资本的全球化。资本无限逐利的本性是资本全球化的根本动因,

---

① 江泽民:《在庆祝中国共产党成立八十周年大会上的讲话》,《人民日报》2001年7月2日。

而现代交通运输和信息技术的发展为资本全球化创造了便利条件。外商直接投资既是一种资本的跨国流动，同时也包含技术和管理方式的国际交流，对目的国具有拉动经济增长效应、推动产业结构调整和升级效应及技术转移和扩散效应等。在经济增长过程中，外商直接投资对加快资本积累、提高就业率、改善国际收支和促进国际竞争、提高目的国的国民经济综合实力和国际竞争力，无疑都具有重要的作用和积极贡献。那么外商直接投资在政治领域的作用又如何呢？具体说来，外商直接投资对于一个国家的政治发展到底发挥着什么样的作用呢？

通过认真梳理以往的研究文献，笔者发现关于外商直接投资对于资本流向目的国的政治发展到底发挥何种作用，学术界有着不同的主张。

1. 外商直接投资会对目的国的政治发展产生积极影响

坚持这一主张的学者认为，第一，外商直接投资会对目的国的经济发展起到积极的作用，通过刺激目的国的经济发展，外商直接投资会对目的国的政治发展产生积极影响。民主的现代化理论强调经济发展与民主发展之间的积极关系。根据现代化理论，经济发展最终会导致民主发展。著名的比较政治学者李普塞特（Lipset）观察到这样一个现象：在一个特定的社会中，经济富裕是民主的有利条件。"一个国家越富裕，维持民主的机会就越大"[1]。伯克哈特（Burkhart）和刘易斯－贝克（Lewis-Beck）、博伦（Bollen）、杰克曼（Jackman）也通过实证检验和证实了经济发展与民主发展之间的积极关系。因此，外商直接投资是通过经济发展对民主发展产生积极影响的。

外商直接投资可以有效地代替目的国国内资本的缺乏，从而可能会刺激一个国家的经济增长。[2] 德索亚（de Soysa）和奥尼尔（Oneal）研究得出结论，外商直接投资比国内资本在使用效果上更有成效，因为外商直接投资更懂得把握与利用市场的机会。此外，外商直接投资可能会向目的国输入新技术，因为外商直接投资往往是从发达国家流向不发达国家，在这一过程之中，必然伴随着新技术的流动。[3]

---

[1] Seymour M. Lipset, "Some Social Requisites of Democracy: Economic Development and Political Legitimacy," *American Political Science Review*, 53 (1959): 31.

[2] Robert W. Jackman, "Dependence on Foreign Investment and Economic Growth in the Third World," *World Politics*, 34 (1982): 175 – 196.

[3] Indrade Soysa and John R. Oneal, "Boon and Bane? Reassessing the Productivity of Foreign Direct Investment," *American Sociological Review*, 64 (1989): 766 – 782.

第二，外商直接投资可能推动目的国建立起一整套促进民主发展的制度与机制。为了吸引外商直接投资流入，目的国必须建立有效的产权保护制度，提高政府机构的透明度和责任感，实行更加市场化的政策，减少不必要的国家干预。① 这些机制反过来又将进一步促进民主的深度发展。

第三，外商直接投资有助于民主观念的扩散传播。② 外商直接投资与其他形式的间接投资不同。外商直接投资需要在东道国建立自己的公司办公室，培养自己的员工，传播自己的管理理念。此外，外商直接投资有助于目的国的国内社会与国际社会接触。这些力量反过来促进民主观念向目的国的国内社会传播，这可能会改变公众的政治文化取向和态度，政治文化取向和态度的这种变化显然有利于民主的深度发展。③

除了这些影响之外，一些学者认为民主发展与外商直接投资之间的关系是相辅相成的：民主国家倾向于吸引更多的外商直接投资，外商直接投资有助于目的国实现更高程度的民主。④ 奥尔森（Olson）强调，只有司法制度健全和国家行政权力受到监督的民主国家才能长期保护财产权。⑤

2. 外商直接投资会对目的国的政治发展产生负面影响

第一，外商直接投资可能会压制而不是刺激目的国的经济发展。坚持依附理论（dependency theory）的学者通常认为，外商直接投资是西方发达国家的剥削工具。外商直接投资所产生的利润会被转移回西方发达国家，而没有用于目的国的再投资、再生产。此外，外商直接投资破坏了目的国经济的自主权和独立性，影响其经济政策的制定。目的国为了吸引外商直接投资会制定一些优惠政策，这些政策更多地有利于外国资本而不是目的国的普通民众。因此，外

---

① Li Quan and Rafael Reuveny, "Economic Globalization and Democracy: An Empirical Analysis," *British Journal of Political Science*, 33 (2003): 29–54.
② Rafael Reuveny and Li Quan, "Economic Openness, Democracy, and Income Inequality: An Empirical Analysis," *Comparative Political Studies*, 36 (2003): 575–601.
③ Ronald Inglehart, *Culture Shift in Advanced Industrial Society*, Princeton: Princeton University Press, 1990; Seymour M. Lipset, "Some Social Requisites of Democracy: Economic Development and Political Legitimacy," *American Political Science Review*, 53 (1959): 69–105.
④ Charles Lindblom, *Politics and Markets*, New York: Basic Books, 1977.
⑤ Mancur Olson, "Dictatorship, Democracy and Development," *American Political Science Review*, 87 (1993): 567–576.

商直接投资是西方发达国家利用和剥削发展中国家的有效工具,从而造成了目的国的"欠发达"。① 总而言之,按照这些理论家的主张,外商直接投资导致了发展中国家的不发达,进而阻碍了其民主的深化发展。

第二,外商直接投资增加了社会不平等,加剧了目的国的阶级分化与冲突。② 这些因素反过来又会削弱目的国的民主发展。外商直接投资只会在目的国惠及一小部分社会群体,只有那些与外国资本发生联系的部门才会得到资本流入的红利,与此同时,目的国的大多数人口在经济方面依然处于边缘地位。③ 结果就是,目的国的社会变得更加分化,这就削弱了民主的社会基础。

此外,外商直接投资一般会选择与威权主义政权结盟,排除政治舞台上的民众影响力,而不是帮助推动目的国实行更好的民主。目的国的威权统治者在政治上往往会有意排除社会大众力量,并倾向于与跨国资本结盟形成高度垄断的寡头政体,并为外国资本提供有利的投资环境。作为回报,外国资本会帮助目的国的威权领导人强化其统治,而不是推动民主的深度发展。

奥唐纳(O'Donnell)在他的"官僚威权主义"理论中强调了目的国军队、上层资产阶级与跨国公司之间的三方联盟,他以阿根廷为例,认为其统治者选择了排斥性的策略,试图遏制工会与大规模的政治参与。④ 埃文斯(Evans)注意到巴西地方精英、国际资本和国家权力之间的"三重联盟",他强调巴西的政体是三方联盟的直接结果,力图强化国家权力,调节不同社会阶层的多重利益,与此同时,这一政体也选择了排斥性的策略,有意将政治舞台上的社会团体排除在外,以维护社会秩序和经济稳定,为外国资本提供优惠条件。⑤

除了这些观点,学者们还发现外商直接投资并不会被威权统治者吓退。相

---

① Paul Baran, *The Political Economy of Growth*, New York: Monthly Review Press, 1957; Andre G. Frank, *Capitalism and Underdevelopment in Latin America*, New York: Monthly Review Press, 1967.
② Christopher Chase-Dunn, "The Effects of International Economic Dependence on Development and Inequality: A Cross-National Study," *American Sociological Review*, XL (1925): 720 – 738.
③ Christopher Chase-Dunn, "The Effects of International Economic Dependence on Development and Inequality: A Cross-National Study," *American Sociological Review*, 40 (1975): 720 – 738.
④ Guillermo A. O'Donnell, "Bureaucratic Authoritarianism: Argentina, 1966 – 1973," in *Comparative Perspective*, Berkeley: University of California Press, 1988.
⑤ Peter B. Evans, *Dependent Development: the Alliance of Multinational, State, and Local Capital in Brazil*, Princeton: Princeton University Press, 1979.

反,他们更喜欢在威权国家做生意。① 一个可能的解释是,当民主政府无法压制不同的社会利益团体尤其是强大的工会时,其结果就是社会不稳定以及较差的商业环境。② 亨廷顿和多明格斯(Dominguez)提出的第二个解释是,威权国家往往会为外国资本提供更好的经济环境。此外,相对于民主国家,威权政体对于财产权的保护并不见得就少很多。③

3. 外商直接投资对目的国的政治发展具有不确定性的影响

首先,外商直接投资与民主之间没有必然的关系。外商直接投资既会流向民主国家也会流向威权政权。威权统治者不是私有财产的敌人,反之,他们会像民主国家一样保护私有财产。此外,威权政权可能提供比民主国家更为有利的投资环境。

其次,政体本身并不会阻碍外国投资,但是政权的更迭与不稳定性会吓退外国投资,"由于外商直接投资者往往需要长时间的投资来收回投资,所以他们倾向于长期投资较稳定的环境。换句话说,投资者倾向于避免不确定性,支持他们所知道的统治者"④。因此,我们可以得出结论,外商直接投资与政体之间没有必然的关系。相反,政权变化及其带来的不确定性可能会对外商直接投资的流动产生影响。

此外,外商直接投资对目的国民主发展的影响,可能因国家而异,更取决于目的国国内政治制度、经济市场化的程度,以及目前的民主水平等多重因素的影响。⑤ 因此,外商直接投资对目的国民主发展的影响不能简单一概而论,需要考察特定的国情条件。

在上述三种说法的背后,学者们提供了不同的因果机制来支撑自己的观

---

① John R. Oneal, "The Affinity of Foreign Investors for Authoritarian Regimes," *Political Research Quarterly*, 47 (1994): 565–588.
② Guillermo A. O'Donnell, "Reflections on the Patterns of Change in the Bureaucratic Authoritarian State," *Latin American Research Review*, 13 (1978): 3–38.
③ Adam Przeworski, Michael E. Alvarez, Jose Antonio Cheibub, and Fernando Limongi, *Democracy and Development: Political Institutions and Well-Being in the World 1950–1990*. Cambridge: Cambridge University Press, 2000.
④ Adam Resnick, "Investors, Turbulence and Transition: Democratic Transition and Foreign Direct Investment in Nineteen Developing Countries," *International Interactions*, 27 (2001): 384.
⑤ Li Quan and Rafael Reuveny, "Economic Globalization and Democracy: An Empirical Analysis," *British Journal of Political Science*, 33 (2003): 29–54, 38.

点，强调外商直接投资对目的国民主发展影响的不同程度。其中，最重要的一个因果机制就是：从发达国家流向发展中国家的外商直接投资，会在发展中国家培育一批具有现代管理意识、民主意识、权利意识的管理技术人员阶层，这一管理技术人员阶层对于发展中国家的民主发展会起到驱动力的作用。当然这一重要的因果机制会因两个前提条件而异：第一是产业类别。三大产业（第一产业、第二产业与第三产业）的外商直接投资对于管理技术人员有着不同的要求，第一产业的外商直接投资（比如外商投资于拉丁美洲的咖啡种植业）对于管理技术人员更多强调管理上的服从、权威与等级，这样的管理技术人员阶层就会比较缺乏现代民主意识与权利意识；第三产业的外商直接投资（比如外商投资于发展中国家的金融与高科技产业）对于管理技术人员强调创新意识、现代管理意识，这样的管理技术人员阶层比较具有现代民主意识与权利意识；第二产业的外商直接投资对于管理技术人员的要求介于两者之间。第二是外商直接投资的来源国。当外商直接投资的来源国与外商直接投资的目的国有着巨大的文化差异时，就越有可能培育一批有着不同观念的管理技术人员阶层。

二 研究方法与研究过程的说明

正如前面所说的，中国已经超过美国，成为世界上最大的外商直接投资流入国。外商直接投资对于中国的经济发展发挥了重要的助推作用，并培育了一个在三资企业工作的管理技术人员阶层。如何对这一阶层进行抽样调查，我们主要考虑了两个方面的因素，这两个因素也是基于上述理论的思考。第一，就是外商直接投资的来源地区。在中国，外商直接投资的来源地区非常有意思。在20世纪80年代中国的外商直接投资主要来自港澳台地区，也就是说，我们刚开始吸引的外商直接投资主要来自港澳台地区，当时比较多见的是"港澳台企业"，所谓"港澳台企业"包括与港澳台合资经营企业、与港澳台合作经营企业、港澳台商独资经营企业等。这种状况一直持续到20世纪90年代以后才开始发生变化，港澳台地区的外商直接投资开始下降，来自西方发达国家的外商直接投资开始上升。比如，港澳台外商直接投资占中国利用外资的份额从1991年的67.15%下滑到2004年的37.37%，降低了约30个百分点。美国、

日本、英国、德国、法国、加拿大等7个发达国家的外商直接投资占中国利用外资的份额稳定在20%左右。与此同时，东盟成员国、韩国外商直接投资占中国利用外资的份额迅速上升。这时候，"外资企业"就开始比较常见了，所谓"外资企业"包括中外合资经营企业、中外合作经营企业、外资独资经营企业等。

第二，就是外商直接投资的产业类别。我国的外商直接投资主要集中在第二、三产业，而进一步来讲，制造业和第三产业的金融业成为吸引外商直接投资最多的行业。我国相对廉价的劳动力成本、劳动力受过很好的教育，这两个因素是吸引外商直的最主要因素，而劳动密集型的制造业大量涌入中国正得益于此。目前，我国60%以上的外商直接投资仍集中在制造业。

近年来，高科技产业、第三产业的外商直接投资逐步增加，最为明显的是金融业。2005年金融业实际利用外商直接投资仅为2.2亿美元，占实际利用外商直接投资总量的0.36%。2006年金融业外商直接投资实际利用额猛增到67.4亿美元，所占比例由上年的0.36%骤升至9.7%。金融业的全面开放进一步刺激了外商直接投资，外国金融企业纷纷通过兼并、入股、设立外商独资银行等形式进驻中国市场。

由于缺乏一个总体性的样本框，所以本项研究并没有采取随机抽样的方法，而是在北京、上海、广州、成都、武汉、长沙、青岛、大连、沈阳9个城市根据我们的研究需要主动选取了170家三资企业，然后在这些三资企业内部采取随机抽样的方法抽取访谈对象。我们在选择三资企业的时候采取了一些定额措施：第一，要求覆盖所有产业（第一产业、第二，产业、第三产业）；第二，要求尽可能地覆盖所有来源地区（中国港澳台地区、美国、日本、韩国、英国、德国、法国、加拿大等）。在每一家企业内部，我们会拿到管理技术人员的名单，然后在这个名单里面，我们通过等间距抽样的方法来选择访谈对象，平均而言，在每个企业，我们抽取访谈对象10~15名，这样，我们总共完成了有效样本1867个。受前面理论的启发，我们对于访谈对象设计了两个关键的自变量，然后通过这两个关键的自变量，把访谈对象分为不同的类型。第一个自变量就是不同的产业，这一变量有三个不同的取值，1=第一产业的FDI、2=第二产业的FDI、3=第三产业的FDI。第二个自变量就是不同的来源地区，这一变量有两个不同的取值，0=来自东方文化地区的FDI（包括中国港澳台地区、日本、韩国)、1＝来自西方文化地区的FDI(包括美国、英国、德国、法国、加拿大)。

三　政治参与效能感

我们第一个研究的因变量就是政治参与效能感，这是一个非常重要的变量。社会公众如果拥有高层次的政治效能感，即他们对自己在公共政治事务中所起到的作用充满自信时，他们就会积极参与政治事务。许多实证研究报告指出，"政治参与和主观能力成正相关关系，一方水平的提高会伴随着另一方水平的提高。"①

在三资企业工作的管理技术人员阶层有着先进的管理理念和管理他人的丰富经验，也拥有广博的专业知识，这就使得三资企业的管理技术人员阶层感觉自己更有能力参与各种政治活动。比如，三资公司的经理人员习惯于在公司日常运行和经营中独立作出决定，从而获得强烈的自我能力的意识，这种意识很容易转向于政治领域。

为了测量政治参与效能感，我们让被调查者给下列三个陈述打分：我了解本地区重大的社会政治问题；我能够理解我们国家现实存在的重大社会政治问题；我认为自己有能力参与公共政治事务。受访者被要求对这三个陈述分别进行打分，1代表"非常不同意"，2代表"不同意"，3代表"不好说"，4代表"同意"，5代表"完全同意"。我们把在这三个陈述上的得分相加形成一个综合指数来显示受访者的政治参与效能感。这一指数中的"3"分代表政治效能感低，而"15"分则代表政治效能感高。

为了比较两个关键自变量(不同的产业与不同的来源地区)所区分的不同管理技术人员在政治效能感上的差异性，我们进行了多元回归模型分析(OLS)②。在这一模型中性别、年龄、受教育程度、收入这些变量被设置为控

---

① Lester W. Milbrath, *Political Participation: How and Why Do People Get Involved in Politics?* Chicago: Rand McNally College Publishing Company, 1977.
② 我们在使用OLS模型进行分析时，注意到了对OLS模型基本假定的检验，如总体相关线性，随机误差同方差，自变量相互独立以及随机误差正态分布，我们的检验表明，OLS模型适用于对我们样本数据的分析。

制变量。多元回归模型的分析结果如下。

首先，正如表1中所显示的，无论是在第二产业三资企业工作的管理技术人员还是在第三产业三资企业工作的管理技术人员都比第一产业三资企业工作的管理技术人员（被设置为参照组）显示出更为强烈的政治效能感。这表明这两种类型的管理技术人员对自身的政治能力有着更高的主观认可。这是因为，第一，无论是第二产业还是第三产业的三资企业管理技术人员，对政治事务有着更多的了解，也掌握更多的政治信息，这就导致他们对自身的政治能力有着更高的认同。第二，在第二或第三产业三资企业工作的管理技术人员，有着更为独特的工作特性，这些工作特性（比如强调现代管理的理念、广博的专业知识）使他们有着更多的机会去培育主观政治能力。

表1 关于政治效能感的多元模型

	政治参与效能感	
	b	Beta
不同的产业[1]		
第二产业的FDI	1.34 *	0.12
第三产业的FDI	2.86 **	0.29
不同的来源地区[2]		
来自西方文化地区的FDI	1.49 **	0.24
性别[3]	-0.24	-0.07
年龄	0.03	0.04
受教育程度	0.42 **	0.17
个人收入[4]	0.03	0.05

注：* $p<0.05$；** $p<0.01$。
1. 第一产业的FDI被设置为参照组。
2. 来自东方文化地区的FDI被设置为参照组。
3. 男性=1；女性=2。
4. 收入是通过平均月收入来衡量。

其次，在来自西方文化地区的三资企业工作的管理技术人员比在来自东方文化地区的三资企业工作的管理技术人员（被设置为参照组）展示出了更为强烈的政治效能感，这充分说明，来自西方文化地区的三资企业在管理理念和文化上与来自东方文化地区的三资企业有着很大的不同。来自东方文化地区的三资企业本质上深受东亚儒家文化的影响，在管理理念与文化上强调等级与秩序的重要性，企业的管理文化与我国企业的管理文化有很多异曲同工之处。

最后，在四个控制变量中，只有受教育程度这个变量对政治效能感产生了显著的影响。具体来说，这一结果表明：受教育程度更高的三资企业管理技术人员更有可能具有较高程度的政治效能感。

四 政治兴趣

第二个研究的变量是政治兴趣，这也是一个非常重要的变量，因为兴趣是行动的先导。社会公众如果对公共政治事务感兴趣，他们就会采取行动参与政治。三资企业的管理技术人员是最有可能参与我国民主政治的社会群体，因为他们对政治和公共事务更有兴趣。已经有一些跨国家的实证研究表明，外商直接投资所培育的管理技术人员对公共事务和政治事件更有兴趣也更为关注，他们更有可能成为积极的政治参与者。

以往的研究表明，我国三资企业的管理技术人员阶层绝大多数拥有自己的财产：大多数管理技术人员至少都会拥有一套以上的住房，这与他们丰厚的收入有很大的关系。理性选择理论认为，作为财产的拥有者，他们可能会对影响其财产的政治活动非常关注，因此他们更有可能对政府政策和公共事务产生兴趣并予以关注。特别是三资企业的管理技术人员以非常高的价格从市场上购买了他们的住房，因此他们会对可能给他们的房产价值带来负面影响的政府政策非常敏感。

为了测量政治兴趣，我们让被调查者回答下列两个问题：当您和您的朋友在一起的时候，是否会经常讨论地方政治和公共事务？您是否关心地方政治和公共事务？对第一个问题，受访者有3个选择项：1表示"一点也不谈起"，2表示"偶尔讨论"，3代表"经常讨论"。对第二个问题，受访者也有3个选择项：1表示"一点也不关心"，2表示"不是很关心"，3代表"非常关心"。我们把在这两个问题上的得分相加就形成了一个综合指数来显示三资企业的管理技术人员对政治事务的兴趣程度，指数中的"2"代表了很少有兴趣，而"6"代表了对政治事务非常感兴趣。

为了比较两个关键自变量（不同的产业与不同的来源地区）所区分的不

同管理技术人员在政治兴趣上的差异性,我们进行了多元回归模型分析(OLS)①,在这一模型中性别、年龄、受教育程度、收入这些变量被设置为控制变量。多元回归模型的分析结果如下。

首先,正如表2中所显示的,无论是在第二产业三资企业工作的管理技术人员还是在第三产业三资企业工作的管理技术人员都比第一产业三资企业工作的管理技术人员(被设置为参照组)显示出更为强烈的政治兴趣。也就是说,无论是在第二产业还是在第三产业三资企业工作的管理技术人员对政治事务都更感兴趣,他们会和朋友经常谈论起地方政治和公共事务。这是因为,在这两个产业三资企业工作的管理技术人员在工作中有着更多的机会去接触政治信息,也就可能会对政治事务更加关注。

表2　关于政治兴趣的多元模型

	政治兴趣	
	b	beta
不同的产业[1]		
第二产业的 FDI	0.96**	0.14
第三产业的 FDI	1.44**	0.23
不同的来源地区[2]		
来自西方文化地区的 FDI	1.85**	0.23
性别[3]	0.26	0.05
年龄	-0.07	-0.01
受教育程度	0.18*	0.10
个人收入[4]	-0.03	-0.04

注:* $p<0.05$;** $p<0.01$。
1. 第一产业的 FDI 被设置为参照组。
2. 来自东方文化地区的 FDI 被设置为参照组。
3. 男性=1;女性=2。
4. 收入是通过平均月收入来衡量。

其次,在来自西方文化地区的三资企业工作的管理技术人员比在来自东方文化地区的三资企业工作的管理技术人员(被设置为参照组)展示出更为强

---

① 我们在使用 OLS 模型进行分析时,注意到了对 OLS 模型基本假定的检验,如总体相关线性,随机误差同方差,自变量相互独立以及随机误差正态分布,我们的检验表明,OLS 模型适用于对我们样本数据的分析。

烈的政治兴趣，这充分说明，来自西方文化地区的三资企业在管理理念与文化上与来自东方文化地区的三资企业有着很大的不同。来自西方文化地区的三资企业在管理上更具有现代意识，其管理技术人员因此有着更多的机会去接触政治事务，去了解政治参与过程。

最后，在四个控制变量中，只有受教育程度这个变量对政治兴趣产生了显著的影响。具体来说，这一结果表明：受教育程度更高的三资企业管理技术人员更有可能对政治事务产生兴趣。

五　参与资源

第三个研究的变量是参与资源，这是一个更为重要的变量，因为公众在有了兴趣、有了效能感之后，只有当他们拥有参与的资源时才会采取行动。所谓参与资源，就是诸如时间、金钱和公民能力之类的东西。一个人可以有强烈的效能感，也可以对政治事务非常感兴趣，但是如果没有闲暇时间，他可能就不会参与政治，因为即使像投票这样简单的政治参与行为也会占用一个人的部分时间。

对于各种类型的政治活动来说，金钱都是非常重要的资源。相对于一般社会大众来说，三资企业的管理技术人员阶层拥有更多的可支配收入，这些可支配收入确保他们可以更加频繁和容易地参与政治活动。不少研究表明，作为40年改革开放的主要受益者，三资企业的管理技术人员阶层已经成为中国社会中比较富有的社会群体。[①]

此外，由于三资企业的管理技术人员在工作生活中有更多参与管理、监督与组织工作的机会，他们更容易获得公民能力。与之相比，一般社会大众则较难获得公民能力，因为他们通常需要按照上级的工作指示完成日常工作，所以很难掌控自己的工作，从而几乎没有什么机会获得上面所提到的那些锻炼能力的机会。

为了测量公民能力，我们让被调查者给下列两个陈述打分：我觉得自己有足够的能力去组织一次20人以上规模的会议；我觉得自己能够胜任在一次小

---

① 郑杭生、李路路：《当代中国城市社会结构》，中国人民大学出版社，2004。

型会议上做一次主题演讲。受访者被要求对这两个陈述进行打分，1代表"非常不同意"，2代表"不同意"，3代表"不好说"，4代表"同意"，5代表"完全同意"。我们把在这两个陈述上的得分相加就形成了一个综合指数来显示三资企业管理技术人员的公民能力感，这一指数中的"2"分代表公民能力感比较低，而"10"分代表着公民能力感比较高。

为了比较两个关键自变量（不同的产业与不同的来源地区）所区分的不同管理技术人员在公民能力感上的差异性，我们进行了多元回归模型分析（OLS）①，在这一模型中性别、年龄、受教育程度、收入这些变量被设置为控制变量。多元回归模型的分析结果如下。

首先，正如表3中所显示的，无论是在第二产业三资企业工作的管理技术人员还是在第三产业三资企业工作的管理技术人员都比在第一产业三资企业工作的管理技术人员（被设置为参照组）显示出更为强烈的公民能力感。这表明，

表3 关于公民能力的多元模型

	公民能力	
	b	beta
不同的产业[1]		
第二产业的FDI	1.33*	0.11
第三产业的FDI	2.17**	0.25
不同的来源地区[2]		
来自西方文化地区的FDI	0.88**	0.18
性别[3]	0.31	0.03
年龄	-0.18	-0.04
受教育程度	0.27*	0.12
个人收入[4]	0.04	0.06

注：* $p<0.05$；** $p<0.01$。
1. 第一产业的FDI被设置为参照组。
2. 来自东方文化地区的FDI被设置为参照组。
3. 男性=1；女性=2。
4. 收入是通过平均月收入来衡量。

---

① 我们在使用OLS模型进行分析时，注意到了对OLS模型基本假定的检验，如总体相关线性，随机误差同方差，自变量相互独立以及随机误差正态分布，我们的检验表明，OLS模型适用于对我们样本数据的分析。

无论是在第二产业三资企业工作的管理技术人员还是在第三产业三资企业工作的管理技术人员对于自身的公民能力有着更高的主观认可。这是因为，无论是在第二产业三资企业还是在第三产业三资企业工作的管理技术人员，都有着更多的机会去参与企业管理以及有着更多的机会去与别人进行交流，因此也就有着更多的机会去培养自己的公民能力。

其次，在来自西方文化地区的三资企业工作的管理技术人员比在来自东方文化地区的三资企业工作的管理技术人员（被设置为参照组）展示出了更为强烈的公民能力感，这充分说明，来自西方文化地区的三资企业在管理理念与文化上与来自东方文化地区的三资企业有着很大的不同。来自西方文化地区的三资企业在管理上更强调决策的民主性与参与性，其管理技术人员因此有着更多的机会去培育自身的公民能力。

最后，在四个控制变量中，只有受教育程度这个变量对公民能力感产生了显著的影响。具体来说，这一结果表明：受教育程度更高的三资企业管理技术人员也更有可能具有较高程度的公民能力感，这充分说明教育是提高民众政治能力的一把钥匙。

六　平等权利意识

最后一个研究变量是平等权利意识。这是一个非常重要的变量，因为当代的民主政治参与是一个普遍性的权利，无论贫富贵贱，无论宗教信仰，一个社会中的公众都具有同等的政治权利去了解政治信息、参与政治并对政府提出合理的诉求。从某种意义上讲，平等就是当代民主政治的代名词。在三资企业工作的管理技术人员是最早与国际社会接触的群体，同时也受这些企业内部的管理文化影响，是中国社会中比较早接受平等观念的群体，这一平等的观念转移到政治领域，就是追求平等的政治权利。

为了测量平等权利意识，我们让被调查者给下列三个陈述打分：无论是否有钱或是否有本地户口，每个人都有接受同等教育的权利；不管一个人的社会价值观是什么，都可以和别人一样享有合法权利；无论贫富贵贱，每个人都有相同的政治权利。受访者被要求对这三个陈述分别进行打分，1代表"非常不同意"，2代表"不同意"，3代表"不好说"，4代表"同意"，5代表"完全同意"。我们把在这三个陈述上的得分相加就形成了一个综合指数来体现受访者的平等权利意识,这一指数中的"3"分代表平等权利意识比较低,而"15"分代表着平等权利意识比较高。

为了比较两个关键自变量(不同的产业与不同的来源地区)所区分的不同管理技术人员在平等权利意识上的差异性,我们进行了多元回归模型分析(OLS)①,在这一模型中性别、年龄、受教育程度、收入这些变量被设置为控制变量。多元回归模型的分析结果如下。

首先,正如表4中所显示的,无论是在第二产业三资企业工作的管理技术人员还是在第三产业三资企业工作的管理技术人员都比在第一产业三资企业工作的管理技术人员(被设置为参照组)显示出更为强烈的平等权利意识。正如前面理论中所强调的,相对于传统的第一产业,第二产业与第三产业的企业在管理中都鼓励创新、尊重劳动者的平等权利,这种管理理念转移到政治领域就会转变为平等的政治权利意识。因此我们就可以理解,无论是在第二产业三

表4 关于平等权利意识的多元模型

	平等权利意识	
	b	beta
不同的产业[1]		
第二产业的 FDI	2.07**	0.15
第三产业的 FDI	3.25**	0.28
不同的来源地区[2]		
来自西方文化地区的 FDI	1.72**	0.21
性别[3]	0.26	0.04
年龄	-0.13	-0.03
受教育程度	0.32**	0.16
个人收入[4]	0.02	0.05

注:* $p<0.05$;** $p<0.01$。
1. 第一产业的 FDI 被设置为参照组。
2. 来自东方文化地区的 FDI 被设置为参照组。
3. 男性=1;女性=2。
4. 收入是通过平均月收入来衡量。

---

① 我们在使用 OLS 模型进行分析时,注意到了对 OLS 模型基本假定的检验,如总体相关线性、随机误差同方差、自变量相互独立以及随机误差正态分布,我们的检验表明,OLS 模型适用于对我们样本数据的分析。

资企业工作的管理技术人员还是在第三产业三资企业工作的管理技术人员都有着比较强烈的平等权利意识。

其次，在来自西方文化地区的三资企业工作的管理技术人员比在来自东方文化地区的三资企业工作的管理技术人员（被设置为参照组）表现出更为强烈的平等权利意识。这充分说明，来自西方文化地区的三资企业在管理理念与文化上更为强调平等，而来自东方文化地区的三资企业在管理上更为强调权威与等级。

最后，在四个控制变量中，只有受教育程度这个变量对平等权利意识产生了显著的影响。具体来说，这一结果表明：受教育程度更高的三资企业管理技术人员更有可能具有较高程度的平等权利意识。

七　结论

虽然上述发现是基于一个非随机性的样本，在代表性上也许缺乏足够的效度，但我们相信，无论是在理论上还是在经验上，本文的发现对于分析中国三资企业管理技术人员阶层的政治参与、分析外商直接投资与中国民主政治发展之间的关系都具有重要的启发意义。鉴于此类经验调查研究的稀缺性，我们的研究发现将对中国三资企业管理技术人员政治参与的后续研究提供经验上的比较基础。诚然，由于样本的非随机性，本文的发现在进行普遍推广时可能存在外部效度的问题，但是由于本文的研究是在理论指导之下的严谨实证研究，其内部的有效度还是非常高的。正是基于这样的判断，我们最后强调一些重要的发现及其理论含义。

四个多元回归模型分析都得出一致的结论：第一，第一产业与第二产业和第三产业的区分显示了显著的差异性；第二，来自东方文化地区的外商直接投资与来自西方文化地区的外商直接投资有着显著的差异性。

具体说来，无论是在第二产业三资企业工作的管理技术人员还是在第三产业三资企业工作的管理技术人员都比在第一产业三资企业工作的管理技术人员（被设置为参照组）显示出更为强烈的平等权利意识、有着更高的政治效能感、有着更强的公民能力、有着更多的政治兴趣。特别需要强调的是，在第三产业三资企业工作的管理技术人员又比在第二产业三资企业工作的管理技术人

员有着更高的政治效能感、更强的公民能力、更多的政治兴趣，并显示出更为强烈的平等权利意识。

来自西方文化地区的外商直接投资与来自东方文化地区的外商直接投资相比，在来自西方文化地区的三资企业里工作的管理技术人员，有着更高的政治效能感、更强的公民能力、更多的政治兴趣，并显示出更为强烈的平等权利意识。

这样的发现无疑具有重大的理论意义，其理论上的启示在于，外商直接投资对于一个国家政治民主进程的影响，可能不能简单地对待。我们需要区分不同类型的外商直接投资，并考察不同类型的外商直接投资对于一个国家政治民主进程发挥影响的具体因果机制。我们的发现就在于强调了在不同产业，以及在不同来源地区的外商直接投资部门里工作的管理技术人员有着不同的政治参与资源、兴趣与意识，这显然会影响他们的实际政治参与行为，并进而影响我国的民主政治建设。

最后，本文的研究更具有现实的政策指导意义。三资企业管理技术人员阶层对于现有政治体制扩大政治参与渠道表现出非常迫切的需求，同时他们也具有足够的参与资源与效能感去参与政治活动，因此我们可以认定，只要我国政治体制进一步畅通政治参与渠道，那么三资企业管理技术人员就会积极参与其中，从而推动中国的社会主义民主走向完善。另外，三资企业管理技术人员作为新兴社会阶层，必须通过改善他们参与政治活动的环境，提高他们的政治参与满意度和政治信任度，保证整个国家政权的长久稳定和繁荣。

B.8
中国高科技白领阶层的政治认同感：理论与实证分析

陈周旺 唐朗诗 李中仁*

摘　要： 中国高科技白领阶层，是当代中国中产群体的代表，他们的社会政治态度对于理解中国社会发展现状和政治参与趋势具有关键意义。本文通过量化统计，对中国高科技白领阶层的生活满意度和政策满意度进行了测量，发现性别、年龄和个人职业对生活满意度和政策满意度具有显著影响。受教育程度对高科技白领的社会生活满意度不具有显著性影响，但对政策满意度有显著性影响。年均收入对高科技白领的社会生活满意度具有显著性，但对政策满意度却不显著。这些在一定程度上说明中国高科技白领阶层的社会政治态度存在"批际"差异。我们也进一步通过质性访谈，发现中国高科技白领阶层社会政治态度的形成机制，主要取决于其成长经历，特别是受教育程度和市场机遇，"代际焦虑"则是高科技白领阶层普遍存在的心态。本文进一步得出结论，认为中产阶级是社会稳定器的观点并不一定适合中国当前社会发展的实际，相反应注重政府政策的"中产阶级效应"。

关键词： 高科技白领　中产阶级　政治认同感

---

* 陈周旺，复旦大学国际关系与公共事务学院教授；唐朗诗，华东理工大学社会与公共管理学院博士后；李中仁，湖南师范大学公共管理学院讲师。

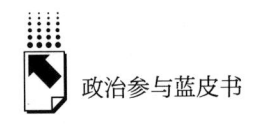

政治认同一直是阶级理论、工人政治理论的核心内容，在实践上，也是产业工人队伍建设的重中之重。根据2017年2月6日中共中央、国务院印发的《新时期产业工人队伍建设改革方案》，从事服务业的高科技白领阶层，也被纳入产业工人范畴，然而这一个群体的政治认同不仅在理论上是暧昧不清，而且在以往的政策实践中也没有被认真对待。白领阶层本身就是崛起于第三次工业革命即科学技术革命，与电子科技的发展紧密联系在一起，因此白领从更广泛的含义上，几乎可以等于高科技白领的同义词。尽管有相当一部分白领从事的是与高科技无直接关系的行业或者管理工作，但是其劳动性质——以脑力劳动为主，则没有差异；从劳动形态来看，对各类电子产品等高科技产品的运用，也几乎是这些白领的"标配"，一旦无法掌握或者灵活运用这些前沿科技产品，就可能遭到淘汰。综合这些因素，我们把高科技白领作为白领的代表，同时将高科技白领这一阶层的外延尽可能扩展，使之能更具广纳性。

其中非常关键的一点，是我们试图将在高科技企业中从事管理和生产的工作者，统一涵括进高科技白领阶层的范畴。这不是随意，或者为行文方便而为之。因为，相当一部分高科技工作人员，都经历或者正在经历从生产岗位向管理岗位的转型，有的甚至兼具双重身份；更多的，是以从事管理工作为其职业目标。倘若我们轻率地将管理人员从高科技白领阶层中剥离，不仅将高科技白领阶层中最重要的一部分忽略掉，更会严重偏离我们原本关注的问题。

一 "消费前卫，政治后卫"？

米尔斯等人对白领的发现，本身就存在一个重要的理论立场：去阶级化或者去激进化。二战之后，西方学者不再希望阶级依然扮演政治动员工具，并竭力制造去意识形态的社会氛围。但是单纯在底层出卖体力劳动的阶层这里做"去阶级斗争"的工作，并不得法。更合理的做法，是去发现一个在政治上保守、温和，厌恶"阶级斗争"的阶层，并将该阶层烘托为社会中坚，从而重新解释西方工业化社会的结构特征。在这一个背景下，白领中产阶级就呼之欲出了。

从这一个角度，白领的"非斗争性"其实也是被建构出来的。战后趋于稳定的西方社会，需要这样一个和平、保守的阶级，同时对白领中产阶级的政治保守性不断加以渲染，无形中也强化了这部分中产人士的心理暗示和自我认同。从理论上回溯，保守、安于现状几乎成为白领在政治认同感上的标签。正如罗卡所指出的那样，中产阶级是被中产阶级知识分子建构出来的。① 中产阶级理论之后涌现的诸如克里西鼓吹的"新社会运动"理论，也是为了呼应这一点。

这些"新社会运动"理论，大多是为了迎合社会运动去阶级化的潮流，强调二战之后，阶级不再成为具有感召力的动员符号。但是"新社会运动"理论同时也印证了，在阶级话语去除之后，城市中产阶级将很有可能成为社会运动的主力，尽管他们的诉求被严格控制在政策层面而非政治层面，不至于对西方国家的政体构成直接冲击。因此，中产阶级的"保守性"，也仅仅是在政治上保守，而不等于中产阶级缺乏抗争意志。

这种保守标签，同样也影响到中国学术界对20世纪90年代以来崛起的中国中产阶级的认识。在这方面，中国社会学者李强和周晓虹的观点最有代表性。作为中产阶级研究的先行者，李强强调中产阶级的特点是"稳定"。② 周晓虹则在不同文章中，反复指出中产阶级的特征是"消费前卫、政治后卫"。③ 这些观点虽然是来自西方社会学的前辈学者如米尔斯，但初期中国社会学者似乎甘之如饴。

当然，随着中国市场化改革的深入以及中国社会转型，中国社会学者对所谓中产阶级的问题，理解也在不断加深。李友梅对中产阶级提出自己的理解，④ 李春玲开始质疑经典社会学理论中关于中产阶级政治倾向和社会态度的定位。⑤ 包括李强和周晓虹在内也不断修正自己的观点，后者认为"消费前卫、政治后卫"的说法并非无条件的。

中国社会学者对白领中产阶级的"重新发现"，很多是基于对中国社会自

---

① 吉恩·罗卡：《政治交叉、社会表征与学术干预：中产阶级在中国的形成》，载李春玲主编《比较视野下的中产阶级形成》，社会科学文献出版社，2009，第59~83页。
② 李强：《关于中产阶级和中间阶层》，《中国人民大学学报》2001年第2期。
③ 周晓虹：《全球化、社会转型与中产阶级的建构》，《江苏行政学院学报》2010年第1期。
④ 李友梅：《社会结构中的"白领"及其社会功能——以20世纪90年代以来的上海为例》，《社会学研究》2005年第6期。
⑤ 李春玲：《寻求变革还是安于现状：中产阶级社会政治态度测量》，《社会》2011年第2期。

己的经验判断。他们通过实证数据支持,不断深化对这一问题的理解。比如李春玲指出,中国中产阶级的社会态度与工人的社会态度,其实不存在根本的区别。[①] 事实上,决定中国中产阶级社会态度和政治认同感的,不在于他们所处的阶层地位,而可能在其他的因素上。对此,卢春龙的分析就具有十分重要的意义,他发现,中产阶级对于政治的认同,取决于中产阶级的"强弱",如果中产阶级比较强,他们对国家的认同感就会相对弱,就会更趋于对正式制度的拒斥或者不信任。[②] 这一逻辑对于中产阶级"白领"、底层工人阶级都是一样的。白领之所以表现得比底层工人阶级更加认同或者更加政治冷漠,是因为白领本身在"示弱"。

如果说卢春龙对于中国中产阶级的"强弱"判断略显抽象,张翼的研究就比较好地给予了补充,张翼指出,中产阶级的政治认同强弱,取决于中产阶级的自我认同。[③] 一旦中产阶级形成了较强的自我认同,那么中产阶级的政治认同就会相对弱化,而强化中产阶级的阶级意识。

张翼的研究从另一个角度印证了李春玲的忧虑,那就是中国中产阶级强化了而不是弱化了中国的阶级划分。在社会转型的过程中,中国中产阶级扮演了与西方中产阶级截然不同的角色,后者导致了阶级意识的模糊,前者则在逐渐将中国社会建构为一个"阶级社会"。因此李成等学者把90年代中国社会转型概括为"中产中国"的形成,其在政治上的后果,就是中产阶级社会的自我意识与政治认同之间程度不一的分化。

二 "无产阶级化"?

对于高科技白领乃至于中国高科技白领阶层政治认同感的研究,存在较大的争议,而这些学术争议其实是在不断丰富我们对高科技白领阶层的理解。

[①] 李春玲:《中国中产阶级的增长及其现状》,载李春玲主编《比较视野下的中产阶级形成》,第146页。

[②] 卢春龙:《中国新兴中产阶级的政治态度与行为倾向》,知识产权出版社,2011,第12页。

[③] 张翼:《中产阶级是社会稳定器吗?》,载李春玲主编《比较视野下的中产阶级形成》,第231~251页。

如果就高科技白领阶层的"阶级意识"而言，卢春龙和李春玲都质疑，中产阶级要形成自身的"阶级意识"，取决于中产阶级是否真的可以称为一个"阶级"。卢春龙认为其中的关键，是中产阶级尚未形成"代际"，即90年代形成的中产阶级，还没有来得及培养出下一代中产阶级。① 而这也正是中国中产人士最大的焦虑。

无独有偶，李春玲则更多从"上一代"的角度来看中国中产阶级的形成，她指出中国中产人士的出身都非常复杂，他们的上一代阶级身份非常多元化，有工人、农民、知识分子，来自不同社会阶层，甚至相当一部分中国中产人士，其本人就从事过多种不同层次的职业，这就更增加了这第一代中国中产人士的复杂性。②

最近十年中国高科技白领阶层出现了一个显著的变化，甚至可能导致对中国社会阶级结构判断的彻底改观，那就是高科技白领的"无产阶级化"。"无产阶级化"是一个由来已久的问题，源于马克思对于阶级对立简单化的判断。马克思认为那些处于中间阶层的社会力量，迟早都将经历一个向下的流动，进入无产阶级的行列。这一革命性的判断，因19世纪晚期资产阶级的分化，以及二战后中产阶级崛起的社会现实而遭到质疑，因为阶级结构不是简单化而是更加复杂化了。但是历史进入21世纪，随着高科技产业的发展，一些发达国家的社会发生了深刻的变化，出现了日本学者三浦展所描述的"下流"社会趋势，即那个标榜中产社会的日本社会，其中产阶级正迅速"下流"为无产阶级。③ 这使马克思主义者阿瑞基等所信奉的"无产阶级化"学说重新焕发了活力。在这个过程中，高科技工作人员的"无产阶级化"速度特别快且显著。

如果我们认为马克思《1844年经济学哲学手稿》是对工人自我认同最好的描述之一，那么高科技白领在"无产阶级化"过程中，其自我认同的特征最为符合《1844年经济学哲学手稿》中的工人。他们"一无所有"，哪怕对自己的身体也失去了欲望，从体力到脑力都是用来出卖的；他们甚至自主加班，

---

① 卢春龙：《中国新兴中产阶级的政治态度与行为倾向》，第6页。
② 李春玲：《中国中产阶级的增长及其现状》，载李春玲主编《比较视野下的中产阶级形成》，第129页。
③ 〔日〕三浦展：《下流社会》，陆求实等译，文汇出版社，2007。

成为一名工作狂,除了工作之外没有任何生活;他们的社交圈子越来越狭窄,最后连婚姻家庭都无法建立;他们完全被电子产品这些劳动工具所支配而丧失认同;他们的健康越来越不受到重视和保护;由于大城市房价和租金的高企,他们也越来越不可能拥有自己的住房,等等。中国的高科技白领将自己调侃为"蚁族""码农",这是对自身"无产阶级化"的另类描述。

在这样一个巨变的时代,"无产阶级化"的中国中产阶级,也许会强化一种新的阶级意识。基于此,本文提出两个基本假设命题,以揭示中国高科技白领所面临的时代处境。

第一,中国高科技白领存在显著的社会地位"下流"现象,但并非整体"下流",而是呈现一种"批际差异":第一批高科技白领依然保持较高的社会地位,而越往后的批次,社会地位愈趋下降,逐渐呈现"无产阶级化"特征。

"批际差异"的存在,导致高科技白领内部的分化。第一代高科技白领,也就是80年代中期至90年代末期大学毕业之后进入高科技企业工作的大学毕业生,借助千载难逢的历史机遇,通过自身努力,跻身企业中高层管理职位,并且一直维持类似的社会地位。而对于后来者,再通过努力晋身至此地位,难度成倍增加,大多数高科技工作者只能停留在一般雇员水平,这就形成了高科技白领之间"管理层"和"劳动层"的区别。

因此,高科技白领阶层的再生产,不是一个后来者居上的格局,相反是先下手为强、先到先得的态势。这种态势本身又深化了高科技白领阶层内部的矛盾。

"批际差异"的存在,固然与中国改革开放、招商引资的全球化浪潮有关,第一代高科技白领正是利用了中国全面对外开放,大手笔引进外资,导致全球资本大规模进驻中国的历史机遇。另一个关键因素是当时中国大学教育还不是十分普及,应届毕业大学生特别是重点大学的大学生,在劳动力市场上依然十分稀缺,政府机关也尚未公开招考公务员,致使大学生更多流向企业发展,弥补了外资企业进入中国之后的人才空缺。这样的历史机遇,对于后来者而言都不复存在,新一批的高科技白领则要面对更加残酷的市场竞争,加上千禧年之后中国大城市的房价、油价、物价都不断上涨,其涨幅远远超过普通高科技白领的工资收入,致使后来者的生存境遇明显困难得多。

正是存在"批际差异",中国高科技白领阶层的政治认同也必然存在差异。我们初步推断,"管理层"白领对于国家政策的认同感更强烈,而"劳动层"高科技白领更可能认为他们的困难处境,是国家政策的后果。但这只能是初步的,因为影响高科技白领阶层政治认同感的因素还有很多,比如他们所面对的资本性质差异,美资、港资、台资和国资企业下的高科技白领,对于资本力量的认知和反应存在根本差异,也无形中影响他们的政治认同。这些也都是本研究在进行量化操作时需要加以控制的变量。

第二,中国高科技白领阶层存在强烈的"代际焦虑"。如前所述,中国的高科技白领阶层还没有形成自己的"代际",但作为一个社会阶层,他们有强烈的意欲来确保他们的第二代仍然维持中产水平,这正是中国高科技白领阶层最大的焦虑。养育下一代,并且为之提供最好的教育和生活,实现中产阶级的再生产。中国大陆中产阶级所面临的问题,其实在港澳台地区已经发生、存在并且继续代代相传。[①]

如果高科技白领阶层能够成功实现中产阶级的再生产,那么中国的中产阶级力量会走向相对稳定;问题是由于"批际差异"的存在,中产阶级的再生产可能并非想象中那样顺利,中产阶级第二代的社会地位,未必会超过第一代,甚至会被卷入无产阶级化的浪潮之中。

更严重的问题是港澳台地区已经经历的,那就是中产阶级第二代习惯了优越的生活条件,更接受了高等教育,养成眼高手低的习气,宁可失业待业,也不愿意从事艰苦的体力劳动,使青年人群体出现一些令人忧虑的状况。这批无所事事的中产阶级后代,属于"后物质主义"的一代,容易受街头运动、在线行动主义诱惑,反而成为影响社会稳定的力量。

高科技白领阶层"望子成龙""望女成凤"的"代际焦虑",其结果很有可能是事与愿违,导致中产阶级再生产的愿望落空,不仅不能形成真正意义的中产阶级,反而会加深这部分中产人士及其家庭对社会的不满,其对政治和社会的态度都会发生逆转,这是我们在高科技白领阶层研究中特别值得留意的问题。

三 数据分析

为了检验与回应当前学界的争议,本文将通过收集数据,采取量化分析和

---

① 吕大乐:《中产心事:危机之后》,上书局,2011。

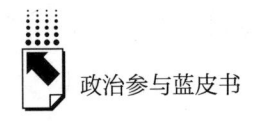

结合个案分析的方法，考察哪些因素对高科技白领阶层的政治认同感产生影响。

1. 数据来源

本文使用的数据来源于调研团队收集的"2017年高科技企业员工社会文化态度调查数据"。该调查将上海市张江高科技园区和苏州市工业园区高科技企业员工作为抽样框，抽取了637名样本。[①] 这些调查收集的信息主要包括：受访员工的基本信息、社会满意度、社会公平感、政治信任感、政治事务认知、社会冲突认知等。本文删除各变量中有缺失的样本后，总共有571个样本进入分析。

2. 因变量

本文将分别考察高科技白领阶层的社会生活满意度指数和政策满意度指数。通过对这两个因变量的测量反映出高科技白领阶层的政治认同感。

（1）社会生活满意度指数的测量主要是通过这8个指标而得到：当前物质生活满意度、5年后生活水平预期、个人财产安全感、人身安全感、交通安全感、医疗安全感、劳动安全感、个人信息隐私安全感。每个指标选项分为5个等级：非常满意、比较满意、一般、比较不满意、非常不满意，分别取值为1~5分，将8个指标的分值加总（满分为40分），得分越高，就说明社会生活满意度越低。

（2）政策满意度指数主要测量的是受访者对政府当前一系列政策的满意度与认同感，由10个指标构成：控制通货膨胀的满意度、提供就业保障的满意度、缩小贫富差距的满意度、改善住房条件的满意度、维护社会秩序的满意度、提供医疗保障的满意度、税收政策的满意度、提供社会救济的满意度、治理环境污染的满意度、打击贪污腐败的满意度。每个项目的取值和"社会生活满意度指数"一样，将各个项目分值加总（满分为50分），得分越高，就说明对政府政策满意度越低。

3. 自变量

自变量主要包括受访者个人特征和家庭特征。受访者个人特征主要体现为

---

① 问卷调查得到苏州大学政治与公共管理学院黄建洪教授、原中共上海市浦东新区委员会组织部顾尉迪同志大力协助，在此致谢。

这几个变量：受访者性别、年龄、政治面貌、受教育程度、职业、年均收入。家庭特征则是使用"家庭阶层背景"变量来衡量。由于调查问卷中询问了受访者的父母职业，因此本文以父母地位较高一方的职业阶层为家庭阶层背景。家庭阶层背景可以分为四个阶层：工农阶层，包括农民和工人；一般非体力阶层，即其他职业；专业技术阶层，包括教师、医生等；管理者阶层，包括干部等。文章中对家庭阶层背景的四个阶层分别赋值1~4。所有自变量都按照分类变量来测量。表1给出了以上变量的描述统计数据。

表1 相关变量的描述统计 $N=571$

变量	均值	标准差
生活满意度指数	18.27	4.983
政策满意度指数	26.60	8.436
性别	1.384	0.487
年龄	2.527	0.689
政治面貌	1.855	0.863
受教育程度	3.625	0.842
个人职业	4.107	1.154
年均收入	2.016	0.945
家庭阶层背景	1.809	0.952

4. 模型

由于因变量"社会生活满意度指数"和"政策满意度指数"都是连续型变量，本文将使用一般线性回归模型（OLS）进行分析。

5. 结果分析

（1）高科技企业员工的社会生活满意度指数分析

哪些因素会真正影响到员工的社会生活满意度？模型1-1中，探讨了员工个人特征对社会生活满意度的影响作用，其中年龄、个人职业和年均收入对因变量会产生显著性影响。模型1-1结果显示，年龄越大的员工，对自身社会生活越满意；个人职业越偏向于非国企的人员，对社会生活也会越满意；同时，年均收入越高的员工，也会更加满意当前社会生活现状。

模型1-2则在模型1-1的基础上，加入了家庭阶层这一变量。模型1-2的回归结果发现，家庭阶层变量的加入，不仅增强了模型1-1中年龄、个人职业和年均收入对因变量的显著性影响，而且也增强了性别对社会生活满意度的显著性影响，这表明了男性员工的社会生活满意度相对更低。各个家庭阶层背景对员工生活满意度的影响不一，只有一般非体力阶层具有更高的显著性。这说明了，相对于工农阶层家庭的员工，一般非体力阶层家庭的员工生活满意度更低（参见表2）。

表2 关于高科技企业白领社会生活满意度的回归分析

	模型1-1	模型1-2
	B/S.E.	B/S.E.
性别	0.607 (0.428)	0.791* (0.435)
年龄	-0.532* (0.302)	-0.575* (0.301)
政治面貌	0.0434 (0.243)	0.145 (0.247)
受教育程度	0.140 (0.251)	0.132 (0.252)
个人职业	-0.410** (0.183)	-0.444** (0.192)
年均收入	0.705*** (0.224)	0.747*** (0.224)
家庭阶层(参照项:工农阶层) 一般非体力阶层		0.968** (0.484)
专业技术阶层		-0.697 (0.683)
管理者阶层		0.211 (0.801)
常数项	18.45*** (1.576)	17.97*** (1.602)
N	571	571
R^2	0.035	0.047

注：* $p<0.1$，** $p<0.05$，*** $p<0.01$。

（2）高科技企业员工的政策满意度指数分析

哪一类高科技员工会对政府实行的政策更加满意呢？模型2-1结果显示，

年龄、政治面貌、受教育程度和个人职业等变量具有显著性。但是模型 2-2 加入家庭阶层变量之后，政治面貌变得不显著了，这说明家庭阶层削弱了政治面貌对政策满意度的影响作用。除了年均收入不显著外，模型 2-2 的结果与上文对高科技员工的社会生活满意度指数分析结果绝大部分相类似：女性员工比男性员工对政府政策更加满意；年龄越大的员工，对政府政策也会更加满意；相反，受教育程度越高的员工，则对政府政策更加不满意；相对于工农家庭的员工，出身于一般非体力阶层家庭的员工，也会对政府政策更加不满意（参见表3）。

表3 关于高科技企业白领政策满意度指数的回归分析

	模型 2-1 B/S. E.	模型 2-2 B/S. E.
性别	0.916 (0.704)	1.331* (0.711)
年龄	-1.765*** (0.496)	-1.871*** (0.492)
政治面貌	-0.825** (0.400)	-0.559 (0.404)
受教育程度	2.444*** (0.413)	2.408*** (0.412)
个人职业	-0.562* (0.302)	-0.654** (0.313)
年均收入	0.338 (0.368)	0.449 (0.366)
家庭阶层（参照项：工农阶层） 一般非体力阶层		2.498*** (0.790)
专业技术阶层		-1.259 (1.116)
管理者阶层		0.116 (1.308)
常数项	24.09*** (2.592)	22.94*** (2.617)
N	571	571
R^2	0.090	0.113

注：* $p<0.1$，** $p<0.05$，*** $p<0.01$。

6. 小结

性别、年龄和个人职业都会对高科技白领的社会生活满意度和政策满意度产生显著性影响。从结果上可以判定，女性、年龄越大、越偏向于非国企的员工，其生活态度与政治态度越保守，对社会生活和政府政策的认同感越高，即更加满意当前生活，更加满意政府政策。相对于工农家庭的员工，出身于医生、教师等一般非体力阶层家庭的员工，也会对社会生活和政府政策更加不满意。然而除了一般非体力阶层背景外，其他的家庭阶层背景对员工的社会生活和政治态度几乎不具有显著性影响。

受教育程度和年均收入对两个因变量的影响并不一样。受教育程度对高科技白领的社会生活满意度不具有显著性影响，但对政策满意度有显著性影响，结果表明，受教育程度越高的员工，其政治态度越悲观。而年均收入对高科技白领的社会生活满意度具有显著性，年均收入越高，生活满意度就越高，但对政策满意度却不显著。

四 个案分析

对于高科技白领阶层的政治认同感，除了量化处理，还需要通过质性研究，来发现其中的因果机制，而这其中主要涉及高科技白领阶层政治认同感的形成机制。唯有通过对典型个案的深度访谈，让他们自己来讲述亲身经历，才能将中、微观层面的机制性问题凸显。

为了本研究的目的，我们通过不同渠道找到高科技白领阶层进行了个别访谈，主要是由他们本人来讲述自己的故事，从中发现机制性问题。我们访谈的高科技白领人数远远超过研究中最后呈现的典型个案数。我们筛选典型个案的标准，是去除那些资料不连续的、信息较为相近或者存在刻意隐瞒编造的个案资料，最终留下 5 个个案。从年龄段和从业时间来区分，这 5 个个案中，有 3 个个案是属于"第一批高科技白领"；另外 2 个个案与前面 3 个个案构成了对比，他们属于"第二批高科技白领"，也就是通常所说的"蚁族"。这 5 个个案基本可以证明以下 4 个基本理论命题。

第一，高科技白领阶层的政治认同感受国家产业政策和经济发展水平影响。这个问题必须置于宏大的、相对长时段的历史语境中加以考察。显然，高科技白领阶层的兴起和发展,都与国家政策密切相关。在中国,国家不仅塑造了中产阶级,也通过各种有效的机制控制和调节中产阶级的观念和行为;当然,反过来国家政策也会引起高科技白领阶层在认知和行为上的因应和反弹。在高科技白领阶层政治认同的研究中,撇开国家的影响是不可想象的。

在整个经济运行的过程中,产业更新换代是必然的。当高科技产业成为主导产业,相应会提高高科技白领的社会地位和收入水平;产业本身的优胜劣汰、更新换代,也会使高科技白领的结构发生变化。一位很早就从事光伏产业的受访者甲向我们回忆起自己的创业史,并将创业的成功归因于国家政策的支持:

> 我去了一间民营企业,搞太阳能的,我的命运就此改变。我的老板突发奇想,想搞光伏产业,然后我们就开始研发。当时对光伏一无所知啊,就去学,去大学找原来的老师啊,听课啊,到国外取经啊。后来愣是给我们搞出了一条光伏生产线。你没有想到吧,这是中国第一条国产光伏生产线,是我们白手起家带头搞出来的。我后来找到了更好、更大的公司,专门做光伏。这都得益于政策的改变,政府大力扶持光伏这些新能源产业,给钱、给人、给资源。我们这些当年第一个吃螃蟹的人,现在都成了宝贝。①

当某种产业成为引领性的高科技产业之时,从事该产业的高科技工作人员也得以大显身手,获取事业上的成功。他们很自然地将事业上的成就归功于国家政策的支持和经济的发展,这在"第一批高科技白领"群体身上表现得非常明显。正如一位出身于农村家庭,但接受了大学教育,并在事业上取得成功的软件公司合伙人对我们说的一番话,清晰地表明了国家政策对他们政治认同感的深刻影响:

> 说真的,我们这代人要感谢国家的政策,由于国家政策,我们能够考上理想的大学,改变自己的命运;我们事业的发展,也得益于国家改革开

---

① 对受访者甲的访谈记录。受访者甲,43岁,男,无锡某清洁能源公司法人代表。

放提供的巨大市场空间。①

第二，高科技白领的政治认同感取决于其社会交往网络的互动。大学毕业之后工作的高科技白领，通常会与跟自己相近社会地位的人交往。高科技白领的交际网络，一是来自校友、学友，特别是大学同学，由于背景相近、学历相近，从事工作的层次也比较接近，更容易产生相互影响；二是来自工作网络，同事、业务相关者由于朝夕相处，互相交流的机会比较多，也会产生相互的影响。在学缘和业缘两种社会关系的影响下，久而久之相互之间就会形成相近的观念、社会政治态度。因此，检视高科技白领的政治认同状况，考量其社交圈子也是其中一个办法，而不是仅仅局限于一些可操作的变量比如党员身份等。受访者丙告诉我们，办公室同事之间热衷于讨论政治话题：

> 我挺关心政治的，我关心一切公共议题。我有时候也喜欢发点评论。我们在办公室加班，其实不是为了赶工，赶工是另当别论，更多的时候，是在办公室里上网，一起讨论时事，一些共同感兴趣的事情。我们更关心现在，腐败啊，城管啊，拆迁啊，这些事情。我也关心国际政治，什么中印关系、中美关系、朝鲜问题，这些。我的倾向是什么？既然发帖嘛，要夺人眼球，就把我自己的一些想法放大些，这也可以理解吧。参加网上这些讨论，已经是我生活的一部分，我们加班的同事，是一边在网上讨论，一边在线下讨论。所以有些跟帖，不仅代表我，也代表大家的观点。②

随着互联网技术和手机电脑一体化技术的普及，高科技白领阶层建立了第三圈的交往网络。他们越来越倾向于通过互联网、自媒体交往，这种交往使之打破了局限于学缘和业缘的网络，交往空间和范围大大拓展，陌生人不再被排斥在社会交往范围之外。自媒体互动程度的提高，也促使经常使用自媒体的高科技白领阶层在政治社会态度上互相影响。

---

① 对受访者乙的访谈记录。受访者乙，45岁，男，上海某软件公司合伙人。
② 对受访者丙的访谈记录。受访者丙，30岁，男，上海某软件公司工程技术人员。

第三，高科技白领阶层的政治认同感与其生命经历紧密联系在一起，或者直接就是其生命历程的产物。通常而言，生命经历对于一个人思想的形成具有决定性的影响。80年代以来中国社会以前所未有的速度发展，从那个年代成长起来的每一个人，都在非常短的时间内经历巨变，他们的社会身份、工作地点、生活习惯、伙伴关系、观念也经历了巨大转变，这种转变对于其政治认同感的形成具有巨大影响。

对于第一代白领而言，他们更加能够乐观地看待自己的发展经历，普遍感激国家教育给他们带来的好处。3位40~50岁年龄段的"第一批高科技白领"受访者都指出了教育对他们的重要影响，其中受访者丁认为是高考制度为他提供了一个良好的人生机会：

> 我原来是河南镇上的孩子，后来考大学，考上了某著名学府数学系，这可是国内数一数二的数学系。你说我为什么能考这么好？我觉得以前的高考制度是最合理、最有效的，像我这样的人，就是活生生的例子嘛。[1]

但是恰好相反，我们访谈过20~30岁年龄段的年轻白领，他们并没有感受到大学教育能带来明显的竞争优势，甚至有一位受访者对高考制度深恶痛绝：

> 我是2005年上的大学。大学已经扩招了，考大学好像不是一件难事。我们的高考制度太乱了，几乎每几年就变一次，让我们无所适从。考试是我们唯一的生存方式。我其实算是幸运的。因为我毕竟花了那么多的精力，也考上了理想的重点大学，进了计算机专业。还有很多像我一样努力的人，可能因为一次考试的失误，就永远告别了梦想。当然，我现在也没有什么梦想了，我甚至怀疑我当年的梦想，只不过是一个幻梦。[2]

---

[1] 对受访者丁的访谈记录。受访者丁，44岁，男，上海某高科技上市公司总经理。
[2] 对受访者丙的访谈记录。受访者丙，30岁，男，上海某软件公司工程技术人员。

在不同年代的受访者中,他们看待人生经历和未来发展的态度就不一样,这也影响到他们政治认同的差异。"第二批高科技白领"深受买房和工作发展之压力,对自身和国家未来都产生了不确定感:

> 虽然我现在的收入也比较高了,但我还没有买房,因为我的工作并不算稳定,我不知道我下一次会到什么公司上班,我无法确定我的目标楼盘的方位。这件事一拖下来,我基本上就有点买不起房了。基本上,我是负能量比较多的那种。我不会跟帖的,觉得没意思,干吗呢?但是,一般来说,我比较倾向于转发比较负面的新闻,觉得这样才比较酷。①

而"第一批高科技白领"则将自己的生命历程与国家紧密连接起来,认为自己对国家产业发展承担着重要的责任,且自信能够发挥重要的影响:

> 我基本上就是战斗在光伏国产化的第一线。我觉得没有谁比我更爱国、更为我们自己的民族产业骄傲。这是我一手一脚做出来的事业,我做这个事情,觉得中国是非常有希望、有前途的。因为在光伏这样的前沿产业中,我一直相信通过我们的努力,一定可以碾压西方国家,在其他技术领域也一样,我们正在赶超西方国家,有些地方已经将他们甩在身后。②

第四,高科技白领阶层的政治认同感受制于其在管理过程中所处的地位。高科技白领在企业内部管理流程中的地位,不仅是其社会地位的重要表征,也直接影响其社会交往层次,以及对各种社会问题的判断。因此,从管理流程内部观察高科技白领阶层的政治认同感,并非可有可无。我们相信,一位处于管理流程的高科技白领,其观念一定迥异于处于生产流程的高科技白领。

如前所述,处于生产一线的技术人员,他们对未来发展更加焦虑,遭遇天花板效应。一位一线的技术人员深感无奈地对我们说道:

---

① 对受访者戊的访谈记录。受访者戊,32岁,男,南京某科技金融咨询公司项目代表。
② 对受访者甲的访谈记录。受访者甲,43岁,男,无锡某清洁能源公司法人代表。

> 毕业找工作,其实也没有什么选择。我只能到现在的软件企业,一没户口,二是群租,就是公司给我们几个光棍汉一起租了个房子。吃喝拉撒都在那里了,这房子甭提有多脏乱,要说家具,就一张床、一台电脑够了。其他都用不上。平时,说老实话,也不太想在那地方待着,还不如加班。对于升职,其实我没有什么指望。我们这公司,升职能升到什么程度,顶多就是做一个团队的主管,你说部门主管,有什么好升的,管理我又不懂,跟人打交道的事情挺烦的。①

相当一部分从事管理工作的白领,最初也是来自生产一线。但当他们进入管理岗位时,他们思考的角度就迥异于一线技术人员,其管理工作的经历也会影响到他们的政治认同。正如一位从一线研发岗位晋升到管理岗位的受访者说道:

> 一旦从事管理工作,我也发现,政治就在身边,是逃不掉的。政府部门你要打交道的,任何一个公司在任何一个地方,不仅是在中国,哪怕在美国,都需要跟政府打交道,学会跟政府打交道。这方面,我不觉得中国、西方国家之间存在本质区别。像美国这样的国家,到处都是铜墙铁壁,你信不信?做大事,还是要在中国。就这一点而言,我相信中国社会的前景一定是十分美好的。从我们做公司的角度,我们觉得政府其实是做事情的,而且他们的眼光也很好,一直在开拓各种市场空间,他们改革开放的力度是很大的。可能在政治体制上这方面的感受不深,但是我们在经济领域,这种感觉特别明显,中国政府真是一个创新型的政府,他们做的事情,比起西方那些老旧的政府,力度要大多了。这也是在很多高科技领域,中国可以走在世界前沿的原因。②

通过以上 5 个个案的深度访谈,可以归纳出以下基本判断。
第一,高等教育经历是高科技白领阶层政治认同感形成的重要机制。80

---

① 对受访者丙的访谈记录。受访者丙,30 岁,男,上海某软件公司工程技术人员。
② 对受访者丁的访谈记录。受访者丁,44 岁,男,上海某高科技上市公司总经理。

年代普及义务教育为普通阶层的孩子提供了流动的机会。他们可以通过努力读书，参加高考，进入理想的大学，向新的职业、新的地域流动，从而摆脱原有生活场域的束缚。理论上更重要的是，教育为这些新崛起的高科技白领阶层提供了后来的社交网络和社会资本，大学同学是高科技白领阶层主要的社交圈子，他们的社会观念和政治态度，都是在这个社交圈子中塑造出来的。与"蚁族"个案对比之后，可以发现，21世纪之后，教育所具有的这种社会功能被弱化，"蚁族"的收入水平，与他们原来家庭的收入水平，差距在不断缩小，甚至还有所不及。

第二，高科技白领阶层普遍焦虑于社会政治发展的不确定性。40～50岁年龄段的、所谓"第一批高科技白领阶层"，基本上已经组建家庭，完成置业，形成中产阶级家庭，收入也比较稳定，他们主要的焦虑都来自子女教育，即所谓中产阶级再生产的问题。一方面，他们对现有教育制度、教育政策持批判态度；另一方面，他们又深知教育对于中产阶级再生产的重要性，将大量投资用于子女教育上。我们把这种心态称为"代际焦虑"。20～30岁年龄段的"第二批高科技白领阶层"很多还没有组建家庭，甚至维持单身状态，他们的主要焦虑是无法成为一名真正的中产阶级，没有房子、车子，只能蜗居。他们也无法取得前辈得天独厚的发展空间，只能通过个人业绩的提高或者跳槽，来提升自己的收入水平，无论其社会地位还是社交网络都存在较大的不稳定性。事实上，他们的"蚁族"状态也加深了"第一批高科技白领阶层"的焦虑。

第三，高科技白领阶层社会政治态度的形塑，与其社交形态有直接关系。40～50岁年龄段的高科技白领阶层，由于对新技术的依赖程度相对较低，或者不熟悉，更倾向于在实质性的社交圈子中互动并形成政治态度，而这种实质性的社交在有助于缓解焦虑的同时，也弱化了对社会政治的批判态度；更年轻的高科技白领阶层因为社交圈子的匮乏，更倾向于通过互联网构建陌生人社区来表达社会政治态度，而这种在虚拟空间的表达，往往因迎合网络舆论的激进特征，通常更具批判性和负面性。

五　结论：中产阶层还是社会稳定器吗？

至2017年，中国城市中产阶层的人数接近2亿，他们所拥有的财富占全国财富的1/3，且增长速度惊人。中产阶层已经成为名副其实的社会中坚，其社会政治态度已经对社会稳定发展构成决定性影响，却未引起相应的重视。本课题正是通过对高科技白领阶层政治认同感的研究，来管窥中国中产阶层社会政治态度的影响。

中产阶层是社会稳定器，这一说法由来已久，却过于简单化。[①] 二战后一些西方学者急于让西方社会摆脱阶级斗争的阴影，刻意炮制出一个超阶级的"中产阶层"来抵冲工人阶级的影响。"中产"所指向的脑力劳动者，也乐于接受这种理论建构，将自己认同为与产业工人不同的社会阶层。这种理论建构产生了预期的社会效果，掩盖了西方发达国家长期的阶级矛盾。

新兴工业国家形成的中产阶层，由于条件不同，与西方理论建构的理想形象不能相提并论。传统观点认为中产阶层行动消极、政治保守，是不尽确切的。以中国高科技白领阶层为例，通过数据分析，我们发现，中国高科技白领阶层的社会政治态度基本上不受其原生家庭影响，换言之，中国高科技白领阶层已经拥有自己相对独立的社会政治认同。他们非常关心政治和社会问题，也拥有更多渠道来获取资讯。他们有强烈动机参与公共政治，只是缺乏工具和参与渠道。在某种意义上，互联网提供了这个新工具，也使高科技白领阶层形成了自己独特的公共参与方式，即通过互联网、手机通信系统等新技术手段来制造舆情事件。不过，这只是针对年轻一批高科技白领阶层而言，90年代崛起的第一批高科技白领阶层对在互联网上表达社会政治态度没有兴趣。研究发现，所有舆情事件的发生，不管涉及哪一个群体的利益，几乎都不可避免地经过守在互联网前的中产群体的包装炒作，以及相当数量中产群体的广泛传播。从这个意义上看，中产阶层是社会稳定器的说法已经很难成立。

国家治理的现代化，其中一个要义就是向以中产阶层为主要治理对象的管治模式转型。得中产阶层心者得天下，要达至良好的治理，一定要高度重视中产阶层社会政治态度的变化及其影响。对中国高科技白领阶层政治认同感的研究发现，中国中产阶层很有可能成为影响社会稳定的力量，但他们作为中产阶

---

① 沈瑞英：《中产阶级"稳定器"理论质疑》，《学术界》2007年第4期；张翼：《中产阶级是社会稳定器吗?》，载李春玲主编《比较视野下的中产阶级形成》，第231~251页。

层的特性，又决定了他们的焦虑与不满仍在严格可控的范围内，只要适当加以引导，即会强化他们对政策和政治的支持。

第一，重新"找回"教育的社会流动功能。中产阶层主要的生产机制是教育。教育的公平化，是决定未来中国社会稳定发展的关键。近年来反复折腾的教育改革，不断增加中产阶层的不确定性和焦虑感。有关教育的各种制度和政策应尽快稳定下来，巩固政策预期，避免折腾。以减负为名义的各种教育改革基本走入死胡同，严重影响教育公平和培养中产阶层的目标。可以说决策部门发现了问题，却找错了方法。自主招生已经背离政策初衷，应坚决取缔中考和高考的自主招生制度，确保考试、招生过程的公平，可以从根源上杜绝各种课外辅导班之类的恶性竞争，减轻中产阶层的代际焦虑。基础教育应回归到多学科并重的时代，不仅有利于全面培养人才，而且有利于考生平衡考试风险，发展特长。事实上，通过对高科技白领阶层的研究，这批从普通家庭走出来的中国第一批中产，大多受益于多学科并重的高考制度。

第二，形成有效的互联网舆情疏导机制。重大舆情事件发生之后，中产阶层通常都有多元的信息渠道获取资讯，"堵"没有任何意义，反而会强化政府的负面印象。经验证明，中产阶层对于重大舆情的传播，丝毫不会因为相关政府部门屏蔽而有所减缓。政府部门滞后的信息公开不仅会失去舆情主动权，而且会严重影响公众对政府的信任。在舆情控制上，政府部门应及时、主动提供平行的、真实的信息，而不是相反。及时的信息披露和依法处置，可以将舆情事件有效引导为局部性、地方性事件，相反的做法效果也是适得其反，容易将某部门、某机构的特殊事件演化为对党和政府的不信任。

第三，政府在决策过程中，应高度重视政策的"中产效应"。随着中产阶层规模的扩大、重要性的提高，中产阶层不再处于政府政策的外围、边缘，而是越来越靠近中心点，政府在制定相关政策时不能因其"夹心"而置中产阶层于不顾。与中产阶层利益息息相关的政策，包括房地产政策、金融政策、税收政策和教育政策等，各级政府部门不能再依循陈旧的决策模式，在政策制定和实施过程中，应建立全面的咨询机制、反馈机制和问责机制，尽可能避免直接损害中产阶层的合法权益，剧化"批际差异"和"代际焦虑"，进而引发舆情危机，甚至影响政策的合法性。

附件：问卷设计

问卷编号：＿＿＿＿＿＿＿＿＿＿

关于高科技企业员工社会文化态度的研究问卷

尊敬的先生/女士：

您好！近年来，随着经济的稳定发展和科技创新的不断推进，高科技企业员工队伍越来越壮大，成为重要的社会力量。本问卷旨在收集高科技企业员工对于社会文化生活的态度，其内容仅供调查、分析使用。希望得到您的配合与支持，大约耽误您 5 分钟的时间。请根据自己的真实情况填写，您的回答将对我们的研究起到至关重要的作用，相信您一定能认真完成！

复旦大学高科技企业员工调研小组

请在选项上打钩

基本信息

1. 您的性别是（　　）

    （1）男 （2）女

2. 您的年龄是（　　）

    （1）18 岁以下 （2）19～29 岁 （3）30～40 岁 （4）41～60 岁

    （5）61 岁及以上

3. 您的政治面貌是（　　）

    （1）普通群众 （2）共青团员 （3）中共党员（含预备党员）

    （4）民主党派成员

4. 您的受教育水平是（　　）

    （1）初中及以下 （2）高中/职中 （3）专科/技校 （4）本科

    （5）研究生

5. 您的职业是（　　）

   （1）国有企业中高层管理人员

   （2）民营企业中高层管理人员

   （3）国有企业科技人员

   （4）民营企业科技人员

   （5）其他_____

6. 您的年平均可支配收入是（　　）

   （1）70000元以上　（2）28000～70000元

   （3）14000～28000元　（4）14000元以下

7. 您的父亲职业是（　　）

   （1）工人；（2）务农；（3）干部；（4）教师；（5）医生；（6）其他_____

   您的母亲职业是（　　）

   （1）工人；（2）务农；（3）干部；（4）教师；（5）医生；（6）其他_____

社会生活满意度

1. 你对你现在的物质生活满意吗？

   （1）很满意（2）比较满意（3）说不清楚（4）不太满意

   （5）很不满意

2. 您感觉在5年之后，您的生活水平将会_____

   （1）上升很多（2）略有上升（3）没有变化不好说（4）略有下降

   （5）下降很多

3. 您对下列指标的安全感如何？

	很安全	较安全	不太确定	不太安全	很不安全
财产安全					
人身安全					
交通安全					
医疗安全					
劳动安全					
个人信息、隐私安全					

政策满意度

4. 在下列社会问题中,您觉得政府做得如何?

	非常好	比较好	一般	比较差	非常差
控制通货膨胀					
提供就业保障					
缩小贫富差距					
改善住房条件					
维护社会秩序					
提供医疗保障					
税收政策					
提供社会救济					
治理环境污染					
打击贪污腐败					

再次感谢您花费宝贵的时间配合我们完成问卷,您的任何意见和建议对我们来说都很宝贵。谢谢您的支持!

B.9 中国公民社团参与、表达参与和公共服务参与的关系
——基于"认知与行为"的全模型检验

郑建君*

摘 要： 多元主体共治共享是社会治理现代化的重要体现，而公民的有序参与则是国家政治现代化发展重要的组成部分。本报告从个体的认知与行为两个维度切入、以表达参与为中介变量和调节变量，运用"中国公民政治参与调查"的4261份有效数据进行统计处理，检验了社团参与和公共服务参与作用关系的影响机制与边界条件，结果发现：在社团参与对公共服务参与的正向影响关系中，表达参与不仅具有显著的中介效应，同时还表现出明显的调节作用。对于社团参与而言，其对公共服务参与认知的影响主要是通过表达参与（认知与行为）发挥作用的；而社团参与对公共服务参与（认知与行为）的影响，则主要受到表达参与行为的调节作用。

关键词： 社团参与 表达参与 公共服务参与 中介效应 调节效应

一 引言

党的十九大报告指出，进入中国特色社会主义新时代，我国社会主要矛盾

---

* 郑建君，中国社会科学院政治学研究所副研究员。

已经转化为"人民日益增长的美好生活需要和不平衡不充分的发展之间的矛盾"。如何在解决新的社会主要矛盾的过程中，提升广大人民群众的满意度、幸福感和获得感，不仅要聚焦于满足人民对美好生活的需要和强化发展的全面性，同时还要关注对人民政治权利的保障。特别是在民生领域，在共享发展成果的同时，要让人民有效地参与到共建过程当中，不断提升自我存在的价值体验。随着社会经济的快速发展和改革开放的不断推进，利益群体多元化和人民群众对公共服务需求的差异化日益明显。在此背景下，推进国家治理体系与治理能力的现代化，首先应鼓励和引导多元主体的共治参与，使多元主体的利益诉求能够在治理过程中有所体现，进而保证公民基本权利的平等享有。

公民的有序参与是构建现代国家重要的影响因素，也是国家政治现代化发展重要的组成部分。作为现代民主的核心所在，政治参与强调公民个体通过各种方式参加政治生活，并直接或间接地影响政治体系的构成、运行方式和规则以及公共政策的政治行为。[1] 具体到公共服务领域，公民参与表现出三个方面的作用：一是保证了多元主体对公共服务差异化需求的利益诉求表达，从而使公民的参与得以介入公共服务的供给决策过程，在一定程度上保证了公共服务的公益本质；二是公民参与增强了对公共服务供给过程的品控效果，客观上提升了公共服务产品的质量与绩效满意度；三是强化了多元主体的参与责任和对公共性事务的卷入水平，提升了各主体的社会共同体意识与认同水平。[2] 然而，在公共服务的参与过程中，以公民个体为单位的参与行动，并不能达到很好的参与效果，这与公民个体的参与特征有关，即公民的公共服务参与具有较强的个体利益关联和碎片化分散趋势，这使得公民个体往往无法有效、有序地实质性参与到公共服务的供给过程当中，也难以对其供给决策形成影响。为此，公民的公共服务参与必须依托一定的组织形式完成，即通过具有明确利益诉求目标的社团组织，来推进和提升公民的公共服务参与水平。

社会团体（包括各类社会组织）作为公民自我组织的重要形式及中间力量，在法治框架下通过自我管理来参与社会公共事务，进而达到表达自身利益

---

[1] S. Verba, K. L. Schlozman, H. Brady, *Voice and Equality：Civic Voluntarism in American Politics*, Cambridge, MA：Harvard University Press, 1995, pp. 1 - 38.
[2] 郑建君：《推动公民参与基层治理：公共服务提升与社会秩序维护——基于苏州市相城区的调研分析》，《甘肃社会科学》2017年第2期。

诉求、维护自身合法权益的目标，恰恰体现了公民有序政治参与的关键特质，即制度化与法治化。在介入公共服务过程中，社会团体表现出以下特征或功能。第一，公民的社团参与，在政府与社会公众之间形成了沟通、协调与合作的桥梁作用，为多主体参与社会治理和公共服务供给提供了可能。面对多元化、多层次的利益群体诉求，社会组织能够集中相关意见予以反映，使差异化的公共服务需求能够准确及时地纳入供给决策之中，进而对公共服务产品形成优化；同时，公共服务的供给方（特别是政府）能够通过社团组织获取公共服务接收方的意见要求，减少公共服务决策的失误、提高公共服务绩效的品质。① 第二，公民的社团参与，有利于公共服务供给参与的专业化提升。在公共服务供给参与过程中，常常伴随有低层次、低水平、重复化现象出现，而具有一定组织特征的社团参与，一方面有利于公共服务供给的跨部门合作，形成良好的资源整合效应，另一方面也更易于提供具有专业水准的公共服务产品，使多元利益主体的公共服务需求得以更好地满足。② 第三，公民的社团参与，有益于提升公民个体的参与意愿和满意度体验，从而促进有序公民政治参与的良性发展。社团参与使公民参与公共服务的效果最大化，在集中表达多主体利益需求的同时，逐步形成公共服务产品供给链的优化，使服务受体能够对供给方形成监督、约束，保证了自身的权益；此外，参与的效果也有助于激发公民作为社会成员的主体责任，从而强化其参与公共服务的效能与积极性。③

上文提到，社团参与的重要作用和功能在于合理表达多元主体的利益诉求。在涉及诉求表达时，除了制度、环境因素外，公民个体的表达认知与行为的状况、水平也是重要的影响变量。首先，利益表达是多主体参与社会治理的

---

① 张明军、朱玉梅：《社会组织参与地方政府绩效评估的困境与优化逻辑》，《社会科学研究》2017年第6期；马立、曹锦清：《社会组织参与社会治理：自治困境与优化路径——来自上海的城市社区治理经验》，《哈尔滨工业大学学报（社会科学版）》2017年第2期。
② 张鹏程：《社会治理视阈下社会组织参与社会保障的路径研究》，《中国劳动》2017年第12期；张卫、董强：《多中心理论视域下社会组织参与社区管理与服务研究》，《唯实》2012年第3期；吴磊、冯晖：《合作治理视域下社会组织参与教育治理：模式、困境及其超越》，《中国教育学刊》2017年第12期。
③ 刘春湘、邱松伟、陈业勤：《社会组织参与社区公共服务的现实困境与策略选择》，《中州学刊》2011年第2期。

重要前提与基础，更是社团参与的重要目的。① 不同利益主体间的沟通协调，使公民参与社会治理呈现出有序化的特征，也使公共服务供给绩效得以保障。在此过程中，利益表达作为政治参与的特定形式，需要依托社团参与予以实施。从某种意义上来讲，社团参与的程度和水平，决定了其政治参与行为的表现，诸如意见表达和沟通。② 其次，多主体对公共服务的参与意愿和效果，受到来自其利益表达过程与结果的影响。一是行为实施主体必须对其利益表达行为具有准确的认知判定，即其在何种条件和途径下进行表达能够获得预期效果。唯有如此，才能使表达主体的自觉参与行为，在法治框架下对公共服务供给决策形成实质影响。二是树立现代治理观念、更新参与意识，由被动参与向主动参与发展。公民个体要将自身的利益和需求与社会公共事务的参与发展相关联，并主动地对社会治理过程予以介入、施加影响，③ 进而形成多主体参与的现代公共服务供给体系。最后，社团参与和表达参与对推进公民参与公共服务的联动效应。社会团体（包括社会组织）对公共事务的介入，其本质是多主体对公共行政及政策的影响过程；而公民是否愿意参与其中，并通过意见表达等参与形式对公共事务产生影响，是问题的关键。这其中其实包含两个方面的内容，即社团参与与公共服务参与的关系的作用机制及其相互关系是否受到其表达参与状况的影响。公民利益表达的加强，有助于各类社团、社会组织对公共服务参与的过程性影响，同时吸引更多个体参与其中，进而对公共服务供给决策和产品提供给予更多的提升效应；在利益表达不充分的情况下，社团参与的影响也将随之降低。

综上所述，我们认为：中国公民的社团参与将会通过表达参与对公共服务参与形成影响，同时，公共服务参与还将受到社团参与和表达参与的交互影响（见图1）。本报告将对上述假设从参与的认知与行为两个维度展开检验，以期确认社团参与和公共服务参与的影响机制及表达参与在其中的作用表现。

---

① 王春福：《构建和谐社会与完善利益表达机制》，《中共中央党校学报》2006年第3期。
② 黄少华、谢榕：《政治动机、政治技能和社团参与对网络政治参与行为的影响——基于公民自愿模型的分析》，《兰州大学学报》（社会科学版）2017年第3期。
③ 尹娜：《公民表达权的公共行政考量》，《长春理工大学学报》（社会科学版）2010年第1期；周宇豪：《公共政策决策中的网络媒介与公民表达权探析》，《郑州大学学报》（哲学社会科学版）2014年第3期。

图1 研究假设模型

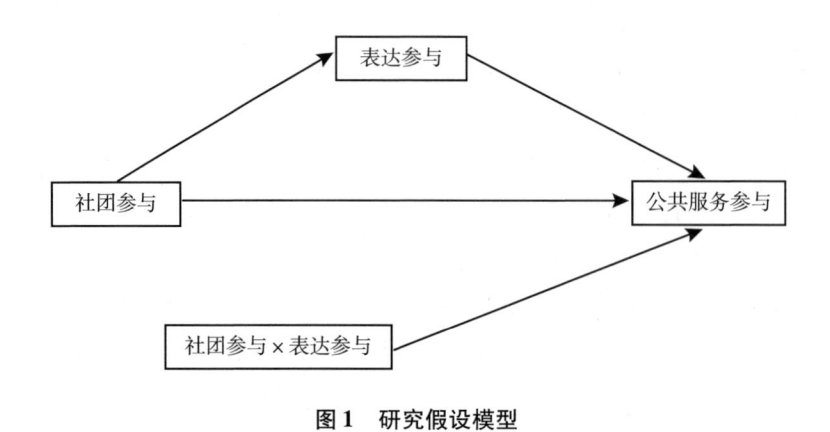

二 样本情况及变量测量

（一）样本情况

本报告系中国社会科学院政治学研究所主持的全国性系列调查项目"中国公民政治参与调查"的成果之一，具体数据来源于"中国公民政治参与2016调查项目"。该项目于2016年8～10月，由中国社会科学院调查与数据信息中心委托专业数据调查机构具体执行。根据国家统计局2016年发布的各省、自治区、直辖市2015年的国内生产总值（GDP）数据，项目组从确定的五大区域（都会区、东北地区、东部地区、中部地区和西部地区）中选出经济发展处于中等水平的省份，每个省份以随机抽样的方式发放500份问卷，10个省份共计回收了有效问卷4261份（见表1）。其中，都会区849人（北京市421人，占比为9.88%；天津市428人，占比为10.04%），东北地区（黑龙江省）418人，东部地区853人（山东省424人，占比为9.95%；浙江省429人，占比为10.07%），中部地区846人（湖北省433人，占比为10.16%；安徽省413人，占比为9.69%），西部地区1295人（广西壮族自治区418人，占比为9.81%；陕西省423人，占比为9.93%；甘肃省454人，占比为10.65%）。

在人口学变量方面，项目组对诸如性别、年龄、户籍、民族、学历、职业、政治面貌和月均收入等指标都进行了简单配比及统计。项目组在数据收集过程中，采用入户调查的形式对在当地居住一年以上且年满18周岁的成年公民进行问卷发放与作答，受访被试的年龄分布在18～91岁，平均年龄为41.05岁，标准差为14.17；将被调查者的年龄按照老中青（"61岁及以上"为老年、"46～60岁"为中年、"18～45岁"为青年）进行划分，共获得青年被试2579人，中年被试1291人，老年被试391人。在性别上，参与调查的男性受访者1935人，女性受访被试2326人。在4261份有效数据中，汉族被试3885人，少数民族被试376人。在学历上，"初中及以下学历"被试1924人，"高中（含高职、中专）学历"被试1407人，"大学（含大专及本科）及以上学历"被试930人。在政治面貌上，"中共党员"364人，"共青团员"559人，"群众及其他"3338人。在户籍类型上，"城镇户籍"被试1885人，"农村户籍"被试2376人。在从业类型上，"务农人员"1334人，"私营企业主（含个体户）"605人，"专业技术人员"369人，"公务员"86人，"务工人员"1302人，"其他类型从业者"565人。在个人的月均收入水平上，"500元以下"的850人，"501～1500元"的702人，"1501～2500元"的953人，"2501～3500元"的881人，"3501～5000元"的610人，"5001元及以上"的265人。

（二）变量测量

1. 社团参与

本报告对中国公民的社团参与（包括社会组织参与）的测量，主要由"社团参与重要性认知""社团参与权利与途径认知""社团参与内容认知""社团参与程序认知""社团参与实际参与行为"等5个一级指标构成其评估指标体系，基于该指标体系编制的调查问卷满分为10分。其中，5个一级指标包含有20个二级指标，具体如下："社团参与重要性认知"的得分范围在0～1.00，该一级指标下包含有二级指标2个，即"人民团体的重要性"和"社会组织的重要性"，2个二级指标的得分范围均在0～0.50；"社团参与权利与途径认知"的得分范围在0～1.00，该一级指标下包含有二级指标2个，即"组织权利认知"和"加入组织途径认知"，2个二级指标的得分范围均在0～0.50；"社团参与内容认知"的得分范围在0～2.50，该一级指标下包含有

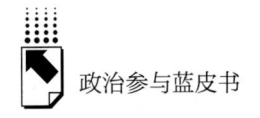

表 1 样本基本情况（$N = 4261$）

指标		频次（人）	有效百分比（%）	指标		频次（人）	有效百分比（%）
区域	都会区	849	19.92	性别	男性	1935	45.41
	东北地区	418	9.81		女性	2326	54.59
	东部地区	853	20.02	年龄段	青年	2579	60.53
	中部地区	846	19.85		中年	1291	30.30
	西部地区	1295	30.39		老年	391	9.17
省份	北京市	421	9.88	户籍	城镇	1885	44.24
	天津市	428	10.04		农村	2376	55.76
	黑龙江省	418	9.81	从业类型	务农人员	1334	31.31
	山东省	424	9.95		私营企业主	605	14.20
	浙江省	429	10.07		专业技术人员	369	8.66
	湖北省	433	10.16		公务员	86	2.02
	安徽省	413	9.69		务工人员	1302	30.56
	广西壮族自治区	418	9.81		其他类型从业者	565	13.26
	陕西省	423	9.93	月均收入	500 元以下	850	19.95
	甘肃省	454	10.65		501~1500 元	702	16.48
学历	初中及以下	1924	45.15		1501~2500 元	953	22.37
	高中（含高职、中专）	1407	33.02		2501~3500 元	881	20.68
	大学（含大专）及以上	930	21.83		3501~5000 元	610	14.32
政治面貌	中共党员	364	8.54		5001 元及以上	265	6.22
	共青团员	559	13.12	民族	汉族	3885	91.18
	群众及其他	3338	78.34		少数民族	376	8.82

二级指标 5 个，即"工会活动内容认知""妇联活动内容认知""共青团活动内容认知""社会组织活动内容""社会组织的不当行为"，5 个二级指标的得分范围均在 0~0.50；"社团参与程序认知"的得分范围在 0~1.50，该一级指标下包含有二级指标 3 个，即"人民团体代表群众意见""社会组织代表群众意见""评估政府行为"，3 个二级指标的得分范围均在 0~0.50；"社团参与实际参与行为"的得分范围在 0~4.00，该一级指标下包含有二级指标 8 个，即"工会参与""妇联参与""共青团参与""民非单位参与""文化娱乐组织参与""志愿者组织参与""维权组织参与""基金会参与"，8 个二级指标的得分范围均在 0~0.50。

2. 表达参与

作为政治参与的重要类型,表达参与是公民个体维护自身权利、表达利益诉求、在法律框架下参与社会政治生活和公共管理事务的具体实践活动。① 本报告对中国公民的表达参与的测量,主要由"表达参与重要性认知""表达参与权利与途径认知""表达参与内容认知""表达参与程序认知""表达参与实际参与行为"等5个一级指标构成其评估指标体系,基于该指标体系编制的调查问卷满分为10分。其中,5个一级指标包含有20个二级指标,具体如下:"表达参与重要性认知"的得分范围在0~1.00,该一级指标下包含有二级指标2个,即"意见表达的重要性"和"对改善党群关系的重要性",2个二级指标的得分范围均在0~0.50;"表达参与权利与途径认知"的得分范围在0~1.00,该一级指标下包含有二级指标2个,即"意见表达权利认知"和"不正确参与途径认知",2个二级指标的得分范围均在0~0.50;"表达参与内容认知"的得分范围在0~2.50,该一级指标下包含有二级指标5个,即"意见表达内容一""意见表达内容二""意见表达形式""了解信息程度""信息的真实性",5个二级指标的得分范围均在0~0.50;"表达参与程序认知"的得分范围在0~1.50,该一级指标下包含有二级指标3个,即"政府的正确做法""政府的回应速度""政府对参与的态度",3个二级指标的得分范围均在0~0.50;"表达参与实际参与行为"的得分范围在0~4.00,该一级指标下包含有二级指标8个,即"找领导、单位""找代表、委员""找政府""找媒体""找人民团体""游行抗议""参加听证会""找司法机关",8个二级指标的得分范围均在0~0.50。

3. 公共服务参与

本报告对中国公民公共服务参与的测量,主要由"公共服务参与重要性认知""公共服务参与权利与性质认知""公共服务参与内容认知""公共服务参与程序认知""公共服务参与实际参与行为"等5个一级指标构成其评估指标体系,基于该指标体系编制的调查问卷满分为10分。其中,5个一级指标

---

① S. P. Chang, "Pathways to Expressive and Collective Participation: Usage Patterns, Political Efficacy, and Political Participation in Social Networking Sites," *Journal of Broadcasting & Electronic Media*, Vol. 59, No. 4, 2015;芮国强、宋典:《公民参与、公民表达与政府信任关系研究——基于"批判性公民"的视角》,《江海学刊》2015年第4期。

包含有16个二级指标,具体如下:"公共服务参与重要性认知"的得分范围在0~1.00,该一级指标下包含有二级指标2个,即"公共服务参与的重要性"和"公共服务参与必要性",2个二级指标的得分范围均在0~0.50;"公共服务参与权利与性质认知"的得分范围在0~1.00,该一级指标下包含有二级指标2个,即"公共服务参与权利认知"和"公共服务参与性质认知",2个二级指标的得分范围均在0~0.50;"公共服务参与内容认知"的得分范围在0~2.50,该一级指标下包含有二级指标5个,即"公共服务的提供者""公共服务的范畴""对公共服务需求的认识""了解服务信息的重要性""了解服务信息的难度",5个二级指标的得分范围均在0~0.50;"公共服务参与程序认知"的得分范围在0~1.50,该一级指标下包含有二级指标3个,即"公民的需求表达""服务方式选择""服务质量监控的认识",3个二级指标的得分范围均在0~0.50;"公共服务参与实际参与行为"的得分范围在0~4.00,该一级指标下包含有二级指标4个,即"明确表达服务需求"、"参加政府购买服务"、"参加志愿服务活动""参加服务质量评估",4个二级指标的得分范围均在0~1.00。

三 全模型假设的检验结果

(一)核心变量的描述统计结果

对拟检验模型所包含的核心变量进行描述统计分析(见图2和表2),结果显示:总体来看,表达参与、社团参与和公共服务参与三种类型的得分表现,处在中等偏下的水平(满分10分);具体比较来看,不论是认知[①](均值3.44、标准差0.91)、行为(均值0.70、标准差1.13)还是总体情况(均值

[①] 表达参与认知的得分由"表达参与重要性认知""表达参与权利与途径认知""表达参与内容认知"和"表达参与程序认知"等4个一级指标的得分加总获得,社团参与认知的得分由"社团参与重要性认知"、"社团参与权利与途径认知""社团参与内容认知""社团参与程序认知"等4个一级指标的得分加总获得,公共服务参与认知的得分由"公共服务参与重要性认知""公共服务参与权利与性质认知""公共服务参与内容认知""公共服务参与程序认知"等4个一级指标的得分加总获得。

4.14、标准差1.46），公共服务参与在三类类型的参与中得分表现相对较好；特别是在认知层面和总体得分表现上，公共服务参与的情况显著优于表达参与（认知均值3.16、标准差0.96，总体得分均值3.64、标准差1.28）和社团参与（认知均值3.15、标准差0.97，总体得分均值3.79、标准差1.27）两种参与形式的表现。而在社团参与和表达参与两种类型之间，其表现情况差别不大。

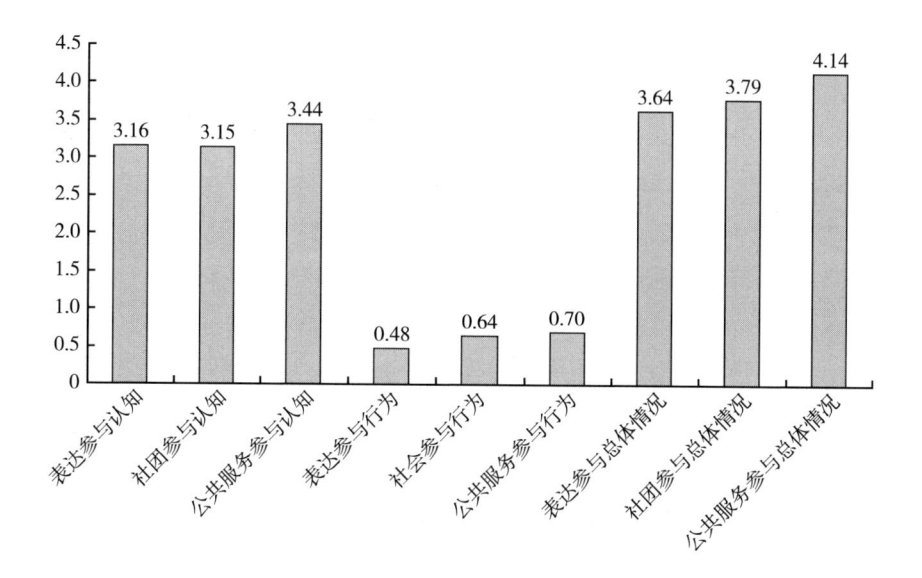

图2 三种参与类型的分解比较

如表2的相关分析结果所示，人口学变量指标与三种类型的公民参与之间具有显著的相关；具体来看，性别与表达参与认知（$r=0.05$、$p<0.01$）、表达参与行为（$r=-0.07$、$p<0.01$）、公共服务参与认知（$r=0.04$、$p<0.05$）和公共服务参与行为（$r=-0.06$、$p<0.01$）具有显著的相关；民族与表达参与行为（$r=0.04$、$p<0.05$）、社团参与认知（$r=0.03$、$p<0.05$）、公共服务参与行为（$r=0.05$、$p<0.01$）和公共服务参与总体表现（$r=0.04$、$p<0.05$）相关显著；除表达参与认知和社团参与认知外，年龄与表达参与行为（$r=-0.07$、$p<0.01$）、表达参与总体情况（$r=-0.07$、$p<0.01$）、社团参与行为（$r=-0.12$、$p<0.01$）、社团参与总体情况（$r=-0.08$、$p<0.01$）、

表 2 描述统计结果与相关分析矩阵（$N = 4261$）

	1	2	3	4	5	6	7	8	9	10	11	12	13	14	15	16	17
1	1.00																
2	-0.04*	1.00															
3	-0.08**	-0.01	1.00														
4	-0.02	-0.09**	-0.42**	1.00													
5	0.09**	0.01	0.09**	-0.38**	1.00												
6	0.01	0.09**	-0.04*	-0.36**	0.14**	1.00											
7	-0.01	-0.13**	-0.14**	0.31**	-0.15**	-0.43**	1.00										
8	-0.17**	-0.16**	-0.14**	0.39**	-0.16**	-0.32**	0.17**	1.00									
9	0.05**	-0.01	-0.02	0.11**	-0.10**	-0.02	0.04*	0.04**	1.00								
10	-0.07*	0.04*	-0.07*	0.06**	-0.10**	0.00	-0.02	0.01	-0.10**	1.00							
11	-0.01	0.02	-0.07*	0.13**	-0.15**	-0.02	0.01	0.04**	0.68**	0.66**	1.00						
12	0.02	0.03*	0.01	0.10**	-0.11**	-0.08**	0.04**	0.03	0.54**	-0.13**	0.31**	1.00					
13	-0.02	0.00	-0.12**	0.20**	-0.21**	-0.11**	0.06**	0.11**	-0.05**	0.47**	0.31**	-0.12**	1.00				
14	0.00	0.03	-0.08**	0.22**	-0.24**	-0.14**	0.08**	0.10**	0.38**	0.24**	0.68**	0.43**	0.65**	1.00			
15	0.04**	-0.01	-0.06**	0.22**	-0.15**	-0.10**	0.12**	0.13**	0.50**	-0.07**	0.33**	0.33**	0.01	0.33**	1.00		
16	-0.06**	0.05**	-0.12**	0.13**	-0.17**	-0.03*	-0.01	0.04*	0.03	0.54**	0.42**	-0.01	0.45**	0.32**	0.02	1.00	
17	-0.02	0.04**	-0.13**	0.23**	-0.23**	-0.09**	0.07**	0.11**	0.33**	0.37**	0.52**	0.25**	0.35**	0.46**	0.64**	0.79**	1.00
M	1.55	1.09	41.05	1.77	2.70	1.56	3.26	3.12	3.16	0.48	3.64	3.15	0.64	3.79	3.44	0.70	4.14
SD	0.50	0.28	14.17	0.78	0.62	0.50	1.94	1.51	0.96	0.94	1.28	0.97	0.94	1.27	0.91	1.13	1.46

注：1 表示"性别"，2 表示"民族"，3 表示"年龄"，4 表示"受教育水平"，5 表示"政治面貌"，6 表示"户籍"，7 表示"职业"，8 表示"收入水平"，9 表示"参与认知"，10 表示"表达参与认知"，11 表示"表达参与总体得分"，12 表示"公共服务参与认知"，13 表示"公共服务参与行为"，14 表示"公共服务参与总体得分"，15 表示"社团参与认知"，16 表示"社团参与行为"，17 表示"社团参与总体得分"；$p < 0.05$，** $p < 0.01$。

公共服务参与认知（$r=-0.06$、$p<0.01$）、公共服务参与行为（$r=-0.12$、$p<0.01$）和公共服务参与总体情况（$r=-0.13$、$p<0.01$）均具有显著的相关；受教育水平与表达参与认知（$r=0.11$、$p<0.01$）、表达参与行为（$r=0.06$、$p<0.01$）、表达参与总体情况（$r=0.13$、$p<0.01$）、社团参与认知（$r=0.10$、$p<0.01$）、社团参与行为（$r=0.20$、$p<0.01$）、社团参与总体情况（$r=0.22$、$p<0.01$）、公共服务参与认知（$r=0.22$、$p<0.01$）、公共服务参与行为（$r=0.13$、$p<0.01$）和公共服务参与总体情况（$r=0.23$、$p<0.01$）均表现出显著相关；政治面貌与表达参与认知（$r=-0.10$、$p<0.01$）、表达参与行为（$r=-0.10$、$p<0.01$）、表达参与总体情况（$r=-0.15$、$p<0.01$）、社团参与认知（$r=-0.11$、$p<0.01$）、社团参与行为（$r=-0.21$、$p<0.01$）、社团参与总体情况（$r=-0.24$、$p<0.01$）、公共服务参与认知（$r=-0.15$、$p<0.01$）、公共服务参与行为（$r=-0.17$、$p<0.01$）和公共服务参与总体情况（$r=-0.23$、$p<0.01$）均表现出显著相关；户籍与社团参与认知（$r=-0.08$、$p<0.01$）、社团参与行为（$r=-0.11$、$p<0.01$）、社团参与总体情况（$r=-0.14$、$p<0.01$）、公共服务参与认知（$r=-0.10$、$p<0.01$）、公共服务参与行为（$r=-0.03$、$p<0.05$）和公共服务参与总体情况（$r=-0.09$、$p<0.01$）相关显著；职业类型与表达参与认知（$r=0.04$、$p<0.05$）、社团参与认知（$r=0.04$、$p<0.01$）、社团参与行为（$r=0.06$、$p<0.01$）、社团参与总体情况（$r=0.08$、$p<0.01$）、公共服务参与认知（$r=0.12$、$p<0.01$）和公共服务参与总体情况（$r=0.07$、$p<0.01$）相关显著；收入水平与表达参与认知（$r=0.04$、$p<0.01$）、表达参与总体情况（$r=0.04$、$p<0.01$）、社团参与行为（$r=0.11$、$p<0.01$）、社团参与总体情况（$r=0.10$、$p<0.01$）、公共服务参与认知（$r=0.13$、$p<0.01$）、公共服务参与行为（$r=0.04$、$p<0.05$）和公共服务参与总体情况（$r=0.11$、$p<0.01$）均表现出显著相关。

此外，表达参与、社团参与和公共服务参与之间也表现出显著相关。具体来看，表达参与认知与表达参与行为（$r=-0.10$、$p<0.01$）、表达参与总体情况（$r=0.68$、$p<0.01$）、社团参与认知（$r=0.54$、$p<0.01$）、社团参与行为（$r=-0.05$、$p<0.01$）、社团参与总体情况（$r=0.38$、$p<0.01$）、公共服务参与认知（$r=0.50$、$p<0.01$）和公共服务参与总体情况（$r=0.33$、$p<$

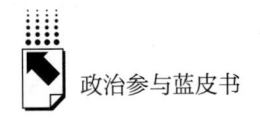

0.01）均表现出显著相关；表达参与行为与表达参与总体情况（$r=0.66$、$p<0.01$）、社团参与认知（$r=-0.13$、$p<0.01$）、社团参与行为（$r=0.47$、$p<0.01$）、社团参与总体情况（$r=0.24$、$p<0.01$）、公共服务参与认知（$r=-0.07$、$p<0.01$）、公共服务参与行为（$r=0.54$、$p<0.01$）和公共服务参与总体情况（$r=0.37$、$p<0.01$）均表现出显著相关；表达参与总体情况与社团参与认知（$r=0.31$、$p<0.01$）、社团参与行为（$r=0.31$、$p<0.01$）、社团参与总体情况（$r=0.47$、$p<0.01$）、公共服务参与认知（$r=0.33$、$p<0.01$）、公共服务参与行为（$r=0.42$、$p<0.01$）和公共服务参与总体情况（$r=0.52$、$p<0.01$）均表现出显著相关；社团参与认知与社团参与行为（$r=-0.12$、$p<0.01$）、社团参与总体情况（$r=0.68$、$p<0.01$）、公共服务参与认知（$r=0.43$、$p<0.01$）和公共服务参与总体情况（$r=0.25$、$p<0.01$）均表现出显著相关；社团参与行为与社团参与总体情况（$r=0.65$、$p<0.01$）、公共服务参与行为（$r=0.45$、$p<0.01$）和公共服务参与总体情况（$r=0.35$、$p<0.01$）均表现出显著相关；社团参与总体情况与公共服务参与认知（$r=0.33$、$p<0.01$）、公共服务参与行为（$r=0.32$、$p<0.01$）和公共服务参与总体情况（$r=0.46$、$p<0.01$）均表现出显著相关；公共服务参与认知和公共服务参与总体情况具有显著的相关（$r=0.64$、$p<0.01$）；公共服务参与行为和公共服务参与总体情况相关显著（$r=0.79$、$p<0.01$）。

（二）模型假设的预检验

首先，对模型假设的可验证性进行预检验。为此，我们以社团参与总体情况作为预测变量，以公共服务参与的总体情况作为结果变量，同时将表达参与总体情况作为中介变量和调节变量，通过四个回归分析进行检验。在控制了性别、年龄、民族、学历、政治面貌、户籍类型、职业和收入水平等人口学变量后，回归分析的结果显示（见表3）：社团参与总体情况对公共服务参与总体情况具有显著的正向预测作用（$b=0.47$、$SE=0.01$、$p<0.001$）；社团参与总体情况对表达参与总体情况具有显著的正向预测作用（$b=0.46$、$SE=0.01$、$p<0.001$）；将预测变量和中介变量同时纳入回归方程，表达参与总体情况对公共服务参与总体情况具有显著的正向预测作用（$b=0.44$、$SE=0.02$、$p<0.001$），而社团参与总体情况对公共服务参与总体情况的正向预测作用有所下

降（$b=0.26$、$SE=0.02$、$p<0.001$）；将交互项纳入回归方程，表达参与总体情况和社团参与总体情况对公共服务参与总体情况具有显著的交互效应（$b=0.04$、$SE=0.01$、$p<0.001$），表明表达参与对社团参与和公共服务参与的关系具有显著的调节作用，且 $\Delta R^2=0.003$、$F=18.75$、$p<0.001$。

表3 社团参与、表达参与对公共服务参与影响的回归分析

		公共服务参与		表达参与		公共服务参与		公共服务参与	
		b	t	b	t	b	t	b	t
性别	男	0.05	1.14	0.03	0.71	0.03	0.94	0.03	0.94
年龄		0.00	-2.76**	0.00	-0.45	0.00	-2.80**	0.00	-2.76**
民族	汉	-0.16	-2.29*	0.00	0.02	-0.16	-2.50*	-0.17	-2.67**
学历	初中及以下	-0.26	-3.63**	-0.09	-1.38	-0.22	-3.35**	-0.22	-3.41**
	高中（含高职高专）	-0.08	-1.25	-0.04	-0.74	-0.06	-1.05	-0.06	-1.08
政治面貌	共青团员	0.39	5.84***	0.16	2.74**	0.32	5.18***	0.31	5.09***
	中共党员	0.27	3.48*	0.12	1.76	0.22	3.03**	0.20	2.85**
户籍	城镇	-0.03	-0.52	-0.12	-2.83**	0.03	0.63	0.03	0.58
职业	务农人员	-0.13	-1.73	0.03	0.45	-0.14	-2.07*	-0.15	-2.27*
	私营企业主（含个体户）	-0.09	-1.18	0.13	1.79	-0.15	-2.03*	-0.16	-2.10*
	专业技术人员	-0.01	-0.11	0.08	1.01	-0.05	-0.54	-0.05	-0.60
	公务员	-0.05	-0.34	-0.07	-0.48	-0.02	-0.16	-0.03	-0.18
	务工人员	-0.23	-3.40**	0.04	0.73	-0.25	-4.00**	-0.26	-4.15***
收入	低收入	-0.07	-1.10	0.09	1.46	-0.11	-1.81	-0.11	-1.80
	中等收入	-0.14	-2.52*	-0.05	-0.90	-0.12	-2.36*	-0.12	-2.37*
社团参与		0.47	28.90***	0.46	32.18***	0.26	15.90***	0.26	15.50***
表达参与						0.44	27.64***	0.44	27.26***
交互项								0.04	4.33***
R		0.49		0.47		0.60		0.60	
R^2		0.24		0.22		0.36		0.36	
F		84.93***		76.79		139.22***		133.08***	

注：*$p<0.05$、**$p<0.01$、***$p<0.001$。

随后，采用Bootstrapping法对中介效应的稳健性进行检验，结果显示：社团参与总体情况对公共服务参与总体情况影响的直接效应为0.26，其95%置

信区间为 [0.23, 0.30]；表达参与总体情况在社团参与总体情况对公共服务参与总体情况的影响中起中介作用，中介效应为 0.20，其 95% 置信区间为 [0.18, 0.23]，中介效应占总效应的 43.48%。最后，将表达参与总体情况划分为高分组和低分组（M±1SD），对交互效应进行简单斜率检验，结果显示（见图3）：在表达参与总体情况低分组，社团参与总体情况对公共服务参与总体情况具有显著的正向影响（$b_{simple} = 0.21$、$SE = 0.02$、$t = 9.92$、$p < 0.001$）；同样，在表达参与总体情况高分组，社团参与总体情况对公共服务参与总体情况也具有显著的正向影响（$b_{simple} = 0.31$、$SE = 0.02$、$t = 15.88$、$p < 0.001$）。

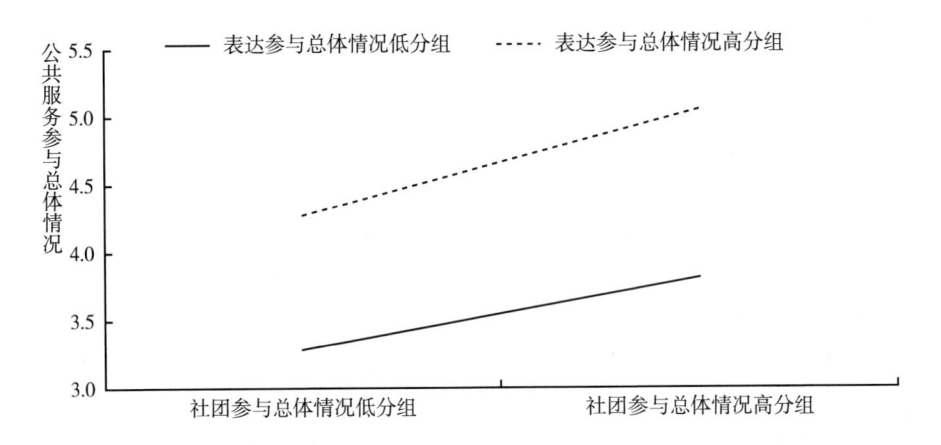

图3　表达参与与社团参与总体情况的交互效应

（三）模型检验结果与分析

1. "社团参与认知—表达参与认知—公共服务参与认知"模型

为了对表达参与、社团参与和公共服务参与的认知维度的模型假设进行检验，我们以社团参与认知作为预测变量，以公共服务参与认知作为结果变量，同时将表达参与认知作为中介变量和调节变量，通过四个回归分析进行检验。在控制了性别、年龄、民族、学历、政治面貌、户籍类型、职业和收入水平等人口学变量后，回归分析的结果显示（见表4）：社团参与认知对公共服务参与认知具有显著的正向预测作用（$b = 0.38$、$SE = 0.01$、$p < 0.001$）；社团参与认知对表达参与认知具有显著的正向预测作用（$b = 0.52$、$SE = 0.01$、$p <$

0.001）；将预测变量和中介变量同时纳入回归方程，表达参与认知对公共服务参与认知具有显著的正向预测作用（$b=0.35$、$SE=0.01$、$p<0.001$），而社团参与认知对公共服务参与认知的正向预测作用有所下降（$b=0.19$、$SE=0.01$、$p<0.001$）；将交互项纳入回归方程，表达参与认知和社团参与认知对公共服务参与认知的交互效应不显著（$b=-0.01$、$p>0.05$），表明表达参与认知对社团参与认知和公共服务参与认知的关系不具有显著的调节作用。

表4 社团参与认知、表达参与认知对公共服务参与认知影响的回归分析

		公共服务参与认知		表达参与认知		公共服务参与认知		公共服务参与认知	
		b	t	b	t	b	t	b	t
性别	男	-0.07	-2.95**	-0.09	-3.36**	-0.04	-1.89	-0.04	-1.89
年龄		0.00	1.53	0.00	1.16	0.00	1.20	0.00	1.21
民族	汉	-0.02	-0.41	0.07	1.62	-0.04	-1.04	-0.04	-1.05
学历	初中及以下	-0.29	-6.59***	-0.17	-3.82**	-0.23	-5.60***	-0.23	-5.57***
	高中（含高职高专）	-0.10	-2.63**	-0.11	-2.92**	-0.06	-1.71	-0.06	-1.70
政治面貌	共青团员	0.17	3.98**	0.12	2.82**	0.13	3.19**	0.13	3.25**
	中共党员	0.06	1.26	0.06	1.16	0.04	0.91	0.04	0.94
户籍	城镇	-0.04	-1.43	-0.09	-3.02**	-0.01	-0.40	-0.01	-0.34
职业	务农人员	-0.21	-4.47***	-0.02	-0.33	-0.20	-4.65***	-0.20	-4.64***
	私营企业主（含个体户）	-0.11	-2.14*	0.01	0.21	-0.11	-2.37*	-0.11	-2.40*
	专业技术人员	-0.09	-1.57	-0.06	-1.05	-0.07	-1.29	-0.07	-1.28
	公务员	-0.24	-2.47*	-0.15	-1.58	-0.19	-2.04*	-0.18	-2.03*
	务工人员	-0.13	-2.97**	0.01	0.27	-0.13	-3.27**	-0.13	-3.30**
收入	低收入	-0.13	-3.06**	-0.03	-0.62	-0.12	-3.03**	-0.12	-3.07**
	中等收入	-0.07	-2.95**	-0.03	-0.76	-0.10	-2.88**	-0.10	-2.89**
社团参与认知		0.38	29.46***	0.52	40.97***	0.19	13.68***	0.19	13.58***
表达参与认知						0.35	24.30***	0.34	23.71***
交互项								-0.01	-1.15
R		0.47		0.55		0.57		0.57	
R^2		0.23		0.30		0.32		0.32	
F		77.07***		114.53***		117.36***		110.92***	

注：* $p<0.05$、** $p<0.01$、*** $p<0.001$。

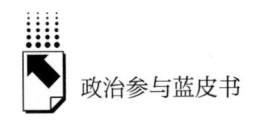

随后，采用 Bootstrapping 法对中介效应的稳健性进行检验，结果显示：社团参与认知对公共服务参与认知影响的直接效应为 0.19，其 95% 置信区间为 [0.17, 0.22]；表达参与认知在社团参与认知对公共服务参与认知的影响中起中介作用，中介效应为 0.18，其 95% 置信区间为 [0.17, 0.20]，中介效应占总效应的 48.65%。

2. "社团参与认知—表达参与认知—公共服务参与行为"模型

为了对表达参与、社团参与的认知维度和公共服务参与的行为维度所构建的模型假设进行检验，我们以社团参与认知为预测变量，以公共服务参与行为作为结果变量，同时将表达参与认知作为中介变量和调节变量，通过四个回归分析进行检验。在控制了性别、年龄、民族、学历、政治面貌、户籍类型、职业和收入水平等人口学变量后，回归分析的结果显示（见表5）：社团参与认知对公共服务参与行为的负向预测作用显著（$b = -0.04$、$SE = 0.02$、$p < 0.05$），社团参与认知对表达参与认知具有显著的正向预测作用（$b = 0.53$、$SE = 0.01$、$p < 0.001$）；将预测变量和中介变量同时纳入回归方程，表达参与认知对公共服务参与行为具有显著的正向预测作用（$b = 0.05$、$SE = 0.02$、$p < 0.05$），而社团参与认知对公共服务参与行为具有显著的负向预测作用（$b = -0.07$、$SE = 0.02$、$p < 0.01$）；将交互项纳入回归方程，表达参与认知和社团参与认知对公共服务参与行为具有显著的交互效应（$b = 0.14$、$SE = 0.02$、$p < 0.001$），表明表达参与认知对社团参与认知和公共服务参与行为的关系具有显著的调节作用，且 $\Delta R^2 = 0.02$、$F = 72.32$、$p < 0.001$。

表5 社团参与认知、表达参与认知对公共服务参与行为影响的回归分析

		公共服务参与行为		表达参与认知		公共服务参与行为		公共服务参与行为	
		b	t	b	t	b	t	b	t
性别	男	0.12	3.42**	-0.09	-3.36**	0.12	3.54**	0.12	3.56**
年龄		-0.01	-5.75***	0.00	1.16	-0.01	-5.79***	-0.01	-5.88***
民族	汉	-0.18	-3.04**	0.07	1.62	-0.19	-3.10**	-0.18	-3.06**
学历	初中及以下	-0.06	-0.95	-0.17	-3.82**	-0.05	-0.81	-0.06	-1.05
	高中（含高职高专）	-0.03	-0.53	-0.11	-2.92**	-0.02	-0.43	-0.03	-0.54

续表

		公共服务参与行为		表达参与认知		公共服务参与行为		公共服务参与行为	
		b	t	b	t	b	t	b	t
政治面貌	共青团员	0.36	6.31***	0.12	2.82**	0.36	6.21***	0.33	5.76***
	中共党员	0.44	6.63***	0.06	1.16	0.43	6.59***	0.42	6.47***
户籍	城镇	0.08	1.86	-0.09	-3.02**	0.08	1.96*	0.07	1.58
职业	务农人员	0.06	0.90	-0.02	-0.33	0.06	0.92	0.05	0.85
	私营企业主(含个体户)	0.00	0.04	0.01	0.21	0.00	0.03	0.02	0.30
	专业技术人员	0.13	1.67	-0.06	-1.05	0.13	1.71	0.13	1.70
	公务员	0.25	1.89	-0.15	-1.58	0.26	1.95	0.24	1.84
	务工人员	-0.16	-2.79**	0.01	0.27	-0.17	-2.80**	-0.15	-2.61**
收入	低收入	0.02	0.34	-0.03	-0.62	0.02	0.36	0.04	0.66
	中等收入	0.12	3.42**	-0.03	-0.76	-0.08	-1.69	-0.08	-1.67
社团参与认知		-0.04	-2.38*	0.53	40.97***	-0.07	-3.23**	-0.06	-2.73**
表达参与认知						0.05	2.29*	0.08	3.78**
交互项								0.14	8.50***
R		0.25		0.55		0.25		0.28	
R^2		0.06		0.30		0.06		0.08	
F		17.27***		114.53***		16.58***		19.94***	

注：* $p<0.05$、** $p<0.01$、*** $p<0.001$。

在加入中介变量后，社团参与认知对公共服务参与行为的预测作用略有提升，也就是说，间接效应和直接效应的正负方向是不同的，研究所假设的中介变量在预测变量与结果变量的关系中可能发挥着掩蔽效应而非中介效应。① 对表达参与认知的掩蔽效应采用 Bootstrapping 法进行检验，结果显示：社团参与认知对公共服务参与行为影响的直接效应为 -0.07，其95%置信区间为 [-0.11，-0.03]；表达参与认知在社团参与认知对公共服务参与行为的影响中具有遮掩作用，间接效应为 0.03，其95%置信区间为 [-0.01，0.05]。最后，将表达参与认知划分为高分组和低分组（M±1SD），对交互效应进行简单斜率检验，结果显示（见图4）：在表达参与认知低分组，社团参与认知

---

① 温忠麟、叶宝娟：《中介效应分析：方法和模型发展》，《心理科学进展》2014年第5期。

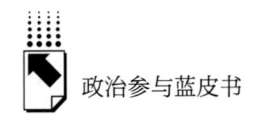

对公共服务参与行为具有显著的负向影响（$b_{simple} = -0.19$、$SE = 0.03$、$t = -7.63$、$p < 0.001$）；而在表达参与认知高分组，社团参与认知对公共服务参与行为具有显著的正向影响（$b_{simple} = 0.08$、$SE = 0.03$、$t = 3.02$、$p < 0.01$）。

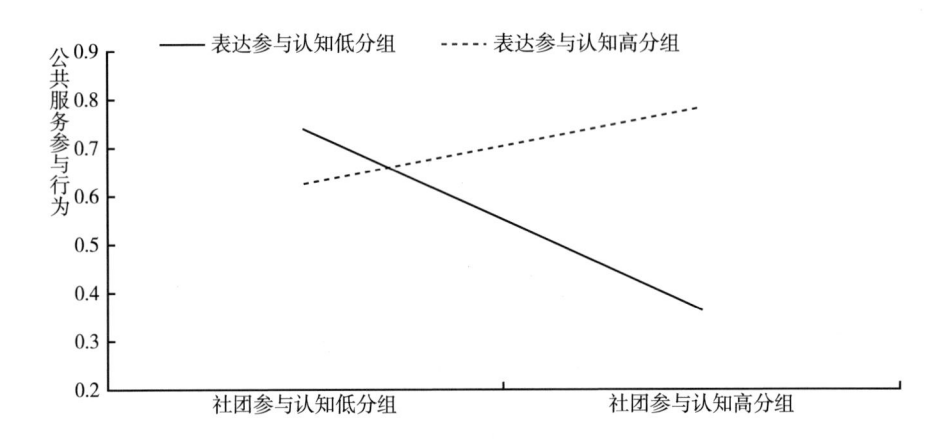

图4　表达参与认知与社团参与认知的交互效应

3. "社团参与认知—表达参与行为—公共服务参与认知"模型

为了对社团参与认知、表达参与行为和公共服务参与认知所构成的模型假设进行检验，我们以社团参与认知为预测变量，以公共服务参与认知为结果变量，同时将表达参与行为作为中介变量和调节变量，通过四个回归分析进行检验。在控制了性别、年龄、民族、学历、政治面貌、户籍类型、职业和收入水平等人口学变量后，回归分析的结果显示（见表6）：社团参与认知对公共服务参与认知具有显著的正向预测作用（$b = 0.38$、$SE = 0.01$、$p < 0.001$）；社团参与认知对表达参与行为具有显著的负向预测作用（$b = -0.14$、$SE = 0.01$、$p < 0.001$）；将预测变量和中介变量同时纳入回归方程，表达参与行为对公共服务参与认知的负向预测作用显著（$b = -0.03$、$SE = 0.01$、$p < 0.05$），而社团参与认知对公共服务参与认知具有显著的正向预测作用（$b = 0.37$、$SE = 0.01$、$p < 0.001$）；将交互项纳入回归方程，社团参与认知和表达参与行为对公共服务参与认知具有显著的交互效应（$b = 0.05$、$SE = 0.01$、$p < 0.001$），表明表达参与行为对社团参与认知和公共服务参与认知的关系具有显著的调节作用，且 $\Delta R^2 = 0.004$、$F = 20.58$、$p < 0.001$。

表6 社团参与认知、表达参与行为对公共服务参与认知影响的回归分析

		公共服务参与认知		表达参与行为		公共服务参与认知		公共服务参与认知	
		b	t	b	t	b	t	b	t
性别	男	-0.07	-2.95**	0.11	3.90**	-0.07	-2.82**	-0.08	-3.01
年龄		0.00	1.53	0.00	-3.45**	0.00	1.41	0.00	1.44
民族	汉	-0.02	-0.41	-0.10	-2.00*	-0.02	-0.47	-0.03	-0.75
学历	初中及以下	-0.29	-6.59***	0.00	0.06	-0.29	-6.59**	-0.29	-6.58
	高中(含高职高专)	-0.10	-2.63**	0.03	0.63	-0.10	-2.61**	-0.10	-2.59
政治面貌	共青团员	0.17	3.98**	0.16	3.37**	0.17	4.08***	0.17	4.00
	中共党员	0.06	1.26	0.28	5.02***	0.07	1.43	0.06	1.22
户籍	城镇	-0.04	-1.43	0.02	0.70	-0.04	-1.41	-0.04	-1.42
职业	务农人员	-0.21	-4.47***	0.02	0.37	-0.21	-4.46***	-0.22	-4.70
	私营企业主(含个体户)	-0.11	-2.14*	0.10	1.79	-0.11	-2.08*	-0.12	-2.32
	专业技术人员	-0.09	-1.57	0.19	2.85**	-0.09	-1.48	-0.10	-1.67
	公务员	-0.24	-2.47*	0.15	1.32	-0.24	-2.42*	-0.25	-2.54
	务工人员	-0.13	-2.97**	-0.03	-0.62	-0.13	-2.99**	-0.14	-3.27
收入	低收入	-0.13	-3.06**	0.08	1.65	-0.13	-3.00**	-0.13	-3.15
	中等收入	-0.11	-2.97**	-0.06	-1.45	-0.11	-3.02**	-0.11	-3.03
社团参与认知		0.38	29.46***	-0.14	-9.60***	0.37	28.85***	0.37	28.30***
表达参与行为						-0.03	-2.17*	-0.01	-0.57
交互项								0.05	4.54***
R		0.47		0.22		0.48		0.48	
R^2		0.23		0.05		0.23		0.23	
F		77.07***		13.34***		72.88***		70.29***	

注：* $p<0.05$、** $p<0.01$、*** $p<0.001$。

随后，采用Bootstrapping法对中介效应的稳健性进行检验，结果显示：社团参与认知对公共服务参与认知影响的直接效应为0.37，其95%置信区间为[0.35，0.40]；表达参与行为在社团参与认知对公共服务参与认知的影响中起中介作用，中介效应为0.004，其95%置信区间为[0.001，0.009]，中介效应占总效应的1.05%，Sobel检验 $Z=2.10$，$p<0.05$，表达参与行为的中介作用显著。随后，将表达参与行为划分为高分组和低分组（M±1SD），对交

互效应进行简单斜率检验，结果显示（见图5）：在表达参与行为低分组，社团参与认知对公共服务参与认知具有显著的正向影响（b_{simple} = 0.34、SE = 0.01、t = 23.16、p < 0.001）；同样，在表达参与行为高分组，社团参与认知对公共服务参与认知也具有显著的正向影响（b_{simple} = 0.42、SE = 0.02、t = 25.61、p < 0.001）。

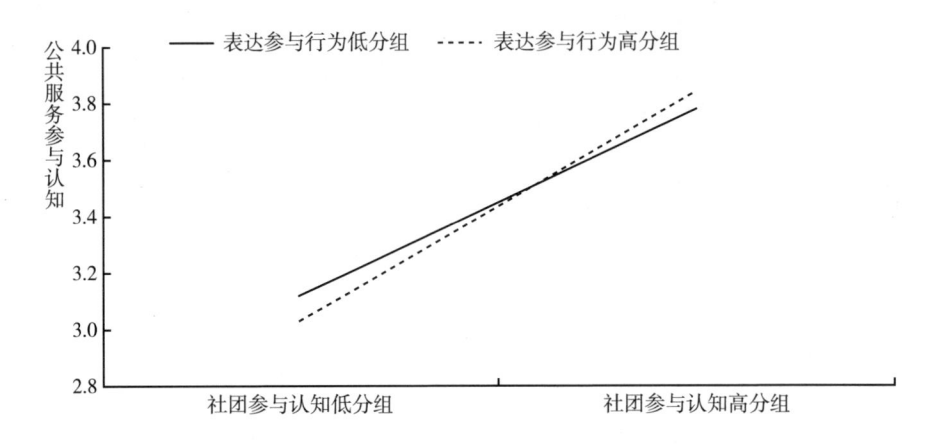

图5 表达参与行为与社团参与认知的交互效应

4."社团参与认知—表达参与行为—公共服务参与行为"模型

为了对表达参与行为、社团参与认知和公共服务参与行为所构成的模型假设进行检验，我们以社团参与认知作为预测变量，以公共服务参与行为作为结果变量，同时将表达参与行为作为中介变量和调节变量，通过四个回归分析进行检验。在控制了性别、年龄、民族、学历、政治面貌、户籍类型、职业和收入水平等人口学变量后，回归分析的结果显示（见表7）：社团参与认知对公共服务参与行为的负向预测作用显著（b = -0.04、SE = 0.02、p < 0.05）；社团参与认知对表达参与行为具有显著的负向预测作用（b = -0.14、SE = 0.01、p < 0.001）；将预测变量和中介变量同时纳入回归方程，表达参与行为对公共服务参与行为的正向预测作用显著（b = 0.62、SE = 0.02、p < 0.001），而社团参与认知对公共服务参与行为具有显著的正向预测作用（b = 0.05、SE = 0.02、p < 0.01）；将交互项纳入回归方程，社团参与认知和表达参与行为对公共服务参与行为的交互效应不显著（b = 0.02、SE = 0.01、p > 0.05），表明表达参与行为对社团参与认知和公共服务参与行为的关系不具有显著的调节作用。

表7 社团参与认知、表达参与行为对公共服务参与行为影响的回归分析

		公共服务参与行为		表达参与行为		公共服务参与行为		公共服务参与行为	
		b	t	b	t	b	t	b	t
性别	男	0.12	3.42**	0.11	3.90**	0.05	1.62	0.05	1.56
年龄		-0.01	-5.75***	0.00	-3.45**	-0.01	-4.62***	-0.01	-4.61
民族	汉	-0.18	-3.04**	-0.10	-2.00	-0.12	-2.34*	-0.13	-2.43
学历	初中及以下	-0.06	-0.95	0.00	0.06	-0.06	-1.15	-0.06	-1.14
	高中(含高职高专)	-0.03	-0.53	0.03	0.63	-0.05	-1.01	-0.05	-1.00
政治面貌	共青团员	0.36	6.31***	0.16	3.37**	0.26	5.33***	0.26	5.30
	中共党员	0.44	6.63***	0.28	5.02***	0.26	4.68***	0.26	4.60
户籍	城镇	0.08	1.86	0.02	0.70	0.06	1.75	0.06	1.75
职业	务农人员	0.06	0.90	0.02	0.37	0.04	0.83	0.04	0.75
	私营企业主(含个体户)	0.00	0.04	0.10	1.79	-0.06	-1.05	-0.07	-1.13
	专业技术人员	0.13	1.67	0.19	2.85**	0.01	0.21	0.01	0.15
	公务员	0.25	1.89	0.15	1.32	0.16	1.41	0.16	1.37
	务工人员	-0.16	-2.79**	-0.03	-0.62	-0.15	-2.90**	-0.15	-2.99
收入	低收入	0.02	0.34		1.65	-0.03	-0.61	-0.03	-0.66
	中等收入	-0.08	-1.71	-0.06	-1.45	-0.05	-1.12	-0.05	-1.12
社团参与认知		-0.04	-2.38*	-0.14	-9.60***	0.05	3.07**	0.04	2.90**
表达参与行为						0.62	40.00***	0.63	38.30***
交互项								0.02	1.54
R		0.25		0.22		0.56		0.56	
R^2		0.06		0.05		0.32		0.32	
F		17.27***		13.34***		116.48***		110.18***	

注：* $p<0.05$、** $p<0.01$、*** $p<0.001$。

在加入中介变量后，社团参与认知对公共服务参与行为的预测作用提升，也就是说，间接效应和直接效应的正负方向是不同的，研究所假设的中介变量在预测变量与结果变量的关系中可能发挥着掩蔽效应而非中介效应。对表达参与行为的掩蔽效应进行检验，结果显示：社团参与认知对公共服务参与行为影响的直接效应为0.05，其95%置信区间为[0.02，0.08]；表达参与行为在社

团参与认知对公共服务参与行为的影响中具有遮掩作用，间接效应为-0.09，其95%置信区间为[-0.11，-0.07]。

5. "社团参与行为—表达参与认知—公共服务参与认知"模型

为了对社团参与行为和表达参与、公共服务参与的认知维度的模型假设进行检验，我们以社团参与行为作为预测变量，以公共服务参与认知作为结果变量，同时将表达参与认知作为中介变量和调节变量，通过四个回归分析进行检验。在控制了性别、年龄、民族、学历、政治面貌、户籍类型、职业和收入水平等人口学变量后，回归分析的结果显示（见表8）：社团参与行为对公共服务参与认知具有显著的负向预测作用（$b=-0.05$、$SE=0.01$、$p<0.01$）；社团参与行为对表达参与认知具有显著的负向预测作用（$b=-0.08$、$SE=0.02$、$p<0.001$）；将预测变量和中介变量同时纳入回归方程，表达参与认知对公共服务参与认知具有显著的正向预测作用（$b=0.45$、$SE=0.01$、$p<0.001$），而社团参与行为对公共服务参与认知的预测作用不再显著（$b=-0.01$、$SE=0.01$、$p>0.05$）；将交互项纳入回归方程，社团参与行为和表达参与认知对公共服务参与认知的交互效应不显著（$b=0.02$、$SE=0.01$、$p>0.05$），表明表达参与认知对社团参与行为和公共服务参与认知的关系不具有调节作用。

表8 社团参与行为、表达参与认知对公共服务参与认知影响的回归分析

		公共服务参与认知		表达参与认知		公共服务参与认知		公共服务参与认知	
		b	t	b	t	b	t	b	t
性别	男	-0.10	-3.77**	-0.13	-4.23***	-0.05	-1.95	0.05	1.56
年龄		0.00	2.75**	0.00	2.67**	0.00	1.66	-0.01	-4.61***
民族	汉	-0.08	-1.65	-0.01	-0.28	-0.07	-1.73	-0.13	-2.43*
学历	初中及以下	-0.37	-7.53***	-0.28	-5.24***	-0.24	-5.68***	-0.06	-1.14
	高中（含高职高专）	-0.15	-3.49**	-0.18	-3.91**	-0.07	-1.81	-0.05	-1.00
政治面貌	共青团员	0.28	6.03***	0.28	5.57***	0.15	3.79**	0.26	5.30***
	中共党员	0.15	2.89**	0.19	3.34**	0.07	1.44	0.26	4.60***
户籍	城镇	-0.01	-0.21	-0.04	-1.11	0.01	0.38	0.06	1.75

续表

		公共服务参与认知		表达参与认知		公共服务参与认知		公共服务参与认知	
		b	t	b	t	b	t	b	t
职业	务农人员	-0.18	-3.64**	0.01	0.27	-0.19	-4.32***	0.04	0.75
	私营企业主（含个体户）	-0.10	-1.72	0.03	0.48	-0.11	-2.23*	-0.07	-1.13
	专业技术人员	-0.06	-0.94	-0.02	-0.24	-0.05	-0.95	0.01	0.15
	公务员	-0.20	-1.89	-0.10	-0.86	-0.16	-1.68	0.16	1.37
	务工人员	-0.10	-2.08*	0.05	0.99	-0.12	-2.94**	-0.15	-2.99**
收入	低收入	-0.14	-3.06**	-0.05	-0.90	-0.12	-3.00**	-0.03	-0.66
	中等收入	-0.13	-3.33**	-0.06	-1.48	-0.10	-2.99**	-0.05	-1.12
社团参与行为		-0.05	-3.25**	-0.08	-5.08***	-0.01	-0.89	0.04	2.90**
表达参与认知						0.45	36.34***	0.63	38.30***
交互项								0.02	1.54
R		0.26		0.18		0.54		0.56	
R^2		0.07		0.03		0.29		0.32	
F		19.65***		8.56***		101.92***		110.18***	

注：$^{*}p<0.05$、$^{**}p<0.01$、$^{***}p<0.001$。

随后，采用 Bootstrapping 法对中介效应的稳健性进行检验，结果显示：社团参与行为对公共服务参与认知影响的直接效应为 -0.01，其95%置信区间为 [-0.04, 0.01]；表达参与认知在社团参与行为对公共服务参与认知的影响中起中介作用，中介效应为 -0.04，其95%置信区间为 [-0.05, -0.02]，中介效应占总效应的 80.00%。

6. "社团参与行为—表达参与认知—公共服务参与行为"模型

对所构建的由社团参与行为、表达参与认知和公共服务参与行为组成的模型假设进行检验，我们以社团参与行为作为预测变量，以公共服务参与行为作为结果变量，同时将表达参与认知作为中介变量和调节变量，通过四个回归分析进行检验。在控制了性别、年龄、民族、学历、政治面貌、户籍类型、职业和收入水平等人口学变量后，回归分析的结果显示（见表9）：社团参与行为对公共服务参与行为具有显著的正向预测作用（$b=0.51$、$SE=0.02$、$p<0.001$）；社团参与行为对表达参与认知具有显著的负向预测作用（$b=-0.08$、$SE=0.02$、$p<$

0.001）；将预测变量和中介变量同时纳入回归方程，表达参与认知对公共服务参与行为具有显著的正向预测作用（$b=0.05$、$SE=0.02$、$p<0.01$），同时社团参与行为对公共服务参与行为的预测作用依然显著（$b=0.52$、$SE=0.02$、$p<0.001$）；将交互项纳入回归方程，社团参与行为和表达参与认知对公共服务参与行为的交互效应不显著（$b=0.03$、$SE=0.02$、$p>0.05$），表明表达参与认知对社团参与行为和公共服务参与行为的关系不具有显著的调节作用。

表9 社团参与行为、表达参与认知对公共服务参与行为影响的回归分析

		公共服务参与行为		表达参与认知		公共服务参与行为		公共服务参与行为	
		b	t	b	t	b	t	b	t
性别	男	0.11	3.59**	-0.13	-4.23***	0.12	3.79**	0.12	3.84***
年龄		-0.01	-4.22***	0.00	2.67**	-0.01	-4.35***	-0.01	-4.39***
民族	汉	-0.16	-2.85**	-0.01	-0.28	-0.16	-2.84**	-0.16	-2.85**
学历	初中及以下	0.03	0.46	-0.28	-5.24***	0.04	0.71	0.04	0.75
	高中（含高职高专）	0.02	0.37	-0.18	-3.91**	0.03	0.55	0.03	0.55
政治面貌	共青团员	0.24	4.63***	0.28	5.57***	0.23	4.35***	0.22	4.20***
	中共党员	0.21	3.43**	0.19	3.34**	0.20	3.27**	0.19	3.21**
户籍	城镇	0.02	0.56	-0.04	-1.11	0.02	0.61	0.02	0.54
职业	务农人员	0.09	1.53	0.01	0.27	0.09	1.52	0.08	1.41
	私营企业主（含个体户）	0.02	0.30	0.03	0.48	0.02	0.27	0.01	0.23
	专业技术人员	0.08	1.17	-0.02	-0.24	0.08	1.18	0.08	1.13
	公务员	0.19	1.58	-0.10	-0.86	0.20	1.62	0.20	1.63
	务工人员	-0.09	-1.68	0.05	0.99	-0.09	-1.73	-0.10	-1.82
收入	低收入	0.06	1.11	-0.05	-0.90	0.06	1.11	0.06	1.09
	中等收入	-0.04	-0.88	-0.06	-1.48	-0.04	-0.81	-0.04	-0.81
社团参与行为		0.51	30.27***	-0.08	-5.08***	0.52	30.45***	0.52	30.32***
表达参与认知						0.05	3.10**	0.05	2.78**
交互项								0.03	1.85
R		0.48		0.18		0.48		0.48	
R^2		0.23		0.03		0.23		0.23	
F		77.81***		8.58***		73.95***		70.07***	

注：* $p<0.05$、** $p<0.01$、*** $p<0.001$。

在加入中介变量后,表达参与认知对公共服务参与行为的预测作用略有提升,也就是说,间接效应和直接效应的正负方向是不同的,研究所假设的中介变量在预测变量与结果变量的关系中可能发挥着掩蔽效应而非中介效应。对表达参与认知的掩蔽效应进行检验,结果显示:社团参与行为对公共服务参与行为影响的直接效应为0.52,其95%置信区间为[0.48,0.55];表达参与认知在社团参与行为对公共服务参与行为的影响中具有遮掩作用,间接效应为-0.004,其95%置信区间为[-0.009,-0.001]。

7. "社团参与行为—表达参与行为—公共服务参与认知"模型

对表达参与行为、社团参与行为和公共服务参与认知所构建的模型假设进行检验,我们以社团参与行为作为预测变量,以公共服务参与认知作为结果变量,同时将表达参与行为作为中介变量和调节变量,通过四个回归分析进行检验。在控制了性别、年龄、民族、学历、政治面貌、户籍类型、职业和收入水平等人口学变量后,回归分析的结果显示(见表10):社团参与行为对公共服务参与认知具有显著的负向预测作用($b=-0.05$、$SE=0.01$、$p<0.01$);社团参与行为对表达参与行为具有显著的正向预测作用($b=0.47$、$SE=0.01$、$p<0.001$);将预测变量和中介变量同时纳入回归方程,表达参与行为对公共服务参与认知的负向预测作用显著($b=-0.08$、$SE=0.02$、$p<0.001$),而社团参与行为对公共服务参与认知的负向预测作用不显著($b=-0.01$、$p>0.05$);将交互项纳入回归方程,表达参与行为和社团参与行为对公共服务参与认知的交互效应显著($b=-0.04$、$SE=0.01$、$p<0.01$),表明表达参与行为对社团参与行为和公共服务参与认知的关系具有显著的调节作用,且$\Delta R^2=0.002$、$F=8.95$、$p<0.01$。

表10 社团参与行为、表达参与行为对公共服务参与认知影响的回归分析

		公共服务参与认知		表达参与行为		公共服务参与认知		公共服务参与认知	
		b	t	b	t	b	t	b	t
性别	男	-0.10	-3.77**	0.12	4.45***	-0.09	-3.43**	-0.10	-3.53**
年龄		0.00	2.75**	0.00	-1.96*	0.00	2.61**	0.00	2.57**
民族	汉	-0.08	-1.65	-0.06	-1.32	-0.08	-1.75	-0.08	-1.70
学历	初中及以下	-0.37	-7.53***	0.10	2.14*	-0.36	-7.38***	-0.36	-7.37***
	高中(含高职高专)	-0.15	-3.49**	0.08	2.05*	-0.14	-3.34**	-0.14	-3.37**

续表

		公共服务参与认知		表达参与行为		公共服务参与认知		公共服务参与认知	
		b	t	b	t	b	t	b	t
政治面貌	共青团员	0.28	6.03***	0.02	0.53	0.28	6.09***	0.27	5.84***
	中共党员	0.15	2.89**	0.05	0.91	0.16	2.96**	0.15	2.92**
户籍	城镇	-0.01	-0.21	-0.04	-1.15	-0.01	-0.30	-0.02	-0.47
职业	务农人员	-0.18	-3.64**	0.04	0.86	-0.18	-3.58**	-0.18	-3.65
	私营企业主（含个体户）	-0.10	-1.72	0.11	2.19*	-0.09	-1.56	-0.09	-1.61
	专业技术人员	-0.06	-0.94	0.14	2.30*	-0.05	-0.77	-0.06	-0.90
	公务员	-0.20	-1.89	0.08	0.81	-0.19	-1.83	-0.20	-1.91
	务工人员	-0.10	-2.08*	0.03	0.64	-0.10	-2.04*	-0.10	-2.07*
收入	低收入	-0.14	-3.06**	0.12	2.66**	-0.13	-2.86**	-0.14	-2.91**
	中等收入	-0.13	-3.33**	-0.01	-0.35	-0.13	-3.37**	-0.13	-3.35**
社团参与行为		-0.05	-3.25**	0.47	33.63***	-0.01	-0.62	0.00	0.23
表达参与行为						-0.08	-4.95***	-0.06	-3.14**
交互项								-0.04	-2.99**
R		0.26		0.48		0.27		0.28	
R^2		0.07		0.23		0.07		0.08	
F		19.65***		80.10***		20.03***		19.45***	

注：* $p < 0.05$、** $p < 0.01$、*** $p < 0.001$。

随后，采用 Bootstrapping 法对中介效应的稳健性进行检验，结果显示：社团参与行为对公共服务参与认知影响的直接效应为 -0.01，其 95% 置信区间为 [-0.04，0.02]；表达参与行为在社团参与行为对公共服务参与认知的影响中起中介作用，中介效应为 -0.04，其 95% 置信区间为 [-0.04，-0.02]，中介效应占总效应的 80.00%。随后，将表达参与行为划分为高分组和低分组（$M \pm SD$），对交互效应进行简单斜率检验，结果显示（见图6）：在表达参与行为低分组，社团参与行为对公共服务参与认知的预测作用不显著（$b_{simple} = 0.02$、$SE = 0.02$、$t = 1.06$、$p = 0.29 > 0.05$）；而在表达参与行为高分组，社团参与行为对公共服务参与认知具有显著的负向预测影响（$b_{simple} = -0.03$、$SE = 0.02$、$t = -2.04$、$p < 0.05$）。

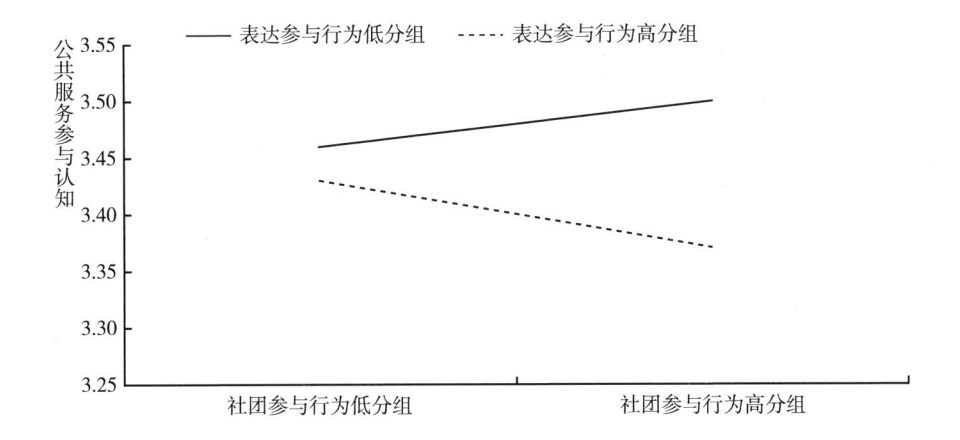

图6 表达参与行为与社团参与行为的交互效应

8. "社团参与行为—表达参与行为—公共服务参与行为"模型

根据表达参与行为、社团参与行为和公共服务参与行为进行模型构建并对相关假设进行检验,我们以社团参与行为作为预测变量,以公共服务参与行为作为结果变量,同时将表达参与行为作为中介变量和调节变量,通过四个回归分析进行检验。在控制了性别、年龄、民族、学历、政治面貌、户籍类型、职业和收入水平等人口学变量后,回归分析的结果显示(见表11):社团参与行为对公共服务参与行为具有显著的正向预测作用($b=0.51$、$SE=0.02$、$p<0.001$);社团参与行为对表达参与行为具有显著的正向预测作用($b=0.47$、$SE=0.01$、$p<0.001$);将预测变量和中介变量同时纳入回归方程,表达参与行为对公共服务参与行为的正向预测作用显著($b=0.49$、$SE=0.02$、$p<0.001$),同时社团参与行为对公共服务参与行为的正向预测作用显著($b=0.28$、$SE=0.02$、$p<0.001$);将交互项纳入回归方程,表达参与行为和社团参与行为对公共服务参与行为的交互效应显著($b=-0.02$、$SE=0.01$、$p<0.05$),表明表达参与行为对社团参与行为和公共服务参与行为的关系具有显著的调节作用,且$\Delta R^2=0.001$、$F=3.98$、$p<0.05$。

随后,采用Bootstrapping法对中介效应的稳健性进行检验,结果显示:社团参与行为对公共服务参与行为影响的直接效应为0.28,其95%置信区间为[0.25,0.31];表达参与行为在社团参与行为对公共服务参与行为的影响中起

表11 社团参与行为、表达参与行为对公共服务参与行为影响的回归分析

		公共服务参与行为		表达参与行为		公共服务参与行为		公共服务参与行为	
		b	t	b	t	b	t	b	t
性别	男	0.51	3.59**	0.12	4.45***	0.06	1.93	0.05	1.87
年龄		0.11	-4.22***	0.00	-1.96	0.00	-3.75**	0.00	-3.77
民族	汉	-0.01	-2.85**	-0.06	-1.32	-0.13	-2.54*	-0.13	-2.50
学历	初中及以下	-0.16	0.46	0.10	2.14*	-0.02	-0.45	-0.02	-0.44
	高中(含高职高专)	0.03	0.37	0.08	2.05*	-0.02	-0.52	-0.02	-0.53
政治面貌	共青团员	0.02	4.63***	0.02	0.53	0.23	4.83***	0.22	4.66
	中共党员	0.24	3.43**	0.05	0.91	0.18	3.35**	0.18	3.32
户籍	城镇	0.21	0.56	-0.04	-1.15	0.04	1.12	0.04	1.01
职业	务农人员	0.02	1.53	0.04	0.86	0.07	1.29	0.07	1.25
	私营企业主(含个体户)	0.09	0.30	0.11	2.19*	-0.04	-0.66	-0.04	-0.69
	专业技术人员	0.02	1.17	0.14	2.30*	0.02	0.25	0.01	0.16
	公务员	0.08	1.58	0.08	0.81	0.15	1.37	0.14	1.31
	务工人员	0.19	-1.68	0.03	0.64	-0.10	-2.13*	-0.10	-2.14
收入	低收入	-0.09	1.06	0.12	2.66**	0.00	-0.03	0.00	-0.06
	中等收入	0.06	-0.88	-0.01	-0.35	-0.03	-0.81	-0.03	-0.79
社团参与行为		0.51	30.27***	0.47	33.63***	0.28	16.09***	0.29	16.02***
表达参与行为						0.49	29.17***	0.51	27.10***
交互项								-0.02	-2.00*
R		0.48		0.48		0.60		0.60	
R^2		0.23		0.23		0.36		0.36	
F		77.81***		80.10***		137.94***		130.59***	

注：* $p<0.05$、** $p<0.01$、*** $p<0.001$。

中介作用，中介效应为0.23，其95％置信区间为[0.20，0.26]，中介效应占总效应的45.10％。最后，将表达参与行为划分为高分组和低分组（M±1SD），对交互效应进行简单斜率检验，结果显示（见图7）：在表达参与行为低分组，社团参与行为对公共服务参与行为具有显著的正向影响（b_{simple} = 0.30、$SE=0.02$、$t=14.69$、$p<0.001$）；同样，在表达参与行为高分组，社团参与行为对公共服务参与行为具有显著的正向影响（b_{simple} = 0.27、$SE=0.02$、$t=14.32$、$p<0.001$）。

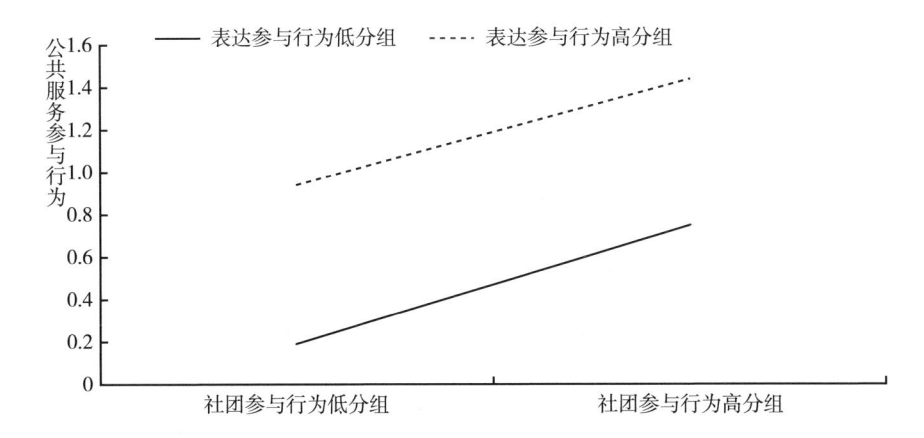

```
公 1.6
共      ——— 表达参与行为低分组    ----- 表达参与行为高分组
服 1.4
务
参 1.2
与
行 1.0
为
   0.8
   0.6
   0.4
   0.2
    0
         社团参与行为低分组                        社团参与行为高分组
```

图7　表达参与行为与社团参与行为的交互效应

四　讨论与总结

从本报告的研究结果来看，社团参与、表达参与和公共服务参与三者之间确实存在一定的相互影响关系，并在总体上显现出如下结果：在社团参与对公共服务参与的正向影响关系中，表达参与不仅具有显著的中介效应，同时还表现出明显的调节作用。基于认知与行为两个分析维度展开的全模型检验发现（见表12）：对于社团参与而言，其对公共服务参与认知的影响主要是通过表达参与（认知与行为）发挥作用的；而社团参与对公共服务参与（认知与行为）的影响，则主要受到表达参与行为的调节作用。下面，我们将对本报告所呈现的研究结果进行具体的分析与解释。

表12　模型假设检验结果汇总

预测变量	中介/调节变量		结果变量	
			公共服务参与认知	公共服务参与行为
社团参与认知	表达参与认知	中介效应	成立	不成立
		调节效应	不成立	成立
	表达参与行为	中介效应	成立	不成立
		调节效应	成立	不成立

续表

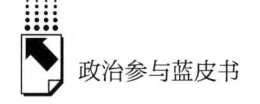

预测变量	中介/调节变量		结果变量	
			公共服务参与认知	公共服务参与行为
社团参与行为	表达参与认知	中介效应	成立	不成立
		调节效应	不成立	不成立
	表达参与行为	中介效应	成立	成立
		调节效应	成立	成立

第一，从总体情况来看，社团参与的增加与公共服务参与的表现具有同向变化的趋势，而这种关系或作用机制则是通过公民的表达参与实现的；同时，表达参与对社团参与和公共服务参与的影响预测关系具有显著的正向强化（调节）作用。从目前的现实情况来看，社团参与和公共服务参与，正在成为社会治理现代化过程中中国公民政治参与制度化重要的两种实现或表现形式。这种法治化框架下的制度化参与，恰恰是构建现代社会治理体系所强调的多元主体参与下的共治共享要素组成。① 通过对自身利益诉求的合理化表达，公民个体以社会团体及社会组织为参与平台来介入公共服务的供给决策与执行过程，进而对公共服务产品及绩效提升形成实质性影响。与此同时，对个人诉求或利益表达认知水平较高、实际参与表现较为活跃的个体，本身具有更强的政治参与意愿与效能，他们更倾向于参与各类社会团体与社会组织，并愿意通过社团组织参与公共服务供给决策与实施过程；反之，那些表达参与意愿和表现水平较低的个体，其主动参与社团组织并介入公共服务供给的可能性也相对较低。

第二，表达参与（认知与行为）的中介作用，主要表现于社团参与（认知与行为）对公共服务参与认知的影响作用当中。其中，社团参与认知对公共服务参与认知具有正向影响，而社团参与行为对公共服务参与认知具有反向影响。参与认知之间的相关关系更偏向于观念或知识层面，而参与实践则会带来公民个体在认知上的变化或相较于预期的差异。目前，社会团体及社会组织

---

① 张卫、董强：《多中心理论视域下社会组织参与社区管理与服务研究》，《唯实》2012年第3期；郑建君：《公共参与：社区治理与社会自治的制度化——基于深圳市南山区"一核多元"社区治理实践的分析》，《学习与探索》2015年第3期。

的发展状况存在两种情形：一是传统的工青妇等群团组织的组织能力和影响效力正在减弱，其吸引力相较于过去存在明显不足，通过此类群团组织介入公共服务的独立性相对较弱；二是具有行业协会性质或专业技术性较强的创投组织，虽然此类社会组织表现出了较高的参与意愿和一定的社会治理及公共服务供给决策影响力，[①] 但多处于刚刚起步阶段，发展规范性不足，且其可持续性仍不确定。因此，公民实际的社团参与体验与其预期并不吻合，故会对个体的公共服务参与认知形成反向影响作用。而通过社团这一组织形态的参与活动，则会借由意见表达和互动沟通的参与形式，将其理念或操作贯彻于具体的领域，诸如基本公共服务供给。除此之外，在社团参与、表达参与和公共服务参与的行为维度上，也表现出了明显的中介效应，体现了行为之间的一致性关系。

第三，公民个体在表达参与中的行为表现，成为其社团参与影响公共服务参与重要的条件变量。不论是社团参与认知还是行为，其对公共服务参与认知的影响均受到来自表达参与行为的调节作用。具体而言，不论表达参与行为的水平高低，社团参与认知对公共服务参与认知均表现出显著的正向影响关系；而只有在表达参与行为水平较高时，社团参与行为才会对公共服务参与认知表现出显著的负向影响关系。与此相对应，社团参与认知对公共服务参与行为的影响，受到表达参与认知的调节作用；而社团参与行为对公共服务参与行为的影响，受到表达参与行为的调节作用。具体而言，随着表达参与认知水平的提高，社团参与认知对公共服务参与行为的显著影响由反向变为正向；而对于表达参与行为而言，不论其表现如何，社团参与行为均对公共服务参与行为表现出显著的正向影响。

第四，本研究在检验中介变量的假设效应时，还发现表达参与认知或行为并不具备显著的中介作用，而是在预测变量与结果变量之间表现出一定的遮掩效应；对此发现，并非本研究所要关注的重点，但仍旧值得在未来研究中加以专门研究讨论。此外，本研究发现，表达参与的认知与行为维度，表现出一定的调节作用；但其对应于认知或行为维度的规则或规律，也值得今后予以理论分析与概括。

---

① 周庆智：《基层社会治理转型：权威秩序到自治秩序》，《甘肃社会科学》2017年第2期。

B.10
当前我国青年群体参与公共事务的发展状况与特征*

田改伟　王炳权　樊鹏　郑建君**

摘　要： 我国青年群体的公共事务参与，呈现出了规模大、范围广和层次多的趋势。青年对公共事务的参与主要集中和活跃于以下三大领域，即民生、政治与社会公共领域。从青年参与公共事务的渠道来看，青年参与公共事务可以划分为传统渠道和非传统渠道两大类别。青年参与公共事务的动力机制包括外生动力和内生动力。为了进一步完善和引导好青年参与公共事务，我们建议：将完善青年参与国家和社会公共事务提升到国家战略高度；充分发挥共青团的桥梁纽带作用，扩大工作覆盖面，提升工作凝聚力，激发内生活力，切实做好青年"代言人"；不断拓宽青年参与的各方面渠道，积极营造良好的青年参与环境；切实发挥工会、妇联等其他群团组织引导青年参与的作用；着力加强对青年社会组织的引导规范，依法维护青年合法权益；进一步加强党对青年参与工作的领导。

关键词： 青年群体　公共事务　政治参与

---

* 该文是共青团中央青少年权益部委托课题的研究成果。
** 田改伟，中国社会科学院政治学研究所研究员；王炳权，中国社会科学院政治学研究所研究员；樊鹏，中国社会科学院政治学研究所副研究员；郑建君，中国社会科学院政治学研究所副研究员。

随着改革的全面深化和新的社会发展目标的确立，我国无论是经济、政治还是社会、文化领域发生变化的速度均在加快，这种变化也深刻塑造着每一个公民的思想和行为。青年作为一个思想活跃、时代感强、富有活力的群体，对社会的变化最为敏感。由于青年还处在社会化过程中，利益诉求和社会行为的可塑性强，研究他们参与公共事务的动机、动力和渠道，对于引导他们培养良好的公民习惯，树立正确的人生观、价值观、世界观，成为我国社会主义发展的合格接班人和社会积极进步的力量都是非常有意义的，对于未雨绸缪、维护我国政治安全和社会稳定具有很强的现实意义。

一 青年参与公共事务的基本概况

（一）公共事务的内涵

与私人事务相对应，公共事务是指一切有关社会成员公共利益的公共物品和公共服务的相关活动，是一个社会的统治阶级为了维护社会秩序、推动社会发展所进行的一系列社会活动，其表现形式是公共物品与公共服务。[1] 按照公共事务的性质来划分，可以分为政治公共事务、经济公共事务和社会公共事务三大方面。[2] 其中，政治领域的公共事务主要包括有关国家主权、领土完整、政权稳固、社会安定、民族利益和国家利益等各项事务，具体表现为外交工作、国防工作、公安工作、国家安全工作、司法行政、民族工作、宗教工作等；经济领域的公共事务主要包括宏观调控和经济管理两个方面的事务；而社会领域的公共事务主要包括教育、科学、文化、卫生、体育、民政、社会保障、环境保护等，也就是通常意义上的基本公共服务的范畴。

此外，从动态过程的角度来看，公共事务的发展包括两个主要的方面，一是公共物品的生产，二是公共物品的供给与开展。[3] 在现实情境下，公共服务及公共服务产品供给是涉及政府、社会与公民等多元主体共同参与的系统化工

---

[1] 王惠岩：《公共管理基本问题初探》，《国家行政学院学报》2002年第6期。
[2] 周义程：《公共利益、公共事务和公共事业的概念界说》，《南京社会科学》2007年第1期。
[3] 王敏、王乐夫：《公共事务的责任分担与利益共享———公共事务管理体制改革与开放的思考》，《学术研究》2001年第11期。

程，不可能仅仅依靠单一主体完成。而作为公共事务发生、发展的受益主体，社会公众原则上需要参与到公共事务之中。一方面，通过广泛的参与，达到公共事务发展的公共性目的，真正普惠社会成员，保证个体平等享有公民基本权利；另一方面，也可以使不同个体或群体的多样化诉求予以有效表达，进而满足不同主体的差异化需求、推动社会发展与进步。作为社会发展重要的持续推进力量，青年群体参与公共事务，不仅对其保障自身利益意义重大，同时对维护国家稳定、促进社会进步具有重要的意义。因此，有必要科学、准确地了解和把握青年群体公共参与的基本现状、发生机制及未来可能的发展趋势。

（二）青年参与公共事务的三大领域

当前，我国青年群体的公共事务参与，逐渐呈现出了规模大、范围广和层次多的特征。在涉及公共事务的许多领域，都能够看到青年群体积极参与其中，并发挥出显著的作用。具体而言，青年对公共事务的参与主要集中和活跃于以下三大领域，即民生、政治与社会公共领域。

第一，青年对民生领域公共事务的关注与参与。青年群体对公共事务的关注及参与，具有明显的"自我关联"特征；也就是说，在涉及与青年群体自身关联较为密切的民生领域，青年最为关注，表现也最为活跃。以网络议题参与为例，民生类的议题最受青年群体关注，大约77.1%的青年对涉及诸如住房、物价、医疗卫生、社会保障、教育、就业、土地问题以及贫富差距等问题的民生内容最为关注；[①] 同时，大约30.20%的青年在网上参与了涉及民生类议题的讨论。[②] 新近的一项调查显示，青年群体最为关注的民生类公共事务分别为公共文化、教育、环境保护、食品药品监管、社会稳定、社会保障、医疗；其中，青年最为关注的公共事务事项是教育和医疗卫生服务，排在其后的是公共文化、社会保障与环境保护等公共事务事项，而社会稳定和食品药品安全问题位于青年所关注的公共事务事项的最后位置（见图1）。最新发布的《中国政治参与报告（2017）》显示，在涉及民生领域的基本公共服务参与中，

[①] 陆士桢、潘晴：《当代中国青年网络政治参与基本状况研究报告——全国范围内的基础调查》，《中国青年社会科学》2015年第1期。

[②] 陆士桢、王蕾：《青年网络政治参与影响因素研究——基于定量研究的过程分析》，《中国青年政治学院学报》2013年第6期。

青年群体的总体表现明显优于中年和老年两个群体。青年群体（均值为4.62）在基本公共服务参与的客观得分上，显著高于中年（均值为3.93）和老年（均值为3.97）群体；同时，青年群体在基本公共服务参与重要性认知、内容认知、程序认知上的得分显著高于中年群体，而青年群体在基本公共服务参与的实际行为表现得分上显著高于中年和老年群体；但是，在基本公共服务参与满意度上，青年群体的得分却明显低于其他两个群体。① 由此看出，青年在民生领域的参与表现和认知水平最高，同时对现实的参与现状也最不满意、评价最低。

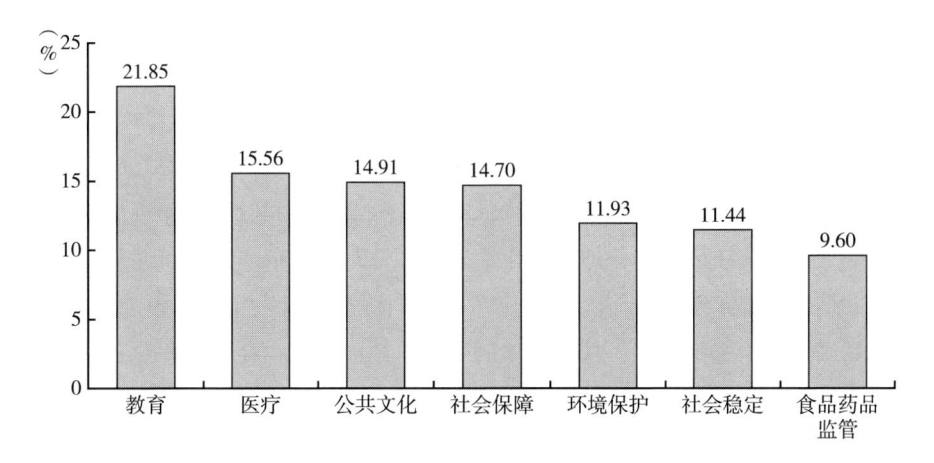

图1 青年群体对民生类公共事务的关注比例排序

第二，青年对政治领域公共事务的关注与参与。当前，我国青年群体在政治领域的公共事务参与，更多属于话语参与而非行动参与，即表达式参与成为青年参与政治领域公共事务的主要形式。首先，青年群体在政治领域的公共事务参与，更容易在网络空间形成集群行为。这种群体效应，既有对现实问题的关注，也有非理性从众或新异刺激吸引心理的驱动。因而，这种基于网络空间的政治参与集群现象，往往以网络舆情的形式快速发酵，甚至成为社会关注热点，但其持续性较差，很容易被其他事件所替代。其次，青年群体的政治参

---

① 房宁主编《中国政治参与报告（2017）》，社会科学文献出版社，2017，第256~289页。

与，在内容上更多倾向于参加那些与自身利益紧密相关的政策、法律类事件，而对于涉及基层自治、村（居）委会选举、地方人大代表选举等议题，青年的参与意愿相对较低、表现较为冷漠。以政策参与为例，多数青年的参与集中于政策结果发布阶段，而对政策制定过程（如听证会）的关注不足并缺少对相关参与途径的认知；① 同时，青年对那些与自身利益有关的法制类热点事件关注较高，但其参与多停留在自我诉求关切和表达层面，除非涉及维权否则较少有实质性的参与表现。② 在基层自治和各类议事活动、选举中，青年对参与缺乏认知与兴趣，其实际参与表现明显不如中、老年群体积极。③ 再次，青年政治参与的组织平台主要有两大类：以共青团组织为代表的群团组织和以各类维权组织、行业协会为代表的社会组织。在青年群体中，虽然工青妇等传统的群团组织仍具有较高的组织影响力，但其影响范围已略有减小，对新兴行业或非传统就业类型的广大青年群体的动员能力明显衰减。④ 而依靠各类社会组织参与政治领域的公共事务，则具有较强的个人利益关联和较大的随机性或随意性，缺乏对所关注公共事务的专业化认知与理性判断，参与的实质性效力非常有限。最后，青年政治参与的功利化色彩日趋明显。以青年群体参加党、团、民主党派等政治组织为例，越来越多的青年将此视作参与社会竞争和自身未来发展的重要条件，而仅有约1/3的青年将其看作个人信仰和一生为之奋斗的目标。⑤

第三，青年对社会公共领域公共事务的关注与参与。青年步入社会后，成为与社会互动最为频繁的群体，他们的社会交际范围迅速扩大并广泛参与各类活动，同时还对社会公共领域的公共事务积极关注，形成了较强的参与意愿。目前，我国青年群体在此领域的参与行为表现出以下几个特点。一是对社会公

---

① 郑建君：《青年群体政策参与认知、态度与行为关系研究》，《青年研究》2014年第6期。
② 周勇：《青年法治参与意识调查——以上海青年为样本》，《法制与社会》2016年第28期。
③ 郑建君：《个体与区域变量对公民选举参与的影响——基于8506份中国公民有效数据的分析》，《政治学研究》2016年第5期。
④ 李春玲：《青年组织参与状况及影响因素分析——基于2014年北京青少年调查》，《中国青年研究》2015年第11期。
⑤ 李伟：《当前青年政治参与的几个隐忧——基于对北京市45所高校的调查分析》，《人民论坛》2013年第13期；孟利艳：《青年的共青团、社区、非政府组织认同与参与的对比分析——基于全国12个城市的一项调研》，《中国青年研究》2013年第3期。

益类事项具有较高的关注和参与。其中，涉及慈善、环保等内容的公共事务是青年群体关注的重点。青年在参与此类公共事务时，具有较高的自发性和公共性行为偏好，① 主要是通过个体间的人际互动过程获知信息参与（例如各类慈善众筹、捐赠等）或是通过参与相关社团组织参与（例如节能环保、动物保护、支边支教等）。二是对各类社会热点事件的跟踪关注与参与。此类热点事件虽然在内容上可能会涉及文化、教育、经济、政治、地区关系、外交事件等等，但从青年参与的初衷及目的来看，仍旧属于对社会领域公共事务的参与范畴（例如房价上涨、供给侧改革、反腐、中日钓鱼岛问题、香港"占中"等）。在此过程中，青年群体较其他群体对事件的进展更为关注，并热衷于在公共信息传播平台（论坛、微博、微信等）对相关信息转发、评论等，形成一定的网络集群行为。② 三是对各类突发性事件的关注与参与。青年群体面对各类突发性事件，表现出了极高的关注度。特别是那些有关突发性自然灾害和涉及社会公共安全（或暴力）的事件，青年群体在积极关注的同时，还会表现出明显的主动性参与行为。这种参与既有现实当中的实际性行为（例如地震灾害发生后的捐赠、救援等），也有基于各类网络平台进行的信息获取与分享、意见表达与分析等。四是对各类志愿者组织和志愿者活动的关注与参与。目前，我国在册志愿者达到1000多万人，其中大多数是青年人。青年群体参与志愿者组织及活动具有较为明显的年龄分布特点，高校大学生成为各类志愿者组织的构成主体；其中，共青团在青年学生参与志愿者活动的过程中，发挥了重要的组织、动员和引导作用。青年参与志愿者活动，既有社会责任驱动、追求自我价值的因素，也有渴望锻炼自身能力、获得社会认可的动机。③

（三）青年参与公共事务的方式与途径

当前，我国青年群体对于公共事务的参与，具有多种方式与途径可以选择。从总体上看，青年在参与公共事务的过程中，都能够保持相对理性的态度动机和行为方式，有效发挥了推动社会进步的正向作用。就具体的参与方式与

---

① 陈晓运、周如南：《青年政治参与：类型建构与实证分析》，《青年探索》2015年第6期。
② 刘琳：《青年网络集体行动参与意愿的理性解读》，《当代青年研究》2017年第1期。
③ 巫长林：《青年主体意识与志愿服务参与关系研究——基于2014年广州青年发展状况调查的实证分析》，《青年探索》2016年第3期。

途径来看，主要有以下几类形式：第一，法律路径下的制度化参与。这种参与方式多表现于各类具有维权性质的公共事务之中，其中面对各类消费纠纷、劳动权益以及婚姻和家庭等问题，青年多会通过法律途径对其自身权益进行维护。第二，体制框架下的直接式参与，这种参与方式主要包括村居自治参与、地方人大代表选举等。从当前我国的实际情况来看，上述参与方式或途径尽管有可能是青年群体参与规模最大的一种形式，但参与的主动性及效果可能并不理想，往往在参与之前需要相关单位或组织进行大量的动员和组织工作。第三，非正式渠道下的接触式参与，这种参与方式主要表现为面对具体问题直接找相关部门的主要领导、信访甚至更为激进的参加抗争型活动等。虽然青年在此类活动中的表现并不多见，然而一旦某事件演化为群体性事件，则青年群体往往在其中表现活跃，容易做出极端或不理性的行为。第四，具有广泛意义的表达式参与，这种参与形式在青年群体中具有较高的参与意愿和行为表现，例如通过媒体或各类网络平台表达意见诉求。具体来看，青年（均值为 3.70）群体表达参与的总体表现要显著优于中年（均值为 3.57）和老年（均值为 3.52）群体；特别是在表达参与的认知理解、内容驾驭、行为发出等方面，青年均较中年和老年群体有更为积极的表现；而在表达参与的程序认知方面，则青年群体要显著低于中年和老年群体的认知水平（见图 2）。[①] 第五，具有介入意义的政策过程参与，例如我们常见的听证会或寻求相关政策制定部门的支持帮助。政策过程参与的民主意义重大，其预设公民能够对政策形成、执行、评估以及调整等系统化过程产生实质性影响，然而，现实的情况显示，青年群体的政策参与比例是非常低的。对于政策听证会（咨询会）、政策方案意见征求活动、参与政策讨论和表达个人对政策的意见四种政策参与，青年群体有过参与的比例分别仅占被调查总数的 11.12%、11.32%、18.31% 和 11.20%。[②] 第六，具有现代治理意义的社团（社会组织）参与。这一类型的参与主要呈现两种趋势特征，即原有的工青妇等群团组织的参与影响略有下降，而各类社会组织参与的发育、发展尚不完全。具体而言，青年群体中认为加入工青妇组

[①] 数据来源参见房宁主编《中国政治参与报告（2017）》，社会科学文献出版社，2017，第 228~255 页。
[②] 数据来源参见房宁主编《中国政治参与报告（2012）》，社会科学文献出版社，2012，第 51~62 页。

织重要的人数比例为52%左右，而参加过工、青、妇组织活动的分别为24%、29%、29%；而青年群体中认为加入社会组织重要的人数比例为49%左右，参加各类社会组织活动的参与率为16%~27%。

不同年龄群体表达参与水平的比较：

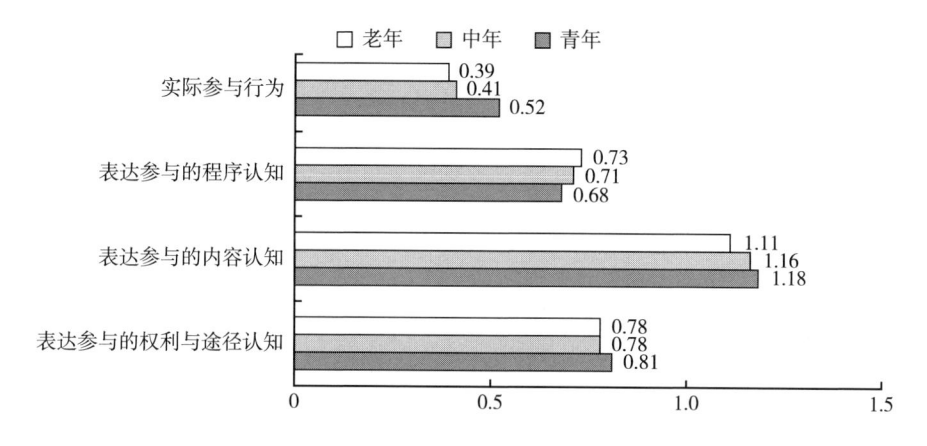

指标	老年	中年	青年
实际参与行为	0.39	0.41	0.52
表达参与的程序认知	0.73	0.71	0.68
表达参与的内容认知	1.11	1.16	1.18
表达参与的权利与途径认知	0.78	0.78	0.81

图2　不同年龄群体表达参与水平的比较

（四）新媒体时代青年参与公共事务的特点与表现

随着互联网的应用普及，特别是移动通信技术的发展，中国迎来了以移动互联信息技术运用为代表的新媒体时代。中国互联网络信息中心2017年发布的《中国互联网络发展状况统计报告》显示，2016年底中国网民数量达到7.31亿，手机网民约6.95亿，全年共计新增网民近4300万人，互联网普及率为53.2%，较2015年底提升2.9个百分点。在庞大的网民群体中，又以青年群体占据的比例最大，他们对移动互联技术的发展给予了高度关注和积极参与。特别是在社交、资讯获取、购物、金融理财等方面，青年群体对移动互联技术的使用都达到了非常高的比例。在此背景下，青年群体的公共事务参与状况势必受到新媒体时代的影响，并呈现出一定的群体特征。

第一，在青年参与公共事务的过程中，其获取信息的方式主要依赖于互联网、移动信息平台。中国社会科学院2012年、2016年连续两次的调研发现（见图3），青年对新型媒介的使用比重越来越高；在其参与公共事务过程中偏好使用移动互联平台来获取信息的比例已由2012年的49.7%增至73.3%，而对传统媒介的使用则显著下降（特别是电视媒介的使用率最为明显）。由此可见，新兴媒介已成为青年群体关注和参与公共事务的主要信息空间与场域。

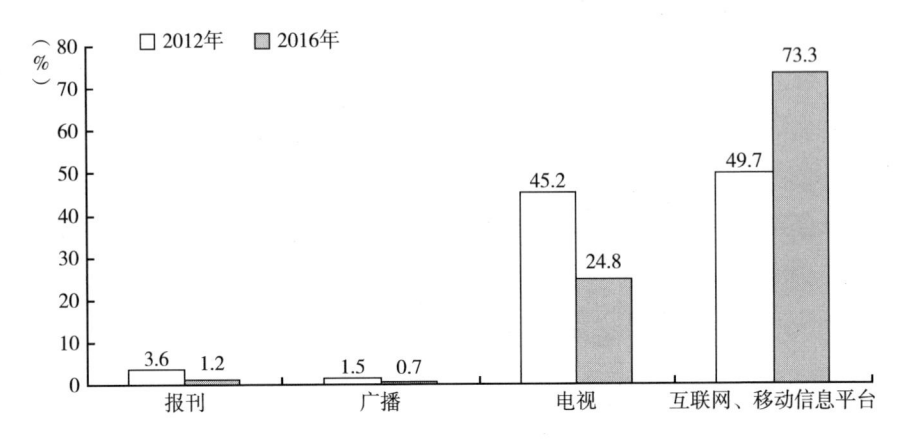

图3　青年群体媒体使用偏好

第二，新媒体时代青年群体的公共事务参与，呈现出"近点参与"和"远点参与"并举的趋势。所谓近点参与，是指青年群体对与其个人利益关联紧密的民生类公共事务的参与；而远点参与是指青年群体对地区、国际热点事件的参与。其中，青年群体对物价、住房、教育和就业等民生类热点事件给予了较高的关注，并热衷于在线上各类平台参与讨论、发表意见；同时，对于地区及国际热点事件，特别是那些涉及国家主权利益的话题，也往往会吸引青年的关注，诸如朝韩问题、中日关系、中美贸易、"一带一路"、美国总统大选等。[1] 但是，上述近点与远点两个方面的参与，更多集中于网络平台的线上形式参与，而相应的线下参与相对较少。也就是说，基于移动互联平台的使用与信息接触，并没有较大程度提升青年群体的线下参与行为，其影响作用更多只是体现于网络参与。[2]

---

[1] 陈龙国：《当代青年网络政治参与特点及其对虚拟社会治理的启示》，《中国青年研究》2014年第11期；陆士桢、潘晴：《当代中国青年网络政治参与基本状况研究报告——全国范围内的基础调查》，《中国青年社会科学》2015年第1期。

[2] 李天龙、李明德、张志坚：《媒介接触对农村青年线下公共事务参与行为影响的实证研究——基于西北四省县（区）农村的调查》，《新闻与传播研究》2015年第9期；卢春天、张志坚：《西北农村青年公共事务参与意愿——基于媒介接触和媒介信任的视角》，《当代青年研究》2017年第3期。

第三，新媒体时代青年参与公共事务呈现出门槛低、热度高、关注转换快的特点。新媒体时代下，个体获取公共事务参与信息所需的技术要求和成本越来越低，这使得青年群体的公共事务参与（特别是线上参与的实施）不再受个人知识、时间、资金等因素的影响或限制，[1] 其参与的入口更为顺畅。与此同时，社会领域的公共事件或突发事件能够较高地吸引公众的关注和参与热情，并迅速发酵形成具有热点舆情性质的事件；但是，青年在参与此类事件时，更多的是受到事件本身的新异特质所影响，具有较高的从众心态而非理性驱动。因而，此类关注与参与，很容易被其他新的热点所替代，形成青年网络参与公共事务的不可持续性与碎片化结构形态。

第四，青年群体的公共事务网络参与，表现出明显的"集群效应"。这种集群效应，对应事件本身的性质与发展方向，表现为两种趋向与作用。一是青年的网络参与对公共事务的发展起到正向的推动作用。青年参与公共事务的动机，在很大程度上有探究事件本质、追求公平正义、关注弱势群体、实现自我价值的动机来源。因而，在一些社会热点事件的发展过程中，网络平台能够较为有效地聚集起青年群体的关注，并形成一定的由线上网络关注向线下社会舆情关注的可能，进而引发相关主体的关注、推进事件的正向发展。二是青年参与的非理性化和低自我约束，对公共事务发展形成的低赋值效应。青年的网络参与虽然可以在短时间内形成较大的影响力，但是网络世界的虚拟化特征以及对真实情况的信息获取缺失或不完整，也可能使青年对某项公共事务的理解出现偏差，甚至做出非理性或过激行为（例如在特定事件中对个体进行的"人肉搜索"）。因此，这种基于青年网络参与形成的"集群效应"很容易出现偏离和反向极化，甚至被人利用。[2]

（五）青年参与公共事务的群体表现

青年是一个人数众多且表现差异巨大的群体，具体在公共事务的参与表现上，不同特征分类下的青年也有其各自的特点。在此，我们按照青年的职业划

---

[1] 余红：《知识决定参与？大学生网上社会公共事务参与影响因素分析》，《新闻与传播研究》2010年第5期。
[2] 卢涛：《青年网络政治参与的作用与发展》，《中国青年社会科学》2016年第6期。

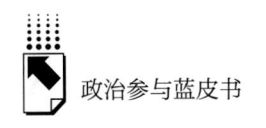

分对青年学生、农民（工）、高知及白领三类青年亚群体的参与情况予以重点关注。

第一，青年学生在公共事务参与上的表现。从参与动机上看，青年学生既有对公共事务参与热衷关注和较高社会责任感知的成分，也有部分功利化色彩驱动的原因。[①] 特别是在涉及具有较高社会赞许性的活动参与和（入）党团组织参与中，表现更为明显，其参与含有为日后进入社会或个人发展积累资本的考虑。在参与内容方面，虽然民生类的公共事务也是青年学生关注的重点，但其关注相对更为兴趣化和自我化，并受其个人阅历的影响更多；在政治类公共事务的参与上呈现出"关注多于参与"的特点，而其关注的内容也多为时事政治类事件和各类具体政策（例如与教育、就业相关的政策内容），[②] 并无明确的类型模式或领域偏好。在参与的途径上，青年学生的参与主要集中在基于互联网平台上的社交（微博、微信、QQ等）、论坛（校内BBS、知乎等）空间，以信息关注和交流为主要行为表现形式，而其现实参与的意愿、渠道和途径相对缺乏。

第二，青年农民（工）在公共事务参与上的表现。参与缺失是青年农民（工）在公共事务上的总体概况特征，具体表现为意愿强烈、行动滞后。[③] 我国现行的户籍管理制度以及在此基础上的城乡二元分治结构和社会保障享有的现实差异，使得农民（工）群体积蓄了大量的个人利益表达诉求和参与意愿。但是，在现行提供的制度化公共事务参与途径中，不论是大量青年流失的农村还是大量青壮劳动力涌入的城市，青年农民（工）群体都面临着参与对接不畅、成本过高和参与影响不足的问题。目前，青年农民（工）群体的公共事务参与，主要有两种具体方式或表现形态。一是以网络平台为基础的线上参与，这种参与对现实中的线下参与并无实质性的促进或阻碍影响，仅仅是对现实参与缺乏的补偿性行为，是一种社交化或娱乐化的表现；二是以各类社会组

[①] 李伟：《当前青年政治参与的几个隐忧——基于对北京市45所高校的调查分析》，《人民论坛》2013年第13期；巫长林：《青年主体意识与志愿服务参与关系研究——基于2014年广州青年发展状况调查的实证分析》，《青年探索》2016年第3期。

[②] 郑建君：《青年群体政策参与认知、态度与行为关系研究》，《青年研究》2014年第6期。

[③] 陈亮：《新生代农民工参与城市公共事务问题探讨》，《当代青年研究》2015年第2期；文嘉：《发达地区农村青年的社会参与研究——以广东省G市D区为例》，《青年探索》2016年第4期。

织为基础的线下参与，例如农村地区的经济合作社（山东、河南等地出现规模农业生产组织）或城市地区的行业协会（江苏苏州的服装协会、深圳南山的拖车协会）等性质的社会组织。青年农民（工）群体在借助此类社会组织进行公共事务参与时，逐渐表现出了一定的影响效力，但也仅限于经济生产领域。

第三，青年高知、白领在公共事务参与上的表现。高自身利益关联、高国家社会责任和自发性行动，是青年高知、白领在公共事务参与上的主要特征。这一青年亚群体所关注的更多是涉及自身利益的高关联民生事件和涉及国家社会的高责任事件，其范围从食品安全、空气质量、城市治理、就医就学到国家外交战略、地区贸易关系、军事国防发展等。这一亚群体由于具有较高的文化知识、社会地位和意见表达渠道，因而其在参与公共事务方面虽然是以较为温和、间接的方式进行，却能产生较大的社会影响效力。与此同时，这一类人群在公共事务参与上又具有极强的自发性特点，传统的工青妇等群团组织对其的组织、发动及影响作用极其微小；当然，不可避免的是，他们对公共事务的关注、判断与理解也具有一定的从众性。

二 青年参与公共事务的渠道分析

改革开放以来，青年对公共事务的参与意识不断增强，参与的渠道持续拓展。从青年参与公共事务的渠道来看，可以划分为传统渠道和非传统渠道两大类别。传统渠道主要是在党和国家现有的政治体制和政府组织框架内提供的相对结构化、制度化、组织化以及相对稳定的参与，非传统渠道主要是在改革开放过程中随着社会组织变迁和不断扩大的社会机会机构而相伴产生的青年参与表达和参与公共事务的渠道，这其中既有相对稳定化制度化的参与，也有新型政治空间下复杂多变的参与形态。

（一）传统参与渠道

青年参与公共事务的传统渠道，主要指的是基于党和国家政治系统提供的相对制度化、稳定的参与渠道。我们国家原有的政治参与和公共事务参与的渠道是按照结构功能主义的框架搭建起来的，简单来说，党和国家建立在一个十分稳固的政治系统之上，这个政治系统的有效运行依赖于自上而下建立起来的一系列拥有一定结构或组织化手段的子系统，各子系统的组成部分以有序的方式相互关联，系统中的各个部分需要协调地发挥作用以维持社会的良性运行，并对政治系统的整体稳定发挥必要的功能。在原有结构功能主义框架下，我国青年参与公共事务的渠道主要取决于政治系统提供了何种功能系统，取决于每个功能系统所提供的制度化渠道。我国的人民代表大会制度、中国共产党领导下的多党合作和政治协商制度、群团、统战和基层民主协商，都是青年参与公共事务的有效渠道。

1. 人民代表大会制度提供的参与渠道

选举被视为现代民主政治的核心要件，随着社会的发展进步，中国青年群体对选举的认识也不断深化。调查显示，当代中国青年群体把参加人大代表选举作为除"参加合法的社会团体和青年组织"以外最重要的政治参与渠道。除了按照国家法律规定参与人大代表投票选举工作以及部分符合国家规定条件的青年作为各级人大参选代表外，也出现了青年群体"独立参选人大代表"的现象。

2011年到2012年，全国基层人大代表换届选举之际，不少地区的县乡人大代表选举中出现了独立参选人大代表的热潮。参选人以青年为主体，通过微博等新媒体形式宣布参与决定，传播理念，吸引了广泛围观和支持。尽管最终全国人大常委会法工委负责人提出"独立候选人没有法律依据"，但"独立候选人"现象确实引起社会与学界乃至高层的关注，这也说明青年群体把党和国家的各项民主选举制度作为他们参与公共事务的重要渠道。随着青年政治参与的主体更加多元，动机更加务实，尤其是这背后部分候选人能够成功地将自身的选举偏好、新媒体运用、形象塑造以及政治权利的自主性诉求有机结合，形成了青年政治参与的新特点，与此同时也对以人民代表大会制度为代表的国家民主选举机制提出了新的要求和预期。

2. 人民政协制度提供的参与渠道

中国人民政治协商会议（简称人民政协）是中国人民爱国统一战线的组织，是中国共产党领导的多党合作和政治协商的重要机构，也是发扬社会主义民主的重要形式。人民政协通过政治协商的方式向执政党提出建议和批评，发挥了参政议政、民主监督的作用。当代中国，青年群体和青年界别成为政治协商制度的重要组成部分,广大青年通过政协制度和渠道,针对党和国家发展建言献策、展示青年才智,在各级人民政协会议制度中,青年已经发展成为重要的意见群体和协商对象。

在人民政协的政治参与模式中,主要是通过一种自上而下、由内而外的方式,发挥各民主党派成员、无党派人士以及文联、青联、妇联等各界别的青年群体的力量,群策群力,为党和国家的发展建言献策。但是除此之外,各党派青年群体也在借助政协提供的政治参与平台,积极发挥自主能动性,通过会议、研究、调研等形式,形成自身政策网络,影响政协议案形成。近年来,作为专业界别的青联界别十分引人注意。例如,在东部沿海发达省份,共青团和青联界别根据青年群体特点,充分利用远程协商、网络议政等"互联网+"的新型参与方式,扩大青年群体的有序政治参与和对公共事务的话语权。除此之外,政协提案的形式也成为青年群体具有中国特色的有序政治参与、对公共事务积极发声、发言的重要参考模式。例如,2014年以来,在每年举办的全国青少年模拟政协活动上,青年代表从身边小事出发,训练提案撰写,在社会调研、实践过程中,增进对公共事务的调研了解,增强科学有序进行政治参与的意识和能力。2017年,模拟政协最佳提案递交全国政协委员,继而被带到全国政协大会,最终有6份优秀提案被带进全国"两会"。

3. 青年统战制度提供的广泛渠道

2015年5月,习近平总书记在中央统战工作会议上强调"赢得青年才能赢得未来"。2017年4月,中共中央、国务院就印发了《中长期青年发展规划(2016~2025年)》,这是新中国历史上第一个青年发展规划,是我国青年发展事业的重要顶层设计。青年通过工作成为执政党统战工作的重要组成部分,加强对青年的团结引导,创新统战机制,促进青年更好成长、更快发展,不仅是国家的基础性、战略性工程,也是统战工作的一项重点任务。相应地,广泛的统战机制也为青年群体参与公共事务提供了重要路径和渠道。

共青团组织是具有青年统战性质的政治组织。改革开放以来,中国形成了以共青团为核心,以全国青联、全国学联为骨干的青年公共参与组织体系,为青年参与公务事务提供了比较完善的组织保障。近年来,各类青年社团在促进和推动青年参与公共事务中也发挥了显著作用,丰富了青年公共参与的渠道。

党的十八大以来，共青团针对自身存在的体制机制方面的问题，强"三性"、去"四化"，使团的基层组织网络覆盖全体青年，使团的各项工作影响全体青年。通过建立直接联系、服务、引导青年的工作机制，发挥组织优势，为创业青年提供平台和政策信息帮扶以及建设"网上共青团"等工作机制，加强团组织服务青年能力，拉近青年同团组织的距离。广大青年通过共青团提供的组织渠道和工作机制，不仅更加脚踏实地干事创业，而且有更多机会和平台参与广泛的社会实践和公益活动。

4. 各级政府组织提供的参与渠道

各级地方政府在决策管理、社会治理和开展基层协商民主建设过程中，善于发挥青年作用，积极创造条件，引导、促进青年对公共事务的讨论和公共政策的参与。青年参与公共政策制定的形式十分丰富，最常见的是各级政府举办的座谈会、听证会等。国务院总理的政府工作报告是政府每年一次的重要政策宣示，这个报告每年都邀请包括青年在内的普通民众一起参与讨论，以了解公众的政策诉求和意见。同总理面对面探讨政策问题的包括专家学者、大学生、农民工、技术工人等不同职业身份的青年。青年也可以申请参加各级政府举办的政策听证会。在这里不再赘述。

在促进政策参与的同时，各地也通过创新机制扩大并加强对青年人才的政治吸纳。例如，在包括上海、深圳在内的不少南方城市，近年来不断开拓工作视野、优化组织机制，拓展联系青年的渠道和方法，扩大对相关专业领域中优秀青年的有效联络，及时发现和鉴别新兴青年组织和群体中的优秀代表，广泛储才，择优政治吸纳。充分发挥青年企业家协会、青年文联、青年创意人才协会、信息化青年人才协会、农业青年人才协会、各类青年中心、青年智库等各团属青年社团的组织优势，形成对各领域青年的有效吸引和影响。有些城市还建立了"青年公益服务支持中心"、举办"青年社会组织领袖沙龙"等活动，不断拓宽联系渠道，实现同青年群体的及时有效互动。上海等地也注重通过共青团系统建设"青年智库"等密切联系青年人才的组织化途径，开展调查研究，汇集和表达青年利益诉求。青年智库为上海汇聚了一批青年学者、青年记者和青年工作者，围绕政府的重大决策和青年的广泛需求，开展课题调研，为政府重大决策当好参谋和助手，为青年的广泛需求做好代言。

（二）非传统参与渠道

所谓非传统渠道，不仅在参与渠道和参与形式方面的非传统性，主要是受到社会经济结构变迁与新技术发展的影响，在传统国家体系和政治空间之外，形成了大量新型的"政治空间"，在原有的人大、政协、群团、统战和基层组织在内的政治参与框架之外，形成了青年表达意见、形成组织化纽带的新型社会组织和新型政治空间。

1. 社会服务与公益组织渠道

组织是社会有效联结的基本纽带，在新的社会结构下，越来越多的青年通过新型经济组织和新型社会组织（简称"两新组织"）参与公共事务，服务广大社会。"两新组织"中容纳了大量青年群体，在有些地区，"两新组织"中青年从业人员超过80%。有关调查显示，在"两新组织"中85%的青年人群对党和政府的政策很关心，尤其对就业、保障等方面更为关注。过去10年来，"两新组织"也成为我国青年参与公共事务的重要渠道和路径，尤其是新型社会组织，成为我国青年群体服务社会、参与公共事务的重要活动介质和组织平台。

近年来，随着我国社会治理体制的变革发展，社会公益组织、社会组织和专业社工机构成为青年参与基层公共事务的重要渠道。大量社会组织和社工机构不仅有效吸纳青年群体参与基层社会治理事务，也成为催化青年思想转变的重要元素：促使青年群体从抽象的政治权利导向的参与逐渐转向社会治理和社会服务导向的参与。尤其是十八届三中全会以来，随着社会治理体制的改革以及国务院积极推动政府向社会组织购买服务等改革举措，社会服务类社会组织参与社区事务成为社会治理领域的重要趋势，越来越多的青年人通过参与公益服务类社会组织实现对基层公共事务的参与。

随着各类社会组织和公益组织的健全，越来越多的年轻人愿意把部分时间和精力投入参加志愿活动、参与社会组织、提供社会服务等社会公益活动领域。

截至2013年底，全国共有登记在册的社会组织54.7万个，其中，大量青年社会组织成长起来并参与到社区管理和公共服务中。截至2015年，全国已有1000万注册志愿者，志愿服务组织覆盖全国31个省、自治区、直辖市，其中绝大部分参与者为青年。

专业社会服务机构（也称"社工机构"）和社工队伍的兴起是我国社会治理领域的另一"现象级"事件。近年来，我国社会工作专业人才队伍迅速壮大，截至2015年底，全国共有社会服务机构和设施176.5万个，全国持证社会工作者共计20.6万人，截至2016年，社工队伍规模总量已达76万人，其中持证社工近30万人，广泛分布在城乡基层，成为社会建设一支重要的新兴力量，而青年成为我国社工队伍的主力。社工机构和社工队伍的发展，适应了青年群体以更加专业化、精细化的形式参与公共事务、社会服务的现实需要。以社工服务发达的深圳市为例，全市有200余家专业社工机构，这些社工机构的主体服务力量就是青年，社会服务机构成为深圳青年参与公共事务的重要组织形式。例如成立于2011年的南风社会工作服务社，以"专注社区服务、推动社区发展、促进社区和谐"为愿景，立足社区服务中心，服务社区，传播文明。自成立以来，南风社会工作服务社由最初的十几个人发展到现在的近200名青年组成的专业义工队伍，组织分支直接参与到基层社区治理，成为目前深圳基层社区治理机构中不可或缺的一个组成部分，参与社区服务活动达到100次以上，直接服务人数超过10000人次。

2. 新型青年自组织渠道

近年来，各类公益组织积极参与公共事务，数量多、影响大，其中不少公益组织是由青年人创建并担任负责人，这类组织不同于一般社会组织，而是一种基于共同的信念、观点或爱好而由青年自我组织起来、自我主导的公益组织类型，成为青年参与公共事务的全新组织形态。2008年前后的调查显示，全国一半的青年在网络社区或论坛上拥有固定联系的自组织成员身份，80%以上的高校学生加入了校园网、各类论坛、贴吧、QQ群、校友群等自组织。但是，这些网络意义上的青年自组织，大多以非正式的组织形态出现，经过登记、注册合法化的青年自组织比例相对较低。

然而，随着改革开放以来经济社会的持续发展，我国青年自组织发展非常迅猛，参与人数日益增加，类型日益增多。相比较于数年前大量地下状态或"潜水"状态的未注册、登记的非正式社会组织，目前我国出现了大量由青年自发成立、自主发展、自行运作和自我治理且具备一定规模的青年公益组织。青年自运行公益组织已经发展成为中国时下青年参与公共事务的重要平台，从公共事务所涉及的内容以及组织运行的形式方面，青年自组织同一般社会组织还是存在比较明显的差异，发展态势也十分值得关注。

受到文化的碰撞交融和新技术发展的影响，新时代的青年表现得更加开放、主动，他们所主导成立的社会组织除了履行社会公益责任外，也承担着探寻时尚生活方式、助力青年社会交往、政治表达参与以及培育青年领袖的功能，因此同一般社会组织比较，青年自运行社会组织呈现更多的技术性特征、复杂性特征和政治性特点，在后几种功能的意义上，青年自运行社会组织的特征越来越接近一些西方发达国家的青年组织。从目前国内青年自运行社会组织的分布来看，东部沿海发达地区要远远高于中西部地区。2016年上海团市委公布的一项调查报告显示，已注册的上海青年社会组织数量近5000家，他们所发起的城市行动、公益事业也逐渐成为推动都市生活方式变革的重要力量。这些青年社会组织参与公共事务的主要关注点，除了传统的教育卫生、助老助残、生态环保外，还高度关注运动旅游和文化倡导。此外，针对青年社会组织的有关跟踪调研显示，青年主导的社会组织在培育青年领袖人物的成长方面，比一般社会组织发挥了更为显著的促进作用。

3. 网络空间渠道

中国有网民4.85亿人，其中，29岁及以下的年轻人占58.1%。网络的普及与发展为青年参与公共事务开辟了广阔空间。一方面，中国共产党和各级政府日益重视通过网络公开信息和体察民意，另一方面，青年通过网络可以自由表达意见和利益诉求，可以比较全面和及时地了解党和政府有关公共事务方面的信息，更有效地参与公共政策的评估。有关调查显示，中国青年群体中通过网络方式浏览新闻的占71.1%，了解公共性话题成为青年上网的第一目标。通过网络参与公共事务，成为青年政治参与最鲜明的时代特征。在25~30岁的网民群体中，有35.4%的人访问过政府网站，在31~35岁的青年网民群体中，访问比例也高达33.3%。在中国，青年通过在网上对社会问题和政策发表评论，已经发挥了明显的监督党和政府及影响决策的作用。

网络不仅促进了青年群体掌握更多公共信息，而且也成为开展互动沟通和进行政治表达的极为有利的技术工具。共青团和青联界等青年"建制派"探索使用远程协商、网络议政等开启"互联网＋"时代的新型协商方式，扩大了青年群体的有序政治参与和对公共事务的话语权。在市场和社会领域，许多青年群体也利用网络提供的空间和技术，对公共事务发声，在某种程度上体现

了"草根民主"的特点。2015年，全国人大修改《个人所得税法》，将个人所得税的免征额由2000元提高至3500元。此次个税改革与包括青年在内的许多人切身利益相关，也关系到社会的公平问题，因而激发了广大青年参与政策讨论的热情，吸引了包括青年在内的公众的广泛参与。"中国人大网"共收到82707位网民提出的237684条意见。最后，全国人大在审议该项法律时，比较充分地吸纳了公众意见。

当下中国，"微博问政"已成为青年政治参与的重要方式，青年作为最富有活力的群体，通过微博这一网络媒介表现出高涨的公共参与热情。网络新技术拓宽了青年政治参与的路径，丰富了青年政治参与的实践，在积极地参与互动中，培育了政治参与意识，提升了政治参与能力。近年来，随着微信等新兴移动通信技术和社交软件的兴起，中国青年参与公共事务尤其是公共舆论的广度和深度进一步加深，移动通信工具已转化为全新的政治参与、利益表达的渠道与载体。与此同时，网络已经发展成为当代青年宣泄情感、交流思想、文化互鉴的主要渠道。

在国内，社交媒体是青年网民表达意见的重要场所，同时也是社会共识和意识形态塑造的场域。意识形态多元化在互联网环境下被放大，激烈冲突的各种意见往往引发网络舆论的热议。与此同时，历史上长期活跃在意识形态活动前沿的非政府组织也因为互联网而有了更大的活动空间。网络的虚拟性和隐匿性，虚拟空间缺失足够的监管，网络表达门槛低，信息发布更便捷，也使得通过网络空间表达出来的言论和认识往往充满了主观臆断和情绪化。重大的舆情背后都有青年群体的参与，青年正处于心理状态不稳定的阶段，情绪情感容易出现极端化，当错误认知通过网络迅速放大并汇成舆论时，往往会丧失事物的真相甚至会导致网络暴力。2008年以来，欧美占领运动、阿拉伯世界的街头政治见证了全球社会运动的互联网化。这背后的警醒是显而易见的，青年群体善用网络话语符号，动员能力强大，往往能在短时间里借助公共事务表达情绪和价值，从而调动大量人群参与到某一事件的表态中。

4. 街头表达的渠道

在中国，经由青年组织综合表达青年的利益诉求和意愿，代表青年参政议政，参与决策是中国青年群体参与政策制定的重要方式和特点，因此同西方国家以及一些爆发"颜色革命"的地区比较，中国的青年鲜有走上街头进行政治表达的行动和现象，中国青年参与公共事务的相对理性的态度和相对稳健的形式，为中国社会的发展稳定作出了贡献。但是近年来的一些事件表明，街头表达也成为中国青年关心公共事务的一种表达渠道——尽管这种渠道限制在特定事件和特定人群。

第一种街头表达形式的动因来自民族主义和外交事件激发的负面情绪的影响。青年尤其关注国家主权问题。中日钓鱼岛之争、中国与菲律宾黄岩岛之争等中国与他国领土纠纷等问题持续发酵，国内"疆独"、"藏独"分子蠢蠢欲动，领土、主权等问题受到很大的挑战，也是青年对这些问题高度关注的现实背景。调查显示，超过75%的人表示自己关注国家主权利益问题。在钓鱼岛和南海问题上，近年来持续有部分青年走向街头，表达他们的爱国主义感情和情绪。2012年，中国180多个城市发生反日示威，多数归属于理性爱国游行，但是在西安等地的反日游行中，也出现了游行演变为严重打砸事件、造成地方治安失控的现象。

第二种街头表达的动因来自少数青年群体萌生的权利意识和特殊价值导向的政治行动。这种街头表达形式是以社会性别、界别、群体的自我价值倡导为特征的政治参与，通过街头表达的形式对政府的社会治理和公共事务提出了新要求。2012年以来，中国多个城市出现了各类逾越制度化表达渠道的青年女权行动，最为突出的是一批以"80后""90后"青年为主体的性别平等倡议者，他们走上街头，以行为艺术的方式——例如2012年发轫于广州并扩散到全国多个城市的"占领男厕所"运动——呼吁社会重视性别权利，要求政府提供政策和立法支持。从这个事例可以看出，青年行动者在价值观念的宣示过程中建立起了自身的认同，从而确认了个体在空间和时间上的独立存在性。同时，青年行动者要求重新确认社会问题——譬如青年女权主义者强调性别歧视、支配和压迫的存在——要求政府政策革新，这类行动经过公共空间的舆论传播之后常常产生较大的社会影响，因而，政府需要超越传统基于"利益"视角思考和应对社会行动的治理模式。青年通过街头表达的方式传递他们对公共事务的态度屡见不鲜，例如，2015年在广州市地铁站翻新改造工程中，一位中学生认为该项工程存在浪费问题，而且破坏了地铁站的原有特色，他在地铁站举起反对牌，寻求乘客签名，反对该项工程，得到了不少人的响应，最后地铁公司作出妥协，表示将仅对存在安全隐患的部分进行改造，并且后续改造

将征求社会意见。

第三种常见的街头表达形式是近年来中国日益增多的"邻避运动"以及背后的青年参与。"邻避运动"近年来频频发生,例如2014年爆发的广东化州市丽岗镇及附近部分民众反对在该镇建设殡仪馆的500多名民众聚集事件,以及浙江杭州余杭区因抗议规划中的中泰垃圾焚烧项目爆发的5000余名居民聚集事件。显然,"邻避运动"是一种公共政治的参与形式,是公众对同自身利益休戚相关的地方公共事务的情绪表达和行动方式。有研究表明,在国内许多城市爆发的"邻避运动"背后,存在大量碎片式青年政治参与模式。在互联网时代,突发事件背后是信息传播内容的碎片化、传播主体的去中心化、受众注意力的碎片化及信息平台的碎片化,而青年是信息传播的主力,数次"邻避运动"事件发酵过程中大量不实信息的传播是经由青年群体碎片式参与的结果。

三 中国青年参与公共事务的动力机制和特点

鉴于青年参与公共事务对实现国家发展、社会进步、民族复兴的重要作用,研究他们为何以及如何参与公共事务具有重大意义。青年参与公共事务的动力机制包括外生动力和内生动力。外生动力包括经济推动、社会期望、制度激励以及组织支持四个方面;内生动力包括利益观念、人格特质、责任意识以及发展预期四个方面。青年参与公共事务的特点包括参与热情越来越高涨、参与议题越来越宽泛、参与手段越来越网络化、参与组织化程度越来越高、参与绩效越来越好五个方面。青年参与公共事务的特点是参与动力机制的外在反映。

(一)青年参与公共事务的动力机制

青年参与公共事务的动力机制包括内生动力和外生动力两方面。外生动力包括经济推动、社会期望、制度激励以及组织支持四个方面;内生动力包括利益观念、人格特质、责任意识以及发展预期四个方面。两者相互影响,外生动力为内生动力提供生长土壤,内生动力反过来强化外生动力。内生动力和外生动力共同构成青年参与公共事务的动力机制。

1. 外生动力

经济推动。经济因素是外生动力的主要动力。从权利角度看，改革开放以来，党和国家的工作重心由阶级斗争向经济建设转移。十三大报告提出建设社会主义市场经济，十八届三中全会明确市场在资源配置中起决定性作用。与市场经济的繁荣发展相伴随的是民众权利意识的觉醒，参与公共事务越来越成为民众，尤其是充满变革精神的青年群体的迫切要求。从事务角度看，与过去公共事务简单化不同，市场经济的繁荣发展带来公共事务领域的复杂化，加之各公共事务领域与民众的日常生活密切相关，因此参与公共事务成了民众日常生活的重要组成部分。

社会期望。党的十九大报告提出"青年兴则国家兴，青年强则国家强。青年一代有理想、有本领、有担当，国家就有前途，民族就有希望。中国梦是历史的、现实的，也是未来的；是我们这一代的，更是青年一代的。中华民族伟大复兴的中国梦终将在一代代青年的接力奋斗中变为现实。全党要关心和爱护青年，为他们实现人生出彩搭建舞台。广大青年要坚定理想信念，志存高远，脚踏实地，勇做时代的弄潮儿，在实现中国梦的生动实践中放飞青春梦想，在为人民利益的不懈奋斗中书写人生华章！"从这段话可看出，党和国家对青年寄予的强烈厚望，把国家的未来、民族的复兴都寄托在了青年身上。不仅在十九大，习近平总书记还在众多场合表达了对青年的寄托，勉励青年脚踏实地、砥砺前行。

制度激励。21世纪以来，党和国家逐渐意识到在国家发展中民主政治建设的重要性。十六大报告提出建设社会主义民主政治要坚持党的领导、人民当家作主和依法治国有机统一。15年后，十九大报告继续坚持三者有机统一。15年间，党通过完善和创新一系列民主制度来推进民主政治建设。如：人民代表大会制度、多党合作制度、基层群众自治制度得到不断完善，越来越多的社会成员开始参与到政治生活中，尤其是具有权利和责任意识的青年群体。青年群体通过参与公共事务表达自己的利益诉求以及发展期望。

组织支持。党和国家对青年寄予了强烈愿望，不仅体现在思想层面，还体现在组织支持上。为鼓励和引导青年参与公共事务、为社会建设添砖加瓦，党和国家形成了以共青团中央为核心，以全国青联和全国学联为主要力量的青年参与公共事务的组织体系。依靠组织支持，大型项目得以有效开展。以共青团

中央、教育部、财政部及人力资源和社会保障部联合组织实施的"西部计划"为例，据统计，2003年到2015年，全国项目累计选派了16万多名高校毕业生到中西部地区开展志愿服务，地方项目累计选派了4万多名青年志愿者。这些青年志愿者主要从事基础教育、农业科技、医疗卫生、基层社会管理、基层青年工作、服务新疆和服务西藏等工作。

外生动力的四个方面——经济推动、社会期望、制度激励以及组织支持的逻辑近似于观念经过组织载体，付诸实践的逻辑。经济推动培养了参与意识。与经济发展潮流相适应的社会期望，体现在党和国家层面则是创造制度和组织条件，为青年参与公共事务提高外在可能性。

2. 内生动力

利益观念。利益包括个人利益和公共利益两方面。计划经济体制下，集体利益被无限放大，个人利益得不到保护，民众参与公共事务更多地出于响应党和国家的号召。改革开放以来，随着社会主义市场经济的确立，法制建设不断完善，个人利益逐渐受到保护。民众参与公共事务更多地出于公共事务本身的二重性，即公共事务不仅包含"公共性"还包含"私人性"，参与公共事务不仅有利于实现和维护公共利益，而且有利于实现和维护个人利益。以2014年中国青少年研究会的一份关于青年在网络上的关注议题的报告为例，该报告显示，青年最关注物价问题（22.5%），其次是住房（21.3%）、教育（20.8%）和就业（15.7%）问题，而医疗和安全方面，青年关注较少。从该报告可知，青年参与公共事务更多的是因为公共事务与他们自身的生存发展密切相关。但不可因此否认，青年参与公共事务未曾不考虑到公共利益。换句话说，青年参与公共事务能很好地实现公共利益与个人利益的平衡。

人格特质。不同于中老年的保守主义、务实精神、方润圆融，青年充满着理想主义、浪漫色彩、批判精神，甚至不时带有愤世嫉俗的情感。这样的人格特质，使他们容易不满足于现状，希望挑战现实、改变现状。因此，综观国内外，总能看到青年在社会变革中的身影，如戊戌变法、五四运动、五月风暴、美国60年代学生运动。类似的例子数不胜数。大部分青年心中有着关于完美社会的构想，以此来观照社会，确定自己在社会中应该采取何种行动。从另一个角度看，不管社会是否真的需要改变，青年总能找到改变社会的理由。

责任意识。青年具有强烈的使命感和责任感，有着"先天下之忧而忧，后天下之乐而乐"的情怀，这使他们更具利他主义精神，希望在公共事务参与中去实现个人的人生价值。从历史视角看，青年向来有社会担当、理想信念、爱国主义情怀。自中共成立起，青年就在中共带领下为民族独立和解放而努力奋斗。在改革开放事业中，青年为国家的富强而努力奋斗着。同样，在新时代中国特色社会主义时期，青年也为实现两个百年目标而努力奋斗。

发展预期。青年正处在人生的黄金时期，他们在心理状态、生活状况和社会地位等方面还尚未定型。与中老年的保守价值观不同，青年有着强烈的变革冲动，有着"争"的精神。从不同的青年阶层来看，底层青年希望解决与衣食住行紧密相关的问题，中层青年希望获得满足发展的需要，更多关注教育问题，而高层精英青年则希望积极参与国家政治生活。

内生动力的四个方面——利益观念、人格特质、责任意识以及发展预期，有着各自的扮演角色。利益观念是内生动力的主要动力，其他三个方面是辅助动力。

（二）青年参与公共事务的特点

青年参与公共事务的特点是参与动力机制的外在反映。青年参与公共事务的特点包括参与热情越来越高涨、参与议题越来越宽泛、参与手段越来越网络化、参与组织化程度越来越高和参与绩效越来越好五个方面。

（1）参与热情越来越高涨。青年参与公共事务热情高涨现象可由动力机制解释。党和国家对青年寄予了强烈期望，视青年群体为实现两个百年目标的重要力量，并通过制度和组织支持青年参与公共事务；愈加繁荣的市场经济推动青年更加主动地参与到公共事务中；加之，青年的利益诉求、理想主义、责任意识和变革要求，共同助推着青年群体的参与热情。从历史的角度看，青年逐渐从消极参与转向积极参与。

青年参与热情既有理性的成分，也有感性的成分。从年龄角度看，年龄较长的青年具有一定的社会经验，在参与公共事务时，相比与年龄较小的青年更具理性。从职业角度看，青年知识分子群体的理想主义色彩更浓，思考问题容易脱离实际，进而在公共事务参与中容易走向情绪化；相反，从事社会工作的青年群体，尽管也具有理想主义色彩，但他们在参与公共事务时更加理性。

（2）参与议题越来越宽泛。市场经济不仅培育了青年的权利意识，而且增加了社会生活的复杂性，青年的社会生活变得越来越多样，利益诉求变得越来越多元；加之，党和国家鼓励青年参与各类公共事务。因此，青年可以并能够参与的公共事务也变得越来越宽泛。计划经济时期，政治是主要的公共议题，青年参与集中在政治方面，而市场经济时期，政治、经济、文化、教育、医疗、环境等议题都构成青年的潜在参与对象。

青年参与议题的差异性可折射出青年阶层的内部差异性，即不同青年阶层关注的公共议题不同。底层弱势青年关注与衣食住行有关的议题；中层青年思考如何更好地发展自己；高层精英青年关注如何在公共事务中更好地实现自我价值。不同青年阶层关注的侧重点是相对的，存在因人而异的现象。

再者，尽管青年参与议题越来越宽泛，但这些议题多与社会、经济领域有关，而在政治领域内，则存在参与数量不足、参与质量不高的问题。高层精英青年占青年群体比例小，可部分解释个中原因，但追本溯源，此现象与时代背景有关。改革开放以来，经济建设成为党和国家的最优先选项，为此市场经济得到高速发展。随着市场经济发展的深入，社会生活愈加多样，青年的可选择机会越多，物质欲望愈加膨胀；再者，青年面临着学习、就业、婚姻等多重压力，导致无暇关注与自身日常生活关联性不强的政治事务。因此大部分青年越来越关注社会、经济议题，而忽视政治议题。

（3）参与手段越来越网络化。互联网时代的到来，民众参与公共事务的方式从单一的物理空间参与过渡到二元的物理空间和虚拟空间并行参与，并且虚拟空间参与呈现越来越繁荣的局面。究其原因，主要包括党和国家对公共事务参与手段网络化的支持和网络自身优势两方面。就党和国家角度看，大多数政府早已提出电子政务发展战略，即充分利用互联网，实现提供公共服务的网络化。政府提供公共服务的网络化也意味着民众参与公共事务的网络化。就网络自身优势看，民众几乎可以在任何时间、任何地点通过互联网获取他想获取的任何信息、表达他想表达的意见、参与他能参与的事务。

值得关注的是，参与途径网络化在一定程度上弥补青年物理空间政治参与的不足。物理空间政治参与需要较大成本，而网络政治参与克服了物理空间政治参与的缺陷，青年可随时随地地参与，可自由发表意见、表达诉求。相比于物理空间参与，青年公共事务参与网络化还可产生其无可比拟的巨大影响。

（4）参与组织化程度越来越高。相比于个人参与公共事务所产生的微小影响，组织化参与因组织的资源优势而能产生较大的效果。组织化参与分为自发进行的组织参与和指导进行的组织参与。自发进行的组织参与依据借助途径差异可分为物理空间组织参与和虚拟空间组织参与。指导进行的组织参与，指导者往往是共青团等公共机构。其指导目的既在于突出自身在青年社会组织中的核心定位，又在于加强对青年社会组织的监督。

参与组织化水平越来越高，并不意味着组织的持续存在。组织根据参与议题的特殊性决定其是否是临时性组织或者持续存在性组织。由突发公共事件引发的青年公共事务参与可能形成临时性组织。

（5）参与绩效越来越好。社会各方面对青年的高度重视，促使青年公共事务的参与绩效明显提高。从个体青年看，以人才引进计划为例。全国各级政府，无论是中央政府还是地方政府几乎都争相出台人才引进计划，以吸引青年才俊加入公共部门，服务于公共事业。类似的还有大学生村官项目、援疆计划等。从青年组织看，以青年志愿组织为例，民政部、共青团等支持鼓励志愿服务事业，推动志愿组织快速发展。《中国志愿服务发展报告（2017）》提到，据全国志愿服务信息登记系统统计，2016年底，全国志愿服务团体287516个；截至2017年6月，志愿服务团体增长到342065个，其中青年志愿服务组织占的比重高达62.11%。

与青年参与公共事务的各动力要素彼此不是孤立的一样，青年参与公共事务的五个特点彼此也不是孤立的，而是相互联系，相互促进的。再者，五个特点中，参与手段网络化是主要特点，其他四个则是次要特点。

青年参与公共事务之所以呈现这样的特点，其原因既有青年群体自身的特质也有外部环境的影响，大致来说，主要有以下几个方面。

第一，青年群体对政治体制内参与极富热情。西方发达国家在经济高速发展、社会急剧转型的过程中，伴随着的是"政治冷漠"和选举冷漠现象。尤其是青年群体逐渐从体制内政治参与转向体制外政治参与，越来越多的青年群体通过新的社会机制表达政治意愿。但是相比来说，中国的青年群体对"体制内"的政治参与热情，以及通过党和国家体制内渠道参与公共事务的意愿更为强烈，而且有不断增强的趋势。青年群体除了对参加人大代表选举和政协制度表现出极大的热情，而且在党的全国代表大会和各级党代会中的角色显著。社会调查显示，中国共产党和中国共青团目前仍是当代中国青年最有吸引力的政治组织，青年积极参与各级人民代表大会和政治协商会议，参与各级党和政府公共政策和青年政策的决策，也是青年政治参与的突出特点。中国共产党的领导这一中国特色社会主义的本质特征，广大青年群体对此十分清醒。据统计，2200多名十八大代表的平均年龄为52岁。其中35岁以下的114名，占5%，比十七大时提高1.9个百分点。十九大召开前夕，根据中组部有关部门公布的数据，十九大党代表中当选代表平均年龄为51.8岁，其中45岁以下青年代表共424名，比十八大增加25名，占18.5%。这背后，除了中央和各级党委重视青年、关心青年以及在政治建设中有意吸纳青年外，也显示出青年群体高度的政治自觉和向执政党积极靠拢的意志和决心。

第二，青年偏爱社会治理型参与。传统参与渠道虽然从参与性质上更能体现青年参与公共事务的政治性，更有利于青年参与到社会发展的规则制定，但是显然现有政治体制和结构功能系统所能提供的参与机会和渠道是十分有限的，不能够满足广大青年群体的参与广度和多元需求。社会组织和专业队伍的兴起为广大青年参与广泛的公共事务提供了新的舞台和形式，尤其是使青年群体的眼光从聚焦于政治事务转向社会治理，从相对高大上的政治领域转移到服务于社会公益的社区服务领域。治理型参与成为中国当下青年群体参与公共事务的重要形式。

从经验观察可知，青年个体和青年组织的活动主要集中在"社会"领域，很少直接以"政治"为目标，这使中国的青年政治参与不同于大部分西方发达国家和一些转型中的发展中国家。但是又务必要认识到，这种社会治理型的青年参与，从长效来看，也势必将产生深刻的政治效用。这是由于绝大多数青年的社会参与行为和社区治理行动指向了社会生活的具体问题，属于政府政策实施的必然构成部分，其行为不仅动员了社会其他群体关注某类公共议题，同时也塑造了公众参与公共生活的政策空间，激发了公众公益行为的活力，而且最终将不可避免地触及政府对公益活动的管理以及社会问题的治理而具有潜在的政治影响。例如在一些案例中发现，随着青年社会组织（尤其是青年自运行的社会组织）的成长与发育，它们会进一步要求社会组织管理的政策优化，包括在监管规范、税收优惠等方面通过媒体表达他们的不满以及相应的意见和建议，当青年社会组织发现某些问题的解决必须在政策层面作出改变时，他们必然转而寻求制度更新。在这个意义上，同政治权利导向的参与比较，社会治理型的参与实际上具有同样不可忽视的政治参与效能。

第三,中国青年参与公共事务的方式相对比较理性。21世纪初期以来,在苏联和中东北非地区爆发的"颜色革命",演变成为以和平的非暴力方式进行的政权更迭运动。2013年以来,我国香港地区接连发生的"占中"运动与旺角特大暴乱事件,无论从动员机制、组织手段还是政治影响来看,均与"颜色革命"高度相似。在香港"占中"运动中,青年群体利用反侦察软件开展抗议活动。受益于网络技术的全球性和开放性,各种境外势力也得以介入别国的街头运动,由此带来的非理性政治参与对执政安全的威胁比以往任何时候都要严峻。但是相比较这些国家和地区,中国内地青年对公共事务的参与更加理性化。

第四,技术因素正在加速改变青年参与公共事务的形态和质量。根据青年参与公共事务的经验,包括网络在内的新技术和大众媒介的使用对青年的认知和行为起到重要的引领作用。越来越多的研究表明,互联网的普及尤其是移动终端技术的发展,促进了青年群体参与公共事务的意愿,提高了青年群体参与公共事务的能力。有研究表明,传统媒介接触强度和信任程度可以显著正向影响青年群体总的公共事务参与意愿,但社交媒体等新技术和新媒介,其接触强度和信任程度则可以有效加强其行动能力,改善其参与公共事务的质量。这对于青年参与具有双重含义,一方面,政府应在继续发挥传统主渠道作用的基础上,充分利用各种资源与优势,进一步拓宽公共参与空间,创新参与模式,为青年公共参与提供更多的机会与形式。另一方面,要加强对青年公共事务参与的理论与实践指导,保证青年参与过程中技术手段同公共目标的一致性,要使青年群体在合理反映不同利益诉求的意愿要求的同时,避免青年公共参与的盲目性、突发性,要形成运行有效的引导、疏通机制和对于青年群体参与有关突发事件的干预能力。

四 关于进一步完善青年参与公共事务的建议

(一)将完善青年参与国家和社会公共事务提升到国家战略高度

青年兴则国家兴,青年强则国家强。应将完善青年参与国家和社会公共事

务纳入全面学习贯彻党的十九大精神和习近平新时代中国特色社会主义思想之中，着眼实现两个一百年奋斗目标、实现中华民族伟大复兴中国梦，充分汲取国际国内正反两方面经验教训，将完善青年参与国家和社会公共事务作为落实《中长期青年发展规划（2016~2025）》的重要内容，为青年更好地参与国家和社会公共事务创造条件、提供便利，支持鼓励青年在推动经济社会发展、巩固广泛的爱国统一战线、夯实国家政权的基层基础、促进社会进步与和谐稳定方面发挥积极作用。

（二）充分发挥共青团的桥梁纽带作用

继续全面深化改革，扎实做好"去四化、增三性"工作，旗帜鲜明、理直气壮地树立共青团在青年中的引领示范作用，使共青团更好地代表和维护青年权益，更好地为青年参与提供平台，更好地促进青年健康成长。要想方设法扩大共青团在青年中的权威性、凝聚力和号召力，树立青年导向和示范作用。一是扩大工作覆盖面。不仅要做好机关、高校、社团的青年参与，还要扩大到农民工、外来务工人员、街道社区以及"两新组织"中，更要加强农村团组织建设，将共青团工作与乡村振兴战略等有机结合。二是要提升工作凝聚力。创新团组织活动机制，建立直接联系青年的常态化工作机制，紧紧扭住维护青年合法权益这个关键，从看得见、摸得着、见实效的具体问题着手，协助解决青年群体最为关心的实际问题，让广大青年时时刻刻感受到温暖。三是要激发内生活力。结合青年的思想实际和生活实际，丰富青年参与的方式方法，善于运用新机制、新手段、新办法来提高青年参与的主动性和热情度，使共青团真正成为青年参与的"必由之路"。四是要切实做好"代言人"。充分发挥共青团系统人大代表和政协委员在参政议政、建言献策等方面的作用，加强针对青年群体的调查研究，及时反映青年关注的热点问题和相关诉求，针对涉及青年利益的重大问题敢于发声、针对损害青年权益的事情敢于亮剑，努力使青年权益在全社会利益格局大盘子中得到尊重和体现。

（三）不断拓宽青年参与的渠道

要支持青年广泛参与党委政府重大决策、人大相关立法、政协相关提案的意见征求工作，在专题协商会、听证会、书面征询、政策评估等形式中，为青年参与留出一定空间。要支持青年专家学者和优秀人才发挥专业优势和智库作用，通过深度调研提出高质量的决策咨询意见。要建立广泛便捷、规范有序的青年网络参与机制，充分保障青年通过网络参与国家和社会公共事务的权益，运用法治化手段规范青年网络参与的言行，建设好维护好青年网络参与的良好秩序。同时，还应不断探索创新青年参与的渠道建设和平台建设，既鼓励青年与有关机构和部门开展"面对面"的交流，也支持青年之间开展"心与心"的互帮互助，不断挖掘青年参与潜能，有效释放青年参与能量，逐步形成多层次、全方位的青年参与体系，从而满足青年日益增长的公共参与诉求。

（四）积极营造良好的青年参与环境

注重培养青年理性参与国家和社会公共事务的思想意识，通过多种方式开展相关培训活动，从思想观念上帮助青年掌握法律政策，熟悉党史、国史、中国文明史，了解党政职能和运行机制，特别是党的十八大以来发生的历史性成就和历史性变革，使"四个自信"入脑入心。积极改善创业就业环境，制定相关优惠政策，鼓励青年自主创业、灵活就业，切实做到在政策上有支持、资金上有帮扶、能力上有提升、服务上能到位，形成支持青年创业就业的长效机制。鼓励青年参与社会公益事业，主动到艰苦落后地区从事教育、扶贫、环保等社会公益活动，在奉献社会、书写大我中实现人生价值，积极宣传其中的先进事迹和光荣典型，提高社会关注度和影响力，让青年志愿者活动形成鲜明的价值导向，并蔚然成风。

（五）切实发挥工会、妇联等其他群团组织引导青年参与的作用

要改变扩大青年参与只是共青团一家之事的成见，推动工会、妇联等切实发挥引导所联系青年积极参与国家和社会公共事务。一方面，应让青年充分认识到工会、妇联在拓宽参与渠道、保障切身权益等方面的积极作用，善于通过工会、妇联等渠道平台扩大参与、促进协商、化解矛盾。另一方面，工会、妇联等群团组织更应积极作为，畅通参与机制，增设参与平台，通过各种方式引导青年职工、女青年等参与政治、经济、社会和文化活动。特别是要积极创造有利条件，提高青年劳动者特别是青年农民工的素质，加大对生产技能、文明

生活等方面的教育培训力度，制定适当的补贴政策，方便这些青年群体更方便、更充分地融入城市生活各方面。

（六）着力加强对青年社会组织的引导规范

针对已在政府相关部门登记注册的青年社会组织（包括社会团体、民办非企业、基金会）和未经审批自发成立的青年自组织，应有针对性的分类施策，建立综合有效的引导规范机制。要发挥群团组织在社会组织体系建设中的枢纽作用，支持群团组织通过项目合作、委托实施、购买服务等整合使用公共资源，培育和扶持青年社会组织健康发展。共青团应加强和青年社会组织、青年自组织的"无缝对接"，加强工作指导和服务管理，通过有益、有趣、有机的联系，及时了解社会组织信息动态，及时反映其意见诉求，有效搭建参与平台，引导青年社会组织、青年自组织积极有序参与国家和社会公共事务。在适当时候，鼓励群团组织将发展比较成熟、具备一定社会影响力的青年社会组织、青年自组织的负责人吸收进来，使他们为我所用，从而影响带动更多青年、推动青年参与广泛深入开展。同时，还应通过骨干力量培训、新青年领袖训练营等，加大对青年社会组织、青年自组织承担重点公益项目的支持力度，使其在承接政府购买公共服务、参与社会公共事务中更好地展示青春风采。

（七）依法维护青年合法权益

积极主动参与国家和社会公共事务是青年参与的重要内容，依法维护青年合法权益也是青年参与的有机组成部分。在维护青年合法权益方面，要发挥党委政府的主导作用，不断维护青年权益的法治环境。共青团要切实履行自身职能，积极构建组织化、机制化维权管道，确保青年维权工作依法有序、优质高效开展。同时，还要规范和提升青年自身权益意识和维权能力，加大青年普法力度，增强青年运用法律武器维护自身权益的自觉性，使青年既善于运用法治方式维权，又保障自身能够在法治渠道表达权益诉求。推动青年积极参与和自身权益密切相关的公益事业和社会公共事务，在社会大熔炉中提升维权意识和能力水平。完善青年社会保障，提升青年社会保险的参与范围和层次水平，不断健全和完善特殊青年群体的社会兜底机制。

（八）进一步加强党对青年参与工作的领导

党要进一步加强和改善对青年参与工作的领导，将青年参与国家和社会公共事务作为新时代做好青年工作、健全社会主义协商民主、巩固党的执政基础和群众基础、维护国家长治久安的重要内容，在战略上高度重视，纳入重要议事日程，研究解决相关重大问题，适时发布有关保障政策。支持共青团在引导青年参与方面发挥重要作用，鼓励工会、妇联等其他群团组织发挥积极作用，坚持统一领导、分类指导，拓宽渠道、把握节奏，扩大参与、发扬民主，引导规范、积极稳妥，切实改进作风，充分发挥党和群众的桥梁纽带作用，为广大青年实现人生出彩搭建舞台，将广大青年始终团结凝聚到党的周围、将亿万青春梦想纳入中华民族伟大复兴中国梦的历史洪流之中。

B.11
中国公民的网络政治参与

孟天广 宁 晶*

摘 要： 互联网为公民参与公共治理提供了更丰富的信息源、更广泛的社会网络、更均等化的参与途径和更具影响力的参与机制，推动着协商民主、参与民主实践。利用系统化调查研究，我们分析了网络社会中网络政治参与的现状、影响因素及其后果。伴随着中国日益具备网络参与的条件，网络政治参与日益多样化，网络政治信息的获取、围观式参与、行动式参与、社交平台参与、问政平台参与多种方式并存。网络政治参与表现出群体性差异，性别、年龄、受教育程度等人口学变量，政治面貌、出国经历、地区互联网渗透率等影响着网络参与的方式偏好。总之，互联网有助于数字民主观念的形成和公民有序参与国家治理。

关键词： 网络 政治参与 数字民主 围观式参与 行动式参与

一 互联网与数字民主

随着通信技术的迅速发展，中国在21世纪迎来了互联网时代。根据中国互联网络信息中心（CNNIC）发布的报告，截至2017年底，中国网民规模已达7.72亿，互联网普及率达到55.8%。①伴随着整个社会的日益网络化，互

---

* 孟天广，清华大学社会科学学院政治学系副教授；宁晶，北京大学政府管理学院博士生。
① 中国互联网络信息中心：《2018年第4次中国互联网发展状况统计报告》，http://baijiahao.baidu.com/s?id=1591258144487675180&wfr=spider&for=pc。

联网的普及对转型中国的政治和社会生活带来了革命性影响,前所未有地推动着中国政治文明的发展。与此同时,互联网的不断普及,使其成为民众追求话语权实现、引发社会关注以实现利益诉求的重要方式,对中国的国家治理带来了重要影响。在全世界信息通信技术(ICT)迅速发展的环境下,全球政府大力推动互联网信息技术的发展,将其作为国家治理的重要工具。互联网与政治的关系也逐渐成为网络政治学研究的焦点。

现有研究大多乐观地预期互联网普及必然带来"数字民主"(Digital Democracy)[1],即信息技术帮助公民克服时间、空间上的限制,使政府治理更加民主[2],公民也因此掌握更多的知情权、政治知识,更加积极地参与政治。互联网为公民创造了积极参与公共治理的创新途径。互联网具有开放性、及时性以及匿名性的特征[3],公民能够利用互联网更加容易地获取政治信息和参与政治事务[4],大幅刺激了网络行动主义(Internet Activism)。由技术产生的开放化效应几乎有无限的潜能[5],互联网使公民与政府的直接双向互动成为可能,为公民的政治参与提供了新的手段和路径,这为直接民主、协商民主带来了新元素。大量实证研究已经表明,互联网对公民政治参与有显著的促进效应,被称为动员(拓展)效应(Expansionary Perspective)[6]。

网络民主的悲观主义者认为互联网普及无助于网络政治参与。密集的网络化及网络的娱乐化、商业化会导致公众退出公共治理,疏离于政治生活,引起政治兴趣和政治参与水平的下降。普特南[7]早在《独自打保龄球》中就讨论了

---

[1] B. N. Hague, & B. Loader, *Digital Democracy: Discourse and Decision Making in the Information Age.* Hove: Psychology Press, 1999.

[2] D. Kellner, "Globalisation from below? Toward a Radical Democratic Technopolitics," *Angelaki: Journal of the Theoretical Humanities*, 4 (2), 1999, pp. 101 – 113.

[3] 孟天广、季程远:《重访数字民主:互联网介入与网络政治参与——基于列举实验的发现》,《清华大学学报》(哲学社会科学版) 2016 年第 4 期,第 43 ~ 54 页。

[4] P. Norris, "The Impact of the Internet on Political Activism: Evidence from Europe," *International Journal of Electronic Government Research*, 1 (1), 2009, pp. 19 – 39.

[5] 郑永年、邱道隆:《技术赋权:中国的互联网国家与社会》,东方出版社,2014。

[6] R. K. Gibson, W. Lusoli, & S. Ward, "Online Participation in the UK: Testing a 'Contextualised' Model of Lnternet Effects," *The British Journal of Politics & International Relations*, 7 (4), 2005, pp. 561 – 583.

[7] R. D. Putnam, *Bowling Alone: The Collapse and Revival of American Community*, New York: Simon and Schuster, 2001.

电视、互联网等娱乐方式的出现使美国社会发生了很大的改变。公民不再像过去那样积极参加社团活动，年轻人不再热衷于关心和参加政治生活。M. Hindman 在《数字民主的迷思》一书中对"数字民主"这种网络政治浪漫主义者提出了严肃的挑战，他认为技术是中立的，网络基础结构主要由物理层、代码层、内容层构成，但忽略了网络空间开放度的关键变量——搜索层。① 搜索引擎推动了公众注意力的高度集聚化，但也约束了公民的选择。因此，网络虽然创造了巨量的政治信息，但公民对政治信息的认知仍然是有限的。总之，互联网的"政治化"和"去政治化"同步进展，互联网空间的公共性与娱乐化、商业化趋势日趋明显，无疑对公民的政治参与带来了深刻影响。

总体而言，互联网为公民积极参与政治事务提供了新的手段和路径，为协商民主、参与民主等实践带来了新元素，切实提升了公民参与的水平和深度②，在网络空间推动着广泛的政治参与。③ 互联网通过虚拟链接前所未有地延伸了传统社会的组织和动员方式，进而为虚拟空间的政治参与提供了组织资源。互联网的动员效应，指互联网会使较少使用传统政治参与方式的个体卷入政治过程的现象。对于互联网的动员效应，不同的学者有截然不同的解读。就互联网特性来讲，匿名性弱化了个体的前台行为和后台行为之间的区隔，使后台行为前台化。开放性和低成本性使参与行为变得更加廉价。Farrell 强调了互联网带来的交易成本降低，偏好伪装和同质分类（homophilous sorting）的解释机制。④ 偏好伪装指的是，在互联网上，人们隐瞒真实偏好的冲动得到缓解，更加乐于表达，甚至极端化。同质分类的机制则指出，志趣相投的个人在互联网上结成小共同体的可能性大为提高。

在中国，互联网进入政治过程切实提升了公民参与的方式和水平，然而，不可否认，互联网由于其开放性、匿名性及参与低成本等特性，使公众在网络

---

① M. Hindman, *The Myth of Digital Democracy*, New Jersey: Princeton University Press, 2008.
② C. J. Alexander, & L. A. Pal, *Digital Democracy: Policy and Politics in the Wired World*, Oxford University Press, 1998.
③ 王金水：《网络政治参与与政治稳定机制研究》，《政治学研究》2012 年第 4 期，第 53~60 页；李锋、孟天广：《策略性政治互动：网民政治话语运用与政府回应模式》，《武汉大学学报》（人文科学版）2016 年第 5 期，第 119~128 页。
④ H. Farrell, "The Consequences of the Internet for Politics," *Annual Review of Political Science*, 15, 2012, pp. 35-52.

空间的政治参与有情绪化、极端化趋势。这些现象不仅挑战着政府维护社会秩序的能力，更直接影响着网络参与的质量。本文旨在对中国公民的网络政治参与现状进行系统分析。首先，对转型阶段中国的政府回应性、网络空间的公民表达、互联网与政治参与以及网络政治参与的现有研究进行简要回顾；其次，对现阶段公民网络政治参与的条件，包括公民的网络成熟度、网络介入多样性及深度进行现状分析；再次，对公民网络政治参与的不同形式：网络政治信息获取、围观式参与与行动式参与、社交平台参与、网络问政平台参与的群体差异进行实证上的检验；最后，本文探究了公民网络政治参与的政治后果，检验了公民网络政治参与的两大影响，即对数字民主观念的形成和网络回应性进行分析。

为了对中国公众的网络政治参与进行系统、全面分析，我们采用清华大学数据治理研究中心设计的"2015年中国城市治理调查"数据。该调查是中国首次就城市治理开展专题调查，系统采集了人口学变量、社会经济变量、政策偏好和政府评价、公众参与和政治态度等变量。该调查于2015年6~8月在全国范围内对18~70岁的人口实施调查，调查采用"GPS辅助的区域抽样"与分层多阶段相结合的抽样方法随机抽取代表性样本。调查共采集了来自全国24个省级单位和50个城市的5525个样本，完成样本3513个，完成率为63.6%。

二　互联网驱动的网络政治：公民网络参与、意见表达与政府回应

（一）互联网、虚拟公共空间与意见表达

进入大数据时代，网络成为公民表达政治意见、政策偏好的新生空间。众所周知，网站、博客、微博等网络化平台成为公民表达政治观点、态度和政策偏好的重要载体。公众通过网络渠道表达自身诉求相比于正式渠道有着极大的优势：第一，网络空间具有开放性，为创制政治议题提供了条件。虽然有学者强调中国政府对网络实施严密的审查[1]，但网络渠道仍是报道社会敏感问题最

---

[1] G. King, J. Pan, & M. E. Roberts, "How Censorship in China Allows Government Criticism But Silences Collective Expression," *American Political Science Review*, 107 (2), 2013, pp. 326-343.

有潜力的媒介，网络传媒也通过对标题、内容等编辑吸引公众注意，在议题创造和议程设置上意义重大。第二，网络空间便捷和廉价的特性有助于提高公众政治参与。匿名发言为公众参与政治过程提供了技术支持，网络社群助力社会信息的即时传播，参与成本的降低也有助于扩大参与政治的范围。[1]

随着公众利用网络空间表达意见频率和深度的发展，互联网作为可能的"信息源、交流媒介和虚拟的公共领域"，有助于公众进一步了解难以获知的公共政策议题，进一步提高公众的交流能力，同时有利于提高在线议题团队政治参与的潜能。[2] Hassid 和 Brass 发现网络参与对实际政治行为的影响存在"安全阀"和"高压锅"两种效应，前者可以消除潜在社会不稳定，后者则酝酿着激进行为。[3] 大量中国公民通过线上平台或者 BBS 针对多个政策领域发表自己的看法，中国政府也非常关注网络公共舆情。他进而发现中国政府的舆情治理策略是与集体行动相关而不是批评政府的网络表达更容易被审查。有学者抽取天涯论坛 2008 年 2 月 1 日的 73 个帖子及其回帖，将帖子分为理性回帖、分析性回帖、争论性回帖以及批评性回帖，并且通过反应时间、处理时间、处理结果三个指标观察这些发帖及回帖，发现中国政府面对网络意见反应时间、处理时间缩短，显示出政府回应性不断增强的趋势。[4]

概括起来，互联网为公民参与公共治理创建虚拟公共空间的机制主要有三种：一是工具说。一般认为网络为公民提供了廉价的、隐蔽的参与工具，其便捷性、隐匿性、开放性等特征大大扩展了公民参与范围的广泛性，降低了政治参与的风险，提升了参与主体的平等性，在推进自由言论上有着强大的作用。二是信息说。认为网络为公民提供了数量更多、更开放、形式更丰富的信息源，使公民能够获得和扩散政治信息，也更有兴趣获得更多政治信息以进行政治参与。比如网络社交媒体就提供了一个很好的信息形成、分享和扩散的平

---

[1] 李松林：《政府回应性框架下的网络问政及治理思路》，《长白学刊》2013 年第 2 期，第 71~75 页。

[2] R. K. Polat, "The Internet and Political Participation: Exploring the Explanatory Links," *European Journal of Communication*, 20 (4), 2005, pp. 435–459.

[3] J. Hassid, & J. N. Brass, "Scandals, Media and Good Governance in China and Kenya," *Journal of Asian & African Studies*, 50 (3), 2015, p. 321.

[4] 韩平、董珏：《网民政治参与和政府回应性研究》，《理论界》2010 年第 2 期，第 24~26 页。

台。2004年的美国总统选举中，新奇和互动式的网络信息在网民主动了解与选举有关的事务中发挥着巨大的推动作用。三是社会联系与动员说。网络空间中各种社交平台和网络活跃人士的存在，启发了"民智"，通过广泛的社会联系来动员网民参与政治活动，甚至促成集体行动。通过对新纳粹主义和激进环境主义论坛的用户研究发现，在线论坛中参与程度高的用户（如在线论坛的使用时间等）对线下运动更为支持，如做志愿者、募集资金以及联系媒体等。

（二）网络政治参与

网络政治参与已经成为公民参与的重要途径。[①] 互联网的特点及影响机制使得网民的网络政治参与行为大量涌现。以上主要对互联网对政治参与的影响进行综述，但网络政治参与与传统的政治参与存在明显的差异。[②] 传统的政治参与文献忽略了互联网政治参与的具体形式[③]，或者将网络政治参与视为本质上不太有意义的话题。[④] 同时，网络政治参与概念和实证的不一致性是导致互联网使用与政治参与的研究仍然处于争论中的主要原因。[⑤] 有研究表明，网络政治参与逐渐构成一个独立的政治行动领域[⑥]，网络政治参与是线下政治参与的补充，即使其并不能完全替代传统政治参与的地位。[⑦]

网络政治参与的表现形式非常多样化，并且在不同群体和议题上有所差异。King等人的研究表明，网络上存在的参与行为大致可以区分为批评政府

[①] K. Mossberger, C. J. Tolbert, & R. S. McNeal, *Digital Citizenship: The Internet, Society, and Participation*, MIt Press, 2007.

[②] 魏娜、袁博：《城市公共政策制定中的公民网络参与》，《中国行政管理》2009年第3期，第82~85页。

[③] J. W. Van Deth, J. R. Montero, & A. Westholm, *Citizenship and Involvement in European Democracies: A Comparative Analysis*, Routledge, 2007.

[④] K. L. Schlozman, S. Verba, & H. E. Brady, "Weapon of the Strong? Participatory Inequality and the Internet," *Perspectives on Politics*, 8 (2), 2010, pp. 487-509.

[⑤] S. Boulianne, "Does Internet Use Affect Engagement? A Meta-Analysis of Research," *Political Communication*, 26 (2), 2009, pp. 193-211.

[⑥] M. J. Jensen, J. N. Danziger, & A. Venkatesh, "Civil Society and Cyber Society: The Role of the Internet in Community Associations and Democratic Politics," *The Information Society*, 23 (1), 2007, pp. 39-50.

[⑦] J. L. Jensen, "Political Participation Online: The Replacement and the Mobilisation Hypotheses Revisited," *Scandinavian Political Studies*, 36 (4), 2013, pp. 347-364.

官员或政策、讨论集体行动的行为。后者有向抗争行动转变的可能性,在20世纪末的东德、东欧和最近的中东都最终演变为"颜色革命"。杨国斌指出,互联网对于中国公民社会的风险评估中应当注意到互联网带来的新的元素。① Borge 等人将网络政治参与分为五个层级:第一层级是获取信息,例如上网等;第二层级是实现交流,例如收发电子邮件、收发社交媒体信息等;第三层级是获取政治方面的互联网服务,包括参与民意测验等;第四层是提供协商场所,如公共论坛、博客等;第五层级是真正的线下政治参与。②

网络政治参与受到不同因素的影响,已有的研究主要探究了以下几种因素对网络政治参与的影响。第一,性别与网络政治参与。早期关于互联网接入和使用的研究发现,女性使用互联网的可能性明显低于男性,并且政治相关媒体使用率较低,③ 网络行动主义将加强男性比女性更大的政治活动。④ 但另一些研究表明女性逐渐更多地利用互联网这种新技术,并将其在线活动的重点放在深化其关系连接上,网络参与中的性别差距有所缩小。⑤

第二,年龄与网络参与的关系。由于年轻人通常在网上参与比较活跃⑥,年龄似乎是一种潜在的动员特征。Vesnic-Alujevic 对欧洲 16 个国家的网民进行了网民在线调查,结果发现年龄和受教育水平对网络政治参与有显著影响。⑦

第三,受教育水平与网络参与的关系。互联网上的政治活动需要能够熟练

---

① G. Yang, "The Internet and Civil Society in China: A Preliminary Assessment," *Journal of Contemporary China*, 12 (36), 2003, pp. 453 – 475.
② R. Borge, C. Colombo, & Y. Welp, "Online and Offline Participation at the Local Level: A Quantitative Analysis of the Catalan Municipalities," *Information, Communication & Society*, 12 (6), 2009, pp. 899 – 928.
③ H. Ono, & M. Zavodny, "Gender and the Internet," *Social Science Quarterly*, 84 (1), 2003, pp. 111 – 121.
④ M. Hooghe, & S. Vissers, "Reaching out or Reaching in? The Use of Party Websites during the 2006 Electoral Campaign in Belgium," *Information, Communication & Society*, 12 (5), 2009, pp. 691 – 714.
⑤ D. Fallows, "How Women and Men Use the Internet," *Pew Internet & American Life Project*, 28, 2005, pp. 1 – 45.
⑥ S. J. Best, & B. S. Krueger, "Analyzing the Representativeness of Internet Political Participation," *Political Behavior*, 27 (2), 2005, pp. 183 – 216.
⑦ L. Vesnic-Alujevic, "Political Participation and Web 2.0 in Europe: A Case Study of Facebook," *Public Relations Review*, 38 (3), 2012, pp. 466 – 470.

地使用计算机，并且具有良好的阅读和写作能力。研究一直将教育作为线下政治参与的分层因素，但各种研究表明，在线政治扩大了教育的重要影响力。① Best 和 Krueger 的研究发现网络技能和参与技能影响着网络政治参与的效果。年轻人由于掌握了网络技能，相比年老者拥有更高的网络介入和网络政治参与的机会。② 但仅有技能缺乏网络参与的动机，也会抵消这种优势。

第四，社会经济状况与网络参与的关系。社会经济状况较好的公民更容易拥有接近互联网的物质条件，也更容易掌握互联网的先进技术。研究表明，更具有社会经济优势的公民往往会更积极地进行网络参与③，而少数民族、农村的公民往往会更少地进行网络政治参与。④

（三）转型中国的政府回应性

政府回应性指政府行为符合公民意见的程度⑤，政府对公民意见的持续回应是现代政治系统的基本特征。⑥ 可以说，政府回应性为我们理解公民与政治间的政治互动提供了重要视角。西方传统研究将选举压力视为政府回应的主要原因，这种假设认为没有选举制度，政府将缺乏回应民众的激励。然而越来越多的研究否认了这一假定。⑦ 在中国，政府官员并非不存在回应公民的政治压力，而是在体制稳定和政治晋升的激励下密切关注着代表性机构、基层调研和网络反映的公民意见。Hassid 和 Brass 通过对肯尼亚和中国的质性比较和对国际报纸关于两国报道的文本分析，发现拥有民主制度的肯尼亚在政策回应意见

---

① K. Mossberger, C. J. Tolbert, & R. S. McNeal, *Digital Citizenship: The Internet, Society, and Participation*, MIt Press, 2007.
② S. J. Best, & B. S. Krueger, "Analyzing the Representativeness of Internet Political Participation," *Political Behavior*, 27 (2), 2005, pp. 183 – 216.
③ S. J. Best, & B. S. Krueger, "Analyzing the Representativeness of Internet Political Participation," *Political Behavior*, 27 (2), 2005, pp. 183 – 216.
④ K. Mossberger, C. J. Tolbert, & R. S. McNeal, *Digital Citizenship: The Internet, Society, and Participation*, MIt Press, 2007.
⑤ A. Roberts, & B. -Y. Kim, "Policy Responsiveness in Post-communist Europe: Public Preferences and Economic Reforms," *British Journal of Political Science*, 41 (4), 2011, pp. 819 – 839.
⑥ R. A. Dahl, *Polyarchy: Participation and Opposition*, Yale University Press, 1973.
⑦ G. Distelhorst, & Y. Hou, "Constituency Service under Nondemocratic Rule: Evidence from China," *The Journal of Politics*, 79 (3), 2017, pp. 1024 – 1040.

方面远较中国迟缓。① 有学者发现中国政府已有意识地利用公民意见数据为社会、经济和外交政策决策提供参考，而且在政策制定时广泛利用社会媒体、网络调查和抽样调查来实时、定期地收集公民对特定政策的意见已成惯例。②

互联网为政府采集、吸纳公民意见提供了创新机制，作为一种非正式制度日益成为政府获取民情民意、响应公民诉求的重要途径。近年来，越来越多的学者开始关注公众通过网络渠道反映意见后政府的回应方式、具体特征、条件与原因。③ 实验研究发现，我国地方政府回应公民诉求具备两大先决条件：第一，公民愿意且能够通过多种渠道表达自己的偏好，互联网提供了非正式意见表达渠道；第二，政府能够接收到公众意见，且愿意将公众偏好整合进入政治决策之中。④ 因此，政府对公众意见的接收是其中的关键环节。政府对正式制度和非正式制度表达之公民意见的回应性存在异质性，地方性国家—社会关系状况决定着两种制度渠道发挥作用的程度。当地方性国家—社会关系良好时，政府会更积极吸纳网络渠道反映的意见和诉求。

三　公民网络政治参与的条件

（一）公民的网络成熟度

公民的互联网利用度不断提高，频率高，表现出较高的依赖程度。图1是中国公众的网络利用状况。问卷中询问了公众是否上网的基本状况，即"您是否上网（不管是通过自己、他人的电脑或手机上网）？"结果表明，60%的

---

① J. Hassid, & J. N. Brass, "Scandals, Media and Good Governance in China and Kenya," *Journal of Asian & African Studies*, 50（3），2015, p. 321.
② P. Thornton, *Retrofitting the Steel Cage: From Mobilizing the Masses to Surveying the Public*. Harvard University Press, 2011.
③ 翁士洪、叶笑云：《网络参与下地方政府决策回应的逻辑分析——以宁波PX事件为例》，《公共管理学报》2013年第4期，第26~36页；孟天广、李锋：《网络空间的政治互动：公民诉求与政府回应性——基于全国性网络问政平台的大数据分析》，《清华大学学报》（哲学社会科学版）2015年第3期，第17~29页。
④ T. Meng, J. Pan, & P. Yang, "Conditional Receptivity to Citizen Participation: Evidence from A Survey Experiment in China," *Comparative Political Studies*, 50（4），2017, pp. 399-433.

公民上过网，只有39%的公民不上网，1%的受访者未回答。这表明，中国网民已经达到了较大规模，中国已经迈入中等信息化社会。

公民上网的途径丰富，利用网络渠道多样化。上网的公民采用手机、笔记本电脑、台式电脑和平板电脑等设备接触网络。其中，手机是公民接触网络的主要设备（86.7%），表明移动网民是中国网民的主要群体。49.7%的公民使用台式电脑接触网络，39.7%的公民使用笔记本电脑上网，只有16.1%的公民使用平板电脑上网。

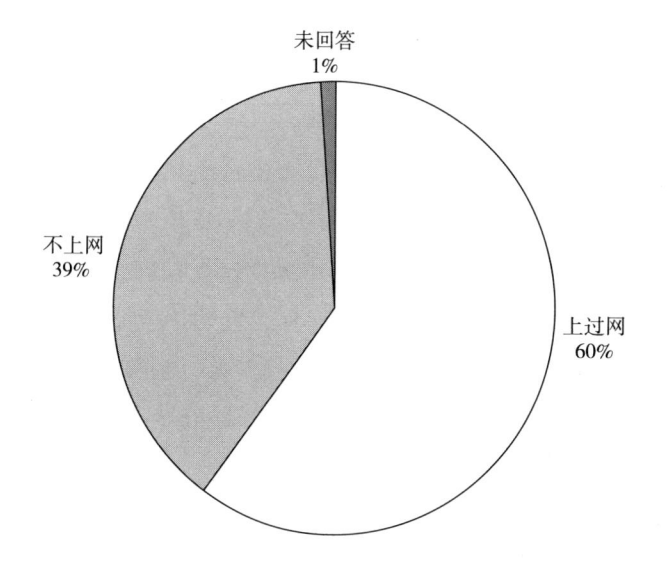

图1 中国公众的网络利用状况

互联网已经成为公众不可或缺的获取信息的途径，网民上网时间长、频率高。表1左侧是中国网民的网龄分布。接近90%的网民的网龄都在3年以上，只有10.41%的网民的网龄在3年以内。大部分网民的网龄在4~9年（52.93%），16.84%的网民的网龄在10~12年，超过了15%的网民的网龄在12年以上。表1右侧是中国网民每周上网天数的分布。结果表明，大部分的网民几乎每天都上网（67.64%），少于3天的网民只占8.32%。7.19%的网民每周上网3天，5.35%的网民每周上网4天，8.47%的网民每周上网5天。这表明，互联网已经成为网民生活的一部分。综上所述，就互联网利用程度、渠道、频率等方面来看，中国公民的网络成熟度较高，为网络政治参与奠定了一定的基础。

表1　中国网民的网龄分布

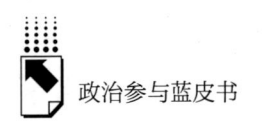

网龄			网络依赖		
网龄（上网年数）	样本量	比例（%）	周上网天数	样本量	比例（%）
3年以内	220	10.41	0	3	0.14
4~6年	548	25.92	1	69	3.26
7~9年	571	27.01	2	104	4.92
10~12年	356	16.84	3	152	7.19
12年以上	330	15.61	4	113	5.35
记不清/未回答	89	4.21	5	179	8.47
			6	49	2.32
			7	1430	67.64
			不知道	15	0.71

（二）网络介入的多样性：个体性介入、集体性介入和商业性介入

随着中国公民网络成熟度的提高，中国网民介入网络呈现出多样性的特征。问卷中询问了受访者使用互联网的行为："过去一周，您上网做过下列事情么？"选项是"收发邮件、浏览新闻、查找资料、上微信/微博等社交平台、与亲戚朋友分享信息、听音乐、玩网游、看电视/电影、看电子书、在网上做生意、在网上购物、在网上炒股"。我们将网络介入分为三种方式：集体性介入、个体性介入和商业性介入。表2呈现了公众网络介入的方式。

集体性介入指公民以群体性介入的方式使用互联网，主要指使用互联网的分享、社交和通信功能。根据这一定义，集体性介入主要包括收发邮件、浏览新闻、查找资料、上微信/微博等社交平台、与亲戚朋友分享信息。集体性介入方式中，浏览新闻是中国公民互联网介入的主要方式（86.61%），其次是查找资料（67.93%）、上微信/微博等社交平台（66.60%）、收发邮件（52.32%），只有21.43%的网民通过与亲戚朋友分享信息介入互联网。

个体性介入指公民以个体化介入方式使用互联网，主要指使用互联网娱乐和资讯功能。根据这一定义，个体性介入主要包括听音乐、玩游戏、看电视/电影和看电子书。个体性介入方式中，看电视/电影是公民介入互联网的主要方式（78.48%），听音乐、玩网游、看电子书的比例分别为69.39%、39.88%和36.71%。

商业性介入指公民使用互联网从事商业行为，主要包括在网上做生意、在网上购物和在网上炒股。大部分受访者公民在网上购物（63.43%），分别只有13.53%和13.86%的受访者在网上做生意和在网上炒股。

总的来说，集体性介入是公民网络介入的主要方式，95.03%的受访者通过集体性的方式介入互联网。其次是个体性介入的方式，86.66%的受访者通过这种途径介入互联网。最后，66.75%的受访者通过商业性的方式介入互联网。公民介入互联网总体上表现出多样性的特征，公民使用多种方式介入互联网中，多种介入方式并存。

表2 中国公民网络介入方式的多样性

网络介入类型	网络介入方式	样本量	比例（%）
集体性介入	收发邮件	1106	52.32
	浏览新闻	1831	86.61
	查找资料	1436	67.93
	上微信/微博等社交平台	1408	66.60
	与亲戚朋友分享信息	453	21.43
	合计	2009	95.03
个体性介入	听音乐	1467	69.39
	玩网游	843	39.88
	看电视/电影	1659	78.48
	看电子书	776	36.71
	合计	1832	86.66
商业性介入	在网上做生意	286	13.53
	在网上购物	1341	63.43
	在网上炒股	293	13.86
	合计	1411	66.75

（三）网络介入的深度

介入互联网的过程中，中国网民应用社交平台呈现出多样化的趋势（见表3）。85.47%的受访者使用微信介入，由此可见微信是中国网民进行社交的主要平台。其次是QQ即时通信和微博分别占比79.01%和43.49%。最后，网民使用网络论坛、人人网、博客等方式进行社交，占比分别为14.01%、13.39%和9.92%。

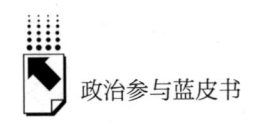

表3　中国网民社交平台的应用状况

网络应用	样本量	比例(%)	网络应用	样本量	比例(%)
网络论坛	295	14.01	人人网	282	13.39
微博	916	43.49	博客	209	9.92
微信	1800	85.47	都没用	134	6.36
QQ即时通信	1664	79.01			

表4是中国网民的网友规模概况。大部分受访者的网友规模为50~100人(26.30%)。只有7.28%的受访者的网友数量20人以内。15.85%的网友数量在20~50人，22.04%的受访者网友数量在100~200人，15.52%的受访者的网友数量在200人以上。对于经常互动的网友，大部分受访者经常互动的网友规模为10~20人（30.37%），其次为10人以内（23.65%）。21.85%的受访者经常互动的网友规模为20~50人，7.24%的受访者经常互动的网友规模为50~100人，只有3.12%的受访者经常互动的网友数量超过100人。综上所述，就网络介入的深度来看，公民介入网络的规模较大、拥有较多的网友、互动频繁。

表4　中国网民的网友规模状况

网友数量(人)	样本量	比例(%)	经常互动的网友数量(人)	样本量	比例(%)
20以内	154	7.28	10以内	500	23.65
20~50	335	15.85	10~20	642	30.37
50~100	556	26.30	20~50	462	21.85
100~200	466	22.04	50~100	153	7.24
200以上	328	15.52	100以上	66	3.12
不知道/未回答	141	6.67	不知道	157	7.43

四　公民网络政治参与的形式与水平

中国公民网络政治参与形式多样化，包括网络政治信息的获取、围观式参与与行动式参与、社交平台参与、问政平台参与。

（一）网络政治信息获取

互联网为公民提供了政治信息获取的重要途径，公民可以低成本地获取海量信息。表5是中国公民了解国内外大事的信息渠道，电视台是中国公民了解国内外大事的主要渠道（80.53%），但互联网已经成为公民了解国内外大事的重要路径，26.15%的网民使用互联网门户网站了解时政信息，22.22%的受访者使用互联网社交平台获取国内外大事。

表5 中国公民了解国内外大事的信息渠道

	样本量	比例(%)		样本量	比例(%)
官方报纸	600	17.18	互联网社交平台	776	22.22
互联网门户网站	913	26.15	杂志	170	4.87
电视台	2812	80.53	总计	3492	100.00

随着Web2.0时代的到来，社交媒体逐渐成为中国网民了解时事政治的重要平台。图2是中国网民浏览社交媒体发布的时政消息的情况。61%的网民浏览过社交媒体发布的时政消息，只有37%的受访者没有浏览过社交媒体发布的时政消息。

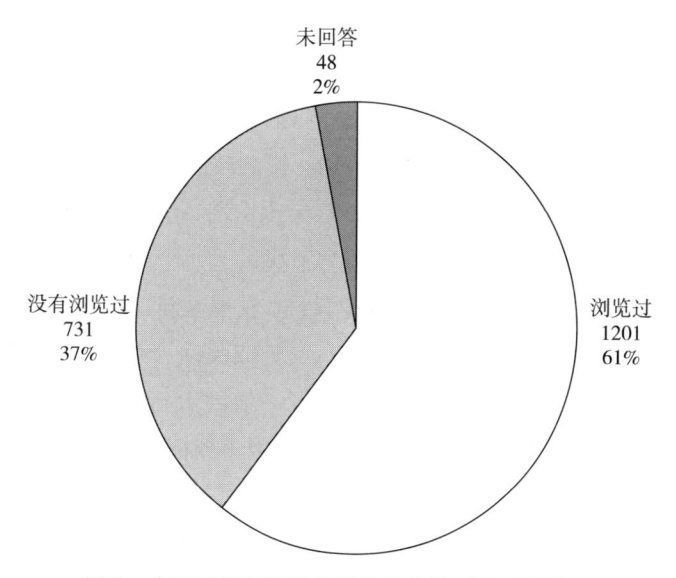

图2 中国网民浏览社交媒体发布的时政消息情况

根据表6，中国网民获取网络政治信息主要集中在国际的重大新闻，20.99%的受访者通过互联网了解国际重大新闻。其次是生态环境问题、贪污腐败案件，分别占比19.61%、14.85%。一些中国网民还通过互联网了解群体性事件（13.80%）和政府政策（13.09%）。只有6.81%的中国网民上网获取有关批评日美言行的信息，7.19%的网民上网获取中国的领导人动态。

表6　中国网民的网络政治信息获取

信息内容	样本量	比例(%)	信息内容	样本量	比例(%)
批评日美的言行	143	6.81	群体性事件	290	13.80
国际重大新闻	441	20.99	贪污腐败案件	312	14.85
领导人动态	151	7.19	生态环境问题	412	19.61
政府政策	275	13.09			

总的来看，互联网已经成为中国网民获取政治信息的重要途径。在政治信息中，网民更关注国际重大新闻、生态环境问题等公共问题，更少关注具体的批评日美的言行和领导人动态等信息。

（二）围观式参与与行动式参与

政治参与是网民上网的重要行为之一。事实上，中国网民对网络时事政治的参与方式按照行为方式可以分为围观式参与和行动式参与。围观式政治参与指公民利用互联网及相关技术虚拟聚集，以话语为主要行为方式，围绕一定的政治事件或议题，展开虚拟集体政治行动，影响政治决策，以实现自身权益与价值的政治活动。[①] 行动式参与与围观式参与相反，指公民利用互联网采取线上或线下的集体行动，进而影响到相关政治决策。

问卷中询问了"一般而言，对于网络时事政治新闻，您是经常、有时、偶尔，还是从不做下列事情"，选项有"点赞或关注、在网上发言/评论、与网友争论/讨论、组织群/论坛/圈子、参与一项网上行动、参与一项实地行动"。本文对以上六个选项采用主成分法实施因子分析（见表8），结果表明点

---

① 陆斗细、杨小云：《围观式政治参与：一种新的政治参与形式》，《当代世界与社会主义》2013年第2期，第109~114页。

赞或关注、在网上发言/评论、与网友争论/讨论是一个维度，为"围观式参与"；组织群/论坛/圈子、参与一项网上行动、参与一项实地行动为一个维度，为"行动式参与"。

表7 中国网民对网络时事政治的参与方式

参与类型	参与行为	经常(%)	有时(%)	偶尔(%)	从不(%)	有效样本量
围观式参与	点赞或关注	16.0	25.8	28.3	29.9	2090
	在网上发言/评论	6.4	18.5	25.7	49.4	2079
	与网友争论/讨论	2.9	12.0	21.2	63.8	2076
行动式参与	组织群/论坛/圈子	1.7	8.6	16.1	73.6	2076
	参与一项网上行动	1.5	5.9	12.0	80.7	2063
	参与一项实地行动	0.8	3.7	8.7	86.8	2058

表8 网络政治参与的因子分析

	围观式参与	行动式参与	唯一性
点赞或关注	0.865	0.123	0.236
在网上发言/评论	0.879	0.268	0.155
与网友争论/讨论	0.739	0.442	0.258
组织群/论坛/圈子	0.501	0.696	0.263
参与一项网上行动	0.267	0.884	0.147
参与一项实地行动	0.137	0.906	0.16
特征值	3.769	1.012	
方差比例	0.628	0.169	
累计方差	0.628	0.797	

注：本文采取主成分法（principal-component factors）实施因子分析，因子负载的估计采用方差极大正交旋转法（orthogonal varimax rotation）获得。

表7是中国网民对网络时事政治参与方式的概况。中国网民对网络时事政治参与方式仍然以围观式参与为主。70.1%的网民曾经对网络时事政治点赞或关注，50.6%的受访者曾经在网上发言/评论网络时事，36.2%的网民曾经与网友就时事政治争论和讨论。而行动式参与中，只有26.4%的受访者组织群/论坛/圈子，19.3%的网友曾经参与一项网上行动，13.2%的受访者参与过一项实地行动。在围观式参与中，大部分网民主要点赞或关注时事政治，16.0%的网民经常点赞或关注，25.8%的网民有时点赞或关注，28.3%的网民偶尔点赞或关注。在

行动式参与中,大部分的网民仍然停留在组织群/论坛/圈子的方式参与政治。1.7%的网民经常组织群/论坛/圈子,8.6%的受访者有时组织群/论坛/圈子。

综上所述,中国网民在网络生活中也逐渐介入到时事政治中,但介入方式主要以围观式参与为主,主要是点赞或关注时事政治。

(三)社交平台参与

随着网络社交平台的发展,网络社交平台成为网民政治参与的重要途径。问卷中询问了网民在社交平台上政治参与的情况,问题为:"您在下列网络空间就时事政治或国家大事发表过评论、点赞或转发吗?"选项主要有"博客、网络论坛、微信、微博、人人网/开心网等"。根据表9可知,大部分的受访者主要通过微信进行政治参与,45.6%的受访者就时事政治或国家大事发表过评论、点赞或转发。24.4%的受访者通过微博进行政治参与。通过博客(4.9%)、网络论坛(5.7%)、人人网/开心网(3.1%)等对时事政治或国家大事发表评论、点赞或转发的情况较少。

表9 网络社交平台的政治参与

	样本量	比例(%)		样本量	比例(%)
博客	96	4.9	新浪/腾讯微博	479	24.4
网络论坛	112	5.7	人人网/开心网等	61	3.1
微信	897	45.6			

(四)问政平台参与

由于社会化媒体主要关注公众的各类意见表达和娱乐需求,涉及面广而集中程度不足,各级政府逐渐设置了网络问政平台以聚焦于公众的诉求表达。中央及各省都开设了主题不同、层级不同的问政平台并且将公众意见纳入政策决策机制。[①]

[①] 孟天广、李锋:《网络空间的政治互动:公民诉求与政府回应性——基于全国性网络问政平台的大数据分析》,《清华大学学报》(哲学社会科学版)2015年第3期,第17~29页;孟天广、郑思尧:《信息、传播与影响:网络治理中的政府新媒体——结合大数据与小数据分析的探索》,《公共行政评论》2017年第1期,第29~52页。

互联网问政平台逐渐成为公民网络政治参与的重要途径。目前，政务微博/和政府网站是公民政治参与的主要问政平台。

网民关注党政部门政务微博/微信仍然较少，只有15.2%的网民关注过党政部门政务微博/微信，甚至7.4%的网民不知道有政务微博/微信（见表10）。关注政务微博/微信的网民中，大部分认为政务微博/微信的内容更翔实（39.1%），35.1%的网民认为政务微博/微信更权威，32.9%的网民认为与政府互动更直接。只有16.5%网民认为政务微博/微信比新闻更好看。

表10 网民关注党政部门政务微博/微信的情况

关注政务微博/微信	样本量	比例（%）
关注过	322	15.2
未关注过	1491	70.5
不知道有政务微博/微信	157	7.4
未回答	10	0.5

与政务微博微信相似，网民关注政府网站的比例也较低。根据表11，只有15.5%的受访者关注过政府网站。但网民对政府网站的知晓度较高，0.1%的网民不知道有政府网站。网民使用政府网站的行为类型多样化，包括多种用途。大多数网民主要关注部门动态、公示、通知等，59%的网民使用政府门户网站关注部门动态。55%的受访者使用政府门户网站查询政策法规/机构/领导信息，22%的网民使用政府门户网站主要使用申请/审批/认证等政务服务。10.4%的网民使用领导信箱、意见反馈、网络举报等互动功能。

表11 网民关注政府网站的情况

关注政府网站	样本量	比例（%）
关注过	327	15.5
未关注过	1625	76.9
不知道有政府网站	3	0.1
未回答	159	7.5

（五）网络问政平台的政治参与：基于大数据分析

随着电子政府实践的进展，网络问政制度及多样化问政平台正在全国兴起，成为公众网络政治参与的创新机制。调查研究发现，我国现阶段存在开放性、覆盖面、回应方式迥异的多类网络问政平台，譬如开放性网络问政论坛、政务网站的互动板块、电话/电视问政、党政机构领导信箱、纪检投诉信箱等。[1] 以影响力最大的人民网"地方领导留言板"为例，该问政平台是开放性、全国覆盖的网络问政平台，2006年创办以来即受到地方政府和公众的广泛关注。据人民网统计，"地方领导留言板"得到各级党政机关和党政一把手关注，山西、安徽等23个省、自治区、直辖市2009年起以"红头文件"形式建立了回复办理人民网"地方领导留言板"留言的固定工作机制，60位省级党政一把手公开回应网民发帖。截至2018年3月，"地方领导留言板"共收集网民意见135万条，其中超过2/3得到政府回应。简言之，网络问政平台成为大数据时代网络政民互动的重要渠道。这部分借助对"地方领导留言板"的大数据分析来阐述网络问政参与的全景图式。

图3呈现了2006年以来网络问政平台的公民诉求表达与政府回应情况。总体来看，2006年以来网民向各级党政领导人发帖表达诉求得到迅猛发展。2008年该平台运行时仅有25033个留言，网民诉求表达在2013年之后更是进入飞速发展期，超过12万网民利用该平台表达诉求，2016年则收到27万个留言。与此同时，政府对网络留言的回应情况得到了极大改观。2008年仅有10%的网民诉求得到政府回应，2009年回应率即超过20%，2013年超过1/3，2016年更是达到74.5%的高回应率。这充分表明，网络问政平台已经成为便捷、高效且有效的政府与社会互动平台。

通过对网民留言的文本分析，表12呈现了2006～2017年公民诉求在13项公共议题上的发帖量及其比例。除了其他议题占18.3%外，市政建设、交通和农村农业三个议题的公共关注度最高，分别占总发帖量的17.77%、13.56%和9.99%；拆迁征地、教育、环境保护等议题的关注度次之，占比各为7%左右；社会治安、贪污腐败、医疗卫生、就业等议题的留言量占比各为3%左右；相对而言，文化娱乐和企业事务占比非常少。简言之，公众在网络

---

[1] 孟天广、李锋：《网络空间的政治互动：公民诉求与政府回应性——基于全国性网络问政平台的大数据分析》，《清华大学学报》（哲学社会科学版）2015年第3期，第17～29页。
Z. Su, & T. Meng, " Selective Responsiveness: Online Public Demands and Government Responsiveness in Authoritarian China," *Social Science Research*, 59, 2016, pp. 52–67.

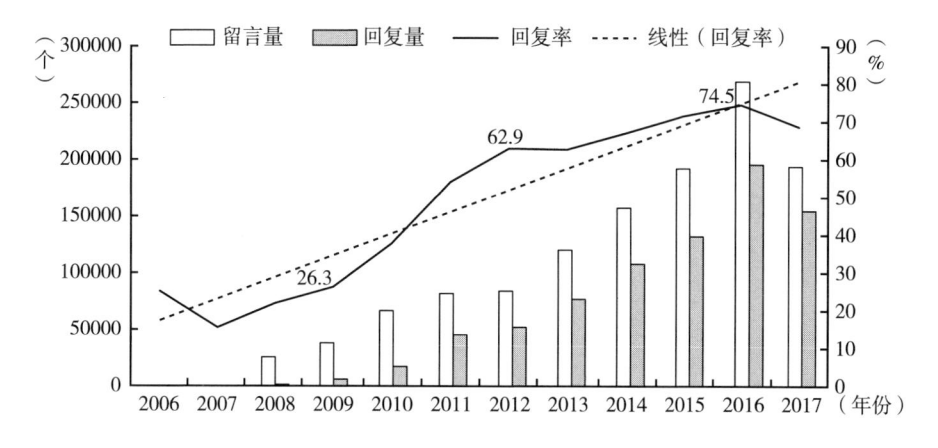

图 3　网络问政平台的公民参与及政府回应

问政平台的意见表达聚焦在民生福利类议题（交通、环境保护、教育、医疗卫生等），也有相当比例留言关注经济利益（农村农业、就业、企业事务等），第三大类议题聚焦在国土建设类（拆迁征地、市政建设）。

表 12　公民网络问政诉求的议题关注分布

	拆迁征地	市政建设	环境保护	医疗卫生	教育	社会治安	农村农业
百分比(%)	8.45	17.77	6.81	2.8	7.6	4.74	9.99
	交通	就业	企业事务	文化娱乐	贪污腐败	其他议题	
百分比(%)	13.56	2.54	1.56	1.90	2.95	18.34	

五　公民网络政治参与的群体差异

（一）网络政治信息获取的影响因素

本文进一步关注网络政治信息获取的影响因素。主要关注年龄、性别、受教育程度、居住地、党员、出国经历、收入、地区互联网渗透率等因素对网络信息获取的影响。根据表13，我们发现网络政治信息获取确实存在巨大且显著的群体差异，我们构建的回归模型解释了6%的信息获取差异。

表 13 网络政治信息获取的影响因素模型

	是否从互联网获取时政信息		网络时政信息获取水平	
	回归系数	标准误	回归系数	标准误
年龄	-0.02***	0.00	-0.01***	0.00
男性(参照类=女性)	0.35***	0.10	0.33***	0.06
受教育年限	0.10***	0.02	0.02**	0.01
城市(参照类=农村)	-0.14	0.12	-0.09	0.08
党员	0.44***	0.16	0.31***	0.10
出过国	0.48***	0.13	0.24***	0.08
Ln(人均家庭年收入)	-0.01	0.06	0.06	0.04
地区互联网渗透率	0.01***	0.00	0.01**	0.00
Ln(人均国内生产总值)	-0.05	0.09	-0.15**	0.06
常数项	0.04	0.99	1.43**	0.67
样本量	2133		2083	
Pseudo R^2	0.0617			
R^2			0.0431	

首先,性别、年龄、受教育程度等人口学变量对网络政治信息的获取有显著影响。年龄越大的网民越不会从互联网获取时政信息,网络时政信息的获取水平也较低。男性比女性更可能通过互联网获取时政信息,网络时政信息获取水平也越高。其次,教育是网络政治信息获取的重要影响因素,经济因素并不是网络政治参与的主要影响因素。受教育程度越高,网民也更可能从互联网获取时政信息,网络时政信息获取的水平也越高。人均家庭年收入和人均国内生产总值无论是对是否从互联网获取时政信息还是网络时政信息获取水平都无影响。

再次,人们的政治面貌和出国经历是影响网络政治信息获取的重要原因。党员比非党员更可能从互联网获取时政信息,党员的网络时政信息获取水平也比非党员的获取水平更高。出国经历对于网络政治信息获取也非常重要,有过出国经历的网民比未出过国的网民更可能从互联网获取时政信息,其网络时政信息获取的水平也更高。最后,地区互联网渗透率对于网络政治信息获取非常重要。如果一个地区互联网渗透率并不高,那么网民也难以从互联网获取政治信息。即互联网渗透率高的地区,网民更容易从互联网获取时政信息,网民的网络时政信息获取水平也更高。

（二）围观式参与与行动式参与的影响因素

本文进一步检验围观式参与与行动式参与的影响因素。表 14 是各项影响因素与围观式参与和行动式参与的回归结果。对于围观式参与，年龄、性别、受教育程度和地区经济发展水平是影响围观式参与发生的主要原因。就人口学变量而言，年龄和性别对围观式参与都有着显著的影响。年龄越大，围观式参与更容易发生。与互联网获取信息不同，女性比男性更容易在互联网上进行围观式参与。其次，与此相似，受教育程度与围观式参与的关系也恰好相反，受教育程度越高的网民，越不倾向于围观式参与。最后，就经济发展水平而言，人均国内生产总值越高，围观式参与发生的可能性越高。

表 14 围观式参与与行动式参与的影响因素模型

	围观式参与		行动式参与	
	回归系数	标准误	回归系数	标准误
年龄	0.02 ***	0.00	0.01 ***	0.00
男性（参照类＝女性）	－0.10 **	0.04	－0.07	0.04
受教育年限	－0.02 ***	0.01	－0.02 ***	0.01
城市（参照类＝农村）	－0.02	0.05	0.11 **	0.05
党员	－0.03	0.07	0.03	0.07
出过国	－0.08	0.05	－0.07	0.06
Ln（人均家庭年收入）	0.01	0.03	0.00	0.03
地区互联网渗透率	0.00		0.00	
Ln（人均国内生产总值）	0.11 ***	0.04	0.10 **	0.04
常数项	－1.59	0.45	－0.97	0.46
样本量	2024		2024	
R^2	0.0919		0.0293	

就行动式参与而言，年龄、受教育程度、户口和经济发展水平对行动式参与产生了显著性的影响。首先，网民的年龄越大，越可能发生行动式参与。其次，受教育程度和户口对行动式参与都会产生影响。受教育程度越高，越不可能进行行动式参与。就户口而言，城市户口的网民相比农村户口的网民更容易进行行动式参与。最后，经济发展水平对行动式参与也有着正向的影响，人均国内生产总值越高的地区，越可能发生互联网的行动式参与。

(三) 社交平台参与的影响因素

社交平台参与主要以围观式参与为主。我们同样考察了年龄、性别、受教育年限、户口、政治面貌、出国经历、经济水平和地区互联网渗透率对社交平台参与的影响。结果如下。

首先，人口学特征中，年龄对社交平台参与有着显著的影响，但性别对社交平台参与并无影响。在控制了其他变量的基础上，随着年龄的增加，社交平台参与的可能性逐渐下降。这与社交平台使用的年龄结构密切相关，目前中国网民中使用社交平台的网民主要以年轻网民为主。其次，受教育年限对社交平台参与有着显著的影响。虽然受教育程度对围观式参与和行动式参与都有着负向影响，但对社交平台的围观式参与却是正向的，即受教育程度越高，网民更可能进行社交平台参与。最后，政治面貌和出国经历对社交平台参与都有着显著的影响。党员比非党员更可能进行社交平台参与，有过出国经历的网民也比没有出过国的网民更可能进行社交平台参与。

综上所述，人口学特征、受教育年限、政治面貌和出国经历都会对社交平台参与产生显著的影响，但经济因素对于社交平台参与不再是一个显著的因素，这表明互联网技术的发展以及互联网的普及降低了公民政治参与的门槛，具有一定的再分配效应。

表15　社交平台参与的影响因素模型

	社交平台参与	
	回归系数	标准误
年龄	-0.01 ***	0.00
男性(参照类=女性)	0.07	0.04
受教育年限	0.03 ***	0.01
城市(参照类=农村)	-0.04	0.05
党员	0.12 *	0.07
出过国	0.24 ***	0.06
Ln(人均家庭年收入)	-0.01	0.03
地区互联网渗透率	0.00	0.00
Ln(人均国内生产总值)	-0.05	0.04
常数项	0.79 *	0.46
样本量	1947	
R^2	0.0533	

(四)网络问政平台参与的影响因素

表16是网络问政平台参与的影响因素,本文分别对政务微博/微信参与和政府网站参与的影响因素进行分析,结果如下。

表16 网络问政平台参与的影响因素模型

	政务微博/微信		政府网站	
	回归系数	标准误	回归系数	标准误
年龄	0.00	0.01	0.00	0.01
男性(参照类=女性)	0.36***	0.13	0.35***	0.13
受教育年限	0.13***	0.02	0.12***	0.02
城市(参照类=农村)	-0.06	0.16	0.10	0.16
党员	0.65***	0.17	0.90***	0.16
出过国	0.32**	0.15	0.32**	0.15
Ln(人均家庭年收入)	0.05	0.08	0.00	0.08
地区互联网渗透率	-0.01*	0.01	-0.01	0.01
Ln(人均国内生产总值)	-0.03	0.12	-0.38***	0.12
常数项	-3.36**	1.32	0.54	1.33
样本量	2093		2093	
Pseudo R^2	0.0591		0.0818	

对于政务微博/微信参与而言,年龄、户口、经济因素对政务微博/微信参与并无影响。性别对政务微博/微信参与有着显著的影响,男性比女性更倾向于使用政务微博/微信进行网络问政平台的参与。其次,受教育程度越高,网民更可能使用政务微博/微信进行政治参与。党员比非党员更倾向于使用政务微博/微信进行政治参与。有过出国经历的网民也更可能使用政务微博/微信进行政治参与。最后,地区互联网渗透率越高,网民更可能使用网络问政平台进行政治参与。

对于政府网站而言,性别、受教育程度、政治面貌、出国经历和人均国内生产总值对政府网站参与有显著影响。男性比女性更倾向于使用政府网站进行政治参与。受教育程度越高,也更倾向于使用政府网站进行政治参与。党员比非党员更倾向于使用政府网站进行政治参与。有出国经历的受访者比没有出国

经历的受访者更倾向于使用政府网站进行政治参与。

总的来说,男性、党员、有出国经历的网民更倾向于使用网络问政平台参与。受教育年限越高,也更倾向于使用网络问政平台参与。

六 公民网络政治参与的影响

(一)数字民主观念的形成

互联网的政治参与进一步塑造了公民的政治价值观。表17是网民对数字民主的看法。60.6%的受访者认为"网络让我及时获得公共事务信息",46.0%的受访者认为"网络上的公共信息更丰富翔实",30.5%的受访者认为"网络提高了我对公共事务的兴趣",27.4%的受访者人认为"网络影响我对公共事务的看法"。总的来说,互联网有助于网民数字民主观念的形成。

表17 网民对数字民主的看法

	赞同样本量	比例(%)
网络让我及时获得公共事务信息	1282	60.6
网络上的公共信息更丰富翔实	972	46.0
网络提高了我对公共事务的兴趣	644	30.5
网络影响我对公共事务的看法	580	27.4

(二)网络回应性

网络政治参与同时也对网民对网络回应性的态度产生了影响。59.8%的网民赞同"通过网络反映的问题,政府回应更迅速",57.7%的受访者赞同"通过网络反映的问题,政府更重视",53.0%的受访者赞同"我认为网络民意能够影响政府决策",52.0%的受访者赞同"我对政府回应网络诉求的情况总体满意"。总的来说,网络政治参与使公民更加相信网络民意的力量,对主观维度的政府回应性的评价也越高。

表18　网民对网络回应性的态度

	赞同样本量	比例(%)
通过网络反映的问题,政府更重视	1068	57.7
通过网络反映的问题,政府回应更迅速	1100	59.8
我对政府回应网络诉求的情况总体满意	919	52.0
我认为网络民意能够影响政府决策	956	53.0

七　总结

众所周知,互联网为公民积极参与公共治理提供了更为丰富的政治信息、更为广泛的社会网络、更为均等化的参与途径和更具影响力的参与机制,为当前协商民主、参与民主等治理实践提供了新机遇。已有文献更多关注互联网如何影响线下的政治参与,忽略了网络政治参与本身及其影响因素,而网络政治参与概念和实证的不一致性是现有研究仍然处于争论中的主要原因。作为快速网络化的中国社会,我们非常有必要对网络政治参与的现状、影响因素及其后果进行系统性的分析。本文基于"2015年中国城市治理调查"数据,对转型中公民的网络政治参与进行探究,研究发现如下。

首先,中国已经构成了公民网络政治参与的条件,互联网已经成为公众必不可少的获取信息的途径。中国网民已经达到了一定的规模,公民上网的途径丰富,利用网络渠道多样化,网民上网时间长、频率高,公民介入网络的规模较大、拥有较多的网友、互动频繁,这为网络政治参与奠定了一定的基础。随着中国公民网络成熟度的提高,中国网民介入网络呈现出多样性的特征,集体性介入是公民网络介入的主要方式。

其次,中国公民网络政治参与形式多样化,网络政治信息的获取、围观式参与与行动式参与、社交平台参与、问政平台参与多种方式并存。随着Web2.0时代的到来,社交媒体逐渐成为中国网民了解时事政治的重要平台。中国网民获取网络政治信息主要集中在国际的重大新闻。在政治信息中,网民更关注国际重大新闻、生态环境问题等公共问题,更少关注具体的批评日美的言行和领导人动态等信息。中国网民在网络生活中也逐渐介入时事政治中,但

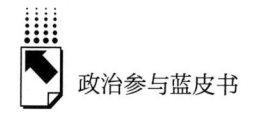

介入方式主要以围观式参与为主，主要是点赞或关注时事政治。随着互联网社交平台的发展，网络社交平台成为网民政治参与的重要途径。由于社会化媒体主要关注公众的各类意见表达和娱乐需求，涉及面广而集中程度不足，各级政府逐渐设置了网络问政平台以聚焦于公众的诉求表达，公民能够通过网络问政平台进行政治参与。

最后，公民的网络政治参与表现出一定的群体性差异。性别、年龄、受教育程度等人口学变量以及政治面貌、出国经历、地区互联网渗透率、对网络政治信息的获取有显著影响，经济因素并不是网络政治信息获取的主要影响因素。对于围观式参与，年龄、性别、受教育程度和地区经济发展水平是影响围观式参与发生的主要原因。就行动式参与而言，除以上因素，户口还对行动式参与产生了显著性的影响。年龄、受教育年限政治面貌、出国经历对社交平台参与都有着显著的影响。男性、党员、有出国经历的网民更倾向于使用网络问政平台参与；受教育年限越高，也更倾向于使用网络问政平台参与。就网络政治参与的政治后果而言，互联网有助于网民数字民主观念的形成，同时网络政治参与也会使公民更加相信网络民意的力量，对主观维度的政府回应性的评价也越高。

案例报告

Case Reports

B.12
地方人大代表选举是选优还是汇集民意或其他：基于2016年杭州市西湖区第十五届人大代表选举的观察

郎友兴　宋天楚[*]

摘　要：本文重点是对2016年浙江省杭州市西湖区第十五届区人大代表的四个投票站的投票做了具体与详细的观察，但是旨在通过观察并在此基础上讨论两个极具有理论意涵又有现实性的问题。第一，中国地方人大代表选举不是关于候选人间的竞争，不是择优，而是通过选举反映民意，汇集民意，甚至通过选举的机制找出地方可能存在着的问题或弱点甚至找些碴；第二，地方、基层人大代表选举其程序民主优先于实质民主，其核心在于通过程序选出人大代表，让代表在人大制度内如何有效地履职。基于这样的认识，本文认为，这是中国治理

---

[*] 郎友兴，浙江大学公共管理学院教授；宋天楚，浙江大学公共管理学院博士研究生。

模式的最大特点，是中国式治理的一个精髓，但是，这点在以往并没有得到足够的认识。

关键词： 人大代表　选举观察　中国式治理

前　言

我国《宪法》第二条规定"国家的一切权力属于人民。人民行使国家权力的机关是全国人民代表大会和地方各级人民代表大会"。人民通过选举产生人大代表，组成各级国家权力机关，代表人民行使权力。人大代表既是国家权力的直接行使者，更是人民意志的维护和实现者。而地方、基层人大的选举是民主政治的起点，其直接选举的方式更能体现人民当家做主的本质和要求。以往的经验表明，在选举过程中频繁出现贿选、舞弊等现象，而选举流于形式也不少见。这应该是人们的基本共识了。2016年是全国地方/基层（县乡）人大代表换届选举年，有9亿多选民参加选举，选举工作涉及全国2850多个县（市、区）、32000多个乡镇，直接选举产生250多万名县乡两级人大代表，并在此基础上依法产生新一届县乡两级国家机关领导人员。这是中国人民政治生活中的一件大事，当然，这也是观察中国人大制度运行的好机会。不过，学术界对于选举的观察还是相当不够的，由相关学者和学术机构通过观察而得来的报告还是不多的。

本文主要做的就是选举观察工作，并作访谈。观察的内容主要有两个部分：一是选举公告栏中候选人的照片、姓名、简历；二是候选人的人数、得票情况。访谈的主要内容有：（1）问投票的选民，候选人是如何确定的？（2）问投票的选民，是否认识候选人？在多大程度上了解候选人？（3）对选举有什么期待？有什么建议？本文所观察的对象是2016年浙江省杭州市西湖区第十五届区人大代表选举。

一　杭州市西湖区第十五届人大代表选举的主要环节

杭州市西湖区第十五届人大代表选举工作历时近三个月，其主要环节同全国其他地方人大选举和西湖区以往几届的人大选举基本上一样，这表明中国人民代表大会选举制度的成熟。按照《选举法》《杭州市区县和乡镇人民代表大会直接选举实施细则》等有关法律法规的规定，经过调查摸底、宣传发动、组织培训、选民登记、推荐协商确定代表候选人、正式代表候选人介绍及选民见面活动、正式投票选举等环节，最终完成选举工作。区人大负责牵头的工作有选举工作会议（5次）、选举工作会议暨换届选举联席会议（4次）、帮助组织街道选民见面会、换届选举工作及遵纪守法情况专项督查。其中下列几个为重点工作（环节）。

一是选举培训工作。2016年8月16日，杭州市人大常委会召开全市县乡两级人大换届选举工作学习培训会，到此全市县乡人大换届选举工作正式启动。杭州市县乡两级人大换届选举工作联席会议成员，各区、县（市）人大常委会分管副主任和办公室主任、代表工委主任及相关工作人员，人大街道工委主任，乡镇人大主席，各区、县（市）委组织部、宣传部有关负责人参加了学习培训。会议学习贯彻了中央和省、市委有关会议和文件精神，对县乡两级人大换届选举工作进行动员和部署。参会人员还听取了有关县乡换届选举工作的讲座。值得一提的是，这次选举十分重视如何防止贿选等，为此培训人员观看了教育警示片《镜鉴——衡阳、南充违反换届纪律案件警示录》。[1]

二是区人大代表候选人提名协商工作。11月17日下午，杭州市西湖区召开第四次选举工作会议暨换届选举联席会议，着重讨论了代表候选人的提名推荐、民主协商、确定正式代表候选人工作。为此，提出了搞好区人大代表候选人提名协商工作的"五个关"：政治关、结构关、素质关、程序关、组织关。[2]

三是选民见面会。开展区代表候选人与选民见面活动。为此，西湖区人大特别制定了《西湖区第十五届人大正式代表候选人与选民见面工作总体方案》。这个《方案》有两个方面值得一提。一是明确以召开见面会的形式，组织正式代表候选人与选民见面，时间为12月9日至13日，强调选举日必

---

[1] 黄炯尔：《市人大常委会召开全市县乡两级人大换届选举工作学习培训会》，《杭州人大信息》2016年第24期（总第543期，2016年8月25日）。

[2] 姚金鑫：《西湖区召开第四次选举工作会议暨换届选举联席会议》，浙江网络联盟·西湖网，http://iptvlm.zjol.com.cn/05iptvlm/system/2016/11/21/021376137.shtml。

须停止代表候选人的介绍。二是对于选民见面会在程序上做了统一。明确见面会由各镇选举委员会、街道选举办事处委托选区工作组组织，制定见面会具体方案，指定主持人，依法介绍正式代表候选人。落实人员，确定参加人员为该选区的所有正式代表候选人、全体选民（选民小组）或选民小组选派出的选民代表。明确要求，确认候选人陈述的主要内容为本人基本情况（简历）、对人大制度和人大代表的认识及当选后的打算等。候选人陈述和选民提问必须围绕代表职责进行，并设有时间限制。候选人一时无法作答的，经主持人同意可在会后单独回答提问人。例如，西湖区留下街道选民见面会的内容主要有三个方面：一是代表候选人"谈认识打算"。见面会当天，每位正式代表候选人都用5~8分钟时间，介绍自己的基本情况及当选后的履职设想，公平、公正、公开地展现自己。二是选民代表"提履职要求"。选民代表围绕城中村改造、垃圾分类、居民社会事务管理等关心关注的热点难点问题进行提问，较全面充分地认识和了解正式代表候选人的真实情况及履职责任心。三是选民代表"广宣传助力"。与会选民代表通过多种渠道，尽快将见面会情况传达给选区全体选民，确保广大选民在"知名、识人"的基础上，选举自己信任的人当人大代表。留下街道的12个选区全部举行过见面会。①

2016年12月15日为西湖区人大代表选举的投票日，共选出243名区人大代表。2017年2月12日上午，杭州市西湖区第十五届人民代表大会第一次会议正式开幕。

二 西湖区第十五届人大代表选举四个投票站的观察

2016年12月15日为杭州市西湖区进行第十五届人大代表选举的投票日，我们选取了四个投票站（社区）进行观察，并统一制定《杭州市西湖区人大选举观察表》，在此基础上进行了调研访谈。因乡镇人大选举与区级人大选举同日进行，我们也顺便在投票站观察了乡镇人大选举的情况。

---

① 高敏、俞敏晖：《西湖区留下街道："立体式"开展区代表候选人与选民见面活动》，杭州人大网，http://www.hzrd.gov.cn/zxzx/qxrd/xhq/201612/t20161213_682027.html。

杭州市西湖区人大选举观察表

观察时间：

地方位置：

杭州市西湖区_____街道

社区名称与位置：_____

候选人人数：_____个

候选人姓名：

候选人1_____

候选人2_____

候选人3_____

候选人简历：

候选人1_____

候选人2_____

候选人3_____

（观察选举公告栏中候选人的照片、姓名、简历）

候选人得票情况：

候选人1_____

候选人2_____

候选人3_____

现场拍摄观察点的照片

访谈：问投票的选民，候选人是如何确定的？是否认识候选人？在多大程度上了解候选人？对选举有什么期待？有什么建议？

（一）三墩镇兰里社区投票站的观察

兰里社区属于2016年西湖区人大代表选举的第98选区，社区居委会所在地为浙江省杭州市西湖区三墩镇厚诚路76号。观察时间是2016年12月15日（8：30~15：45）。

1. 社区基本情况

兰里社区位于杭州市西湖区三墩镇，面积0.45平方公里。兰里社区居委

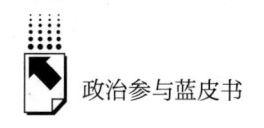

会下辖12个商品房小区,分别为中海紫藤苑(南、北区)、协安紫郡(南、北区)、信鸿花园(南、北区及润达36幢)、厚诚公寓、金厦公寓、新世纪花苑、荣邦·嘉华公寓、佳苑公寓、建行宿舍。其中,中海紫藤苑、协安紫郡应属于物业管理相对完善、档次较高的社区。辖区内户口属于本社区管辖的居民4039人,在册流动人口5000人,社区选民3258人,企业退休人员400多人,老年人口(60岁以上)700多人,党员145人,社区工作人员大约10人。

2. 选举过程

(1)候选人确定

本次选举要选出镇人大代表和区人大代表。其中镇人大代表的2位候选人中一位是兰里社区的主任,另一位是兰里社区的社工;区人大代表的2位候选人,一位是兰里社区的书记,另一位是其他社区的书记。候选人主要是通过党组织、群团推荐、社区居民10人联名推荐的形式产生。兰里社区将候选人名单交给上级政府部门审阅,上级政府部门最终确定候选人名单。兰里社区原本向镇里推荐了3个镇人大代表候选名单,但是其中有一位桑姓的先生因为曾经超生而被镇上否决。

确定了选民和候选人之后,工作人员在12个小区以公告通知的形式告知居民选举的事宜。公告共计六则,第一则为候选人信息,第二则为选民名单,第三则到第五则为相关选举政策,第六则为最终选举情况。最终选举情况将会在选举结束后公布。所有选举公告都需上报乡镇政府,经乡镇政府核实、同意之后才能公布张贴。另外,镇政府会向每个选区派一名联络员,监督或者指导工作。

(2)现场布置

社区内选民共3258人,无被剥夺政治权利的人员及刑事犯罪人员,只有3名精神病患者,他们在选民登记时开具了证明,依法不参加投票。该社区设选举点10个,每个选举点设置3位工作人员;为方便行动不便的人,还设置了流动投票点。为宣传本次选举,宣传窗口提前公布了选民名单、候选人信息以及选举流程,工作人员还在小区门口悬挂了横幅。选举期间,有70多位志愿者参与选举工作,志愿者主要由党员和居民小组长组成,普遍较为年长。为方便上班的居民可以更方便地投票,选举提前至早上6点开始。每隔一小时各投票点会向兰里社区汇报一次以及已投的选票数量,以及未投的选票数量。社区指导各个小区进行流动选票箱等工作事宜,保证选举顺利进行。下午2点选举结束,当天晚上7点左右统计出选举情况。(图1是我们自制的投票点地图)

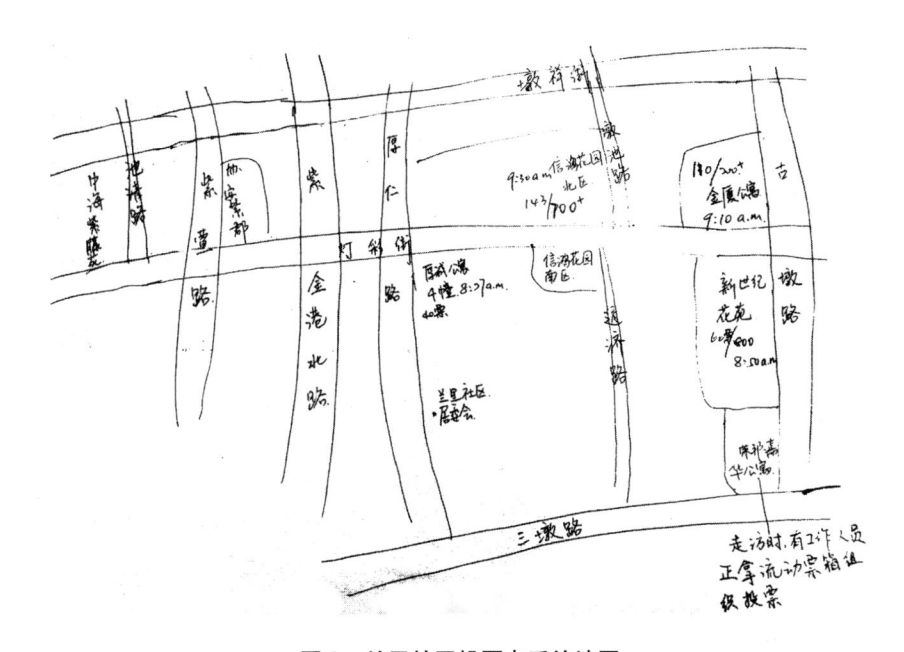

图1 兰里社区投票点手绘地图

3. 候选人信息和投票结果①

(1) 候选人信息

兰里社区有参与西湖区人大代表选举的正式候选人2人。具体信息如下。

候选人1:陈A,女,1977年12月出生,汉族,中共党员,本科学历,兰里社区主任。

候选人2:俞B,男,1992年3月出生,群众,大专学历,兰里社区社工。

(2) 投票结果

根据表1所示,兰里社区投票站共有选民3258人。其中,参加投票的选

---

① 对于四个观察点的候选人的姓名,笔者做了技术处理。

民数量为3210人，投票率为98%。发出选票的数量为3210张，收回选票的数量为3210张。其中有效选票数为3210张，无效票为0张。流动投票数为2张，委托投票数为2张。

表1　西湖区第98选区兰里社区投票站情况

总选民数（人）	参加投票的选民数（人）	投票率（%）	发出选票数（张）	收回选票数（张）	有效票数（张）	无效票（张）	流动投票数（张）	委托投票数（张）
3258	3210	98	3210	3210	3210	0	2	2

兰里社区投票结果如表2所示，候选人陈A获得赞成票2668张；候选人俞B获得赞成票642张，无弃权票和无效票。

表2　西湖区第98选区兰里社区投票站选举结果

姓名	性别	赞成票（张）	反对票（张）	弃权（无效）票（张）
陈A	女	2668	642	0
俞B	男	642	2668	0

根据西湖区选区兰里社区公布的选举初步结果①（见表3），候选人陈A以2668票当选西湖区第十五届人大代表。

表3　西湖区第98选区兰里社区选举初步结果

姓名	出生年月	民族	政治面貌	学历	选举结果	工作	赞成票（张）	反对票（张）	弃权票（张）
陈A	1977.12	汉	中共党员	本科	当选	兰里社区主任	2668	642	0

（二）三墩镇虾龙圩社区投票站的观察

三墩镇虾龙圩社区投票站属于2016年西湖区人大代表选举的第98选区，

---

① 这里之所以选择"初步统计结果"，在于要呈现出我们当天所观察时的统计数据。下同。

社区居委会所在地为西湖区三墩镇古墩路718号。观察时间是2016年12月15日（8：30~15：45）。

1. 虾龙圩社区基本情况

虾龙圩社区位于三墩镇东南部，紧邻浙江大学紫金港校区，辖区面积约1.5平方公里，是杭州市第二批撤村建居社区。2003年3月成立杭州虾龙圩股份经济合作社，拆迁时获得10%的土地用于集体经营，目前村里公共服务的经费主要来源于村集体收入。社区现有工作人员12名。截至2014年12月底，社区现有居民1450余人，其中股民1165名，居民（股民）代表31名，党员69名，外来人口（新三墩人）3000余人。社区设有居民代表大会、残疾人协会、老年协会、计生协会、妇联、工会联合会、人民调解委员会、团支部等各类群众组织及劳动保障站、帮扶救助站、妇女维权工作站、综治工作站等工作站点。自2002年撤村建居以来，社区和合作社多次被上级党委政府评为先进单位。

2. 选举过程

该选区共有选民1202人，按照居民小组的区划设定了8个投票点。为了方便选民投票，投票点一般设在小区门口，一个投票点3个负责人，其中2个监票人，1个联系人。除了中心投票站由镇纪委与派出所的公务人员负责监督外，投票点的工作人员全部为社区工作人员。

根据西湖区选举委员会的总体安排，2016年11月6日开始进行选民登记，11月25日公布选民名单；然后提名与推荐代表候选人。11月30日，在虾龙圩社区经过选民推荐与上级建议产生了2名三墩镇人大代表正式候选人。在虾龙圩社区、三坝社区、望月社区、水月社区、兰里社区经过选民推荐与上级建议产生了2名西湖区人大代表正式候选人。在2016年12月15日星期四的人大选举中，虾龙圩社区将通过差额选举产生三墩镇第十六届人大代表1人，在虾龙圩社区、三坝社区、望月社区、水月社区、兰里社区将通过差额选举产生西湖区第十五届人大代表1人。

根据选举委员会负责人（社区书记）反映，正式候选人的确定经过两种方式的结合，一种是自下而上的方式，另一种是自上而下的方式。自下而上的方式包括召开党员大会、召开居民代表会议、发公开信征集社区居民的推荐。由于城市居民平时都比较忙，因此虾龙圩社区主要是通过召集老干部、老党员、志愿者与热心的居民（主要是小组长）召开座谈会来推荐居民作为人大代表的初步候选人。自上而下的方式主要是指上级党委与政府通过对初步候选人的审核来确认最终的正式候选人。纪委主要负责审核候选人的廉洁问题；计生部门主要负责审核候选人是否违反计划生育政策；综治部门主要审核候选人是否有违法与违规；拆迁办主要审核候选人家庭是否有违章建筑；最重要的是选举委员会与组织部，他们主要负责全面考察候选人的品德与工作能力等方面。经过审核最终确认正式候选人。

3. 候选人和投票结果

（1）候选人信息

西湖区第十五届人大代表候选人有两位，他们分别是边C、高D。他们的基本情况介绍如下。

候选人1：边C，男，1962年8月出生，汉族，中共党员，大专学历，1981~1984年入伍，1984~1991年退伍后在三墩镇政府工作，1991~2002年在村集体企业工作，2002年至今担任虾龙圩社区党委书记。

候选人2：高D，男，1989年10月出生，汉族，中共党员，大专学历，望月社区工作人员，望月社区居民，在社区服务5年。

（2）投票结果

表4 西湖区第98选区虾龙圩社区投票站情况

总选民数（人）	参加投票的选民数（人）	投票率（％）	发出选票数（张）	收回选票数（张）	有效票数（张）	无效票数（张）	流动投票数（张）	委托投票数（张）
1202	1202	100	1202	1202	1189	13	8	0*

＊统计结果为"0"，但是，实际情况很多。

根据表4所示，在西湖区第98选区虾龙圩社区投票点共有选民1202人，参加投票的选民人数为1202人，投票率为100%。总共发出选票1202张，收回选票1202张。其中，有效选票1189张，无效选票13张。流动投票数8张，委托投票数为0张。虽然统计数字显示委托投票数为0张，但在选举观察和访谈过程中，我们了解到实际委托他人投票的现象较多。

根据虾龙圩社区投票点的统计（见表5），候选人边C获得1173票，候选人高D获得16票，弃权票为13张。

表 5　西湖区第 98 选区虾龙圩社区投票站选举结果

姓名	性别	赞成票(张)	反对票(张)	弃权(无效)票(张)
边 C	男	1173	16	13
高 D	男	16	1173	13

根据西湖区 5 个社区投票站的统计结果（见表 6），候选人边 C 获得 4676 票，高 D 获得 848 票，弃权票为 67 张。

表 6　西湖区第 98 选区选举结果（5 个社区）总统计

姓名	性别	赞成票(张)	反对票(张)	弃权(无效)票(张)
边 C	男	4676	848	67
高 D	男	848	4676	67

根据西湖区第 98 选区公布的选举初步结果（见表 7），候选人边 C 以 4676 票当选西湖区第十五届人大代表。

表 7　西湖区第 98 选区选举初步结果

姓名	出生年月	民族	政治面貌	学历	选举结果	工作	赞成票(张)	反对票(张)	弃权票(张)
边 C	1962.8	汉	中共党员	大专	当选	社区书记	4676	848	67

（三）三墩镇紫金港社区投票站的观察

三墩镇紫金港社区投票站属于 2016 年西湖区人大代表选举的第 98 选区，社区居委会所在地为西湖区三墩镇泰和路港湾家园 29～102 幢。观察时间是 2016 年 12 月 15 日（8：00～16：00）。

1. 观察点基本情况

紫金港社区的辖区具体范围是西湖区三墩镇东南面，西至花蒋路，南起余杭塘河，北至留祥路。辖区总面积 3.83 平方公里，驻辖区单位是浙江大学。包括有两个住宅小区，即港湾家园小区和圣苑小区，共有住宅楼 44 幢，总人口数7854人（其中港湾家园小区4810人、圣苑小区3044人），其中常住人口5292人（其中港湾家园小区3247人，圣苑小区2045人），共计住户数3903户。居民主要是浙江大学教职员工及其家属、省直机关公务员干部职工及其家属、浙江大学学生。该社区2010年3月底开始筹建，是个年轻的社区。社区居民有以下特点：高学历多，整体文化层次高；对服务的期待高；空巢老人、独居老人比较多，老年人口占总人口的14.6%，高龄、空巢、独居老人约占老年人口的50%；志愿者资源相对丰富。

2. 选举过程

（1）候选人确定

根据社区书记反映，候选人通过选民和居民代表、党员代表和组织逐层推荐，由上级政府通过审核、调研等程序进行确定。社区作为基层单位，把基层推选的候选人向上级政府部门推荐，然后上级政府会有24个部门到社区进行调研，调研过程中也会有居民代表、选民代表参与。经过上级政府审核、调研和最终确定，社区将正式候选人名单进行公示，公示后没有反对的意见再进行下一步程序。在调研过程中，区一级的候选人也被邀请与紫金港社区的居民代表、党员代表见面。同时，社区召开居民代表、党员代表会议向大家介绍候选人。随后，居民代表向居民进行选举宣传并介绍候选人。与此同时，社区制作候选人基本情况与简历，发给选民家庭。因此对正式候选人的宣传方式有两种：第一，社区发放候选人的基本信息给选民；第二，候选人与居民代表和工作人员见面了解，再通过居民代表和工作人员向选民宣传。

（2）选民情况

这次选举登记的有518个选民，327户。整个社区有3000多户，户口在这里的有1000多户。80%的选民是有单位的，有单位的选民是不在社区选举的。有单位的选民在单位所属地方选举。社区的选民大多数是退休人员，或者是失业下岗人员。

根据观察采访，本次调研发现紫金港社区没有单位的选民有20%是弃权的，认为事不关己而不愿意投票。此外，社区在前期选举宣传阶段也面临以下问题：第一，社区只有9名工作人员，但社区却有3400多个潜在选民；第二，社区缺少所有居民的户口信息，很多居民不配合选民信息登记；第三，农村社区的居民对公示窗口的选举通知关注度较低；第四，没有单位的选民本应有700余人，但最后只登记了518人。

（3）选举现场

根据观察，紫金港社区的选举工作与其他社区较为不同，不能靠设置固定投票点来让选民投票。为了提高选民的投票率，社区工作人员和居民代表拿着投票箱上门方便大家投票。在对这一过程的观察中，我们发现选民投票激励不足的问题：第一，居民不主动来投票，反映出公民通过选举代表来反映民主诉求的渠道需要进一步完善；第二，传统的通过物质奖励来动员选举的方式使选民无法认识选举的真正意义，例如有的选民在投完票之后提问"投完票怎么没发东西"。

3.候选人和投票结果

（1）候选人信息

该社区的西湖区人大代表候选人共有两位，详细信息如下。

候选人1：洪E，女，1976年12月出生，汉族，中共党员，本科学历，城西苑社区党支部书记。

候选人2：费F，女，1969年12月出生，汉族，中共党员，大专学历，兰里社区党委书记。

（2）选举结果

根据社区统计结果（见表8），紫金港社区共有选民518人，其中参加投票的选民人数为518人，投票率为100%。总共发出选票518张，回收选票518张，其中，有效票数为509张，无效票9张，流动投票数量为300张，委托投票数为0张。

表8　西湖区第98选区紫金港社区情况统计表

总选民数（人）	参加投票的选民数(人)	投票率(%)	发出选票数(张)	收回选票数(张)	有效票数（张）	无效票（张）	流动投票数(张)	委托投票数(张)
518	518	100	518	518	509	9	300	0

根据紫金港社区投票站统计结果（见表9），在西湖区人大代表选举中，候选人洪E获得180票，费F获得329票。

表9　紫金港社区西湖区人大选举*

姓名	性别	赞成票(张)	反对票(张)	弃权(无效)票(张)
洪E	女	180	329	9
费F	女	329	180	9

*这里呈现的是估计数字，由于社区上报统计数据后没有留存，导致数据可能有一定误差。

根据西湖区选区公布的选举初步结果（见表10），费F当选西湖区第十五届人大代表。

表10　西湖区第98选区选举初步结果

姓名	出生年月	民族	政治面貌	学历	选举结果	工作	赞成票	反对票	弃权票
费F	1969.12	汉	中共党员	大专	当选	兰里社区党支部书记	329	180	9

（四）灵隐街道浙大求是社区投票站的观察

西湖区灵隐街道浙大求是社区投票站属于2016年西湖区人大代表选举的第27选区，社区居委会所在地为西湖区灵隐街道求是村30幢。观察时间是2016年12月15日（8：00～12：00）。

1. 社区基本情况

西湖区灵隐街道浙大求是社区成立于2001年4月，辖区占地面积22.2万平方米，社区东至曙光路，南至浙大路，西至玉古路，北至求是路。2001年3月，在现有的求是村居民楼、浙大幼儿园、浙大附小、浙大员工食堂、浙大金龙超市、浙大医院校外门诊部、浙大招待所和浙大离退休活动中心等基础上成立社区。社区周边的银行、邮政、物流、书店、快餐、酒店、理发、休闲、维修、小菜场等一应俱全，物业服务规范，既给居民的日常生活带来了极大便利，也给社区建设提供了有力支撑。自20世纪50年代以来，求是村一直是浙江大学教职员工及家属的生活区，得天独厚的文化积淀和与时俱进的学习氛围，使其成为一个名副其实和远近闻名的学习型社区。

2. 选举过程

第27选区由求是社区、曙光社区、求是小学、求是物业四个单位构成，投票站服务于求是社区。候选人初步由 10 个选民联名推选产生；经过选民见面会后选出其中 3 名候选人；再由选民投票选出 2 名候选人。

在观察采访过程中，我们发现以下两点：第一，总体上选民对候选人缺乏了解；第二，该选区大多数选民比较珍惜自己的民主权利（有几位老人由人推着轮椅前来投票）。因此，我们也了解到选民对于本次选举有两点建议。第一，大多数被访选民反映，希望今后的选举能推选出代表基层发声的人大代表。目前候选人中"荣誉"人士和体制内干部太多，代表基层的人太少，导致选民的参与感降低。第二，选民希望与候选人有更多的接触，候选人不仅要和居民代表和党员代表见面，还应该更多地与选民直接互动，由候选人亲自出面介绍自己的工作经历、未来规划和参选承诺。

3. 候选人和投票结果

（1）候选人信息

求是社区共有西湖区人大代表候选人 3 位，分别为马 G、郑 H、俞 I，候选人详细信息如下。

候选人 1：马 G，女，汉族，1982 年出生，大学学历，灵隐街道曙光社区社工。2002 年 4 月至 2004 年 6 月于浙江科技学院电子商务专业读书；2006 年 6 月至 2008 年 9 月于浙江绿城物业管理有限公司工作；2009 年 1 月至 2013 年 5 月于余杭区五常街道办事处工作；2011 年于西安政治学院本科毕业；2013 年 6 月至 2014 年 7 月于江干区丁兰街道勤丰社区工作；2014 年 7 月至今于西湖区灵隐街道曙光社区工作。获得的主要荣誉为：2015 年度灵隐街道优秀社区工作者；2016 年浙江省 G20 杭州峰会工作先进个人。

候选人 2：郑 H，男，汉族，1966 年出生，中共党员，大学学历，现任杭州市求是教育集团总校长、党总支书记，高级教师职称，上届区人大代表。1982 年 9 月至 1985 年于杭州师范学校普师专业（中专）就读；1985 年 8 月至 2001 年 7 月于杭州市保俶小学任教；1998 年 9 月至 2001 年 7 月在浙江教育学院教育管理专业就读；2001 年 8 月至今在杭州市求是教育集团任教；主要荣誉有：2011 年被评为首届"江浙沪"长三角教科研标兵；2013 年被授予浙派名师校长实践导师；2014 年获得杭州市五一劳动奖章；2016 年被评为市优秀党务工作者。

候选人 3：俞 I，男，汉族，1987 年出生，中共党员，大学学历，现任灵隐街道浙大求是社区党委副书记，中级社会工作师。2006 年 9 月至 2009 年 6

月于杭州职业技术学院化学系读书;2011年3月至2013年6月于浙江工商大学继续教育学院读书;2009年3月至11月于浙江省肿瘤医院药房工作;2009年11月至2010年11月于灵隐街道东山弄社区担任委员;2010年11月至2015年5月于灵隐街道经管科任招商引资工作人员;2015年5月至2016年2月任灵隐街道曙光社区担任党委副书记;2016年2月至今担任灵隐街道浙大求是社区党委副书记。主要荣誉为:连续获得2010年度、2011年度、2012年度灵隐街道优秀社工;2016年西湖区服务保障G20杭州峰会先进个人。

(2) 选举结果

根据求是社区统计结果(见表11),社区共有选民5111人,其中参加投票的选民人数为4260人,投票率为83.35%。发出选票数为4263张,收回选票数为4260张,其中有效选票数为4228张。

表11　西湖区第27选区求是社区投票站情况统计

总选民数（人）	参加投票的选民数（人）	投票率（%）	发出选票数（张）	收回选票数（张）	有效票数（张）	无效票（张）
5111	4260	83.35	4263	4260	4228	32

根据求是社区投票站统计结果(见表12),候选人郑H获得赞成票3598张,反对票121张,弃权票509张;候选人俞I获得赞成票3379张,反对票205张,弃权票644张。这两人当选为西湖区第十五届人大代表。

表12　西湖区第27选区求是社区投票站选举结果统计

姓名	性别	赞成票（张）	反对票（张）	弃权票（张）
郑H	男	3598	121	509
俞I	男	3379	205	644

三　观察后的反思与分析

通过对2016年杭州市西湖区第十五届人大代表选举的观察,可对人大制度做一些反思性的分析。主要有下列两个方面。

地方人大代表选举是选优还是汇集民意或其他：基于2016年杭州市西湖区第十五届人大代表选举的观察

（一）人大代表选举是选优还是汇集民意甚至找碴？

我们相信，无论是全国人大代表还是地方或基层人大代表大多都是社会各界的精英或名流，但是，一个基本的事实是人大代表是精英，但精英并非都能够当选，如何成为当选人大代表的社会精英？人大代表当然最好是社会的精英，从这个角度来说，人大代表选举过程应该是一个精英的甄别、识别并被最终选择出来的过程，它是一个选优的过程。但是，从制度设计与实际运行情况来看，人大代表具有双重的角色。一是人大代表作为国家的代理人，他们代表国家权威，向人民说明国家的财税收取方案和款项分配情况，向人民解释各项政策及为政策的出台提供依据。二是人大代表被期待成为选民的代言人，他们有责任反映群众的意见，他们的义务是代表人民向政府反映人民的意见和建议；他们接待上访人，撰写议案，转达下面的要求以改进政府的工作，或者反映所代表的行政区域的诉求。事实上，我们通过选举的观察与中国人大代表制度运行本身来看的话，原本应该属于选优的过程或机制实际上并不能达成，与其说它是选优还不如说它是一个汇集民意的过程或机制，是一个下情上达的通路。

这样的基本判断来自下列三个经验性的事实。第一，从总体上来说，人大代表的作用还没得到有效的发挥，不少人依然将当选人大代表视为一种荣誉或者权力甚至特权。在对浙大求是社区进行观察时，一些选民告诉我们，候选人中"荣誉"人士和体制内干部太多。在他们看来，这是导致选民的参与感减弱的一个重要原因。这是一个经验事实，用不着多讨论。

第二，候选人基本上是内定的，并且选民对于候选人的情况多半不了解。《选举法》规定代表候选人的双轨制提名方式：组织提名，由政党和人民团体提出；联名推荐，由选民或者代表10人以上联名推荐代表候选人。但是，实际上县乡人大换届选举实行的是"民主提名，集中确定"。多年的选举实践表明，联名推荐的候选人只在名义上与组织提名的候选人具有同等地位，大部分由选民联名推荐的候选人在之后的"酝酿协商"过程中被以结构、代表性等种种理由"协商"掉，不能成为正式候选人，而组织提名的候选人顺利当选是"必然结果"。此外，选举的实践还表明，代表的当选层级越高，与"组织提名"的相关度越高，与普通选民或代表提名的相关度越低。2016年12月杭州市西湖区人大代表的候选人的确定实质上就是如此，只是方式有所不同。例如，三墩镇虾龙圩社区选举点正式候选人的确定经过两种方式：自下而上的、自上而下的。自下而上的方式包括召开党员大会、召开居民代表会议、发公开信征集社区居民的推荐。由于城市居民平时都比较忙，因此虾龙圩社区主要是通过召集老干部、老党员、志愿者与热心的居民（主要是小组长）召开座谈会来推荐居民作为人大代表的初步候选人。自上而下主要是指，上级党委与政府通过对初步候选人的审核来确认最终的正式候选人。纪委主要负责审核候选人的廉洁问题；计生部门主要负责审核候选人是否违反计划生育政策；综治部门主要审核候选人是否有违法与违规；拆迁办主要审核候选人家庭是否有违章建筑；最重要的是选举委员会与组织部，他们主要负责全面考察候选人的品德与工作能力等方面。经过审核最终确认正式候选人。而三墩镇紫金港社区情况也差别不大："候选人是通过选民和居民代表、党员代表和组织逐层推荐上去，由上面进行审核，再到下面调研等程序确定下来的。我们下面的社区作为基层单位，把候选人推荐上去，然后上面会有 24 个部门到我们社区来调研。但我们是一个小选区，比如说西湖区人大代表选举就是大选区，大选区有 7 个社区，24 个政府相关部门会到这么多社区考核。也有居民代表、选民代表到场的。候选人这样确定后，然后进行公示，公示后没有反对的意见，再走程序。"

包括 2016 年 12 月杭州市西湖区人大代表的选举在内的选举，其标准的程式是这样：通常到选举前几天，单位发选票的人发给你一张"选民证"，然后有一张纸，上面有两三个或三四个人的简介，每人不超过 200 字，例如浙大求是社区宣传栏有三位候选人的信息，但是比较简单。他们通过何种途径、被谁提名成为"候选人"，选民通常是没有信息的。

选民对于候选人情况多半不了解。这与村民选举情况不同，因为对于村民选举来说，村庄是一个熟人社会，一个熟人的共同体，因此村民对于候选人的信息有充分的了解，即使选举委员会进行的宣传或出公告有限，村民也是清楚的。但是，对于超越村庄的县区人大代表选举来说情况就不同了，尤其在城市社区所进行的人大代表选举，选民对于候选人的信息掌握是不完全的、不对称而有限，尤其无法获知这样的两种情况：一是候选人的能力，二是候选人的忠诚度，即是否能够代表选区和选民的利益。例如，兰里社区就是这样。选民对

地方人大代表选举是选优还是汇集民意或其他：基于2016年杭州市西湖区第十五届人大代表选举的观察

候选人的情况基本上属于陌生的程度，尤其在公告一贴出候选人的情况时，只有一行内容：姓名、年龄、性别、党派、民族、文化程度、工作单位、职务及职称。候选人内容极其简单，并没有告知选民候选人有什么突出的贡献以及今后如何为社区工作的内容。显然，极为有限的信息无法让兰里社区的选民确定候选人的能力和忠诚度①。

对于那些由撤村建居而来的社区来说，选民对于人大代表候选人的了解要多些。例如，三墩镇虾龙圩社区党委书记（选举的负责人）告知，这个社区属于拆建社区，社区居民主要是原先一个村的村民，在熟人社会中，大家都相互认识。现在社区里除了新媳妇与小孩，大家都相互认识。因此，大部分选民对于候选人都是认识的。我们的随机采访也表明了这一点。被访的选民承认认识区人大代表候选人边C与镇人大代表候选人范某两位候选人，因为他们是土生土长的候选人，又在该社区作为主要负责人工作了十多年，但是，对于区人大代表候选人高D大部分被访选民并不熟悉，首先是因为他并不是本社区的居民，其次是其年龄相对较小。像这样的投票站选民对于候选人情况有相当了解的社区并不多见。兰里社区这个投票点的组织者都很尽心尽责，而程序和流程也相当规范，但效果不尽如人意，选举投票不积极。我们所观察的浙大求是社区也大体如此，选民对候选人的了解程度十分有限。这其中一个重要的原因就是选民对候选人的情况基本上属于陌生的程度，这个社区属于陌生人的社区，不是一个滕尼斯意义上的社区（共同体）。

尽管对候选人不了解（事实上，候选人也不会对其所在的选民有多熟悉，他们恐怕也不见得多关心其选区的选民），但投票还是进行，对于基层社区干部来说，这是一个政治任务。人大代表换届选举是一项政治性很强的工作，选

---

① 有关忠诚度的问题，玛格利特·利瓦伊在她的《统治与岁人》一书中曾经指出过，"当无记名投票出现以后，它们就无法确认不支持政党路线的选民，因而受到了极大的削弱"，相反，"传统的唱名表决使政党、选民和行政长官能够监督个体议员的忠诚"（玛格利特·利瓦伊：《统治与岁人》，周军华译，格致出版社，2010，第31页）。的确，无记名投票方式会使候选人无法具体知道得到哪个（些）选民支持或反对。问题在于，在正式候选人确定之后并在信息极为有限的情况之下，选民为什么选择候选人A而不是候选人B、C？我们确实不知道A为什么当选，但从结果上看，B、C为什么没有当选，这其中一个原因在于中国地方人大选举不是一个选优的过程，而是找出候选人潜在的弱点或问题之所在，在选民看来，B、C存在相对多一些的弱点或问题。

举工作，一是一定要完成，二是要依法把一定数量的代表成功选举出来，并确保代表结构总体上符合要求。所以，在投票日，各选区采用各种办法，如流动票箱，如物质（如肥皂）奖励，不一而足。例如，对浙大求是社区选民的随机采访表明，被访者中绝大多数是不认识或不了解三位候选人，但是他们全都按照选票中的人选投了票。

第三，不是鼓励竞争性的制度，文化也不鼓励竞争性和个性的张扬。在选举中如选民见面会上常常会看到候选人讲自己的不足，就同我们自己在年终总结的那样，总是要说些自己的不足或缺点，哪怕真的没有什么不足之处可以反思。此外，候选人也不需要面对面辩论（选民见面会不是辩论），不需要主动争取选票，不需要向选民具体承诺什么。

总之，由于人大代表作用的有限性、正式候选人基本上的内定、选民对于候选人的不了解（当然，不同选区了解熟悉程序不尽相同）以及竞争性选举文化的缺乏，这样一来，中国地方人大代表选举不是选优，而是找出候选人潜在的弱点或问题之所在甚至找些碴①，也不是通过选举而代表民意，而是通过选举来反映民意、汇集民意。这是中国治理模式的最大特点。

（二）人大代表的选举究竟突出的是程序民主还是实质民主？

民主选举究竟是实质民主，还是程序民主？以往尤其在地方、基层的选举中，人们通常将民主选举理解为实质民主，强调实质民主的部分。所谓的实质民主，在中国的政治逻辑中，指的是民主选举需要选出真正能带领群众致富的领导人，或者精英人士。这样一来就需要"对选举工作不仅组织上要做大量的工作，而且要动员所有的人参加选举，希望选民有很高的积极性和参与热

---

① 例如，面对一张有 A、B 两位候选人姓名但信息（如有什么经历，持什么政治主张，有什么政策建议，等等）甚少的红色选票，选民可能的投票策略或选择是什么呢？假如二选一，选民有下列六种选择：一是支持 A 当选区人大代表，投赞成票给 A；二是支持 B 当选区人大代表，投赞成票给 B；三是反对 A 当选区人大代表，投反对票；四是反对 B 当选区人大代表，投反对票；五是弃权；六是另选他人。从结果上看，假如 A 当选而 B 没有，那么问题在于，你如何知道 B 为什么当选？这可能不清楚，上面已经提到过无记名投票方式所存在的问题。但是，A 没有当选的原因，人们可能会相对清楚：原因很可能是 A 让选民看到或体会到 A 存在一些潜在的弱点或问题。当然，这不是说 B 就很好，在某种意义上说就是选民找些碴而已。

情,并且选举的票数相对集中,只有这样才体现了人民当家作主。这种民主实际上是当年解放区民主经验的集体记忆"[1]。

通过对杭州市西湖区人大选举的观察与访谈,一个基本的结论是,地方人大代表选举的程序民主显然优先于实质民主。选举程序的正当性显然更为重要,它要重于实质性。这从近几届人大代表换届选举越来越重视选举程序和完整性可以看出:从整个选举过程来看,无论是从选民登记还是最后结果的公布,各个环节都是存在的。例如,从正式候选人的确认来看,这次杭州市区级人大代表选举都按照自下而上和自上而下两种方式进行确认的,当然核心的环节是自上而下。三墩镇虾龙圩社区就是如此确认正式候选人。所谓自下而上的方式包括召开党员大会、召开居民代表会议、发公开信征集社区居民的推荐。而自上而下主要是指,上级党委与政府通过对初步候选人的审核来确认最终的正式候选人。然后进行公示,公示后没有反对的意见再走程序。

地方人大代表的选举重点在于确保正式候选人的确认在程序上是正当的,而不是候选人之间的竞争性问题,只是在候选人确定后适度提供有限的竞争性。当然,程序正义很重要,选举程序的公正性是选举合法的前提与保证。应该看到,从重实质走向程序民主与合法性是中国地方选举的一个进步。下一步重点在于,程序的正当性如何有效而充分地实现选民的意志或意愿。

四 结语

选举制度是国家政治生活的重要内容,是衡量一个国家民主化程度的重要标志,县、乡是中国政权体系的基层,因此,其选举的重要性是不言而喻的。地方、基层人大的选举是民主政治的起点,其直接选举的方式更能体现人民当家做主的本质和要求,其选举质量的高低将影响广大选民的切身利益。本文重点在于对地方、基层选举做经验的观察,并在此基础上对相关制度与问题做一些反思性的分析。

通过对2016年12月杭州市西湖区第十五届区人大代表选举的实地观察,

---

[1] 强世功、蔡定剑:《选举发展中的矛盾与选举制度改革的探索》,《战略与管理》2004年第1期。

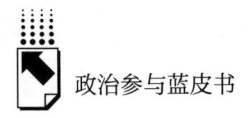

笔者想表明的是,第一,中国地方人大代表选举不是候选人之间的竞争,不是择优,而是通过选举反映民意,汇集民意,甚至通过选举的机制找出地方可能存在的问题或弱点甚至找些碴;第二,地方、基层人大代表选举其程序民主优先于实质民主,其核心在于通过程序选出人大代表,让代表在人大制度内如何有效地履职。这是中国治理模式的最大特点,是中国式治理的一个精髓。

B.13
基层赋权、组织动员与公民参与：参与式预算改革的"西湖模式"

——基于南昌市西湖区"幸福微实事"的实证研究

尹利民 刘威 黄雪琴 尹思宇*

摘　要： 参与式预算是公民能够对有限的公共资源分配进行反复、公开的协商，并最终决定全部或部分公共资源配置情况的一种可重复的决策过程，它是地方治理的创新。中国曾在多地进行过参与式预算改革的实验，积累了一些经验，也推动了中国基层民主的发展。在借鉴其他地方经验的基础上，南昌市西湖区进行了参与式预算的改革实验，通过社会组织的动员，来推动社区、街道的积极参与，进而调动了居民的参与积极性，而区政府对基层的充分赋权，为决策过程的公开和与居民的反复协商实践提供了可能，从而走出了参与式预算改革的"西湖模式"。当然，此次改革实验也存在社区干部影响项目提议，社会组织和居民参与的差异化较明显等缺陷，希望能在后续的实践中改进。

关键词： 组织动员　公民参与　基层赋权　参与式预算

一　研究背景与问题

通过提高公民的政治参与水平来提升中国基层的民主化进程，一直是社会

---

* 尹利民，南昌大学公共管理学院教授；刘威、黄雪琴，南昌大学公共管理学院行政管理专业硕士研究生；尹思宇，江西师范大学附属中学学生。

各界的诉求。为此，中国学人尝试着各种办法，希望有所收益，比如，村委会直接选举，基层人大代表的竞争性选举等，但结果似乎总是难尽如人意。① 其实，民主发展是一个治理创新的问题，是一个世界性的难题，很多国家甚至包括一些所谓发达的民主国家都遇到了诸多瓶颈，也面临如何通过一种更为先进的民主制度来进一步提高政府为公民提供公共服务的水平。因此，很多国家都在探索地方政府治理创新改革。

参与式预算是目前世界各国比较普遍采用的地方治理创新方式，1989年诞生于巴西的巴托阿雷格市，实践证明，它在提高行政绩效和政治民主方面发挥了重要作用，② 后被联合国认为是民主创新中"最好的实践"。③ 此后，参与式预算在欧洲的一些国家开始推行，比如德国、俄罗斯等。④ 北美和亚洲等一些国家也开始尝试参与式预算的改革实验。⑤ 在美国，有研究表明，仅仅30%的美国民众对国会表示信任，大多数美国民众对美国的民主制度表示不满意。⑥ 基于此，从2014年开始，在美国的一些城市，掀起了一场包括参与式预算在内的民主改革运动。美国的实践证明，由于参与式预算扩大了民众参与范围，为底层民众提供了公平的参与机会，在某种程度上弥补了选举民主的不足，因而产生了积极的效果。⑦

有研究表明，村一级直接选举因受到乡村关系、"两委关系"等因素的影响，其效果总是难以达到预期。⑧ 因而中国一直在寻求推进基层民主发展的有效路径，而国外的参与式预算对中国产生了影响，为此，中国的专家和地方

---

① 闫健：《民主选举：深圳人大代表选举事件及其对中国基层人大选举改革的意义》，中央编译出版社，2015。
② 王淑杰、孟金环：《巴西参与式预算经验借鉴及启示》，《地方财政研究》2011年第9期。
③ 李凡主编《中国参与式预算：观点与实践》（未公开出版），世界与中国研究所，2016，第16页。
④ Anwar Shah, *Participatory Budgeting*, World Bank Publications, 2007.
⑤ 陈家刚：《参与式预算的理论与实践》，《经济社会体制比较》2007年第2期。
⑥ Hollie Russon Gilman, *Participatory Budgeting and Civic Tech-The Revival of Citizen Engagement*, Georgetown University Press, 2016.
⑦ Benjamin Y. Clark, Tatyana S. Guzman, "Does Technologically Enabled Citizen Participation Lead to Budget Adjustments? An Investigation of Boston, MA, and San Francisco, CA," *American Review of Public Administration*, 2017, Vol. 47 (8), pp. 945 - 961.
⑧ 尹利民：《程序的恪守与结果的控制：双重约束下的村委会选举——上付村第七届村委会选举的观察与分析》，《学习与实践》2011年第12期。

官员专门到巴西等地参观、学习,并积极在中国一些城市推行类似于巴西的参与式预算改革。在这些众多的参与式预算改革实验中,影响比较大的应该是2005年开始的浙江温岭预算"民主恳谈"。其实,从1999年开始,浙江温岭就创设了基层政治"民主恳谈"的形式。2005年7月,温岭市新河镇政府将民主恳谈会的制度机制应用于镇年度财政预算的制定、审议,创造出了所谓的"新河模式"。① 随后,温岭市泽国镇效仿新河镇,但又增加了一些新的做法,比如,民意代表随机抽样产生,采取小组分组商谈与大会集中商谈相结合的机制,推行主持人制度等等。另外,泽国镇还聘请专家对相关人员进行培训,产生了所谓"泽国模式"。② 浙江温岭的改革获得了社会各界的好评,也取得了一些成果,但也存在一些问题,那就是:无论新河镇还是泽国镇,学界普遍认为不是真正意义上的参与式预算,政府始终起主导作用,无论议题的确定,还是恳谈的过程,都没有脱离政府的控制,民众的参与是一种被动的参与,因而,温岭的参与式预算改革,虽然开了中国基层民主另一种模式的先河,但离国际上普遍所推崇的做法还是有些距离,仍然有提升和改进的空间。

无独有偶,早在2003年,上海市惠南镇也实行过所谓的参与式预算改革实验,启动实施"公共项目民众点菜"工程,有人称之为"代表点菜",具体做法是:每年10月,镇政府对下一年的实事工程,通过与村民座谈,发调查问卷等形式收集意见并汇总,称之为"菜单",然后,年底召开镇人大,代表根据"菜单"来最后决定哪些项目可以通过,即根据村民提出的菜单"点菜"。③ 2008年,上海市闵行区也实行参与式预算改革,他们的做法是:由政府挑出一批关涉民生的预算支出项目,然后组织一些人大代表、普通群众参与讨论,并允许他们表达意见,召开听证会,政府部门则在听证结果的基础上修正预算草案,每位人大代表都具有向区人代会提出预算修正案的权力,最后,

---

① 周红云:《公共预算中的公民制度化参与——以浙江温岭市新河模式为例》,《北京行政学院学报》2008年第5期。
② 徐珣、陈剩勇:《参与式预算与地方治理:浙江温岭的经验》,《浙江社会科学》2009年第11期。
③ 周扬:《上海基层的财政预算民主实验"点菜"》,《21世纪经济报道》2007年7月20日,第1版。

将预算修正案交由区人代会正式审议并表决通过。① 在笔者看来，上海的主要问题与浙江温岭的差不多，主要是普通群众的参与程度不够，反复协商的过程不足，同样，与真正的参与式预算也有一段距离。

除了浙江和上海外，北京麦子店和云南的盐津也尝试过参与式预算的改革。北京的做法是：政府拿出一些可支配的预算出来（限额200万元），作为实事项目，交给居民去讨论。经过居民讨论后，在居委会形成统一意见，再拿到街道同别的居委会提出的项目去竞争，最后通过投票来决定哪一个项目立项，总额不超过200万元。② 2012年，云南盐津在4个乡镇进行了此项改革，其做法是：先由群众和乡镇提项目，形成项目库，之后，村里选村民代表组成代表团，乡镇组成"民主议事会"，分两次会议讨论决定年初预算编制和预算调整方案，后进入预算过程，报乡镇"人大会"或主席团审议批复。③ 显然，北京麦子店和云南盐津的做法已大大地前进了一步，尤其是云南盐津的做法，公民的权利大大增加，项目持续的时间较长，群众参与达到了一定的高度，被认为最接近参与式预算的实质。但遗憾的是：云南盐津的经验并没有很好地总结并推广，2014年以后就停了，没有再进行下去。

2016年12月到2017年4月，在世界与中国研究所李凡教授和校友之家（深圳）发展有限公司吴海宁先生的推动下，海南省海口市美兰区委、区政府在其辖区内的两个街道，启动了参与式预算改革试点。美兰区的改革试图吸取其他各地的经验，突破以往改革模式，希望把中国的协商民主和地方治理改革推上一个新的高峰。海南海口美兰区的改革称为"双创微实事"，即在落实"创建全国卫生城市"与"创建国家卫生城市"活动中，开展一系列为民办实事的项目，实现由"政府定实事政府做"向"百姓定实事政府做"的转变，在两个街道13个社区实行。其做法主要是：首先是项目征集，辖区居民根据自己的意愿提出项目；其次，项目的整合和初步

---

① 申建林、谭诗赞：《参与式预算的中国实践、协商模式及其转型——基于协商民主的视角》，《湖北社会科学》2016年第3期。
② 李凡主编《中国参与式预算：观点与实践》（未公开出版），世界与中国研究所，2016，第5~6、254~260页。
③ 贾西津：《参与式预算的模式：云南盐津案例》，《公共行政评论》2014年第5期。

筛选，并排序；再次，项目的再次筛选与预算配额，并投票；最后，确定项目，通过预算。①

应该说，美兰区的做法最接近参与式预算，取得了丰硕的成果，一是居民的参与度比较高，无论是参与的深度还是广度，且真正实现了自己的事务自己说了算，即实现了"百姓定实事政府做"的预期；二是在参与的过程中，拥有了协商民主的价值取向并实施，居民在实践中拥有了妥协、包容、遵循规则等民主品质。当然，美兰区也有遗憾，项目的实施过程始终在政府的控制下，且社会组织在其中的作用并不明显。因此，海口市美兰区为参与式预算改革探索了一些经验，但也暴露了一些问题，为后续的改革奠定了基础。

2017年10月，参与式预算改革在南昌市西湖区试行，称之为"百姓幸福微实事"，简称"幸福微实事"，项目仍然由李凡教授和吴海宁先生策划，南京大学肖唐镖教授、南昌大学尹利民教授等作为专家组成员参与了本项目。专家组试图在海口市美兰区改革实验的基础上，西湖区的改革能够更进一步，以便摸索在中国现有的制度框架下，推行参与式预算的基本条件。本文正是对西湖区的参与式预算改革的过程和经验做总结，并在理论上对此项改革实验做一些思考，并试图回答在当前中国的制度环境下，参与式预算对于推进中国基层民主发展的重要意义。

二 文献综述与理论框架

由于参与式预算与民主的关系，因此各地展开实践的同时，学界积极展开研究，或理论上进行分析，或对实践经验进行总结。

1. 参与式预算：一个文献综述

有关参与式预算的研究最早是在国外文献中出现的，首先从研究参与式预算的理论问题开始，比如预算过程中的公民参与②，预算参与对中产阶级的动

---

① 李凡、叶清逸、项皓：《参与式预算的新突破海口美兰区的"双创微实事"试验》，《中国改革》2017年第5期。
② P. Brownell, "Participation in the Budgeting Process: When It Works and When It Doesn't," *Journal of Accounting Literature*, 1982, Vol. 1, pp. 124–150.

机以及管理绩效的影响,等等。① 自从参与式预算改革实践在巴西诞生后,学界才开始主要转向经验研究。由于这时段的参与式预算改革还处于探索阶段,因而有关这方面的研究也大多是提问、探讨式的,主要是抛出问题,供大家去思考。如,预算最后由谁来决定,哪一机构负责决策,等等。② 显然,这些都是改革实验过程中的经验问题,又如,有学者专门研究性别的差异导致参与的障碍问题,③ 就反映了实践过程中普遍存在的"谁参与的问题?"。

当然,随着参与式预算在各国的实践不断推进,它所涉及深层次的影响变量问题再次引起了学者的关注。比如,参与过程中所面临的机遇与挑战问题,④ 人的个性对增加预算参与和实现预算目标的动机之间的关系的影响,等等。⑤ 这些研究虽然也关注理论问题,但探讨的焦点是哪些变量在影响民众的参与积极性,以及参与对民主的影响程度。⑥ 其实,人们之所以关注参与式预算,是因为它与民主具有内在逻辑关系。人们是希望通过参与式预算的推进来进一步提升民主的质量,来解决弱势群体的政治参与问题,进而在利益分配过程中有一定的话语权。因此,参与式预算的研究不可避免地会与民主的关系架起桥梁。⑦

自从浙江温岭启动参与式预算改革的实验以来,围绕温岭的讨论就成为国内学界研究的焦点。大致分为三部分:第一部分是介绍性的研究,主要把巴

---

① P. Brownell, & M. McInnes, "Budgetary Participation, Motivation, and Managerial Performance," *Accounting Review*, 1986, 61 (4), p. 587.
② Yves Cabannes, "Participatory Budgeting: A Significant Contribution to Participatory Democracy," *Environment&Urbanization*, 2004, Vol. 16, No, 1, pp. 27-46.
③ Stephanie L. Mcnulty, "Barriers to Participation: Exploring Gender in Peru's Participatory Budget Process," *The Journal of Development Studies*, 2015, Vol. 51, No. 11, pp. 1429-1443.
④ Pravas Ranjan Mishra, "Citizens Participation in the Budget Making Process of the State of Odisha (India): Opportunities, Learnings and Challenges," *Field Actions Science Reports.* Special 2014, Issue 11, 1-5.
⑤ Justin (JP) Stearns, "The Moderating Effects of Personality on the Relationship between Budget Participation and Motivation to Reach Budget Targets," *International Journal of Business, Accounting, and Finance*, 2016, Vol. 10, No. 1, pp. 144-164.
⑥ Ana-Mar'ıaR'ıos, Bernardino Benito, "Factors Explaining Public Participationin the Central Government Budget Process," *Australian Journal of Public Administration*, 2017, Vol. 76, No. 1, pp. 48-64.
⑦ J. Elster, *Deliberative Democracy*, Cambridge University Press, Cambridge, 1998.

基层赋权、组织动员与公民参与：参与式预算改革的"西湖模式"

西、欧洲和北美一些国家的参与式预算的一些做法介绍过来，希望对中国的读者有一些启发。比如对国外参与式预算几种典型模式的介绍，① 尤其着重介绍巴西的经验。② 第二部分是反思性的研究，即针对参与式预算在中国的实践，从理论上研究这种形式的价值。比如，有学者认为参与式预算与基层民主有着内在的逻辑关联，通过参与式预算这种形式，一方面强化了受托责任，另一方面又把地方民众带入发展进程，对推进中国的基层民主价值非凡。③ 当然，参与过程的技术问题也引起了学者的注意，比如，预算的合法性与技术的有效性之间的关系。④ 第三部分主要围绕浙江温岭等地方的实践而展开的经验总结和理论概括研究，这部分是国内参与式预算研究的重点，⑤ 占据了半壁江山。一是介绍温岭的经验，⑥ 有学者认为温岭的做法主要是以民主恳谈入手，并嵌入于参与式预算中，⑦ 但温岭在实践中又衍生出了两种模式，即新河模式和泽国模式。前者被认为是一场参与的革命，⑧ 推动了地方民主和治理创新，⑨ 并且重构了基层的权力关系；⑩ 后者则形塑了一种"商议－合作型治理"的模式，⑪ 对推动中国基层民主的发展具有很重要的价值。二是对云南盐津的经验进行了

---

① 王逸帅、苟燕楠：《国外参与式预算改革的优化模式与制度逻辑》，《人文杂志》2009年第3期；陈家刚：《参与式预算的理论与实践》，《经济社会体制比较》2007年第2期。
② 张梅：《巴西的参与式预算与直接民主》，《国外理论动态》2005年第7期；王淑杰、孟金环：《巴西参与式预算经验借鉴及启示》，《地方财政研究》2011年第9期。
③ 王雍君：《参与式预算：逻辑基础与前景展望》，《经济社会比较体制》2010年第3期。
④ 韩福国：《参与式预算技术环节的有效性分析——基于中国地方参与式预算的跨案例比较》，《经济社会体制比较》2017年第5期。
⑤ 何包钢：《近年中国地方政府参与式预算试验评析》，《贵州社会科学》2011年第6期。
⑥ 陈奕敏：《从民主恳谈到参与式预算》，世界知识出版社，2012年。
⑦ 徐珣、陈剩勇：《参与式预算与地方治理：浙江温岭的经验》，《浙江社会科学》2009年第11期；王自亮、许艺萍、陈伟品：《政策网络、公民参与和地方治理——以浙江省温岭市参与式预算为例》，《浙江学刊》2017年第5期。
⑧ 陈家刚、陈奕敏：《地方治理中的参与式预算——关于浙江温岭市新河镇改革的案例研究》，《公共管理学报》2007年第3期。
⑨ 牛美丽：《预算民主恳谈：民主治理的挑战与机遇——新河镇预算民主恳谈案例研究》，《华中师范大学学报》（人文社会科学版）2007年第1期。
⑩ 王自亮、陈卫锋：《参与式预算与基层权力关系的重构——基于浙江省温岭市新河镇的个案研究》，《地方财政研究》2014年第2期。
⑪ 郎友兴：《中国式的公民会议：浙江温岭民主恳谈会的过程和功能》，《公共行政评论》2009年第4期。

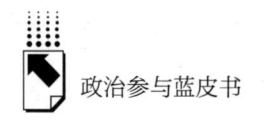

总结，研究在比较其他地方经验的基础上，突出了盐津的区域性差异以及所凸显的价值。①

当然，还有一些文献涉及其他一些地方的研究，限于篇幅，这里就不一一赘述。上述研究为本研究提供了很多有价值的线索，也为本研究的深化奠定了基础，但既有研究在有关参与式预算需要满足的基本条件以及核心要素等方面的探索有所欠缺。本研究将在既有研究的基础上，结合南昌市西湖区的经验，试图归纳参与式预算的"西湖模式"，为后续的改革实验提供有价值的蓝本。

2. 基层赋权下的组织动员：一个理论分析框架

在展示西湖区的改革实验之前，我们先来厘清参与式预算背后所蕴含的逻辑，以更好地指导实践。为此，我们需要回答三个方面的问题：其一，什么是参与式预算，它的核心要素有哪些？其二，为什么人们需要参与式预算？它对实现公民的基本权利有何裨益？其三，谁是参与的主体以及如何参与？

什么是参与式预算？简单地说，就是公民通过反复的协商对有限的公共资源进行分配的过程。② 这个简单的定义中，实际上包含了三个核心要素：一个依靠公民参与的可重复的决策过程；对于分配的公开反复的协商讨论；有限公共资源是由决策产生实行的。③ 也就是说，普通公民是参与的主体，参与的过程是透明公开的，共识是经过一定的程序和规则，反复协商讨论达成的，公民参与做出的决策必须得到认可。预算过程为什么需要普通公民的参与？从理论上来讲，公民的参与一方面可以增加他们了解公共政策决策的过程，促使政府通过一系列的制度和规则来约束自身的特权；另一方面则可以实现公民的平等权利，在利益分配格局中拥有一席之地，而且普通公民的参与还可以增进他们的公共事务知识，从而有助于提升民主的质量。谁来参与以及如何参与？显然，普通的公民是参与的主体，政治体系有确定性的制度安排，以保证其合法的参与，而普通公民能够透明、公开地就某些领域的公共资源进行反复讨论协

---

① 贾西津：《参与式预算的模式：云南盐津案例》，《公共行政评论》2014 年第 5 期；林慕华：《参与式预算中的群众议事员：舞台、角色与演绎——基于盐津案例的实证研究》，《公共行政评论》2014 年第 5 期。

② Anwar Shah, *Participatory Budgeting*, World Bank Publications, 2007, p.21.

③ 参见李凡主编《中国参与式预算：观点与实践》（未公开出版），世界与中国研究所，2016，第 16 页。

商,并最后通过投票来达成决策。

当然,上述要素和环节是源于理论层面,在实践中,政府的赋权是关键环节。① 因为有了政府的充分赋权,公民的参与才有可能,而公民的积极参与在某种程度上又会或主动或被动地推动政府的赋权。因此,赋权与参与有着内在的逻辑关联。然而,有了政府的赋权,并不一定就会激发公民参与的热情,公民的参与受诸多因素的影响,比如,公民的政治信任和社会公正感等对其参与都有一定的影响。② 其实,在浙江温岭等地的改革实践中,往往这两个环节都存在一些问题,即政府的有限赋权,公民的弱参与。因此,为了改变这种局面,在两者之间还需要增加一个组织动员的环节。这样,政府的赋权、组织动员和公民的参与构成了参与式预算的制度框架。在政府的充分赋权下,通过社会组织的有效动员拉动公民由被动转向主动参与,进而实现公民对有限公共资源配置的决定权(见图1)。

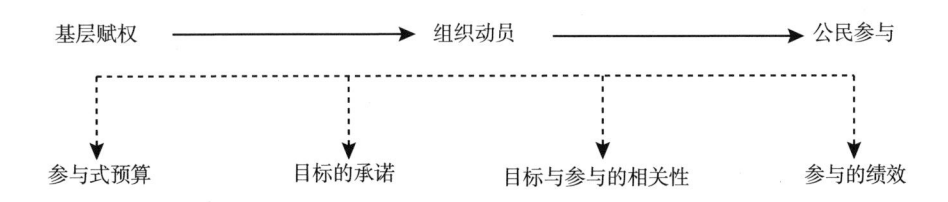

```
基层赋权 ————————→ 组织动员 ————————→ 公民参与
   ┆                    ┆                    ┆                    ┆
   ▼                    ▼                    ▼                    ▼
参与式预算           目标的承诺         目标与参与的相关性         参与的绩效
```

图1 参与式预算的理论框架

理论上,公民参与公共政策决定与执行是其基本权利,且法律也提供了相应的保障。比如,1982年宪法第41条赋予了公民有参与国家管理的权利。然而,在现实中,很多公共政策的决策往往把普通公民排除在外,仍然由政府主导。因此,政府的赋权,就是要让公民参与到政府管理当中来,把属于公民的基本权利还给他们,让普通公民能够自己决定与自己有关的公共事务。从这个意义上讲,政府的充分赋权,不仅是公民参与的前提,而且是公民参与有效性的重要保障,而只有当公民认为自己的参与有效时,才有可能调动其参与的积极性。因此,政府赋权是公民实质参与的重要前提。当然,政府赋权有三种最

---

① Anwar Shah, *Participatory Budgeting*, World Bank Publications, 2007, p.24.
② 郑建君:《政治信任、社会公正与政治参与的关系——一项基于625名中国被试的实证分析》,《政治学研究》2013年第6期。

常见的方式：组织赋权、雇员赋权与社区赋权。组织赋权是通过废除规则来对这些组织进行赋权，使其有足够的自由裁量权；而雇员赋权是通过减少或废除组织内部的管理规则，把权力下放至雇员，让他有一定的自由空间；社区赋权则是把一些官僚机构的权力下放给社区，使社区能够自治。①

组织赋权、雇员赋权和社区赋权，是针对不同的对象而授予不同的权力，使其更能发挥作用，行使权力。其实，在中国基层治理中，还有一种对基层的赋权，即把权力下放到基层，使其有更大的自主权，能够在公共事务的决策等方面充分吸纳公民的参与，就最后的决策权交给公民，使基层（在农村指乡镇、村，在城市指街道、社区）在一定范围内有自主权，我们称之为基层赋权。

上述是宏观层面构建了基层赋权、组织动员和公民参与的关系。在此框架下，我们结合参与式预算的具体实践，从微观层面再来构建其要素之间的逻辑关联。

参与式预算的关键是公民的参与，而人的行为动机受目标的影响，当公民得到了确定的目标承诺，这时，公民会产生参与的冲动。因此，在具体的操作环节中，可兑现的目标承诺是激发公民参与的外在动力。仅有目标承诺是不够的，还需要在目标承诺与参与之间建立起内在的联系，且这种联系是能够被公民感受，并具有一定的可操作性，才有可能刺激公民的参与冲动，最后需要通过参与绩效的评估来确保参与的可持续性。

一言以蔽之，参与式预算的理论框架是，在宏观上，需要通过政府对基层的赋权，社会组织的有效动员和公民的参与来构建制度框架；在微观层面，通过目标承诺，并建立与参与之间的内在联系，为公民的可反复、充分的协商讨论提供可能，并以参与绩效来为公民的持续参与提供动力。

三 西湖区参与式预算改革实践

1. 基层赋权下的参与式预算改革实验启动

在中国现有的制度环境下，任何一项改革，如果没有得到政府的授权和支

---

① 戴维·奥斯本、彼得·普拉斯特里克：《摒弃官僚制：政府再造的五项战略》，谭功荣等译，中国人民大学出版社，2001。

持，几乎不可能成为现实。

2017年7月28日，西湖区民政局向西湖区政府请示，希望在两个街道——广润门街道和南浦街道共21个社区进行"百姓幸福微实事"的项目试点，即通过居民提议和民主投票的方式决定实施一批民生小项目，解决社区群众关注度高、受益面广、贴近居民、贴近生活，群众热切希望解决的与环境、环保、交通、社区公共建设、公共安全、教育、体育、社会服务有关的工程和服务的项目，以达到提高百姓幸福感的目的。项目得到了西湖区政府的支持和授权，区政府把参与式预算所有需要的要件充分赋权给街道，由街道根据本地实际来展开活动，而街道又把一些必要的权力赋予社区，由社区自行组织、安排所有的活动。这样，参与式预算完成了基层赋权，包括街道赋权与社区赋权，为正式启动奠定了基础。

2017年10月29日，活动正式启动，成立了领导小组，制定了实施方案，区相关领导出席了启动会，讲了一些场面话后便离开了现场。后续的活动，基本上没有见到区政府的影子，所有的活动基本上都是在两个街道的安排下展开，区政府完全赋权给街道，这为专家的进场、指导提供了诸多便利。

启动阶段有两项重要工作：一是培训和动员。无论对街道、社区干部，还是社会组织来说，参与式预算是一件新鲜事物，因此，对他们的培训是必不可少的。培训由专家组承担，培训的内容大概包括：什么是参与式预算，街道和社区应该干什么，居民应该干什么，居民参与的方式，以及参与式预算与基层民主的关系，等等。既有宏观层面的东西，也有微观操作技术的内容。二是招募社会组织。由于两个街道涉及21个社区，根据以往的经验，仅仅依靠街道、社区干部，是难以完成如此繁重的工作的。当然，更重要的是，社会组织的参与可以在协助居民的平等参与，训练其参与的技巧等方面发挥重要作用。因此，需要社会组织的介入。西湖区的社会组织大概分为三部分，包括：全国各高校在南昌的校友会，每个社区已有的社会组织（主要是娱乐、体育方面的社会组织），还有南昌大学等各个高校成立的志愿者组织。当然，高校的志愿者组织虽然不是严格意义上的社会组织，但由于组织化程度比较高，且分工明确，也经过了培训，具备了社会组织的功能，因而，我们也把它们视作社会组织。比如，南昌大学公共管理学院共动员了135名学生参与，分为21个小组，被有组织地分配到21个社区，每个小组都安排了小组长，与社区直接对接，

制订了比较详细具体的工作计划和内容。

2. 目标的承诺与社会组织动员

2017年11月6日,志愿者、校友会与各社区对接后,各个社区采取多种方式,分头开始向居民进行项目宣传,进入了项目提议征集阶段。

项目提议征集之前需要有目标承诺,即需要明确的目标设定,让参与者获得收益预期。西湖区给居民的目标承诺是:每个社区30万元的预算经费,两个街道各有100万元,通过居民提议和民主投票的方式决定实施一批民生小项目,居民可以根据自己认为需要的项目提任何要求,这一阶段原则上不受限制,只要符合实际即可。当然,尽管目标承诺与社区居民的实际利益相符,但居民的参与仍然是个问题,因此,需要在目标承诺与参与之间建立起联系。有研究表明,社区居民的参与冷漠历来是一个问题,娱乐性参与相对积极一些,其他诸如志愿性参与、权益性参与相对冷漠,[①] 而娱乐性参与也呈现出明显的年龄的差异,老年人积极,而年轻人则相对冷漠。因此,在目标承诺与居民参与之间,需要通过社会组织的动员来建立有机的联系。

(1) 组织动员与项目提议征集

第一,上门入户收集项目提议。这是各社区项目提议征集的主要方式,工作人员按照社区中的常住人口花名册,逐户进行意见收集。当然,这种方式耗时大,效率低,且居民警惕性强,但也可以借机向居民解释"幸福微实事"项目。

上门入户主要分三种形式进行,即社区干部入户、志愿者入户、社区干部与志愿者一同入户等形式。社区干部入户,居民因为熟悉,配合较好,但有些社区干部责任心不强,对"幸福微实事"项目的解释比较含糊,或不解释,只让居民签字,有些居民由于对此项目不理解,于是干脆不参与。如果遇到租户,社区干部会放弃收集该户的建议。与社区干部相比,志愿者的主动性要好很多。志愿者单独入户最大的障碍是因缺少证明身份的证件被居民怀疑,配合较差,但经过志愿者的耐心解释,效果有所提高。对于无人在家的住户,志愿者贴出了温馨提示,并记录下此户门牌号,准备择日再去造访。当社区干部与

[①] 杨敏:《作为国家治理单元的社区——对城市社区建设运动过程中居民社区参与和社区认知的个案研究》,《社会学研究》2007年第4期。

志愿者一同入户时，以社区干部为主，以志愿者为辅，社区干部负责交流，志愿者负责帮居民填写问卷、拍照等工作。这种方式，居民配合较好。

楼栋长与社区积极分子（大多数是社区组织的成员）带路、协助项目提议征集效果是最好的。楼栋长与社区积极分子认识的社区居民的人数较多，入户时居民多愿意开门，同时他们又不是社区干部，大家的戒备心不强，易说真话。

以上四种入户方式中，若采取社区干部与志愿者一起入户的意见收集方式，居民更易配合，但不易表达自己的真实想法；若采取志愿者独自入户的意见收集方式，居民不易配合，但易表达自己的真实想法；只有志愿者与社区积极分子一同入户的方式，效果最佳，居民既配合，又易表达自己的真实想法。经验研究发现，由于社会组织更倾向于中立，因而更能赢得普通民众的信任。[1] 可见，社会组织在这次活动中扮演的角色非常重要，尤其在对居民的参与动员、项目的宣传、意义的解释等方面。

第二，摆点宣传、征集项目提议。大部分社区采取摆点的方式作为上门入户的补充。这种方式相对于上门入户来说，居民的警惕性有所放松，避免了挨家挨户地宣传讲解，能快速收集数量较多的意见，缺点是项目提议收集得不够全面。当然，这种方式的工作主要是由志愿者来承担，社区干部则起到提供摆点所需物品、证明志愿者身份等辅助性的作用。

第三，来居委会办事的居民填写问卷。每天来社区咨询、办事的居民络绎不绝，社区干部抓住这个机会，积极向他们宣传解释"幸福微实事"项目，并让居民填写意见收集问卷。这种方式省时省力，但是覆盖面不广，仅能收集到某一时期来居委会办事的居民意见。

第四，滚雪球式意见收集。利用熟人宣传、收集意见，居民更容易放下戒备心理，表达自己的意见，同时，减少了工作人员上门入户的工作量，缺点是不能保证宣传的质量，覆盖面也不广。

第五，电话访问。采取以上几种意见收集方式之后，对仍未填写意见收集问卷的居民，工作人员会打电话询问其意见，由工作人员代笔，帮助完成意见

---

[1] 李艳霞：《何种信任与为何信任？——当代中国公众政治信任现状与来源的实证分析》，《公共管理学报》2014年第2期。

收集。

通过上述几种方式，辖区内的大多数居民对此次活动有一个初步的了解，与温岭等地不同的是，从启动到项目提议征集完毕有2个多月的时间。这个时间足以让居民了解此项活动，考虑本辖区的所需项目，并做好参与的准备。到2018年1月7日止，两个街道21个社区共收到9376条项目提议。

（2）项目提议的整合与筛选

从2018年1月7日开始，进入了项目提议的整合与筛选阶段。第一个阶段是项目提议的整合与初选。这个阶段的主要工作是将居民的提议整合、分类并初步筛选。初步筛选在社区层面进行，按照规则，社区居委会无权对居民提议项目作删减，只能分类整理，上报街道。这个做法与海口市美兰区相同。①

参照美兰区的办法，属于7项范围之内的直接删除，包括：不属于公共利益范畴；有其他责任主体，如物业公司；违反政策法规；与政府在建或拟建项目重复；超出街道建设能力范围；不具有技术可行性；明显超出预算限额。比如，工作人员将预估实施费用巨大（即超过30万元的提议），一些在现实中难以实施的提议（如某居民提出的，"买一个大型无人机带摄像，由领导管理操控，每天不定时巡查发现工作上没注意的事情"），以及一些过于私人的提议直接删除（如疏通自家的下水道等）。另外，把那些不符合提议标准的提议删除（如提议项目已有专项预算资金进行解决）。

对剩下的居民提议进行合并。由于对提议如何合并没有非常明确的标准，因此，各个社区的合并方式不同，但如果以合并内容和合并地点为划分标准，西湖区的合并方法大体分为三种：第一种，完全合并提议内容，不合并提议地点。部分社区对提议的合并主要是将内容相似的提议合并为一项，各个提议项目的实施地点不同，会将实施地点分别列出。第二种，完全合并提议内容，也合并提议地点。社区将内容相似的提议合并为一项，不理会各个提议项目的实施地点不同，直接将其合并为全社区实施或者挑选其中一个提议人数较多的提议地点作为实施地点。第三种，按照提议内容、提议地点两者情况进行合并。社区先将相似内容的所有提议合并为一项，再根据这些提议的地点，将这一个

---

① 李凡、叶清逸、项皓：《参与式预算的新突破：海口美兰区的"双创微实事"试验》，《中国改革》2017年第5期。

大提议拆分为不同实施地点的几项。

项目合并完成以后，生成项目征集汇总表，为接下来开展筛选大会（推选大会）做准备。由于各个社区的人力、物力、财力、场地有限，各个社区会根据本社区的实际情况来控制筛选大会的参与人数。为了便于居民间的讨论，会将项目征集汇总表中的提议项目的数量设置乘以筛选大会的圆桌小组数量的倍数。比如，某社区准备在筛选大会上准备 5 张圆桌，那么合并的项目就汇为 50 项或 55 项，若准备在筛选大会上准备 3 张圆桌，那么合并的项目就汇为 30 项或 33 项等。

如果项目合并后的提议项目的数量不是圆桌小组数量的倍数，社区一般会采取以下两种方法来解决。一是取多删少法，将所有合并过后的提议项目按照提议人数由多到少排列，从上到下选择数量恰好的提议项目，剩余的提议人数较少的项目删除。二是少拆多并法，合并过后的项目不再进行任何的删减，合并后的提议数量若少于预想的提议数量，就将其中一些项目按照实施地点的不同拆开，合并后的提议数量若多于预想的提议数量，就将能够合并的项目进行进一步合并。

可见，尽管街道拥有最后的解释权，但街道仍然对社区赋权较大，增加了社区的操作空间，为社区的自由裁量提供了机会，也调动了社区的工作积极性。

3. 提议项目的筛选与民主协商

项目筛选分社区进行，为了使各个社区的操作统一、规范，活动的组织者特意制定了项目筛选大会的议程（见表1），并于 2018 年 1 月 7 日在象山社区率先启动，并作为范例，要求其他社区干部现场观摩，以便后续操作能够做到程序化、规范化。项目的筛选要经过居民代表的充分协商、讨论，达成共识后再来推选。因此，提供一个协商、讨论的场域就非常重要了。因此，项目筛选会场主要以圆桌的形式，让居民代表参与讨论。

表1 西湖区"幸福微实事"项目筛选大会议程

目标	1. 了解"幸福微实事"的进程，向居民报告项目提议的整合及筛选方案，就方案回复居民疑问，以获得居民的理解与支持 2. 了解居民提议项目的提议理由，聆听居民对项目实施的具体要求和具体想法，为后续对项目进行技术评估、草拟具体项目提案做好准备工作 3. 让居民对偏好的项目提议进行投票，根据票数对项目进行优先排序，为后续根据金额限制对项目进行进一步筛选做好准备

续表

第一阶段 会议说明（10 分钟）	主持人宣布会议开始，对会议召开的目的、参会者、会议流程进行说明
第二阶段 筛选方案的汇报说明 （20 分钟）	1. 街道办事处领导小组成员进行工作进展报告（10 分钟） 2. 居民提问，社区居委会、街道办事处成员答复（10 分钟）
第三阶段 入选项目的细化讨论（2 小时）	1. 会议主持人对该环节的目的、流程与规则进行说明（10 分钟） 2. 各圆桌小组就该小组的项目进行讨论（每个项目讨论 6 分钟，共 60 分钟） 3. 圆桌小组成员对本桌 10 个项目进行讨论并推荐 3 个（20 分钟） 4. 每个小组派代表轮流上台（每个小组 5 分钟汇报时间，共 30 分钟）
第四阶段 入选项目的优先排序（45 分钟）	1. 主持人说明该投票环节设置的目的及规则（5 分钟） 2. 主持人组织居民对项目进行投票，主持人现场点票，记录员现场记录，优先排序列表，在会议现场当场公布（居民浏览海报并投票的时间为 20 分钟，点票开票时间 20 分钟）
第五阶段 会议结束（10 分钟）	主持人总结会议成果、邀请领导总结、对居民表达感谢、合影留念

（1）圆桌协商讨论。通过设置圆桌的方式供参与居民协商讨论，是海口市美兰区首创的，西湖区继续沿用这种方式，其目的是希望能够为居民提供一个可重复的、反复讨论协商的平台，而这正是参与式预算的重要环节。

各社区对项目筛选会场进行了精心的布置，主要是便于居民再一次对提议项目的了解，比如，会场的周围有象山社区 60 个项目（经过社区从上百个提议中初步筛选后留下来的）的介绍。会场的每一张圆桌上都有一个粉色的资料袋。袋中资料包括：会议组织方案（其内容包括会议目的、参与方、前期准备工作、会议形式与规则、大会流程）、圆桌会议注意事项、征集项目合并表、"幸福微实事"工作方法、社区对接表、校友会走进社区倡议书等，内容详细，可使与会者对此次会议甚至"幸福微实事"迅速地做一个整体的了解。

在正式讨论协商之前，主持人简单地说了一下大会的流程（见表 1），就正式进入了圆桌会议协商讨论环节。圆桌小组共有 6 组，每组人员包括桌长、记录员、技术顾问 3 个工作人员以及 8~12 个居民，各自的角色与职责是，桌长主持小组公平、流畅的发言与讨论，技术顾问引导、补充、深化居民的建议并辅助桌长调动居民的发言热情,记录居民提出的建议,完成项目提案海报的留白处。每个圆桌小组的桌面上除了一份资料袋以外,还包括一份本小组要讨论的 10 个提议项目表(共 60 个提议,平均分配到 6 个小组中,每组对这 10 个议题进行讨论),以及与之对应的 10 份海报(海报的作用:居民将对应项目的细化讨论的内容贴到对应海报中间区域;然后将整张海报贴到会场后方的对应画报下面;大家进行项目总体投票时,向海报的下半部分贴上自己的票)。

由于参与人员比较多,声音嘈杂,协商讨论效果实际不是很好,这时桌长的作用就非常重要了。我们发现,桌长的水平参差不齐,而志愿者在其中发挥的作用有限,在一定程度上影响了讨论的效果。经过我们的观察,大概有三种形式:第一种,桌长一开始就要求每个居民轮流说一下自己支持的 3 个项目,说出推荐的理由,积极的人踊跃发言,不积极的人一句话也不说,最终选出了支持率最高的 3 个项目,选出 1 个圆桌代表上台给这 3 个项目拉票。第二种,桌长在最开始说明讨论的流程与规则,对要讨论的项目逐个进行讨论,过程中多次维持讨论的秩序,每讨论 1 个项目,就找到对应的海报将讨论的细化内容贴到海报上,最终投票选出支持率最高的 3 个项目,选出 1 个圆桌代表上台给这 3 个项目拉票。第三种,桌长在最开始说明讨论的流程与规则,由于害怕时间不够,就先让大家对自己最关心的 3 个项目投票,按照投票数量将 10 个项目由高到低进行排序,按此顺序一一讨论,将项目讨论的细化内容贴到海报上,过程中多次维持讨论的秩序,选出 1 个圆桌代表上台给得票前三名的项目拉票。6 个小组中,有 4 个小组采取第一种形式,另外两个小组分别采取后两种。

圆桌讨论大概用了 40 分钟,之后每一桌推选 1 名代表到主席台介绍本桌推选的 3 个提议项目,并作动员,希望居民能够投他们推选的项目,60 个项目中,最多只能投 10 个。半个小时的投票结束后,当场统计,宣布投票结果。有 3 个为社区艺术团提供服装、道具的提议项目获得奇高的票数,引起了部分居民的不满,但为了尊重投票的结果,主持人并没有作过多解释。整个象山社区的项目筛选的流程就是这样。

(2)程序化、规范化的项目推选。2018 年 1 月 13 日、14 日,其他 20 个社区的项目提议推选分别在这两天举行。志愿者、校友会和专家组分别参与了此项活动,进行现场指导。推选大会的流程与象山社区的流程大体一致,但由

于各社区的条件不一样，普遍受场地的影响，因此，大部分社区的做法是，在举办大会前，采用电话通知的方式，对项目提议者、居民小组长、楼道长等积极的参与者进行通知，并不通知全部居民。当然，有的社区通过社区的微信群告知，对参与人员并无限制。

大会前对工作人员进行了简单的培训，尤其是担任桌长的居民，尽管如此，还是有很多参与者并不清楚流程，因而在一定程度上影响了后面的工作。与象山社区的筛选大会一样，圆桌讨论非常重要，志愿者在其中扮演了积极角色，帮助居民参与讨论，筛选项目。总体上看，20个社区，对项目提议都经过了讨论、协商，只不过由于桌长的组织能力有差异，因而讨论的层次也参差不齐，但这已经迈出了重要的一步。每一桌也是推选3个提议项目，最后是投票环节。按照流程，应该当场统计投票情况，并公布结果，但也有几个社区当场并没有公布，有社区干部涂改票数的现象，但没能阻止其发生，说明在细节上仍然还有完善的空间。

（3）预算配额、投票、确定实施项目。各个社区筛选后的项目，还需要投票来确定最后的项目，这就需要配额，并为最后的投票做准备。

首先需要制作选票，分社区层面和街道层面，选票是根据居民提出的项目建议而形成的项目清单来制作的。

那么如何确定配额？办法仍然沿袭了海口市美兰区的做法，即依据社区居民推选大会结果所形成的由高至低的项目清单，再给每个项目加上预算资金的配备额度来确定。配额的具体操作步骤为，由社区根据街道办下发的各项目指标估计金额做逐项配额，配额完成后，由专家组对各社区的配额项目进行把关，对于配额额度明显存在问题的，与社区沟通后并由社区修改该项目的配额。将项目配额由上至下加总，加总至每个社区30万元×2和街道项目100万元×2的范围，此前的项目就是选票上的正式投票项目，之后的项目就被淘汰。

选票分为社区项目选票和街道项目选票，分别印制，以不同颜色的纸张加以区别。

2018年1月28日投票正式开始，2月3日下午5时结束。在区政府举行的总的投票启动开幕式与在各社区举行的分会场开幕式同时开始。各个社区分别派了7个居民代表、2~4个社区干部参与在区政府举行的投票启动仪式，其他的社区干部留在各自社区内准备分会场投票开幕式事宜。总的投票开幕式与各社区的投票开幕式几乎是在同一时刻开始的,在总投票仪式启动后,各个社区的启动仪式的照片也在微信工作群中发了出来。

在总的投票启动开幕式上,每个社区的7个居民投票的意义在于给各个社区的投票开个头,7个居民投票的结果,将计入整个社区居民投票后的结果当中。

投票站主要设在街道和社区工作站之内,各社区可以设立流动票箱以方便居民投票。最正式的投票箱有一个,是在开幕仪式之后领回去的铁质大投票箱,各个社区还有一些小的投票箱,作为流动投票箱使用。除了社区工作站以外,投票也在公共场所,例如商店、道路两边进行,由各社区进行有关的宣传活动,鼓励居民的公共参与。每天晚上投票结束后投票箱要进行封存,避免了有人进行非法篡改选票的活动。

年龄15岁以上,居住在试点地区的社区的居民、工作在该社区的有关人员和在该社区上学的人都可以在该社区投票点进行投票。每人最多可以投5个项目,如果超过了5个项目,这张选票就会被作废。上述居民在投票时要进行一个简单的居民登记,主要是避免重复投票。

各社区于2018年2月4日上午9时开始进行点票,点票地点为各社区工作站,每个社区都有点票员和监票员,唱票和计票等整个点票过程都是公开的,有不少居民到现场参观和监督。各社区的点票要按照每个项目得票数的高低,形成项目得票清单,并报送给街道,由街道进行项目的最后当选结果的确定。

2018年2月5日上午,街道对社区报上来的投票清单进行最后的确认,决定最后当选的项目。项目当选的标准是:按照由高而低的得票数,计算每个项目的资金数量,社区总额达30万元、街道总额100万元为止,此为当选项目,以外的为落选项目。最终确定项目时,当选项目最后的一个项目由资金过大而超过了规定的总额,此项目可以判定为落选项目,而由下边的项目递补,直至达到总额为止。

值得一提的是,两个街道的投票率都比较高,都超过了50%。南浦街道事先有投票率的要求,而广润门街道则完全尊重居民自愿。不管怎样,经过区政府对基层的赋权,社会组织的动员,居民由被动慢慢变为主动,而居民的主动参与又推动了社区和街道的工作积极性,这也是西湖区与美兰区不一样的地方。

四 基层赋权下的组织动员与参与式预算

以上，我们就西湖区参与式预算改革实验的全过程做了比较细致的描述。作为一种参与式预算的改革实验，我们关注三个层面的事实：是否为所涉及社区的全体居民的参与提供了条件？是否给予居民对相关议题进行可反复的、充分和公开的协商？是否把有限公共资源的配置决定权完全交给居民？接下来，结合上述搭建的理论框架，就案例所隐含的理论问题做进一步的讨论与分析。

1. 基层赋权与公民参与

我们知道，公共资源是有限的，只有在一个公平、公正的分配制度下，才能保证公共资源的分配合理性，而只有人人都享有参与分配的机会，并在此过程中拥有平等的权利，才有可能保证分配的合理性。因此，给公民平等的参与机会，被视为权利是否得到尊重的充分条件。因此，如何来确保公民的平等参与权的落地，是民主发展中的重要议题。

如前所述，参与式预算是公民参与决策过程，并在过程中发挥作用。因此，参与式预算的目标是充分尊重每一个公民平等权利，使公民的基本权利在实质的政治过程中能够得到体现。从这个意义上讲，参与式预算是实现民主的一种重要方式，也最能体现民主的价值。在以往的参与式预算改革实验中，政府赋予了公民一定的权力，让他们参与到预算的过程中来，比如，浙江温岭新河镇的民主恳谈，但这种赋权是有局限的，即恳谈是人大代表组成的财经小组、民意代表与政府官员一起商谈，最后的决定也是通过人大代表的投票情况作出的。因此，这种形式，虽然有一定的赋权，但赋予公民参与的范围比较有限，公民协商、可反复讨论的机会也受到限制。因而，新河的参与式预算还是有一定的局限性。

从上述西湖区的参与式预算改革试验可以看出，首先，西湖区在赋权方面做了更进一步的改革，通过区政府赋权给街道，街道赋权给社区，完成了所谓的基层赋权，这是区别于浙江温岭等的重要地方。这种赋权从某种意义上改变了政府主导的现象，从而为公民的自由参与提供了条件。其次，有了基层赋权，街道、社区的自由裁量权大大增加。显然，街道、社区更清楚居民需要什么，既调动了基层运作的积极性，同时又能够促进它们为居民提供更好的公共服务。比如，这次活动，社区始终扮演了重要角色，从向居民征集项目提议，到提议项目的筛选，基本都是在社区层面推动。而且，区政府赋权给街道，作为活动具体实施的街道就可作出居民参与的目标承诺，即街道100万元、社区30万元用于民生投入，并把决定权完全交给居民。因此，赋权与目标承诺之间就有了内在的关联，为激发公民参与的热情奠定了基础。

2. 社会组织动员与公民参与

虽然在基层赋权下，有了目标的承诺，但只是为激发公民的参与提供了理论上的可能性，在现实中，还需要动员。

在以往的参与式预算改革实践中，动员工作一般都是在政府的主导下完成，无论是浙江温岭、北京麦子店，还是云南盐津都是如此。政府的动员与社会组织的动员是不一样的，前者难以保持中立，在过程中或多或少会夹杂政府的意志在其中，从而影响公民参与的独立性，也降低了公民行使权利的正当性和公平性；后者因不带有价值偏好，也不具有部门利益，其工作纯粹是为了实现既定的目标，因而更能凸显中立的、客观的角色扮演。社会组织的动员，不仅在项目的宣传方面，而且在鼓励、引导居民的参与，调动其积极性方面发挥了作用，而且，它在基层赋权与公民参与之间建立起了有机的联系。与此同时，社会组织的介入，对政府和其他组织本身也是一个监督，同时，也可锻炼自身的参与能力。

当然，从西湖区的实践情况来看，由于社会组织本身的力量和水平有限，因而在整个活动中的作用还没有发挥到极致，比如，高校的志愿者，虽然事先经过培训，但在引导居民的参与和阻止社区干部违背原则的能力方面还显得不足。校友会虽然有一定的参与能力，但很多成员对项目的理解并不完全到位，加之队伍庞大，在组织方面也存在一些漏洞。社区内部的组织，很多是一些娱乐性的社会组织，因此，他们在引导居民投票的过程中，带有明显的个人偏好。但不管如何，社会组织在推动居民参与，进而带动街道参与等方面发挥了积极作用，特别是在推动居民之间的反复协商中起到了重要作用，这也是西湖区参与式预算改革与其他地方另一个不同的地方。

3. 参与的绩效与参与的可持续性

如果我们把参与式预算的核心要素作为评估标准，那么，这次西湖区的参与式预算改革的绩效如何？

第一，可重复的决策过程，也就是说，整个过程是否有一套程序并得到遵守。如果从这个指标来看，西湖区的参与式预算决策是符合基本要求的。项目从启动到最后决定，经过了4个多月，居民有充分的时间去了解这个项目，去调研和思考社区内最急需的项目是什么。同时，对项目的宣传、介绍，项目提议和筛选，项目的配额，主持人制度等，都可视为项目过程的程序化，而程序化为项目的可重复提供了可能。第二，公民的公开透明反复协商讨论。参与式预算的核心理念就是要使公民在公开平等的协商讨论中充分表达意见，从而使权利能够得到保障。项目经过大众提议后，在初步筛选和正式筛选阶段，通过设置圆桌的方式，其目的是就是使参与者有一个充分的协商讨论空间。而且，推选的项目都大于最后确定的项目，就是为了在最后的投票中，居民有选择的机会和空间。第三，有限资源的最后的分配权是否完全交给居民，是否尊重居民的投票结果。从西湖区最后投票的结果来看，街道基本尊重了群众最后投票的结果。比如，在象山社区，社区干部的项目意愿与居民的意愿不一致，最后投票是居民的意愿获得了多数，而社区干部倾向的项目没有通过，最后街道还是尊重了投票的结果。这个非常重要，也是我们前面所说的，目标的承诺与参与是否有内在的联系，直接关系到参与结果的合法性。综合这三个层面来看，西湖区的参与式预算改革实践比较接近要求，是在海口市美兰区的基础上的进一步提升。

当然，西湖区的参与式预算改革也暴露了一些问题。一是在社区层面，有些社区的干部肆意篡改与社区意愿不一致的项目提议，比如，在下湾社区，社区干部希望拿这笔资金增添楼道路灯，但居民希望建公共厕所。为了实现社区干部的目标，社区干部压低后者的得票数而提高前者的票数。当然，这种情况倒不是太普遍，社区干部之所以这样做，他们认为居民只顾自己，不顾社区的利益，因此，对他们的纠正是正当的。二是社会组织的参与没有一以贯之，在项目的启动和推选阶段，社会组织尤其是志愿者发挥了积极作用，但在投票阶段，社会组织的作用不明显，因而在拉票这个环节其作用没有很好地体现出来，从而竞争性稍显不足。三是在追求投票率方面，两个街道有所差异，其中一个街道对投票率有硬性要求，从而出现了为了投票而投票的现象，从而在一定程度上影响了居民自由投票的原则。

五 小结：参与式预算的"西湖模式"

综合以上陈述，我们发现，南昌市西湖区的参与式预算改革，在海口市美兰区的基础上有一些变化和进步，如果把海口市美兰区的改革称为"美兰模式"，那么，南昌市西湖区的改革，我们可以称之为"西湖模式"。

西湖模式除了满足参与式预算三个核心要素外，我们还分析了另外三个相互关联的要素，即基层赋权、组织动员和居民参与之间的逻辑关联，它们成为西湖模式不可或缺的重要因素，也是与其他地方稍有不同的重要原因。

表2 温岭、盐津、美兰和西湖模式的比较

模式 关键要素	温岭（新河）	盐津	美兰	西湖
组织机构	政府领导、人大监督、专家咨询三方架构	政府领导、人大监督、专家咨询三方架构	区政府、街道、社区居委会、专家组和社会组织	区政府、街道、社区居委会、专家组和社会组织
预算层级	乡镇+村	乡镇+村	街道+社区	街道+社区
社会组织	无	无	社会组织后期参与（主要是校友会）	社会组织全程参与（主要是志愿者，校友会，社区内部的娱乐性组织），后期较弱
协商层次	政府、人大代表、民意代表之间	政府、人大代表、村民代表之间	社区干部、网格员和社区居民	社区干部、社会组织与社区居民的协商讨论
参与主体	政府、人大代表、村民代表	政府、人大代表、村民代表	社区居委会、网格员	社区居民
参与程序	代表代议	代表会议	社区居民直接参与协商、讨论	社区居民直接参与协商、讨论
规则控制	乡镇民主恳谈小组	县、乡改革领导小组	专家与区政府、街道制定的规则	专家与街道制定的规则
参与时间	预算初审、恳谈，通过，执行监督	预算编制和预算调整，单次决策	参与过程5个月，多次往复	参与过程5个月，多次往复
过程主导	政府主导	政府主导	政府主导，社区干部、居民参与	社区干部、社区居民

资料来源：参见李凡、叶清逸、项皓《参与式预算的新突破海口美兰区的"双创微实事"试验》，《中国改革》2011年第5期；贾西津：《参与式预算的模式：云南盐津案例》，《公共行政评论》2014年第5期；徐珣、陈剩勇：《参与式预算与地方治理：浙江温岭的经验》，《浙江社会科学》2009年第11期。

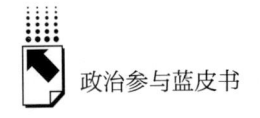

我们比较一下当前四种参与式预算的模式（见表2），可以发现，海口市美兰区与南昌市西湖区的改革最接近参与式预算的真谛。而西湖模式与美兰模式相比，至少又有三个方面的不同，我们把它作为"西湖模式"的核心和特征：一是海口市美兰区的参与式预算的活动主体是社区居委会和网格员，依靠传统社会管理的组织结构来承担这次活动，对本次活动的主动性不强，角色定位模糊不清，是在美兰区政府的行政压力下，被动地展开工作；而南昌市西湖区的改革，区政府赋权给街道后，基本上是街道牵头，在社区居委会积极参与下推进的，是社区带动街道的一种运作方式。由于两地的运作方式存有差异，因而政府在其中的角色也有不同，美兰模式的政府主导角色浓一些，而西湖模式的政府角色相对较淡，虽然街道作为政府的代表方，但街道基本上是在专家组的意见下开展工作，很少有行政的色彩。二社会组织的作用。美兰模式前期基本没有社会组织的介入，虽然也组织了校友会参加，但前期介入不成功，只是在最后投票阶段，社会组织发挥了一定的作用。西湖模式的社会组织比较活跃，有多种形式的社会组织介入，比如，高校组织的志愿者。他们分工明细，组织有序，在对社区居民的动员，提议项目的筛选和推选上发挥了积极作用。更重要的是，社会组织的积极介入，推动了社区居委会的工作积极性，进而带动了街道工作的主动性，这是一种由下自上的推进模式。当然，由于高校学生放假，在最后的投票阶段，志愿者参与较少，留下了点遗憾。两地在投票阶段都进行了一些拉票竞选的方式，但普遍不理想。三是专家的作用，由于美兰区政府比较积极，因而行政的色彩稍微浓一些，专家的角色受到了一定的限制。而西湖区政府几乎就是放权给街道，介入较少，而街道又基本上遵循专家组的意见，因而，西湖模式的活动基本上能够按照专家组的预先设计推进，专家在其中发挥了重要的咨询作用。

当然，参与式预算是一项非常重要的基层治理方式，也是地方治理创新的重要表现，它的运转的可持续性和发挥长效作用，既需要创新的宏观制度环境，也需要微观的体制机制安排，但不管如何，参与式预算将成为推进中国基层民主的重要动力。

B.14
公民参与地方人大监督工作的实践分析

孙彩红[*]

摘　要： 扩大公民有序政治参与是全面发展中国特色社会主义民主政治的重要内容之一。公民参与地方人大监督工作，不仅是坚持和完善人民代表大会制度的现实需求，而且是提升地方人大监督和治理能力的现实要求。本报告的重点内容主要是从实践发展视角，分析地方人大在监督工作和行使监督职权的过程中如何加强公民参与的实际状况，包括公民参与人大监督的主要领域、主要方式和途径，总结公民参与地方人大监督工作的特点以及在参与事项、参与主体、参与渠道等层面仍然存在的问题。在此现实分析的基础上，提出了进一步发展地方人大监督工作中公民参与的建议思考，以及需要解决的一些理论和实践问题。

关键词： 地方人大　公民参与　监督工作

人民代表大会制度是中国的根本政治制度，人民代表大会是公民政治参与的重要载体之一。公民参与地方人大监督工作，不仅是坚持和完善人民代表大会制度的现实需求，而且是提升地方人大监督和治理能力的现实要求。理论上，地方人大行使权力和履行职能的过程中，公民多层次多领域的参与是实现人民当家作主的重要途径。监督法中对公民参与也提出了重要的原则和制度性要求。分析实践发展过程，地方人大在监督工作和行使监督职权的过程中，是

---

[*] 孙彩红，中国社会科学院政治学研究所副研究员。

如何加强公民参与或者给普通公民提供更多的途径来参与到这些工作当中的，公民参与地方人大监督工作的实际情况和特点如何，还存在哪些现实问题，对这些现状的总结和问题的探讨，成为本报告的主体和重点内容。在此基础上，对进一步发展地方人大监督工作中的公民参与，提出了一些思考建议，涉及公民参与权利在不同领域的界定、公民参与和人大代表参与的关系，修改完善相关法律法规，健全相关的系列制度等一些理论和实践问题的解决。

一 公民参与地方人大监督工作的现实重要性

近年来，各级人大按照民主立法、科学立法的要求，不断扩大公民有序参与立法，地方人大立法工作中的公民参与取得了不少进展。但是，人大监督过程中的公民参与，实践上还不是很广泛，理论上对其研究也还需要不断深入。尤其是地方人大对政府的监督工作，对政府的预算监督、对监督议题的选择等，是开展人大监督工作的重要方面。因此，在地方人大的监督工作中吸纳公民参与，是确保人大监督符合人民意志和根本利益的重要条件之一。

人民主权是公民参与人大监督工作的核心理念。社会主义民主政治的不断发展和创新改革，使人大作为国家权力机关和公民参与主要渠道的功能进一步显现。公民参与人大监督工作，一方面是通过人大制度这一重要平台，来参与监督政府，更好地实现人民当家作主的权利。另一方面，也是对人大行使监督权的一种监督，提升人大监督工作的公开性、透明度和实效性。公民参与人大监督工作有着现实必要性，具有重要价值与功能。

（一）公民参与人大监督工作是发展中国特色社会主义民主的内在需求

社会主义民主政治的生命就在于人民民主，公民参与人大监督工作是保障公民的民主权利的重要载体和途径，符合"人民当家作主是社会主义民主政治的本质特征"[1]，以及"保证人民依法实行民主选举、民主协商、民主决策、

---

[1] 习近平：《决胜全面建成小康社会　夺取新时代中国特色社会主义伟大胜利》，人民出版社，2017，第36页。

民主管理、民主监督"①的内在要求。

公民参与人大监督工作就是坚持人民主体地位的一个重要途径。党的领导、人民当家作主、依法治国三者有机统一于我国社会主义民主政治的伟大实践。党中央重要文献中,多次强调人民主体地位,特别是十九大报告从习近平新时代中国特色社会主义思想的基本方略高度,重申了坚持人民主体地位的原则。

按照我国宪法,人民代表大会是我国的国家权力机关,有权依法监督本级人民政府。人大的重要权力之一是对一府一委两院的监督,对法律执行的监督,这是我国政治权力结构安排。地方人大对政府的监督,是地方国家机关监督体系中具有权威性和高层次性的监督。2007年《中华人民共和国各级人民代表大会常务委员会监督法》颁布实施,进一步规范了各级人大常委会的监督职权、监督范围、监督方式和监督程序等,尤其是对政府进行监督的方式和程序的规定。这些具体规定把宪法规定的人民代表大会监督权进一步细化,为地方人大监督政府提供了更为充分的法律依据,也更利于人大更好地依法行使监督权力。

公民有序化、制度化和法治化地参与地方人大的监督工作,是发展社会主义民主政治的一项重要内容。这是支持和保障人民通过人民代表大会行使国家权力的一种重要途径。公民参与地方人大的监督,是以合法的方式保障人民的民主权利,能够以制度化和常态化途径实现人民群众的知情权、表达权、参与权和监督权。

(二)公民参与人大监督工作是完善人民代表大会制度的现实需求

发展完善地方人民代表大会制度是国家治理体系现代化的重要组成部分。坚持人民主体地位来完善人民代表大会制度,要以公民有序广泛参与为基础。扩大公民有序参与人大工作,也是贯彻落实"坚持人民主体地位,推进人民代表大会制度理论和实践创新"②。公民参与对政府的监督、旁听人大会议、选择提出人大监督政府的议题等方面,都是公民有序政治参与的不断扩大和探

---

① 习近平:《决胜全面建成小康社会 夺取新时代中国特色社会主义伟大胜利》,人民出版社,2017,第37页。
② 《中共中央关于全面深化改革若干重大问题的决定》,《人民日报》2013年11月16日。

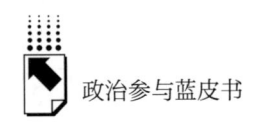

索，是对人民代表大会制度的进一步完善和发展。"由人大与广泛的民主参与形式结合起来，实现间接民主和直接民主的有机结合，这是当前人大监督制度完善的一项重要任务。"①

地方人大是公民参与的主要渠道之一。地方人大监督和权力行使都要植根于人民群众之中，充分保障人民的民主权利和政治权利。"公民参与人大监督工作的重要的意义，还在于形成人民监督人大、人大监督政府、政府服务人民"②的良性循环。

《监督法》为人大监督工作制度创新提供了一定的法律依据。比如，第七条规定"各级人民代表大会常务委员会行使监督职权的情况，向社会公开。"公开的原则和目的就是要接受社会公众监督。还在第八、十四、二十三、二十七条进一步具体规定了向社会公开监督情况的要求，为公民参与人大监督制度的实现提供了可能。第九条对监督议题的相关规定，还明确了可以"从人民群众来信来访集中反映的问题"和"社会普遍关注的其他问题"中进行选择，这为地方人大吸纳公民参与提供了可操作性的范围。总之，公民参与地方人大监督，对人民代表大会制度的完善具有重要的实践意义。

（三）公民参与人大监督工作是提升人大监督能力的内在要求

人民代表大会是重要的国家治理主体之一，其监督治理能力的提升是国家治理能力现代化的组成部分。地方人大监督治理能力的提升，一个前提是人大履行职权的能力。按照我国《地方各级人民代表大会和地方各级人民政府组织法》中规定的地方人大职权，扩大公民参与地方人大监督工作，有利于保障和促进地方人大依法履行监督职权，提升监督治理能力。具体而言，不仅可以提高公民对监督工作的知情度和认可度，还能够作为一种外部社会力量，促使人大监督工作的公开和透明，从而真正把人大监督与公民监督结合起来，确保行政权力行使不会偏离人民群众的根本利益。

公民参与的过程使人大代表履行职权的行为置于公开的监督之下。"代表的监督权力源于公民权利，只有强化人民群众对'代表'的监督，'代表'才

---

① 张劲松：《宪政视角下人大监督权研究》，广东人民出版社，2009，第220页。
② 张木生：《人大监督权也要在阳光下运行》，《浙江人大》2007年第12期。

能真正替人民群众行使好监督权。"① 人大行使权力的行为，在公民参与之下将会受到广泛而公开的监督，驱动人大常委会及其人大代表提高履行职责的能力。

通过公民参与来加大人大的监督权行使的力度，进而提升人大整体的监督治理能力。地方人大及其常委会的监督权是宪法和法律赋予的一项重要职权。但在这项权力的行使过程中，人大监督存在诸如监督信息不对称、监督权力行使受限制等一些导致监督实效不强、监督不力的问题。吸纳公民参与人大监督工作，可以在一定程度上解决上述问题，从而提高人大的监督治理能力。"人大监督中的公众参与具有提供信息、增强实力、施压政府、防止怠惰、公民教育、提高认同等功能，能够大大提高人大监督实效。"② 公民作为国家权力的最终所有者和委托者，公民在人大监督工作中的实际参与，对于增强监督效果和提升人大的监督治理能力具有现实意义。

按照《监督法》规定的要求，包括对公民参与的直接和间接规定，地方人大在行使监督权力过程中，特别是在对政府进行监督的过程中，应该把公民参与作为重要内容。为此，对公民在人大监督工作中的实际参与状况的研究具有重要意义。具体从地方人大的一些具有创新性的典型实践，分析公民在地方人大行使监督权力和人大代表履行职能的实际工作中，具体参与状况如何，涉及对《监督法》要求的吸纳公民参与的制度和原则落实的情况，体现了什么样的特点，还存在哪些重要方面的问题。就此，尝试从一些地方政府的案例和实践做法展开分析，并对进一步发展的路径和方式提出思考建议。

二 公民参与地方人大监督工作的多个领域

关于人大履行监督职权和监督工作中的公民参与，一些地方人大在积极探索公民参与的有效形式。按照宪法和有关法律，人大有权对一府一委两院进行监督，而且监督的领域比较广泛，事项比较多。鉴于政府作为国家权力机关的执行机关，以及政府履行职能与群众、社会更为密切的联系，本报告主要分析

---

① 赫荣平：《论新时期广泛性人民监督有序化运行机制》，《长白学刊》2011年第2期。
② 李扬章：《试论人大监督中的公众参与》，《人大研究》2012年第9期。

地方人大对政府的监督中，吸纳或邀请公民参与的发展状况。以中国知网和重要刊物上一些地方人大监督工作中的公民参与案例为线索，进一步查阅相关地方人大资料，作为本报告分析的主要资料来源。

对这些不同地方人大监督工作中的公民参与实践归纳与总结，主要从公民参与构成要素的维度，按照公民参与地方人大监督工作的领域、参与监督的形式或途径、参与监督的过程和结果、参与监督的创新与问题这样一个结构框架来进行概括分析，以此判断公民参与地方人大监督工作的实践和发展状况。这一部分简要分析公民参与地方人大监督政府工作的主要领域和事项；接下来两部分概括分析公民参与地方人大监督工作的几种主要形式及其相应的特点，以及这些参与的实践做法在创新性上的体现，仍存在的主要问题，以及进一步的思考。

（一）地方人大吸纳公民参与对政府专项工作的监督

地方人大对政府专项工作和履行职能的监督，有政府的年度重点工作、不同领域履行职能的常规性工作等。地方人大给普通公民（或公民代表）参与的机会，不仅提供了更有权威的监督政府的平台，而且还促使人大监督更有力、更讲实效。这一领域的公民参与，不同的地方有不同形式和做法。

1. 公民参与人大对政府专项工作的监督

浙江省乐清市人大常委会在监督政府工作中邀请公民参与实践，主要是专题审议会上，让市民代表参加对政府专项工作的审议和询问。乐清市人大常委会2007年创立了"人民听证"制度，该制度成为一项常规性的常委会专题会议制度。其基本特点在于，市人大常委会召开审议政府工作的专题会议，除了由分管专项工作的政府负责人汇报执行情况，以及一些人大代表参加，重要的是有公民代表来参加审议和讨论，并邀请了40多位市民代表旁听，市民代表按照程序还能发表意见。

"人民听证是指由人大常委会出面组织，有人大代表和市民代表参加，通过网络等媒体直播、向公众开放，以政府官员为对象的质询和公共政策辩论制度。"[①] 按照《监督法》第二章当中的条文规定，人民听证应该属于"听取和审议人民政府专项工作报告"这种监督范围和监督方式中的一种制度。这一

---

① 林一笑：《省人大常委会领导调研我市"人民听证"》，《乐清日报》2010年6月24日。

制度设计体现了更为广泛的代表性和参与度，为普通公民参与人大监督政府的工作提供了一个制度化平台，增强了人大监督政府的实效性，通过社会和公民的力量更好地保障了人大监督权的强有力行使。

2. 公民参与人大对政府部门履职的监督和审议

一些地方人大常委会吸纳公民参与对政府职能部门履职的监督，也即对政府相关职能部门的质询、询问等。地方人大通过建立政府部门和公民的对话平台，扩宽了公民参与渠道。

比如，伊宁县人大常委会2013年举办了对全县政府部门工作的"电视问政"活动，主题是"关注民生，和谐发展"，从涉及群众切身利益的水务、教育、卫生、人力资源和社会保障、住房和城乡建设等部门着手，邀请了人大代表、政协委员、村民、学生家长等100名观众现场参与。现场代表所提的问题，被问政部门都进行了认真答复，并承诺在今后的工作中对这些问题逐步予以落实。[①]

还有一些地方人大对政府及其部门的工作进行审议时请公民参与。例如，"2012年7月，永州市四届人大五次会议，专题审议市科技局、物价局、人防办、地税局的工作。有7位公民被邀请列席会议，公民代表还能在会议上发言提出自己的意见或建议，这在永州人大实践中是第一次。"[②] 这些地方人大让公民代表参与对政府工作的审议，促进了人大对政府的监督，同时也在一定程度上增强了人大监督权的执行力。

3. 公民参与地方人大对政府项目的监督

一些地方人大在对政府工程项目的监督中邀请公民参与。例如，2010年，深圳市人大对政府投资项目的监督方式进行创新，"由市民票选被监督工程，聘请社会中介全程嵌入式监督，使人大对政府工程的监督工作逐渐迈向实质化。"[③] 为了提高公众参与度，深圳市人大在监督方法的选择上采取了包括问卷调查、网络投票等公开透明的方式，按照得票高低确定人大监督的工程项目，从而增强了人大监督工作的民意基础。

---

① 杨勇：《伊宁县"电视问政"开辟人大监督新路》，《新疆人大》2013年第4期。
② 朱振华：《一堂人民当家作主的生动实验课——永州公民首次列席市人大常委会会议纪实》，《人民之友》2012年第9期。
③ 《深圳：市人大率先创新政府投资项目监督方式》，《上海人大》2010年第3期。

（二）地方人大监督政府预算决策中的公民参与

地方人大通过公民参与政府预算项目的选择或决策，来监督政府预算的制定。管好政府的钱袋子，是百姓关注的问题，也是各级人大行使监督权的一项重要内容。在有限的财政条件下，面对如何建设公共财政的重要任务，如何让政府的预算编制更为科学和提高预算绩效，不同地方的人大都在探讨如何更好地监督政府的预算决策。"预算监督是建立现代国家公共财政制度的基本前提，而只有民众的广泛参与才能明晰公共财政的公共性质。"[1] 地方人大吸纳或邀请公民参与实现对政府预算制定或决策的更好监督。

1. 温岭市推进公民参与人大对政府预算审查的监督

浙江温岭市较早探索公民参与监督政府预算，经历了从试点到逐步扩大范围的发展阶段。最开始在新河镇开展公民参与人大对政府预算监督的试点，"2005年7月27～28日，温岭市新河镇召开第十四届人民代表大会第五次会议，第一次在审议镇财政预算当中，邀请民众参与并开展民主恳谈。"[2] 这是在人大审查政府预算的监督过程中，开启了公民参与的新路。这次的民主恳谈对政府的年度财政预算监督，除了人大代表参加之外，重要的亮点是，有193名群众代表参加，询问每项有疑问的预算项目的具体用途，提出了缩减行政管理费开支、增加教育投入等18个问题。在预算初审环节公民代表提出的问题和意见建议，作为人大对预算正式审议会的重要参考，有些建议被纳入正式预算方案中。可见，公民在预算监督环节的参与，对于科学、合理、务实的预算编制起到了应有的监督作用。

后来，温岭市在公民参与预算监督的程序上不断规范，包括参与的公民发言与表达意见，增强代表的规范性、表决方式的科学性等，不仅仅是预算编制的改革，更是强化了人大监督和地方人大制度的完善。到2011年全市层面推进公民参与预算监督，走上规范化、制度化轨道，不断扩大公民有序政治参与、推进了人大的财政监督和公共财政建设。温岭市人大常委会已出台了

---

[1] 戴激涛：《公民参与：激活人大预算监督职能的新推力》，《人大研究》2010年第11期。
[2] 《温岭市参与式预算大事记》，http://www.yusuan.gov.cn/history/201309/。

《市级预算审查监督办法》等文件，该市还有8个镇出台了镇级预算审查监督试行办法、参与式预算民主恳谈工作规程、参与式工程项目智库运作规程、预算调整管理试行办法等。①

2. 上海闵行区人大在预算项目初审监督中吸纳公民参与

从2008年开始，上海市闵行区人大常委会对区政府的公共预算项目进行公开听证，在这个听证过程中邀请公民参与，这种做法扩大了地方人大初审政府预算项目中的公民参与。这是公民参与地方人大监督政府预算的一种类型。为进一步促使这种预算初审监督的听证会形式的制度化和规范化，2010年，闵行区人大常委会制定并开始实施《闵行区人民代表大会常务委员会预算初审听证规则》，对听证主体、听证参与人、听证基本原则和主要程序、听证结果和报告处理等作出了具体规定。特别是听证会注重的询问和辩论环节，以及规定的"常委会初步审查预算草案时，必须听取和审议听证报告，并将相关审议意见及时交政府研究处理"，这样，把听证会报告作为初审政府预算项目的重要依据，就突出了公民参与预算初审听证的实际意义。

2010年以来，闵行区公民参与监督预算项目的范围和领域也逐渐扩大，而且创新了对预算监督审查的方式方法，增强了预算审查监督的实效性，提升了监督工作的透明度，提升了预算项目的科学性。

3. 广州天河区人大在预算审查监督工作中探索公民参与

2014年广州市天河区人大常委会，在广东全省率先探索预算审查监督中的公民参与形式，取得了加强监督的成效，这对于地方人大如何在法律框架内进一步做好监督工作、履行好监督职责，是一种有益探索。天河区人大对政府预算监督审查，为了增强监督的专业性、针对性和实效性，邀请相关领域专家来参与监督，包括来自科技企业、高校及会计师事务所的专业人士参与，提供专业咨询意见建议，辅助各联组的区人大代表审查有关部门的预算。② 后来，进一步延伸和拓展参与式预算审查监督，更好地发挥人大预算监督职能。公民参与预算审查，要求公开政府及相关部门的预算草案。这个参与环节是在地方

---

① 赵棠：《人大代表和社会公众参与预算审查监督面临的问题、成因及思考》，《人大研究》2013年第11期。
② 《天河区人大常委会组织代表开展参与式预算审查监督》，http://renda.thnet.gov.cn/。

人大正式召开对政府预算审议的会议之前，更凸显了公民参与的重要性，可以更明确地讨论政府年度预算的计划及其对财政预算在不同领域的分配。

（三）地方人大选择和确定监督议题时的公民参与

提升地方人大监督政府的实效需要发现和推动现实问题的解决，为此，选准监督的问题很重要。扩大公民参与人大监督工作和监督议题的选择确定，具有现实意义。现在已有不少地方人大为了增强监督实效性，实行了向社会公开征集监督政府工作的议题的做法。

1. 地方人大深入调查确定监督议题

从2010年开始，宜昌市夷陵区人大及其常委会在确定监督政府的议题上，集思广益、拓宽百姓参与渠道，对民众的意见和建议进行整理，深入调查研究后纳入常委会的监督议题。这是地方人大监督过程一个环节上的公民参与，让普通民众更多地了解人大的监督过程、加强对政府的监督。[①] 为确定监督议题，地方人大进一步拓宽监督议题的来源和渠道，除了向人大代表、各乡镇街道和政府各部门征集议题之外，还利用广播、网络等现代媒体和通信手段，扩大监督议题的征集范围，发动全区群众为人大监督提意见。这样确定的监督议题有利于增强人大监督的社会基础，也有利于加强人大监督政府的针对性。

2. 地方人大向社会公开征集监督议题

公开征集年度主要的监督议题，已经成为很多地方人大具有常规性的做法。

湖北省长阳县人大常委会自2009年开始征集下一年度的监督议题，主要集中在四个方面，"关系全县经济社会发展重大事项；人民群众普遍关注的热点难点问题；事关人民群众切身利益和重大民生问题；法律法规实施情况。"[②] 县人大常委会综合整理和分析公开征集来的议题以及相关的意见和建议，作为一种重要依据，来制订下一年度的监督工作计划。又如，2017年征集监督议题时，内容包括听取专项工作报告、执法检查、专题调研等方面。公开征集监督议

---

① 吴彩霞：《公民参与人大监督彰显民主透明》，《中国人大》2010年8月10日。
② 长阳人大网，http：//rd.changyang.gov.cn/art/2009/10/31/art_884_35326.html，最后访问日期：2017年10月27日。

题基本成为每年常态化的工作,给公民参与人大的监督提供了一个常规性渠道。

天津市河北区人大从2012年开始征集年度监督工作议题。该区人大常委会向社会和市民公开征集监督议题的主要形式是,在区人大的官方网站上公布年度的监督工作计划,同时提供电话和电子邮箱等具体的提交意见和建议的渠道和方式。比如,在2012年征集意见和建议之后,"区人大常委会经会议研究,把市民提出的加强对大气污染环境治理工作的监督,加强对民诉法和刑诉法实施情况的监督,充实到年度监督工作计划中。"①

开封市在2013年也向社会和全体市民公开征集监督工作的议题。广大市民可以通过书面或网络等形式,"就关系全市经济社会发展的根本性问题,社会公众普遍关注的热点难点问题、关系群众切身利益的重大问题"② 提出意见和建议。这些面向社会公开的征集活动,扩大了公民有序参与监督工作的范围,提升了人大监督透明度,增强了地方人大监督内容的实效性和针对性,推动人大监督工作不断完善。

(四)地方人大监督法律法规执行情况的公民参与

这一领域的公民参与是公民对人大执法检查工作的参与,地方人大对政府相关部门和主体实施法律法规的情况进行检查监督,邀请或吸纳公民参与其中,也是加大人大对执法的监督力度。从地方实践观察,这方面的参与主要是在地方人大确定对某些法律法规进行执法检查时,先向社会和公众公开征求这些法律法规实施中存在的问题,目的是增强执法监督的针对性和有效性。

例如,广州市人大常委会在执法检查之前,围绕全市重点工作,听取公众意见,选择与群众利益密切相关的热点难点工作进行监督,督促政府依法行政,同时也接受社会公众的监督。按照监督法要求,广州市人大常委会采取组织代表开展执法检查等多种方式来增强监督实效。"广州市人大常委会年度监督计划、常委会审议意见及一府两院对审议意见的研究处理或者执行决议决定情况向人大代表通报并向社会公布;建立预算监督专家库;开通了网上监督系

---

① 杨金惠:《扩大民主参与 公开征集议题——河北区人大常委会在网上公开征集2013年监督议题》,《天津人大》2013年第3期。
② 《开封市人大常委会公开征集2014年监督工作议题》,河南省人民政府网,最后访问日期:2017年9月2日。

统,对财政预算进行了实时在线的同步监督。"① 广州市天河区人大常委会就执法检查向社会公众公开征求意见,包括政府相关部门实施相关法律过程中存在的问题、法律法规的修改意见等。其中,2015年9月,向社会公开征集环境方面的法律执行情况的意见和建议,对环保部门和相关行政部门履行《固废污染防治法》和《固废污染防治规定》的意见、建议;《固废污染防治法》和《固废污染防治规定》在实施中存在的问题以及对法律、法规的修改建议。②

三 地方人大监督工作中公民参与的主要形式

上述分析公民参与地方人大监督工作的主要领域,基本上是让公民参与到人大常委会对政府预算决策、预算项目审查、专项工作和职能事项、政府执法情况的检查等方面的监督。在此基础上,下面分析公民参与地方人大这些领域监督工作的主要形式。公民实际参与人大监督工作的领域不同,实际可以利用的参与形式也有所不同。分析一些地方的做法,公民参与的主要形式有如下几种。

(一)公民旁听会议的形式

按照监督法规定,各级人大常委会行使监督职权的情况,要向社会公开。许多地方人大在这方面进行了各种探索,其中公民旁听人大会议就是向社会公开的一种重要途径。1989年,全国人大通过《全国人民代表大会议事规则》,提出"大会全体会议设旁听席。旁听办法另行规定",这为公民旁听制度的制定与实施提供了法律依据。山东、浙江、广东等省制定了公民旁听具体规则。

近年来,不少地方人大对公民旁听人大常委会会议积极尝试,公民旁听的制度和规则、旁听会议次数、参与人数等都有不同程度的进展。例如,广州市人大及其常委会制定的《广州市人民代表大会常务委员会议事规则》《广州市

---

① 陈建智:《公众有序参与人大工作的途径、问题及意义》,《人民之声》2012年第5期。
② 天河区人大信息网,http://renda.thnet.gov.cn/,2015-09-15;天河区人大信息网,http://renda.thnet.gov.cn/,2016-08-30。

人民代表大会议事规则》，规定公民可以旁听常委会会议和代表大会。旬阳县从 2012 年开始邀请公民旁听县人大常委会的会议。2012 年 5 月 8 日，旬阳县十七届人大常委会举行第四次会议，邀请 10 位公民旁听。"4 年来，共有 290 人次的公民旁听了 29 次县人大常委会会议，旁听公民提出意见建议 21 件，都得到了研究落实，有的采纳到审议意见，有的转交县政府及相关部门办理。"[1]

公民旁听地方人大常委会会议的形式，一定程度上丰富了公民参与的民主形式，拓宽了民主渠道。一方面，地方人大会议向公民公开，在不同程度上提升了人大工作透明度，也有利于督促人大常委会的组成人员，以及列席会议的人大代表依法积极履职。另一方面，旁听后，公民还能填写意见征询表，向当地人大提出一些关于议题的意见和建议，反映一些问题。这实际上拓宽了公民参政的渠道，使之成为一种重要的参与形式。不少地方人大常委会实行的公民旁听制度基本上形成了一套程序化的做法：人大召开常委会之前发布公告，通过官网或党报等媒体公开会议的议题和主题、公民申请和报名旁听的方式、能够旁听的公民名额或数量、参加旁听的纪律要求等，这一系列环节已接近制度化。

（二）监督听证会的形式

公民参与地方人大的监督工作，在不同的领域里都有听证会的形式。一种是参与地方人大对政府预算项目审查监督的听证会。前面已分析的上海市闵行区人大常委会对政府预算项目初审的听证会，要求公民代表参加。另一种是参与地方人大对政府实施法律进行检查的听证会。例如，广州市人大在 2003 年举办了一次监督听证会，充分调动公民积极参与，征集民意。这次听证会的主题是就《广州市城市市容和环境卫生管理规定》的实施情况进行监督。13 位普通市民和 3 位行政职能部门负责人作为听证陈述人，就广州市市容环境卫生工作的各个问题展开激烈辩论。将听证引入执法监督这一新的领域，是全国首创。[2] 还有一种是公民参与地方人大常委会对政府进行的年度监督和工作审议，检查政府执行决定的情况等，这也是以听证会的形式展开的。

---

[1] 金果林：《旬阳县人大：普通公民坐上常委会旁听席》，《中国人大》2016 年第 2 期。
[2] 闵敏：《广州人大：迈出监督听证第一步》，《人民之声》2004 年第 9 期。

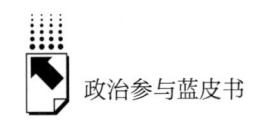

听证会的平台为普通公民参与人大对政府执行政策和执法工作的监督，提供了直接发表意见的机会，成为公民参与的一个重要方式。公民参与在增强人大监督工作的公开性和透明度的同时，人大监督政府的工作在公民参与的力量下增强了监督效果。

（三）以网络和媒体参与的形式

在互联网和各种新媒体迅猛发展的阶段，许多地方人大积极尝试通过网络问政等形式推进公民参与人大的监督工作。邀请或吸纳公民通过发达的网络途径和形式参与地方人大工作，也是人大实现开放式和透明性的工作方式的现实需要。第一，一些地方人大设立了官方微博、官方微信公众号，提高人大工作的透明度，给公民参与监督工作提供更多便利。第二，另有一些地方人大在网上公开向社会公众征集监督议题，征集公民对监督事项的意见和建议。征集监督议题吸纳公民参与，多数地方主要采用网络途径和方式，因为这种方式覆盖面比较广，更为便捷高效。第三，还有一些人大在地方"两会"召开期间，向公民开展网络调查，在网上征集公民对一些议题的意见和建议，实现网民通过网络对大会的旁听。覆盖网民比较多的形式是网络直播地方人大常委会会议。例如，杭州市人大常委会从2010年8月建立了常委会会议网络直播工作制度。会议之前，制作常委会专题网页、发布有关网络直播的公告，对常委会会议议题广泛征求意见，为公民参与直播讨论做基础；会议召开时，又通过网络对大会过程进行全程视频及图文直播，网民通过网络就可以自由"进入会场"，直接留言参与讨论，发表意见。①

此外，还有些地方人大采用公众论坛的形式，也即以电视为媒介的公开论坛，或者在实际场所举办公开论坛，为普通公民参与提供平台和空间。例如，1992年，广州市人大常委会与广州电视台联合举办的羊城论坛，是我国第一个大型政论性电视公开论坛，到2010年已举办了132期。从2003年开始，广州市人大主办的这个论坛在市中心人民公园举行，论坛议题非常广泛，基本是

---

① 浙江省杭州市人大常委会研究室课题组：《公民网络参与人大工作的现状与前景——基于杭州市人大常委会会议网络直播的调研》，《人大研究》2013年第4期。

人民群众关心的社会热点问题。① 这种公众论坛为更多的公民参与提供了平台，也为地方人大征集关于议题的意见和建议提供了便利，突出了地方人大工作的群众性和开放性特点。

这些不同的公民参与形式，在不同程度上扩大了公民对地方人大监督工作的参与度，还加强了人大监督的公开性和透明度，拓宽了公民参与人大监督的渠道。

四　公民参与地方人大监督的创新性与主要问题

公民参与地方人大监督工作的上述领域和范围，以及参与的途径和方式，都呈现出不断扩展丰富和多样化的发展趋势。这一方面与经济社会发展使政府面临更加开放性的环境和挑战相关联，另一方面与不断完善和发展人民代表大会制度的发展思路也是不可分的。不同地方的人大履行监督职责和监督政府的实践，具有不同层面的创新性，但仍存在一些现实问题需要更好地解决。

（一）公民参与地方人大监督的创新性特点

分析前述不同地方的人大在监督工作中邀请或吸纳公民参与的重要领域和实践形式，可以看出，地方人大在履行监督职权过程中邀请或吸纳公民参与，有着不同的形式或途径。但呈现出一些基本特点，其中最为突出的是，地方人大的探索实践基本上是在已有法律框架内或法律原则下的创新探索，或者是在已有制度上进一步完善和具体化。

一是在法律框架内的创新性探索。人大对政府的监督是由宪法规定的根本制度和权力架构。地方各级人大对当地政府的监督，也一定在这个制度和权力架构之下。而且，地方人大监督政府的不同领域、不同事项，也有一些相关法律规定。《预算法》第二十二条规定，在审查政府预算草案初步方案时，"设区的市、自治州以上各级人民代表大会有关专门委员会进行初步审查、常务委员会有关工作机构研究提出意见时，应当邀请本级人民代表大会代表参加。"一些地方人大在正式审议和审查政府预算方案时，提前一个环节是先邀请公民

---

① 陈建智：《公众有序参与人大工作的途径、问题及意义》，《人民之声》2012年第5期。

参与进行一轮的初步监督和审查,像温岭市人大对政府预算的审查监督、上海市闵行区人大对政府公共预算项目的审查监督、广州市人大对政府预算的审查监督等,都是在预算法框架下的突破性创新尝试。

二是根据现有法律原则的尝试创新。人大对政府的监督还有一项专门法律是《中华人民共和国各级人民代表大会常务委员会监督法》,规定了各级人大常委会行使监督权的内容、事项、程序等。其中第八条规定,"各级人民代表大会常务委员会每年选择若干关系改革发展稳定大局和群众切身利益、社会普遍关注的重大问题,有计划地安排听取和审议本级人民政府、人民法院和人民检察院的专项工作报告。"还规定了监督情况向社会公布。地方人大常委会对政府专项工作和重要议题的监督,获得了除宪法之外更为具体的法律依据。在这个审查监督过程和环节中,一些地方人大常委会根据法律原则进行了创新性探索,在监督主体上增加了公民代表的参与,像乐清、伊宁、永州等地方人大的创新探索就具有这一特点。

三是对法律规定制度的创新性完善和落实。有一些地方人大在监督政府工作中的创新,是在没有具体法律规定的前提下,或者只有原则性制度要求的前提下,对具体制度和原则细化落实进行完善性创新。地方人大常委会的公民旁听制度,在 1988 年《七届全国人大常委会工作要点》中已经提出,"要积极创造条件,建立常委会和专门委员会会议的旁听制度。"① 但是,还没有关于公民旁听这种公民参与的具体法律规定。由此,一些地方对于法律要求的这一制度,进行积极探索创新,广州、旬阳、闵行等一些地方人大常委会会议的公民旁听制度和对政府预算项目审查中邀请公民参与的监督听证会,都具有这一特点。

总之,公民参与地方人大及其常委会监督政府的工作,通过上述不同层面的创新性突破或探索,都取得了不同程度的进展。

(二)公民参与地方人大监督的几点问题

从整体上观察分析,地方人大及其常委会在开展监督工作和行使监督职权

---

① 《七届全国人大常委会工作要点》(1988 年 7 月 1 日第七届全国人民代表大会常务委员会第二次会议通过),中国人大网,http://www.npc.gov.cn,2017-12-04。

过程中，不仅有在法律框架内的创新，而且有制度上的创新性完善，在推进公民有序政治参与的方向上不断向前发展。但是，客观分析，在当前阶段公民参与地方人大的监督仍然存在一些需要突破或深入探讨的问题。

第一，公民参与人大监督的领域有待进一步拓宽。公民参与地方人大监督工作的实践做法和典型案例，大部分集中在对政府部分预算、一些预算项目、对监督议题选择的建议，这些参与的领域和事项范围还比较有限。例如，地方人大对政府预算的监督审查，邀请公民参与的只是其中很小一部分，有的只是一些预算项目的初步审查，而没有对全部公共预算的审查监督。还有，公民参与预算监督的层次，较多在县级政府层次，更高层次的人大对政府预算审查和监督中，还很少有普通公民的参与。同时，地方人大对政府执行法律法规的监督工作中的公民参与的情况是，目前只有在少数的法律法规实施情况的监督检查中，地方人大提前向社会公开征集相关问题和意见，这也是需要拓展的公民参与内容。

第二，公民参与人大监督的主体有待进一步扩大。分析一些地方人大监督中的公民参与典型案例，公民参与的主体方面有一些问题不能忽视。参与的公民数量，从邀请公民现场参与的情况看，包括参与对政府部分预算及项目的审查监督、对人大常委会的旁听，最多的有100多位公民代表，还有的是40多位，少的则只有不到10位公民。这些参与的公民数量，与整个行政辖区内的人口数量相比，不成比例。于是相关的另一个问题是，参与公民的代表性问题，这些数量的公民能够在多大程度上代表整个行政区域内的公民意见、建议或对监督政府的诉求，这也是一个无法得到答案的问题。进一步具体分析这些参与公民的代表性，还难于找到公开的权威信息，包括这些公民的身份、经济收入、职业、受教育程度等信息。

第三，公民参与人大监督的渠道有待进一步畅通。目前主要的参与渠道和方式，有现场的参与，包括协商座谈会、听证会、审议会、常委会会议等；也有网络参与的渠道。现场参与的一个明显局限性是受空间限制。网络参与的渠道和形式，虽然能摆脱空间限制，给足够多的公民参与机会，但是，这种网络形式也有其不足和需要进一步完善的地方。从地方人大一方主体而言，这种网络直播或网络征求意见还单单是向公民输送信息或从公民那里收集信息的单向行动，而且这种监督的开放性有限，还不能做到与参与意见的网民进行交互性的实时互动。从公民一方主体而言，参与人员也有限，只有那些能通过网络观

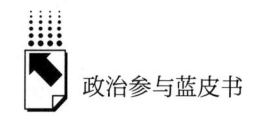

看视频会议的公民，或者有机会看到地方人大征集意见公告的公民，才有机会参与留言和意见。而且，网络参与的形式还会导致一定的不均衡性和机会不平等问题，托夫勒在20世纪就已经指出，"各个高技术国家的政府所面临的一种潜在可怕威胁来自于国民分裂成信息富有者和信息贫困者两部分。下层阶级与主流社会之间的鸿沟实际是随着新的传媒系统的普及而扩大了。"① 这在一定程度上会影响到公民参与地方人大监督的实际效果。

五 加强和完善公民参与人大监督工作的路径思考

扩大公民对人大履行监督职权和开展监督工作的参与，具有宪法依据、理论基础和社会基础。这也是越来越多的地方人大在监督工作中为吸纳公民参与而进行各种探索实践的前提。结合地方人大在监督工作中的公民参与实践仍存在的一些现实问题，以增强人大监督的社会基础和提升人大监督治理能力为目标，提出加强和完善公民参与的路径思考。

（一）在立法上健全和修改完善相关法律法规

坚持依法治国基本方略，坚持法治国家、法治政府、法治社会同步建设，就必然要求建立健全公民参与人大工作的相关法律。虽然人大本身作为国家权力机关和立法机关，但其具体职权中还包括行使监督的权力，这一权力的行使也需要有完备的法律依据。要切实发挥公民参与的各种方式的有效性以及实现可持续性，还要求完善公民参与人大监督的相关立法及其法治化运作。

解决公民在人大监督工作中的参与权的立法问题。为了确保公民参与的现实性和公民权利的实际行使，进一步通过立法巩固当前一些具有意义的地方实践经验。而且，在立法中要解决一些具有争论性的理论问题。例如，对于公民旁听人大会议，必须进一步明确公民旁听具有的获取信息功能，以及更为重要的监督功能。公民参与监督的客体，以及参与会议的内容和范围；在参与公民的发言权方面，作为旁听的公民是否有发言权等，地方人大具有不同意见。这

---

① 〔美〕托夫勒：《力量转移：临近21世纪的知识、财富和暴力》，刘炳章等译，新华出版社，1991，第195页。

些都是与公民参与权和监督权落实密切关联的问题，需要统一立法明确下来，对地方人大监督工作中的公民参与实践起到统一的指导性作用。当前，没有具体法律对公民的旁听权利作规定，公民的旁听权只有来自宪法中对公民基本权利的最高原则。《中华人民共和国全国人民代表大会议事规则》已经对公民旁听制度提出了原则性要求。① 但是，国家层面统一的人民代表大会旁听的具体法律规定还没有。对此，不同的地方人大持有不同观点，存在争议。有的认为，"人大议事决策权是人大及其常委会组成人员的法定职权，单个公民不应拥有，若赋予旁听公民发言权有悖法律。"② 有的认为应当给予旁听公民有限发言权，"在审议重要议题时，经旁听公民申请，人大常委会认为有必要听取公民意见的，可以赋予旁听公民发言权。这样能够提高公民参与的积极性和审议的科学性。"③ 这种有限发言权，还体现在对能够参与发言的议题、发言的形式、时间等作出规定。还有的认为，既然没有法律规定，就可以积极探索，直接允许旁听公民发言。总之，对公民旁听地方人大会议权利的保障，是需要解决好的一个立法问题。

（二）在运行层面完善公民参与地方人大监督的制度

公民参与地方人大工作的不少做法和实践，还未形成全国性和统一性的制度。例如，公民参与地方人大监督政府预算的实践、公民参与地方人大会议的旁听方式、地方人大监督议题的确定中邀请公民参与的做法，还没有形成全国统一性的制度。因此，完善高层次的制度设计，就成为拓展公民参与地方人大监督工作的现实需求，为公民参与地方人大工作提供全国统一性的制度规则。

监督信息公开的制度。监督信息公开是公民知情的前提，在知情基础上才能具备参与监督和参政的条件之一。2008年《政府信息公开条例》开始实施，国家行政机关的信息公开纳入了法治化轨道。然而，对于人民代表大会作为权力机关的信息公开问题，还没有专门法律。从实践来看，各个地方人大在信息公开的内容、事项、形式途径等方面都还不统一，这在很大程度上会影响公民

---

① 《中华人民共和国全国人民代表大会议事规则》（1989年4月4日第七届全国人民代表大会第二次会议通过），全国人大网，http://law.npc.gov.cn，2017-12-04。
② 滕修福：《旁听公民不应拥有发言权》，《公民导刊》2011年第4期。
③ 李尚坤：《应该赋予旁听人员有限发言权》，《公民导刊》2011年第4期。

的知情权和参与权的实现。在公开的环节上，事前公开，有些地方人大已经做到了，主要是公开征集监督议题，通过多种渠道征求人大代表和公民的意见建议，然后确定监督议题。事中的公开，针对监督议题，对政府相关工作的监督情况是怎样的，监督的过程是怎样展开的，这其中关键的就是邀请公民参与地方人大监督工作。事后的公开，基本是地方人大监督的结果，包括作为被监督对象的政府是如何整改或进行相关活动的。这一系列的环节都要完善相应的公开制度。

建立公民参与选择监督议题和制订监督计划的制度。《监督法》在第八条和第二十二条中分别规定，"各级人民代表大会常务委员会每年选择若干关系改革发展稳定大局和群众切身利益、社会普遍关注的重大问题，有计划地安排听取和审议本级人民政府、人民法院和人民检察院的专项工作报告"，"有计划地对有关法律、法规实施情况组织执法检查。"依据该法律规定，结合一些地方公开向社会公众征集监督政府的议题和关于政府实施法律法规情况的意见和建议的典型做法，把公民参与地方人大选择确定监督议题和制订监督计划的这些做法抽象成为公民参与这项监督工作的制度，促进这一领域公民参与的制度化和规范化。

推进公民旁听制度的规范化和常态化。实现公民能够旁听人大会议的制度化运作，就要把公民旁听的议题、旁听的程序、旁听的权利与责任、旁听的资格条件等作为旁听制度的具体维度加以完善。对于不同层次地方人大的不同类型的会议，公民旁听都要有法可依、有章可循，从而确保公民参与人大监督的实际政策目标。

健全公民参与人大监督工作的制度，也是对相关法律规范进一步细化和落实的制度保障。有了法律基础和制度规则，才能使公民参与人大监督在法治引导下走向规范化发展，发挥公民参与应有的实质性功能。

（三）在主体上进一步扩大参与的公民主体

针对已有地方实践中参与人大监督工作的公民数量规模、代表性等问题，要进一步扩大公民参与的主体，以及制定公民参与主体的选择制度。扩大公民参与地方人大监督的参与主体广泛性和代表性，与人大监督议题相关的利益相关方，包括受益群体和利益受损群体在内，也包括相关领域的专家和社会组织成员等，都要有参与进来的机会，增强公民参与主体的代表性。

在参与主体上，还要把公民监督与人大代表监督有机统一起来。一方面，公民参与是社会主义民主的基础实践形式之一。人大监督政府的公共职权和公民监督政府的民主政治权利应该有机结合起来。在公民参与人大监督过程中，对政府的监督提出意见和建议，通过人大的平台和载体，使公民的监督更大限度地发挥其法律性影响。另一方面，公民在人大监督工作中的实际介入，一个直接功能是参与对政府的监督，间接功能也是对人大履行监督职权的监督，以及对人大代表履职的监督，由此，公民通过参与人大工作监督政府，与公民监督人大工作也应该统一起来。但我国宪法规定了公民对人大代表的监督权，而没有直接规定对人大的监督权，因此，这还是需要从立法和实践上同时解决好的一个现实问题。

扩大公民参与人大监督的主体，除了上述从公民个体角度，还有组织化的角度，即吸收更多的、代表性更广的社会团体、行业协会等社会组织自愿参加人大对政府的监督，使政府的预算编制、预算项目、依法执法、重要议题和专项工作等重要职能履行接受更多主体的监督与评判。

在全面推进依法治国方略的指导下，人大作为立法机关，除了通过公民参与确保所立之法是良法，还要在履行监督权力和其他职权时，有健全的法律法规依据、完善的制度设计，确保公民参与人大监督的功能发挥，提升人大监督治理能力，为国家治理体系和治理能力现代化总目标的实现提供基础保障。

B.15
城市社区社会组织培育发展的实践探索
——以深圳市宝安区为例

杨浩勃*

摘　要： 社区是社会的基本单元。社区社会组织是社区居民参与社区治理的重要平台和载体，是打造共建共治共享社会治理格局、推动基层社会治理现代化转型的一支重要力量。本文以深圳市宝安区社区社会组织的培育发展实践为例，研究分析城市社区社会组织的发展现状及存在的问题，为我国城市社区社会组织的培育发展提出对策建议，通过完善法律法规、分类培育扶持、厘清主体关系、增强内生动力、探索社会组织"去行政化"等举措，引导社区社会组织发挥作用，推动实现政府治理和社会调节、居民自治良性互动。深圳市宝安区社区社会组织的实践探索可为我国新型城镇化中的其他城市提供参考借鉴。

关键词： 城市社区　社区社会组织　多元治理

党的十九大提出，要打造共建共治共享的社会治理格局。社区是社会治理的基本单元，构建相适应的社区多元治理体系是基层社会治理创新、推动社区善治的重要基础和基本方略。2017年6月，《中共中央国务院关于加强和完善城乡社区治理的意见》指出，到2020年，要基本形成基层党组织领导、基层政府主导的多方参与、共同治理的城乡社区治理体系。社区社会组织作为街道（社区）组织或居民在社区范围内组织发起，在社区内活动，以

---

* 杨浩勃，天津大学管理与经济学部博士研究生，深圳市宝安区政协副主席。

满足本社区居民群众多元化、多样化需求的民间组织，既是社区多元治理体系的重要组成部分，也是社区居民参与社区治理的重要平台和载体，还是推动基层社会自治和社会治理现代化转型的重要力量。培育发展社区社会组织意义重大。

宝安区是深圳市的人口大区、产业大区。改革开放以来，特别是21世纪以来，宝安区积极培育发展城市社区社会组织，从实际出发，先行先试，创新推出了诸多卓有成效的做法，积累了丰富的实践经验，如成立了全国首家以培育社区社会组织为目的的社区发展基金会，推行社区社会组织登记、备案双轨制，成立社区社会组织服务中心，建立社区社会组织活动联盟等。其发展的历程、取得的成绩、面临的问题等，对中国正在进行的城镇化乃至后城镇化的城市社区社会组织的培育和发展均具有较强的理论借鉴意义和实践推动价值。

一　宝安区社区多元治理与社区社会组织发展概述

（一）宝安区概况

宝安区地处深圳市西北部，毗邻香港，是粤港澳大湾区和穗深港黄金走廊的重要节点。宝安区土地面积397平方公里，占全市总面积的19.9%，全区现设10个街道，124个社区工会站，140个社区居委会。截至2017年9月，实有管理人口539万，占全市总人口量的29.9%，全区常住人口301.71万人，是深圳市人口大区，不仅数量大，密度高，且户籍比严重倒挂，深圳户籍和非深户籍人口分别为51.8万和487.2万，比例近1∶10。宝安区是深圳市工业大区、产业大区，经济实力雄厚，2016年实现地区生产总值3003亿元，同比增长8.8%，占全市总量的15.4%。无论从经济总量还是管理人口看，宝安区完全是一个大城市的体量，较一些省会城市也不遑多让。[①]

在城市发展上，宝安县始设于东晋咸和六年（公元331年），迄今近

---

① 《宝安概况》，http://www.baoan.gov.cn/xxgk/jgzn/bagk/，最后访问日期：2017年12月5日。

1700年，后虽屡经变迁，但仍是岭南经济、文化重镇。1979年撤宝安县设深圳市，1982年复设宝安县，辖深圳特区外的原宝安县地区；1992年撤县建区，分设宝安、龙岗两个行政区；2004年，宝安、龙岗两区城市化全面铺开，深圳成为全国第一个没有农民、没有农村行政建制和农村管理体制的城市；2010年，深圳特区扩容，启动特区内外一体化进程，宝安又由原关外变为特区，随着特区内外一体化进程的加快，宝安城市化、现代化水平进一步提升。同时，宝安经济社会发展和城市治理上也面临着严峻的挑战和问题，既有人口膨胀、交通拥堵、违章建筑、环境污染、安全隐患等大城市的"通病"，更有宝安自身发展的"问题"。因长期的城乡和特区内外二元体制及户籍人群分治的影响，宝安城市面貌、基础设施建设和公共服务整体上较原特区内有差距，且区域发展不平衡，一些距主城区较偏远的农村城市化区域，因原来长期游离于城市规划和公共服务体系之外，还留存着传统农村式、粗放式管理思维和方式，城市管理的精细化、科学化程度有待提升。

（二）宝安区社区多元治理的基本情况

城市和城市社区是一对共生共存、相互影响的发展共同体。城市发展和社区治理也是密切相关，相互激发的两个治理体系。宝安历经了由农村到城市的30多年的先行先试与跨越发展，是中国工业化、城镇化的先导者、实践者和见证者。宝安城市化变迁历程，城市治理的诸多典型特征，也决定宝安城市社区及社区治理的先行性、代表性和复杂性等基本特征。一是社区类型全面。随着我国城市化进程的迅速推进和城镇化住房制度改革的深化，城市居民的住宅形态也呈现多样化的特征，并由之构造出多样的城市社区类型。[①] 深圳是中国城市化和住房制度改革的先行者，宝安城市社区类型多样化特征明显。宝安现124个社区由"村改居"和"非村改居"社区两类构成，既有商品房社区、老城区社区，又有工业园社区、商业化社区、城中村社区、原农村城市化社区及混合型社区等，几乎涵盖了中国现城市社区的主要类型，可说是中国城市

---

① 郭于华、沈原、陈鹏：《居住的政治——当代都市的业主维权和社区建设》，广西师范大学出版社，2014，第1页。

社区类型的"集大成者"。二是社区普遍规模过大,治理压力大。宝安人口规模大且增长迅速,平均每社区实际管理人口达 2.44 万人,最大的社区甚至超过 26 万人,已是一个中等城市的规模。基层管理和公共服务普遍存在"小马拉大车"的现象,城市运行成本高。三是陌生人社区居多,社区异质化和文化多元化特质显著。宝安是一个典型的移民城市,社区居民来自五湖四海且文化背景各异,这种因居住要素而形成的陌生人社区与因血缘、亲情、业缘等纽带形成的传统型熟人社区迥然而异,社区间居民间少有联系和互动,社会资本贫乏;且社区居民文化多元化、差异性特征显著,这些都给社区精神和共同意识的培育带来挑战。四是社区阶层多样化、利益诉求多元化和基层矛盾社区化相交织。当代中国社会阶层不断分化和重构,在居住涂抹上政治的色彩,住宅成为当代城市分层的重要标志下,[1]这种分化和重构在城市空间的体现就是阶层型社区逐渐取代自然型社区[2],即使同一社区中不同的居住群体也有着不同的身份政治。[3] 随着城市土地和住房升值,居住利益上升为人们生活中的最大比重和关注的焦点,不同社区和同一社区乃至同一小区中不同居民群体围绕居住利益的阶层分化和利益博弈日渐显著,且随着传统"单位"这个"中介"的瓦解和"代理人"的消失,这些分化博弈而导致的矛盾直接呈现在居民群体间,暴露在基层社区中。宝安区城市化早,经济发达,土地稀缺,房价昂贵,居住类型多样化、住宅产权形态多层级特征显著,围绕着居住利益而产生的基层矛盾多发且多样。五是社区间发展不充分,不平衡,治理难度大。宝安区各社区管辖面积、人口规模、经济实力及治理程度都存在较大差异。一些社区经济实力雄厚,治理状况良好,成为全国社区治理的示范。也有少数社区因原先管理混乱或发展不足,集体经济薄弱、历史遗留问题多,居民上访和群体性事件多发。概述言之,宝安城市社区发展的先行性、类型的全面性、构成的多样性、治理的复杂性等,无论从历史的纵向还是现实的横向看,宝安都是观察和研究中国城市化及社区治

---

[1] 郭于华、沈原、陈鹏:《居住的政治——当代都市的业主维权和社区建设》,广西师范大学出版社,2014,第 12~19 页。
[2] 徐晓军:《我国城市社区走向阶层化的实证分析》,《城市发展研究》2004 年第 4 期。
[3] 王汉生、吴莹:《基层社会中"看得见"与"看不见"的国家》,《社会学研究》2011 年第 1 期。

理的难得"样本"。

什么样功能的城市，就会有什么样的社区需求，就会聚集不同类型的社区居住者，并对城市生活的特征带来极大的影响。[①] 基于宝安城市发展和城市社区的现实，为贯彻落实党和国家社区建设的大政方针，推动基层政治建设，不断满足居民群众日益增长的美好生活需求，宝安区坚持以人民为中心，秉承人人参与、人人尽力、人人共享的理念，从居民需求出发创新社区治理，[②] 先行先试，创新推出了许多好的做法，如率先探索成立驻社区综合党委、社区党代表工作室，率先推出"派驻社区第一书记"，推行"农地入市"和"产权换股权"合作模式等，在长期实践的基础上，探索且初步形成了城市社区多元治理的"1+N/3PS"指导模式和"13712+N"实现路径体系。"1+N/3PS"指导模式中，"1"指的是一个基本点，即坚持党的领导、群众主体、依法自治"三位一体"，"N"是变量，指社区治理的多个影响因素和多条实现路径；3PS（Phase）指中国长期处于社会主义初级阶段的国情下，社区多元治理的实现要经历多元主体培育到社区多元共治再到社区多元自治的三个发展阶段。在此模式的指导下，宝安区逐步形成了社区多元治理"13712+N"实现路径体系，该体系构成重点是推动社区多元治理的12条常规实施路径，包括加强基层党建，重塑居委会，培育发展社区社会组织，发展壮大社区志愿者队伍，加强诚信法治建设，推动社区文化建设，强化社区教育，推动社区股份合作公司改革，强化基础设施建设，完善公共服务体系，合理社区规划与布局，建立健全社区多元治理管理体制机制等。社区多元治理的关键在于推动多元主体的平等协商参与，培育和发展社区社会组织不仅是推动社区多元治理的重要实现路径之一，还是衡量和评价社区治理发展阶段的重要指标。总体而言，宝安城市社区治理还处于多元主体培育阶段，社区社会组织的培育发展也尚处于初级阶段，培育和发展社区社会组织具有很大的需求空间和发展空间；同时，宝安区丰富的社区治理实践对培育和发展社区社会组织还具有积极的推动作用。

---

① 蓝志勇、李东泉：《新型城镇化背景下的社区发展与基层治理》，《学海》2016年第4期。
② 傅利平、杨浩勃：《人人参与 人人尽力 人人共享——从居民需求出发创新社区治理》，《人民日报》2017年9月18日，第7版。

(三)宝安区社区社会组织的现状

宝安区社区社会组织的出现和发展是伴随着城市社区建设向纵深发展而成长起来的。自1991年宝安区第一家社区社会组织——石岩街道华侨港澳同胞投资者协会成立,截至2017年9月,全区共有社区社会组织379家,总量在深圳市各区中名列前茅。379家社区社会组织中,民办非企业单位47家,社团332家;登记329家,备案50家。

根据宝安实际,一般将社区社会组织分为四大类。一是社区服务类,主要是承接政府或社区内的一些公共服务事项和事务性工作,如计生协会、平安建设促进会、老年人协会、行业协会等,目前宝安区社区服务类社区社会组织最多,达248家,占总量的65.4%;二是文体联谊类,主要是组织和开展社区文体娱乐和联谊活动,如书画社、摄影社、艺术团、体育协会等,这类社区社会组织81家,占总量的21.4%;三是慈善帮扶类,主要是通过自助互助的方式,无偿为社区居民提供爱心服务,如慈善帮扶会、爱心协会、受困人才援助中心、残疾人工艺社等,这类社区社会组织41家,占总量的10.8%;四是社区权益类,主要是组织社区相关居民维护合法权益,如来深建设者援助服务中心、劳务工权益服务中心等,这类社区社会组织最少,仅9家,占总量的2.4%。从分布看,位于宝安区中心城区的新安街道社区社会组织最多,达141家,占总量的37.2%;其次是西乡街道,有62家,两个街道合计量超过全区数量的一半。而航城、福海、新桥、燕罗等4个2016年刚分设的街道中,社区社会组织数量最少,分别有7家、6家、4家和2家(见表1)。

表1 宝安区社区社会组织分布情况

单位:家,%

区域\类型	文体联谊	社区服务	慈善帮扶	社区权益	总计	比例
新安街道	28	82	26	5	141	37.2
西乡街道	13	43	2	4	62	16.4
航城街道		7			7	1.8
福永街道	18	23	1		42	11.1
福海街道	2	4			6	1.6

续表

区域\类型	文体联谊	社区服务	慈善帮扶	社区权益	总计	比例
沙井街道	9	39	1		49	12.9
新桥街道		4			4	1.1
松岗街道	5	25	9		39	10.3
燕罗街道		2			2	0.5
石岩街道	6	19	2		27	7.1
总计	81	248	41	9	379	
比重	21.4	65.4	10.8	2.4	—	

来源：根据宝安区民政局统计数据整理而成。

二 培育和促进社区社会组织发展的主要做法及成效

宝安区高度重视社区社会组织在社区多元治理中所发挥的作用，通过创新登记管理模式，强化培育扶持，引导发挥作用，探索"去行政化"等办法，大力培育和发展社区社会组织，形成了一些在全市、全省乃至全国有影响力的经验和做法。

（一）创新登记管理模式，支持社区社会组织成立

针对原来社区社会组织成立门槛高、流程多、"出生难"的问题，宝安区创新登记管理模式，鼓励和支持社区社会组织的成立。从2006年起，宝安区率先在全市以区政府名义授权街道办事处作为社区社会组织业务主管单位；从2010年开始，推行社区社会组织登记、备案双轨制，采取"先发展、后规范，先备案、后登记，部门联动、分类指导"的办法，实行逐步降低准入门槛、简化登记程序、缩短办理时间、上门指导服务、提高登记效率等措施，大力培育服务型、公益性、互助性社区社会组织；除出台政策、降低门槛之外，近年来，宝安区在具体操作中，不断简化、优化包括社区社会组织在内的社会组织申请流程。一是实行"一窗式办理"。以"智慧宝安"建设和宝安区政务服务

"两厅两中心"[①] 正式运行为契机，将社会组织登记、变更、撤销申请等统一进驻区政务服务大厅受理，并提供受理窗口、电话、QQ 群等线上线下咨询渠道，方便群众办事，提高办事效率。二是进一步完善申请材料清单目录和模板，编印了《宝安区社会组织登记指引》《关于规范宝安区社会组织业务申报程序及相关会议的指导意见》等文件，清晰申请流程，规范办事程序。三是自 2016 年起，宝安区成立和启用区社会组织培育服务中心，为社会组织申请登记成立和专业发展等提供全方位服务和专业化指导。

在政策导向和措施支持下，宝安区社区社会组织得到快速发展。以数量为例，2006 年后，宝安区社区社会组织步入发展的"快车道"，特别是 2009～2014 年登记成立的社区社会组织年均超过了 30 家，2013 年达到历史最高点，一年内就登记注册 79 家。2015 年后，因政策变化，宝安区社区社会组织的年登记成立数量回落，在 10～20 家徘徊（见图 1）。

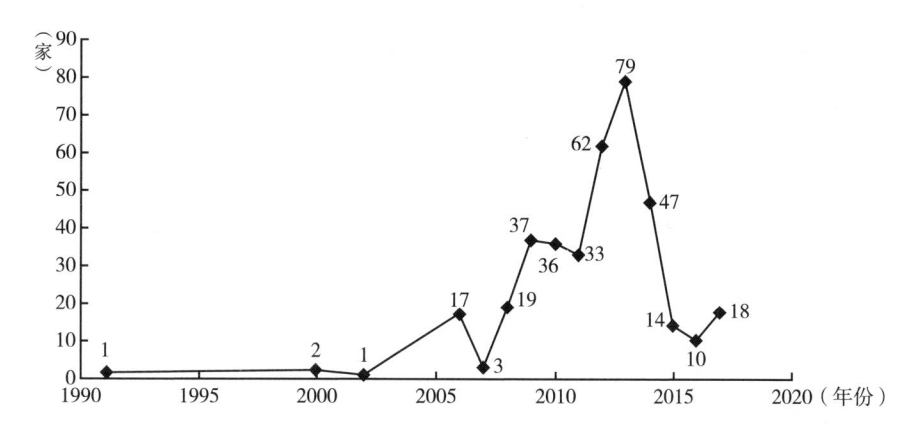

图 1 宝安区社区社会组织登记成立数量（年度）统计

---

① 政务服务"两厅两中心"即"行政服务大厅（物理服务大厅）、网上办事大厅、全口径受理中心、全口径咨询中心"，行政服务大厅实行"一门式、一窗式、一站式"服务，全部事项还实现"100%网上申报、100%网上审批"，推出了宝安政务服务手机版"宝安通"APP。宝安打造政务服务"一个大厅、一个窗口、一个网站、一个号码"，为群众和企业提供线上线下 O2O 服务。全区所有行政审批服务全部纳入各级政务服务中心，通过"前台综合受理、后台分类审批、一个窗口出件"的服务模式，实现"个人办事不出街、企业办事不出区"。

这种阶段性发展特征与宝安区从2006年起开始创新社区社会组织登记管理模式密切相关。从宝安区社区社会组织的发展历程和阶段性特征也可看出，国家政策方针、法规制度、地方政府对社区社会组织的认知态度等是直接影响社区社会组织培育和发展的关键因素和重要条件。

（二）加大扶持保障力度，促进社区社会组织发展壮大

宝安区不仅支持社区社会组织的成立，还多措并举，扶持其发展壮大。一是在制度和资金上帮扶。2008年，宝安区在全市率先出台《宝安区公益慈善类、社区维权类民间组织培育专项资金管理暂行办法》，对社会组织予以初创扶持及创优扶持；2015年，出台《宝安区社会组织扶持资金管理暂行办法》，继续加大对社会组织的创优扶持和项目扶持力度。对参加登记管理机关组织的社会组织评估，按不同等级给予不同金额奖励；对社会组织开展公益服务类、文体教育类、社区服务类、经济和科研类等项目，择优给予项目扶持，每个社会组织每年最高可获得项目扶持25万元，扶持资金每年列入财政预算。2015年以来，宝安区每年用于社会组织扶持的资金500万元，其中扶持各类社区社会组织82家，共729万元，优秀项目扶持15家，123万元。这些优秀项目主要集中在慈善帮扶与平安建设领域。以新安街道翻身社区治安联防促进会为例，翻身社区是宝安区委区政府所在地，辖区治安具有敏感性、复杂性、突发性和反复性的特点，治安管理面临很大的压力和挑战。2016年，翻身社区治安联防促进会"平安翻身"项目被列入宝安区社区社会组织扶持资金优秀项目，通过专项资金的大力扶持，治安联防促进会的实力得以增强，社区群防群治力量得到壮大，翻身派出所2016年打击违法犯罪情况也得到有效提高，该年抓获并依法处理违法犯罪嫌疑人988人，同比上升7%。辖区内110违法犯罪警情共接报2250宗，同比下降813宗，降幅26.5%。在政府层面的资金扶持上，除了民政部门之外，还有其他职能部门在社区建设领域的资金扶持。如区社工委的社会建设专项资金、宣传部门的"宣传文化基金"和各街道的公共服务专项资金等，这些资金也通过项目建设、购买服务、委托运作、以奖代补等方式流向社区社会组织。二是通过政府购买服务等方式，支持包括社区社会组织在内的社会组织发展。至2017年，已编制五批具备承接政府职能转移和购买服务资质的社会组织目录，全区社会组织承接政府职能转移和购买服务

事项共 121 项，涉及金额 6000 余万元。宝安区"文化春雨行动"就是政府购买服务，探索构建社会力量广泛参与的基层政府公共文化服务新机制的成功典范。从 2012 年起，宝安区开始实施"文化春雨行动"，通过招募"文化义工"、采购"文化钟点工"、招聘"文化辅导员"等措施，与相关社会组织或个人签订服务合约的方式，有效聚集了体制内外文化力量，达到满足群众多层次精神文化需求的目的。5 年来，"文化春雨行动"年受益群众达 2000 万人次，并先后获全国基层文化志愿服务示范项目、国家文化创新工程等荣誉。2012 年，由多个社区葫芦丝爱好者组建的"凤尾竹"葫芦丝乐器队获"世博杯"国际才艺大赛金奖。三是成立孵化平台和服务中心等，为社区社会组织成立和发展提供专业指导和细致服务。2012 年，全市首家街道社会组织孵化基地暨福德中华书院文雅社区分院在宝安区新安街道文雅社区成立。2016 年，宝安区成立区级社会组织培育服务中心，该服务中心引进第三方机构运营，除为社会组织提供初创支持、业务辅导、定向孵化、资源对接等全方位服务，还经常组织召开社会组织经验交流会、各类专题培训等，帮助社区社会组织发展。四是建立社会组织人才信息库，为社区社会组织的发展提供智力支持和人才保障。2017 年，宝安区出台《深圳市宝安区社会组织人才信息库管理暂行办法》，成立了深圳市首个社会组织人才信息库，通过海选，第一批 30 名不同界别的社会组织人才入库。入库人才构成"智囊团"，通过举办讲座、主题沙龙，点对点、一对一上门指导等方式，为包括社区社会组织在内的社会组织发展提供专业指导和帮助。五是提炼经验，培育典型，为社区社会组织发展提供示范引领。宝安区在培育发展各类社区社会组织时，注意结合街道与社区实际和居民群众素质水平，分类推进，形成特色，在此基础上再进行经验总结和典型培养，并通过交流分享、以点带面等途径，扩大其辐射面，发挥其示范性。如新安街道位于宝安区中心城区，城市化早，社区以非村改居社区为主，市民整体素质及参与意识较高，培育发展社区社会组织的基础和环境较好。新安街道社区社会组织不仅数量多，类型也多样，在此基础上，探索且形成了社区社会组织发展的"新安模式"，其核心就在于公益慈善组织和活动从社区生长，服务本地社区，新安街道慈善帮扶协会的成立就是"新安模式"的代表。2007 年，新安街道翻身社区成立了广东省第一个社区级慈善组织——"翻身社区慈善帮扶协会"。在政府引导和榜样示范下，2009 年，新安街道其余 21

个社区也统一成立慈善帮扶协会。新安街道成为全国第一个实现社区慈善机构全覆盖街道。随后,新安街道慈善帮扶促进会成立,形成了"1+22"慈善帮扶模式,后又全面引入社区企业和公益力量参加,形成"1+22+N+n"慈善帮扶"新安模式",即1个街道慈善帮扶促进会+22个社区慈善帮扶协会+N个基金会、冠名慈善基金+n个公益慈善品牌项目。在引导和推动下,"新安模式"得以推广和复制,松岗街道仅2012年4月就登记成立了8家社区慈善帮扶协会。宝安区还根据不同社区类别与特点,提炼总结出不同社区社会组织发展经验,比如成熟商业楼盘社区的桃源居经验、海裕经验,老城区社区的宝民经验等,这些典型案例和成功经验通过交流互鉴,丰富了宝安社区社会组织培育和发展的途径和渠道,还在更大范围上,为研究、观察和推动中国新型城镇化下的城市社区社会组织培育发展提供了多样化的"样本"。

(三)让渡空间放管结合,引导社区社会组织积极发挥作用

面对社会治理的挑战和难题,各类社会组织既需要组织起来,也需要借助制度化渠道和公共资源,有序参与社会治理和公共服务。① 宝安区坚持放管结合的思路,激发社区社会组织的活力,积极拓展活动空间。社区社会组织根据各自功能,积极参与社区治理,在撬动民力承接公共服务、顺应民意推动自我管理、发挥民智破解管理难题上发挥着积极的作用,成为把"社会人"组织起来的有效载体、提供公共服务的重要力量及发展基层民主的重要平台。一是促进社区公共服务水平进一步提升。如全区成立了24家平安建设促进会,平均每年协助公安机关抓获各类违法犯罪分子5000多名,在动员社会力量参与平安建设,维护社会治安稳定等方面发挥了积极作用。宝民社区医疗药品经营者协会,将社区内医疗药品经营机构组织起来,倡导行业自律,参与"药品安全示范社区"创建工作,为从源头上确保医疗药品安全发挥了重要作用。还有一些社区社会组织针对特定人群,积极发挥作用,如新安街道宝民社区针对社区内少数民族居民多的实际,成立"民族之家",为他们提供个性化的周到服务;新安街道海裕社区针对社区内外籍人士多的实际,成立"外籍人士服务站",创建国际化社区。针对社区内新兴产业聚集的实际,新安街道成立

---

① 樊鹏:《"政社互动"领跑社会治理创新》,《光明日报》2016年2月22日。

尖岗山新兴产业园业主协会,引导会员参与园区建设等。二是积极参与社区文化建设。相关社区社会组织挖掘和发挥社区历史文化传统和优势,因地制宜,形成各具特色的社区文化。如沙井街道蚝民俗文化研究会收集、整理、研究与沙井蚝文化相关资料,创办了蚝文化博物馆、举办了系列文化活动,传承发展沙井蚝民俗文化;新安街道灵芝园社区孝德文化促进会,紧扣社区内灵芝公园包含纪念晋代孝子黄舒的意义和自古以来灵芝被视为孝子吉祥象征的文化传统,在社区内大力弘扬孝德文化;针对宝安陌生人社区多,社区居民联系、互动少的情况,宝民社区"邻里互助会"开展"邻里文明公约"签约、"敲开对家门,请你认识我"等活动,既丰富了居民交流互动的渠道,又提高了居民对社区的认同度、归属感和社区参与意识;针对来深建设者这个宝安区最大的群体,社区社会组织通过文化活动将他们组织起来,福永街道万福民工街舞团在2011年春晚表演《咱们工人有力量》节目,表现出了劳务工群体积极向上的精神面貌,产生强烈的社会反响。这些社区社会组织开展的社区文化活动,不仅帮助广大外来建设者在参与中提升文明素养,更促进了他们与本地居民、与社区、与城市、与社会的融合。三是"助人、互助"能力逐步增强。以爱心慈善帮扶为例,据不完全统计,最近6年,新安街道慈善帮扶促进会在各类慈善募捐活动中,总计筹集善款和物资总价值超过5000万元。沙井街道"爱心一族"协会仅2017年就募集善款82万余元,资助贫困学生207人,累计29万余元;还多次参与精准扶贫、慈善帮扶等活动,参与慰问孤寡残疾特困家庭不可计数,并荣获中国最佳志愿服务组织先进典型称号;除常规的扶贫济困外,自助和助人功能、对象和范围还不断拓展。新安街道22个社区还全部成立了居民创业就业帮扶协会,通过举办创业项目推介会和现场招聘会,帮助居民就业创业。仅2017年就成功促成362名户籍居民和183名本地生源毕业生创业就业;2009年正值世界金融危机蔓延,全国首家"社区企业连心互助会"在新安街道宝民社区成立,该协会倡导辖区企业"抱团取暖、互助共赢",仅当年就达成180多个连心互助项目,协议落实资金和减租让利2000多万元,帮助了很多企业渡过难关,迄今为止,先后有261家企业加入互助会。四是权益类社区社会组织有效维护了社区稳定。针对宝安外来务工人员集中、劳资纠纷多发的实际,2008年迄今,宝安区成立登记了8家社区来深建设者服务中心,服务中心为来深建设者提供法律咨询、联谊互助、纠纷协调等服务,并积

极引导劳务工依法、理性维权。服务中心成立以来，帮助协调解决了683起劳务纠纷，逐步形成了社区居民支持、社区劳务工满意、社区工作站减负的多赢局面。五是推动社区社会组织由以提供服务为主向提供服务与表达社区居民需求相融合转变。社会组织是公民的社会联合体，社会组织协商在本质上是一种新型的公民政治参与形式。宝安区积极发挥社区社会组织在推动社区民主协商和多元自治中的作用。如新安街道上合社区成立上合社区孝德议事团，搭建社区居民主动参与社区管理事务的平台，该社区社会组织积极利用此平台，组织辖区社区居民以聚集社区各方智慧、推进社区公共事务为重点，培育社区事务大家议、大家管、大家做的社区自治机制，提升社区居民自治水平，营造社区和谐共治的良好氛围。

（四）探索"去行政化"，引导社区社会组织内生发展、可持续发展

针对社区社会组织依附性强、独立性差、自我内生发展能力不足的问题，宝安区积极探索社区社会组织"去行政化"之路。一是探索成立枢纽性社区社会组织，通过社区社会组织联盟、联动等方式，引导社区社会组织自我管理、自我服务、自我监督、自我发展。2012年7月，在政府引导下，深圳市第一家社区组织服务中心——新安街道海裕社区社会组织服务中心登记成立。2013年5月，新安街道文雅社区社会组织服务中心进行备案。这些服务中心管理人员由本社区社会组织选举产生，宗旨在于为本社区社会组织提供指导和服务，从而有效地将其联合、团结、带动起来。以海裕社区社会组织服务中心为例，其带动社区内23家社区社会组织扩充会员队伍、拓展活动项目；在新安街道宝民社区，20家社区社会组织联合起来，成立了宝民社区社会组织惠民驿站，以亲民、惠民、便民、助民、益民、安民为目标，为居民提供更贴心更细致更多元的服务，在很大程度上弥补了政府力量的薄弱和服务灵活性的不足。这些枢纽型社会组织，作为社区发展中的中枢神经，将各类社区社会组织统筹、协调起来，通过"社会组织"培育、管理、服务、监督、发展"社会组织"，不仅为社区社会组织的培育发展开创了新思路、新方法、新模式，也为探索社会组织"去行政化"提供了典型示范。二是成立社区基金会，探索社区社会组织自我发展的新途径。2008年，我国第一个以培育发展社区社会

组织、推进和谐社区建设为宗旨的非公募基金会——西乡街道桃源居社区基金会成立,该基金会由小区开发商捐资1亿元创立,由基金会捐资建立社区公益中心,社区公益中心管理8家社区社会组织,组织社区社会组织参与社区治理和服务。社区公益中心既是社区社会组织的孵化器,又实际上成为桃源居社区社会组织的发起者、资助者和管理者。2015年,新安街道海裕社区基金会成立,这是由区、街道和基金会三方共同出资创立的社区社会组织发展基金会,并首开社区冠名先例。目前,海裕社区基金会已筹集基金218万元,为社区社会组织的培育和发展壮大、社会组织承接社会管理服务项目等提供必要的资助,充分调动了社区多元主体参与社会管理与服务的积极性。宝安区社区基金会模式,不仅探索且形成了政府、社区、慈善企业家共同培育社区社会组织自我造血功能的新途径,更推动了社区社会组织规范化发展和现代化转型,与其他社区组织一起,深入参与社区治理和公共服务。

三 宝安区社区社会组织培育发展存在的主要问题及成因

社会组织在发展和成长过程中,表现出与秩序(法律秩序、政治秩序、行政规范、社会惯例)的复杂关系①,包括社区社会组织在内的社会组织发展依然受到诸多因素的影响和制约。尽管宝安社区社会组织发展较快、类型较全,在社区治理中发挥着积极作用,但因政策法规滞后、认识不足等外部性因素,关系未充分厘清,社区管理"行政化"等机制性因素及独立性和自我发展能力不足等内部性问题,宝安区社区社会组织在培育和发展中存在一些体制性、结构性矛盾和问题,这些问题和矛盾既反映着全国社区社会组织发展过程中的共性问题,还有一些问题则具有"宝安特色"。

(一)认识不足,让渡空间不够

社区社会组织的产生和发展与我国基层社会管理体制变迁密切相关,社区社会组织作为社会治理的新生力量,经历了20多年的发展历程,但还未得到

---

① 高丙中:《社会团体的合法性问题》,《中国社会科学》2000年第2期。

社会各界的充分认识。一是政府对社区社会组织的概念、活动特点、功能作用认识存在不足,往往将社区社会组织与各类专业性社会组织概念性质上混淆,将社区社会组织和居委会及其下各专门委员会作用功能上混淆,导致管理扶持上出现"错位"或"缺位"。尤其是在长期一元治理模式下,一些地方政府对社区社会组织特别是维权类社会组织存在较强的管控意识和戒备心理,不仅不鼓励且通过设门槛等方式予以限制。二是社区"行政化"倾向和政府全能型管理模式压缩了社区社会组织发展的空间。社区是聚居在一定地域范围内的人们所组成的社会生活共同体,但实际上,虽然经济社会基础条件发生了变化,但是旧的权力结构和社会治理思维并没有出现根本性变化。在基层,政府是全能型治理主体,是权威性资源与配置性资源分配的中心①,社区几乎成为国家科层制管理的底端和政权结构的基层单位,政府为民做主和社区居民需要政府的有力庇护及抚恤关怀成为这种模式下的两个面相②,而这种政府依靠行政化命令,大包大揽式的方式,尽管推进了社区服务的发展,但不利于社区资源的开发和社区参与源动力的形成,容易造成社区对政府的高度依赖,且严重挤压了居委会和社区社会组织等群众性、自治性组织的发展空间。目前宝安区社区工作站法定职责包括社区社会事务、文化教育、环境卫生、安全法制、劳动保障等11个大项65个细项,几乎囊括了社区管理的方方面面,社区工作站成为事实上的一级行政机构,掌握着社区的绝大部分资源,居委会或"行政化"或"边缘化",自治空间日益弱化,社区社会组织的发展空间更是随之缩小。三是社区居民群众,社区内诸多组织,包括社区社会组织自身,对社区社会组织的发展存在不同程度的认识不足,各方没有在社区共治与自治的框架下形成良性互动,社区社会组织发展遇到障碍和限制。这种不足尤其体现在居民的参与上。一个社会实现民主的程度,都同其成员以各种方式参与公共事务的广度和深度有关。③ 具体言之,社区社会组织的培育发展建立在居民的积极且深度的参与上。而从当下我国社区治理的实践来看,由于与社区的心理取向关联水平较低,居民的社区参与更多是"搭便

---

① 周庆智:《基层社会自治与社会治理现代转型》,《政治学研究》2016年第4期。
② 周庆智:《当前中国社区治理转型》,载房宁主编《中国政治参与报告(2016)》,社会科学文献出版社,2016,第4页。
③ 〔美〕科恩:《论民主》,聂崇信、朱秀贤译,商务印书馆,2004,第12页。

车"或"趋利参与",主动的有效参与并不充分①,社区居民自身的自治意识和公共精神的孱弱不仅影响着社区参与式民主的发展②,还成为制约社区社会组织发展的重要因素。如前文所述,宝安是一个典型的移民城市,社区人口结构复杂,外来务工人员数量大,其中相当部分人员因谋职和生活在城市中处于流动游移状态,社会原子化现象突出,加之社会人群分治造成的社会不公平,社区居民之间社会资本缺乏,参与意识和能力不高。2013 年,笔者带领宝安区政协课题组开展了一次社区居民参与社区活动的调查,设计并发放《关于社区管理、服务和居民自治情况的调查问卷》。③ 调查统计结果见图 2~4。

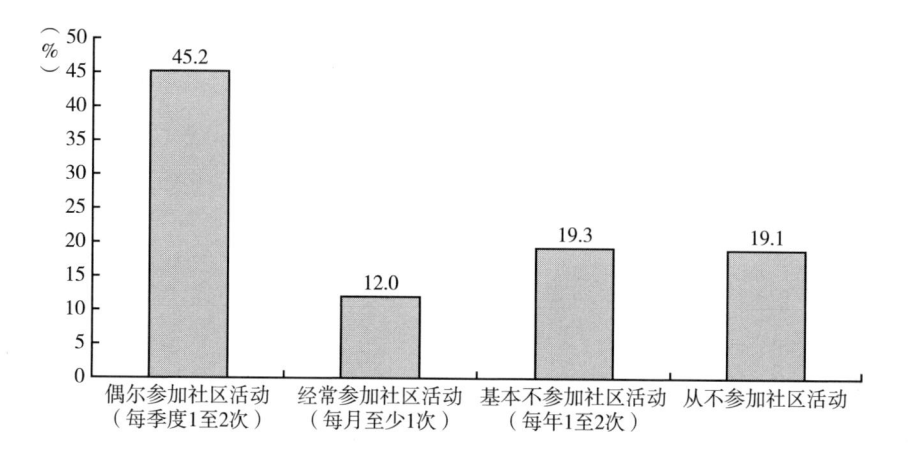

图 2 社区居民参与社区活动的频率统计

从图 2~4 可见,宝安社区居民积极主动参与社区活动的意愿不强,频率不高,且参与活动内容单一,主要集中在文体活动上,缺乏广度和深度,而这直接影响和制约着社区社会组织的培育和发展。

---

① 郑健君:《中国社区治理实践中的公共参与》,载房宁主编《中国政治参与报告(2016年)》,社会科学文献出版社,2016,第 313 页。
② 梁莹:《基层政治信任与社区自治组织的成长——遥远的草根民主》,中国社会科学出版社,2010,第 198 页。
③ 本次调查问卷对象为宝安 18 岁以上各年龄段的常住居民,覆盖全区所有社区,发放 1500 份,回收 1026 份。此统计图来自本次调研获取的第一手数据。

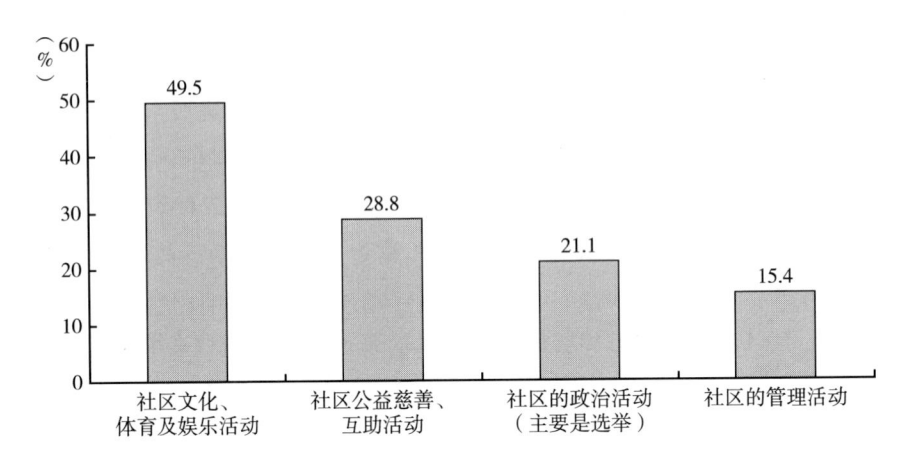

图3 社区居民参与社区活动的内容统计

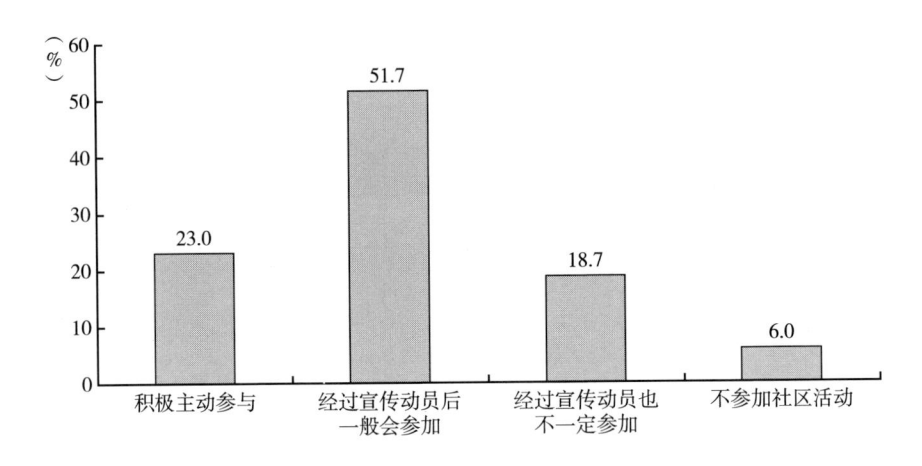

（社区文化、体育及娱乐活动 49.5；社区公益慈善、互助活动 28.8；社区的政治活动（主要是选举）21.1；社区的管理活动 15.4）

图4 社区居民参与社区活动意愿统计

（积极主动参与 23.0；经过宣传动员后一般会参加 51.7；经过宣传动员也不一定参加 18.7；不参加社区活动 6.0）

（二）地域分布不均衡，类型结构不合理

因政府认识不足，没有在推动社区多元自治的理念下有计划地为社区社会组织让渡空间，受社区社会组织发展空间欠缺，居民参与意愿不足等内外部因素制约，社区社会组织发展水平参差不齐，分布和结构不合理。一是地域分布不均衡。位于宝安中心城区的新安街道和西乡街道，经济发达，人口规模大，

城市化和社区建设较早，社区社会组织培育数量分别为141家、62家，占全区社区社会组织总量的一半有余，而其他街道则呈现个别区域多，大部分区域少的局面，航城、福海、新桥、燕罗等四个街道，社区社会组织则还是个位数（见图5）。

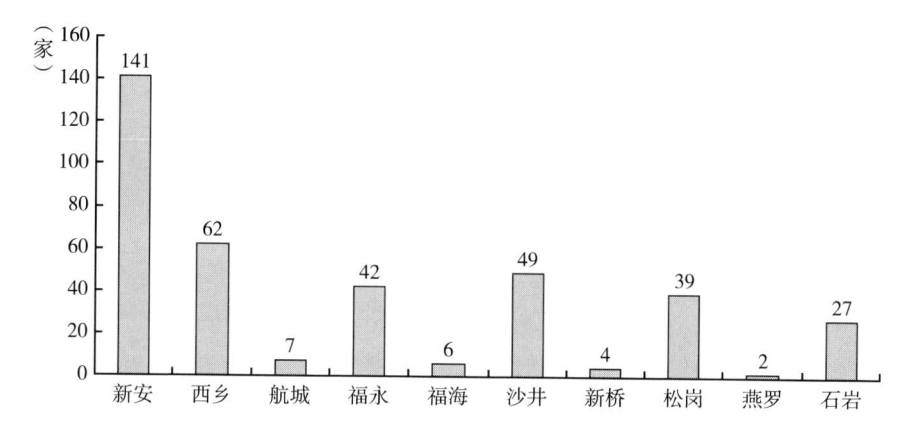

图5　宝安区社区社会组织区域分布统计

不仅在街道间分布不均衡，各社区间也如此。全区社区社会组织的42.5%集中在新安街道的"非村改居"社区中，仅海裕社区和宝民社区就各有社区社会组织22家、20家，而全区124个社区中还有25个社区中社区社会组织为零。这种地域分布均衡与宝安经济社会区域发展不均衡密切相关，且呈对应关系。

二是类型结构不合理。从图6可见，目前宝安区从事社区服务类的社区社会组织数量最多，占总量的65.4%。这其中又以老年人协会最多，共有136家；其次是文体联谊类，占总量的21.4%。而慈善帮扶类和社区权益类的社区社会组织相对较少，分别占10.8%和2.4%（见图6）。

这种不均衡原因在于，一方面，社区服务类、文体娱乐类、教育培训类等社区社会组织居民需求大、门槛较低、易于发展，且好管理、不会出问题，政府"放心""省心"，政策导向和措施办法上也是鼓励和支持的；另一方面，一些如权益保护、心理咨询、环保公益等社区社会组织，因门槛高、政策严、专业性强等原因，则数量较少。

三是参与和服务对象不均衡。根据研究，总体而言，社区社会组织的参与

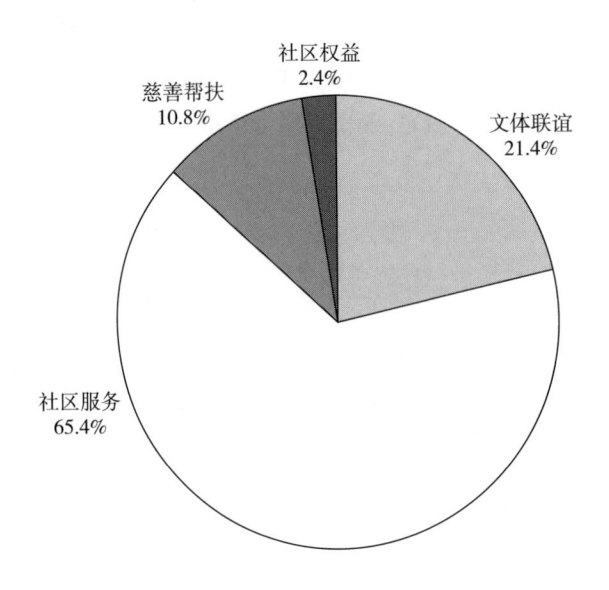

图6　宝安区社区社会组织结构类型统计

者主要以老年人、女性、儿童和各类特殊困难群体为主,① 相较于社区整体居民而言，参与和服务对象覆盖面不足、不均衡。这一点，在宝安区尤为突出。究其原因，除了前文所述居民参与意愿不足、参与能力不高等表象性原因外，还有一些社区社会组织自身意识理念陈旧、活动能力和质量不高，社区社会组织供给端和居民群众需求端之间存在差距等深层次原因。如前所述，非深户籍居民占宝安区总管理人口的九成，他们对各类社区社会组织的需求量大，但因户籍人群分治做法的存在，一些社区社会组织参与和服务对象只针对原村民或深圳户籍人口，而将这类群体排除在外；而外来务工人员又是非深户籍居民中的最大群体，他们对社区社会组织的需求更大，但因一些社区社会组织"脱胎"于政府的指令或要求，重心在于应上、应时、应景，且创新意识不强，方式方法陈旧，还停留在"热热闹闹办活动，轰轰烈烈做宣传"的层面上，不擅长也不善于根据外来务工人员的实际需要，开展针对性强、实效高、形式新、吸引力大的活动。尽管各类宣传活动也不少，但因与外来务工人员迫切需

---

① 夏建中、〔美〕特里·N. 克拉克等：《社区社会组织发展模式研究》，中国社会出版社，2011，第24页。

要的权益保护、就业信息、技能培训、资金帮助等实际需求有差距，需要的没有，有的不需要，久而久之，外来务工人员参与意愿和积极性受影响，不参加或应付参加就成为常态。

（三）法律法规不健全，扶持引导不够

从全国看，目前我国社区社会组织的管理法律依据还是国务院颁布的《社会团体登记管理条例》和《民办非企业登记管理条例》及民政部等相关部门出台的一些规范性文件，尚无专门性的社区社会组织的法律法规，且这些法律法规整体上年代久，滞后于现实，可操作性不强；就地方而言，尽管各地在社区社会组织培育和发展上进行了积极探索和创新，但囿于大环境，力度和成效不足。以深圳市为例，2010年制定了《深圳市社区社会组织登记与备案管理暂行办法》，有效期两年。在《暂行办法》推动下，那几年包括宝安区在内的全市社区社会组织得到快速发展，但时至今日，各方面形势发生了重大变化，《暂行办法》仍未进行修订及完善，政策"红利"影响力趋于衰竭，且政策又转为收紧，直接导致宝安区社区社会组织的成立数量在2015年后又高位回落，在低位徘徊；具体到宝安区，虽然宝安区在社区社会组织培育发展方面开展了积极的探索，出台了一些地方性的备案登记办法，但与之相配套的、科学规范的分类管理细则阙如，影响着培育扶持的规范化、制度化、精细化程度，制约着社区社会组织的发展成效。这种不够和制约主要表现在三方面，一是政策支持还不够。总体而言，因大环境所限，诸多政策盲点、难点尚未突破，宝安区对社区社会组织的政策扶持手段较少，扶持力度有限。二是资金资助不足与精准度不够并存。在欧美发达国家和中国香港等地区，政府是社会组织最重要的资金来源。如香港，社会组织的收入构成中，政府资助达65%且金额庞大。而我国，社区社会组织的资金主要来源于政府，社会上的基金和个人投入较少。由于政府资助有限且支持重点可能随时转移，经费缺乏是制约社区社会组织的一个普遍性问题。除资金不足外，社区社会组织与专业社会组织二者之间的政策支持大同小异，缺乏差异性[①]，对社区社会组织的扶持"社区本土化"不足，针对性不强，精准度不够，有钱要不到。宝安区虽然设立了

---

① 宋言奇、羊凡：《以本土化思维培育社区社会组织》，中国社会科学网，2017年7月26日。

社会组织扶持资金，但没有专门针对社区社会组织的区级专项资金，社区社会组织只能与其他社会组织混在一起申报资金，同等情况下，难以与那些专业性高、综合性强、规模大的社会组织匹敌。三是人力支持缺乏。从对从业人员的社会保障看，目前宝安区及深圳市出台的各类社会组织发展的意见中，对从业人员的工资待遇没有详细明确的保障条文，社区社会组织专业人才数量少且不稳定，从人员配备看，社区社会组织的主要负责人也多为社区工作站、居委会负责人、社区专干或社区离退休老干部。前者兼职多，工作忙，精力和时间难保证；后者年事高，创新拓展能力受限。

（四）管理方法陈旧，监管手段单一

一是监管存在法规盲点。社区社会组织的法律法规不健全、不完善，也直接影响着对社区社会组织的监管存在疏漏。从全国看，目前除对基金会的管理比较科学、全面、合理外，对社会团体和民办非企业的监督制度还比较笼统、零散，社区社会组织作为一个最基层的社会组织，法律法规的监管更为缺乏和宽松。二是监管理念陈旧，不能适应形势发展。现在对社区社会组织往往还停留在"严进宽管"阶段，"重登记，轻管理"意识浓厚，登记严格但管理松懈，登记与监管脱节，导致出现成立不成立区别不大的现象普遍，社会组织登记成立意愿不高。另外，又因跟不上形势变化，怕乱就收，政策出现反复。深圳2010年出台了《社区社会组织登记与备案管理暂行办法》，但后因社区社会组织发展快（当然出现问题也多），监管手段和力度跟不上，后又将社区社会组织与其他社会组织放在一起统一标准管理，社区社会组织入口又收紧，社区社会组织"成立难"问题依旧。三是监管力度不足，监管模式创新不够。社区社会组织的监管部门是民政部门和街道办，目前宝安区有1183家社会组织，区民政局社会组织管理办公室只有3人编制，街道社区建设科也就1~2人，不仅人手紧张，且职能岗位不够清晰细致，面对数量众多、专业性强且快速发展的社会组织，以上部门在日常管理上普遍存在力不从心之感，在发展和管理间存在一定矛盾，往往出现"业务部门无力管、登记部门无法管、社区街道无权管"的"三不管"现象；除客观上"管不到"问题外，监管还停留在传统的靠"加钱加人加设备"，被动型、运动式、层面化的管理模式上，尚未转变到借助现代信息技术的智慧型管理上，主动型、常态化、精准化管

理不足。四是监管主体单一，未形成有效合力。目前，社区社会组织监督管理主体还是政府部门，政府部门"单打独斗"，还没有形成部门联合监管、社区治理主体相互监管、社会舆论监督、社区社会组织自律良性互动的监管机制。

（五）自身建设不足，公信度和竞争力不强

一是依附性强，独立性差。目前，我国社区社会组织的出现和成长，基本上还是"政府主导型"的变化，还不是社会自发的变化，而是控制下的变化。[①] 社区社会组织与政府有着千丝万缕的关系，依附性强，独立性差。以宝安区为例，目前宝安区社区治理还处于由政府主导向多元主体培育、多元共治逐渐迈进的阶段，社区社会组织的培育与发展也基本上由政府来主导，有些社区社会组织是政府职能延伸到社区的结果，有些是上级发文要求挂牌成立的，有些还是与居委会或社区工作站一套机构多块牌子，这些社区社会组织资金来源主要是政府，在章程制定、人事任免、日常管理上受控于政府，活动内容也习惯以政府为中心，围绕政府的要求、任务、目标去做工作，缺乏独立性、自主性，成为事实上的"政府的社会组织"，因为对政府的依赖性过强，自身造血功能严重不足，政府不支持，基本就瘫痪。二是资源匮乏，常出现缺场地、缺经费、缺人才、缺设备的现象，无法与其他综合性、专业性强的社会组织进行优势互补与资源整合。以资金为例，个人和企业的赞助、捐赠占比极小，几乎为零，资金不足严重制约社区社会组织的活动数量和质量；以设施为例，目前宝安区很多社区社会组织的活动场地几乎全依赖于社区的安排，而安排的场地有85%以上集中在社区股份合作公司、工作站、居委会的办公大楼内，一个活动场地还要兼顾开会、娱乐等多项功能，所谓"固定场所"不"固定"。三是社区社会组织内部制度不健全，运作不规范，自身问题多。一些社区社会组织多年不更新、修订章程，一些常规管理制度要么没有，要么流于形式，应付检查；一些社区社会组织管理和运作混乱，有的长年不开展活动，名存实亡，属于空壳"僵尸"组织；有的法定代表人和场所经常变动或人员已解散，却不依法办理变更或注销登记手续；有的决策简单，不走程序，大小事务由少

---

① 周庆智：《中国基层社会自治》，中国社会科学出版社，2017，第213页。

数人决定，违法违纪现象时有发生。这些内部性因素和自身性问题损害了社区社会组织自身的公信力，降低了各方面对其的认可度，制约着社区社会组织健康优质可持续发展。

四 加强城市社区社会组织培育发展的对策建议

社区社会组织的出现与发展，是我国经济社会特别是基层社会管理体制转型的必然产物，也是打造共建共治共享社会治理新格局的必然趋势。基于调和、满足人民群众对美好生活的需求，社区社会组织的培育、发展和监管是一个不断调适、修正和前进的过程。这个过程就是社区社会组织不断加强自身建设，运作规范化、服务多元化、对象精准化、发展内生化的过程。宝安区在培育和发展社区社会组织上进行了有益的探索和创新，积累了宝贵经验，过去及现在也遭遇到诸多问题和挑战。如前所述，宝安是研究、观察中国城市社区治理及社区社会组织发展的难得"样本"，以问题为导向，加强社区社会组织培育发展的对策研究，不仅对宝安，对全国其他区域城市社区社会组织的发展都有着积极意义。

（一）在推动社区多元治理的理念下，谋划布局，让渡空间

一是要建立思想上的认识空间。在中国政府在不同阶段表现的渐进性社会发展理念及其政策的作用下，包括社区社会组织在内的社会组织逐渐凸显出自己的社会价值并在经济与社会发展中一步步增加着影响。[1] 各级政府、企事业单位和人民群众既要充分认识到社区社会组织的本质属性和重要性，把它作为推进社区治理的重要抓手和不可或缺的力量来重视，来推动，还要遵循社区多元治理三个发展阶段的规律，根据基层群众自治制度设计的需要和各重要时间节点，将社区社会组织的培育和发展纳入城乡社区治理现代化的整体布局，真正将社区社会组织作为社区多元自治的一支重要力量来进行谋划布局，积极为社区社会组织的发展让渡空间，特别是探索将社区慈善、服务、联谊娱乐和矛

---

[1] 马庆钰、贾西津：《中国社会组织的发展方向与未来趋势》，《国家行政学院学报》2015年第7期。

盾化解等工作让渡给社区社会组织。二是要掌握社区居民群众的需求空间。中国特色社会主义进入了新时代，我国社会主要矛盾已经转化为人民日益增长的美好生活需要和不平衡不充分的发展之间的矛盾，① 从需求性质来看，从低到高可分为物质性、社会性和心理性需要三个层面。② 社区社会组织成立于社区，直接服务于居民，更好地满足居民需求是其基本价值和生命力所在。当前，我国很多社区社会组织还是规划、设计出的"政府的社区社会组织"，与居民需求相差较远，居民参与度不高。因此，要组织对社区居民群众的需求调查，全面了解社区群众的年龄、性别、职业、分布情况、参与社区管理与服务的需求与意愿，以及社区可利用的资源与设备等，通过摸清需求来确定本社区社会组织扶持发展的重点、类别，从而培育真正符合居民多层次、多元化需求的社区社会组织，并在此过程中发现和培养社区社会组织的骨干人员。三是政府退一步，明确政府职能的转移空间。社区社会组织介入社区治理的前提是政府愿意让渡一部分空间，把社会有能力承担的事务放给社会。换而言之，政府通过政策、规划、资金等途径支持社区发展，并不意味着"政府办社区"。政府要将可交由社会和市场做的、面向社区提供的公共服务事项编印成册，建立政府职能部门购买服务目录，制定项目库管理制度和社会组织承接政府职能转移和工作事项的办法，扶持和引导社区社会组织积极参与到政府职能转移和购买服务中。政府还应扩大保障改善民生的范围和领域，通过购买社会组织服务项目的方式支持社会组织发展。社会组织的服务内容可从养老、助残、妇女儿童保护等传统领域拓展到矛盾调处、节能环保、社区营造等新兴领域。这样以需求为导向、以项目为载体的服务供给模式使社区社会组织参与公共服务成为可能，为社区社会组织能力的提升提供了机会，为社会服务性组织发育提供了可能的途径。③

（二）加强自身能力建设，促进社区社会组织的自我发展

一是坚持"输血"和"造血"并举的思路，开辟多重资源渠道。政府资

---

① 参见十九大报告《决胜全面建成小康社会，夺取新时代中国特色社会主义伟大胜利》。
② 何星亮：《不断满足人民日益增长的美好生活需要》，《人民日报》2017年11月14日。
③ 吴素雄、陈宇、吴艳：《社区社会组织提供公共服务的治理逻辑与结构》，《中国行政管理》2015年第5期。

金是社区社会组织经费的重要来源,在"输血"上,要建立和完善针对社区社会组织的财政支持机制,设立扶持社区社会组织专项资金,对社区社会组织进行分类扶持,扶持方式可以为财政直接补助、以奖代补、招标购买服务、委托经营合作等;从长远看,社区社会组织开辟多重资源渠道,自我"造血"更重要。社区社会组织要逐步从官办走向民办,由社区社会组织自己运作和筹集资金。重点要培育和发展社区基金会的平台,以居民需求为导向,发挥民间力量,多元化募集资金,让社区多元治理主体和居民群众成为社区基金会的参与者、捐助者和监督者。二是完善治理结构,加强自我管理,提升社会公信力和认可度。以发展的眼光看,社区社会组织的发展壮大既不能完全依赖于政府的资金和政策,也不可寄托于市场,主要依靠自身服务公众的能力和互惠制的社会机制。因此,社区社会组织要完善自我治理机构,加强自身制度和能力建设,不断提高服务居民、满足需求的能力和质量,从而提升公信力和认可度,真正成为居民需要、信任、参与的社区社会组织。三是提升自组织能力。一方面,政府和社会在制度和意识上,要给予社区社会组织一定的弹性空间,建立容错、纠错的机制,不能出了问题就一棍子打死;另一方面,社区社会组织要坚持主体性,不断提升自我运作、自我调适、自我修复与自我维持能力,增强内生动力,形成自我发展、自我壮大的良性发展模式。

(三)厘清几种关系,构建社区社会组织发挥作用的体制机制

社区多元治理创新的过程就是推动社区"善治"的过程,善治就是公共利益最大化的治理过程,而协调是实现善治的基本标准之一。① 推动社区多元治理,需要构建科学合理、职责清晰、协调一致的体制机制。当前社区多元治理中,各主体间关系错位、混淆、协调度不够是影响社区治理成效的重要因素。对于社区社会组织而言,目前迫切需要厘清其与其他社会组织、居委会、业委会及志愿者组织之间的关系。这些组织在社区中都带有自治性质。社区居委会、业委会、社区社会组织、志愿者组织都是在社区范围内组织发起的,在社区内活动的,服务居民群众的社区组织,且活动形式很相似,因此在社区里,它们经常会被搞混,但实际上它们有区别和差异。培育和发展社区社会组

---

① 俞可平:《推进国家治理现代化的六大措施》,《前线》2014年第4期。

织，务必厘清他们之间的关系。一是要厘清社区社会组织与社会组织的关系。社区社会组织是社会组织的组成部分，它具有社会组织固有的本质属性，都可以在社区提供各类服务，但社区社会组织是社区内生的自治力量，更具有基层性、内源性、本土性、松散性的特点，在提供服务上，社区社会组织更加具体琐碎，更贴近社区居民需求，而其他综合类的社会组织优势在于它们的专业性，而且来去自由。因此，它们之间应是平等、合作、协商、相互监督的关系。二是厘清社区社会组织与居委会的关系。居委会是我国政体中在基层设计的一个非常特殊的、带有强烈行政色彩的群众自治组织，它既要协助政府提供基本公共服务，同时也要带领组织社区居民开展自治。居委会下设各类专委会，居委会与各专委会之间是领导与被领导的关系。而社区社会组织是自发的、非政府的、社会性质的，是为了补充和完善政府服务职能而成立的，有着自己的章程与行事规则，它们与居委会之间也应是协商、合作、相互监督的关系。三是厘清社区社会组织与小区业主委员会的关系。小区业委会是代表和维护本小区全体业主权益的组织，权力由业主所赋予，从某种程度上讲也是社区自治组织，但从法律角度看，还不是法律意义上的社区自治组织，将其视为社区多元治理诸多自治主体中的一元比较合适。在社区治理中，社区社会组织与业委会也应是协商、合作、相互监督的关系。四是厘清社区社会组织与志愿者组织的关系。两者都有社会组织的属性，但是在实际发挥作用时既有区别也有协作。志愿者组织是有组织的志愿服务，在我国，其工作由共青团属下的义工联统筹调动，且所有人都是志愿奉献，不讲报酬。在宝安就有30多万人的志愿者队伍。而社区社会组织需要有经费支撑，但它也具有半义工性，因为成员本身就是社区居民，服务他人就是服务自我，自身受益。同时，社区志愿者组织是社区社会组织重要的人才来源，社区志愿者组织的培育与发展可以有效推动社区社会资本的增加，帮助人们自觉为本社区服务，增加社区内部整合与信任。所以，志愿者组织与社区社会组织之间是很好的合作伙伴，彼此都相互需要。可见，这些组织虽然在活动形式及作用功能上有相似和交叉之处，但有着本质的区别，既不能混淆更不能相互替代。支撑和推动中国城市"1+N/3PS"社区多元治理指导模式和"13712+N"实现路径体系的就是要形成一核（党组织）多元、平等参与、协同合作的社区治理体制机制。这与党中央提出的基本形成基层党组织领导、基层政府主导的多方参与、共同治理的城乡社区治理体系目标是吻合的。

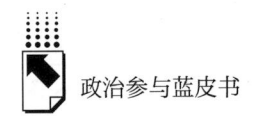

（四）完善相关法律法规，探索准入监管新模式

一是降低准入门槛。2016年，中共中央办公厅、国务院办公厅印发《关于改革社会组织管理制度促进社会组织健康有序发展的意见》，《意见》以专章形式提出要大力培育发展社区社会组织，把降低准入门槛列为首要措施。现行的社区社会组织基本上是"严进宽管"式，基于社区社会组织的性质、功能及活动特点，要由"严进宽管"向"宽进严管"转变。建议进一步赋权街道和社区居委会，履行备案登记手续，降低门槛，简化手续，激发社区社会组织活力，引导其合法在社区组织居民群众进行自我管理与服务。二是实行分类管理。根据社区社会组织的不同功能类别，采取不同的管理思路和措施。对文体联谊类、社区服务类的社区社会组织，可较宽松地管理；对社区权益类、慈善帮扶类的社区社会组织，要多措并举，加强监管，及时掌握动态。但总体上都应根据居民需求有序引导发展，也不能将其等同于专业性强的综合社会组织需求那么"严"。三是强化日常管理。进一步探索建立社会组织网格化自治模式，完善"区、街道、社区"三级网络管理体系，并建立和完善信息互通机制、查处协作机制等，赋予社区更多的监管权限，将社区社会组织的培育发展与日常管理相结合，还要强化政府和职能部门的监管职责，加大多部门的联合监管和执法力度，促使社区社会组织守法自律、规范运作。四是培育多方监管主体，综合监管。除强化政府和职能部门职责监管外，还要积极培育社区其他治理主体，加强社会监督。如完善和推行社区社会组织信息公开制度，促使其自觉接受社区内其他组织、服务对象及一般社区居民的监督；还可探索第三方评估机制，由主管部门牵头组织专家、党代表、人大代表、政协委员、新闻媒体、居民代表等定期对社区社会组织进行视察和评估，结果对社会公布。五是要充分运用智慧+手段，向现代信息技术要人力、要效率，实现高效监管。政府要转变加人加钱的传统思维，加大对科技手段的投入，开拓"互联网+"在社区建设和社区社会组织培育发展中的应用广度和深度，通过线上线下的贴心服务和全域无缝监管，最大效率地激发社区社会组织的活力，趋利避害。

（五）探索"双社+双工"联合培育发展新模式

一是促进社区服务中心与社区社会组织"双社"联动。当前，各社区都在通过党建带动社建，社区党群服务中心正在以新的面貌整合社区各方力量为社区提供多元化服务。要充分运用我国的制度优势，借助社区服务中心这个平台来培育壮大社区社会组织。在这里，可以进行孵化、链接、整合，资源、场地共享。社区服务中心的运作，也可通过招标委托有资质的社会组织来运行。在城市化程度和市民素质较高的社区，可引导和扶持社区社会组织发挥优势，积极参与社区服务中心的运行；在城市化程度较低的社区，可积极引进综合性、专业性强的社会组织进驻社区服务，提升社区建设与管理水平。二是推行社工与义工"双工"联动机制。一方面，要积极引进专业化、职业化社工。社区社会组织的人员多为兼职人员，而社工是社区专职工作人员，在指导和整合社区社会组织开展活动方面可发挥其优势和作用。另一方面，要积极发动义工。居委会在引导扶持社区社会组织提升能力时应积极发动义工，使其参与到社区社会组织的各项活动中，这既可使社区社会组织不断增强活力，又可使义工的工作更加务实，接地气。

党的十九大报告中强调，要加强社区治理体系建设，推动社会治理重心向基层下移，发挥社会组织作用，实现政府治理和社会调节、居民自治良性互动。这充分说明培育和发展社区社会组织，引导其积极发挥作用既符合顶层设计和政策导向，也符合基层实践和居民需求。宝安区在推进社区多元治理以及培育发展社区社会组织方面的实践探索可为我国新型城镇化中的其他城市提供参考与借鉴。

Abstract

The theme of this Report (Blue Book) is political participation at grassroots or community level in contemporary China, focusing on the most active practice field of grassroots and local political participation during the current development of China's democracy. And it tries to grasp systematically and comprehensively the innovative exploration and development trend of the present community-level political participation incurrent China.

This Report (Blue Book) consists of four parts: general reports, special reports, data analysis and case analysis. The general report section explains the significance of basic-level public finance construction for social governance transformation. Financial transformation should be realized, from the finance for government functions to the finance for the public needs of society. This transformation not only is substantial to public finance construction at local government, but also is reform direction of community-level democratic governance. The special report section extensively analyzes and addresses the practice development and system innovation in many fields of current political participation in China. The data analysis section, by using many types of data and samples of multiple groups, gives empirical analysis of influence mechanism, online and offline patterns, as well as internal components of political participation in China. The case analysis section observes and analyzes the features and trends of current community-level and local political participation based on some typical cases, as well as brings forth some suggestions for existing problems.

This Report (Blue Book) covers the following topics and areas:

First, it expounds relationship between construction of public finance at basic level and social governance transformation. Public finance is democratic finance in which individual needs, public needs and government financial functions are unified. Government finance is responsible for public needs of society and has democratic nature. This kind of finance can protect the political, economic, social

Abstract

and cultural rights of the people, and let taxpayers enjoy more public benefits from the government than they provide resources to the government by taxes. This financial operation links the publicity of the government with the construction of community-level public social relations, which has the essential meaning of modern social governance.

Second, institutionalization and ordering of citizen participation and governance, is one of the important issues of political participation in current China. This Report expounds significant institutional innovation practice and some important forms of participation. This Report discusses some important system innovation and participation forms at local governments. These practices and forms include citizen participation for transformation of political culture, the governance of compulsory education in rural areas, the trend of private entrepreneurs' participation, construction of basic-level party organization, and participation through letters and calls, and so on. This Report points out that the new features and new driving force to promote China's political participation, is to adopt new forms of political participation and achieve institutionalization, rule of law and procedure of new social classes' political participation.

Third, the Report makes empirical analysis of Chinese citizen participation on the basis of data analysis and questionnaire. 1. Based on the professional survey data from China and foreign countries, it discusses related factors (such as political sense of efficacy, political identity) and relationship between political mentality and participatory behaviors of Chinese. 2. It gives accurate description and analysis of patterns of political attitudes and political behaviors of different groups (youth group, enterprise managers). 3. By using data from "Chinese citizen political culture investigation project" of Chinese Academy of Social Sciences, it analyzes influence mechanism and boundary condition among three participation patterns (association participation, expression participation and service participation). 4. By means of statistical analysis of systematic investigation, it studies the individual participation through Internet, including the present situation, influence factors and consequences.

Fourth, case analysis of system innovation and citizen participation forms in the grassroots governance. This part includes analysis and discussion of local people's congress representative election, citizen participation in the local people's congress supervision, participatory budget of local governments, and exploration and institutional innovation of urban and rural social organizations during participation in local and primary-level governance. These new participation patterns and forms advance equal participation of citizens, and help citizens to play a main role of public affairs. At the same time, this actively promotes the construction of democracy at the local level, so it has become an essential part of system construction for political participation.

Annual Report on Political Participation in China (2017) has been undertaken and accomplished by Institute of Political Science, Chinese Academy of Social Sciences. The authors are from famous research institutions and universities in China, including Institute of Political Science of Chinese Academy of Social Sciences, Peking University, Tsinghua University, Fudan University, Nanjing University, Zhejiang University, Chinese University of Political Science and Law, East China University of Political Science and Law, Central China Normal University, and Nanchang University and so on.

Contents

I General Report

B. 1 The Significance of Social Governance in the Construction of China's Grassroots Public Finance
Zhou Qingzhi / 001

Abstract: Public finance is a democratic finance that combines individual needs, public needs, and government financial functions. As the one from realizing the function of the state to the public needs of the society, the public finance not only has the substantive significance of grassroots government financial function transformation, but also promote the direction of change for grassroots social democratic governance. Because government finances are responsible for social and public needs, giving finances a democratic nature, ensuring the people's political, economic, social, and cultural rights, and allowing taxpayers to enjoy greater public benefits from the government than the resource values they transfer to the government through taxes. Only in this way can make the publicity of the government and the construction of social relations at the grassroots level intrinsically linked. This is the essence of the governance of modern society.

Keywords: Public Finance; Social Governance Transformation; Social Benefits Systematization; Public Social Relations

政治参与蓝皮书

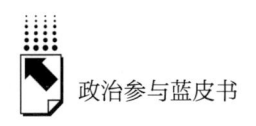

II Special Reports

B.2 The Political Participation of People's Livelihood and the Modern Transformation of Chinese Political Culture

Zhang Mingjun, *Zhu Yumei* / 027

Abstract: As an important form of political participation, the political participation of the people's livelihood has greater advantages to promote the gradual development of socialist democratic politics and the transformation of Chinese political culture than other ways in the today's China. With the characteristics of paying close attention to livelihood issues, attaching importance to communication and negotiation, and the participation behavior having sustainability and continuity, the political participation of the people's livelihood not only can create stable environment for the transformation of political culture, and improve political knowledge and skills required by the transformation of political culture, but also it can stimulate people's participation consciousness effectively. Therefore, it's necessary to strengthen the government's guidance and promotion, strengthen the people's education and practice, optimize the social environment as well as broaden the contents and ways of the political participation of the people's livelihood on the premise of grasping the participation limit, so as to promote the optimization of the political participation of the people's livelihood and the realization of the modern transformation of political culture.

Keywords: The Political Participation of People's Livelihood; Political Culture; Modern Transformation

B.3 Compulsory Education in Rural Areas and the Governance of the Local Government

Guo Jianru / 048

Abstract: Since the beginning of the new century, the great changes have happened in the compulsory education in Chinese rural areas. At first, free compulsory education has been realized over the country after 100 years. Secondly, exit of public compulsory system has diffusely appeared in some rural areas. This article focuses the two phenomenon, formed the analytical framework, explored the problems of compulsory education in rural areas and pointed out the local government should put the quality of the compulsory education in rural areas in the first place.

Keywords: Compulsory Education in Rural Areas; Popularization; Exit; Local Government; Governance

B. 4 The Current Political Participation and Trend of the Private Business Owners *Wu Licai, Qu Nuchun* / 068

Abstract: The private business owner class along with the rapid development of the private economy in our country and become a relatively independent social stratum, the economic status of rising at the same time, political demands also increased obviously, has become the political landscape of a new power should not be ignored. Based on this, the author examines the political participation of private entrepreneur motivation, thinks private entrepreneurs to participate in politics is not a blind action, in order to obtain financial support, political security, political honor, social capital, etc. The author thinks that, need to actively promote the political participation of private entrepreneurs in the new period, this is to realize the benign economic development, improve the political participation mechanism, and speed up the process of democratic politics in our country, the objective request, also summarizes the current private entrepreneurs to participate in political channels to tie in with the management of the government, political identity construction behavior, indirect political participation behavior and non-institutionalized participation behavior. And put forward, the political participation of private entrepreneurs has emerged since the new century new features, their participation will more democracy, participatory way more diverse, widely participate in fields and participate in the structure to be more effective. Some unreasonable participation way, of course, the negative effect also not allow to ignore, these negative effects and mechanism of private entrepreneurs, political participation channels unblocked, not engage in imperfect, imperfect laws and political participation is directly related to misunderstanding. Therefore, broadening the channels of political participation, to set up the standard of the participation mechanism, perfect the legal system of political participation and attention to the political participation of small and medium-sized private entrepreneurs are actively promoting and guide the political participation of private business owner class ordering, legalization and expansion of the ought to be.

Keywords: Private Enterprises; Private Business Owners; Political Participation; Democratic Politics

B. 5 The Study on the Construction of Rural Service-oriented Grassroots CCP Organization in China　　*Tian Gaiwei* / 089

Abstract: In rural areas, the exploration about building service-oriented CCP organization has mainly included seven aspects: the first one is that exploring the management of grass-roots CCP party towards refinement, and providing means and platforms for the construction of service-oriented CCP organization in rural areas. The second one is to play the service function in promoting the policy that the CCP's members and cadres help the urban and rural residents with financial difficulties by one-to-one pairing. The third one is to explore new ways to manage the CCP's members, and maintain the basic rights of CCP's members. The forth one is to practice the responsibility system of grass-roots CCP's building work, and explore the institutional approach to strengthen the building of service-oriented grass-roots CCP organization. The fifth is to improve the service function of the CCP organization by implementing the regionalized CCP building. The sixth is to using flexible and diverse ways to awaken the awareness of the CCP's members as well as improve the CCP's spirit of them. The seventh is to explore the ways and means that grass-roots CCP's organization serve the development of economy in rural areas whose economy is backward. Strengthening the construction of service-oriented grass-roots CCP organization in rural areas should closely combine its political functions with service functions, actively develop the collective economies in rural areas, improve the abilities of rural grass-roots CCP organization in the aspect of leading development, and focus on the integration of urban and rural development, promote the resources gathering and using in rural areas as well as create a service system for rural products、 rural areas and rural residents (Three "R"). We have to establish a long-term mechanism to manage the CPP strictly and roundly, thoroughly change the work style of the grass-roots CCP's cadres, establish a working platform to connect the masses, and make efforts in building concrete、 institutionalized and long-lasting service-oriented CCP organization in rural areas.

Keywords: Service-oriented CCP Organization; Service-oriented Ruling Party; Grass-roots CCP Organization in Rural Areas

B. 6 International Community: An Experimental Field to Optimize the Operation of Grassroots Governance

Fan Peng / 116

Abstract: Strengthening democratic participation in community governance and improving the socialization, legalization, intelligence, and professionalization of community governance are the important directions for the construction of social governance proposed by the Party's Nineteenth Congress, and are also an important part of China's political development. The international community is the most challenging and forward-looking special section in current community governance field. It focuses on the core issue of how to rationally distribute governance power between government, social, and professional organizations. Diversified international community building practices have important pilot values and features. Through strengthening democratic participation in community governance, and building a co-construction responsibility mechanism for the community, the grass-roots party organizations and residents' committees will be better focused on political functions, and at the same time, the risk sharing and co-governance mechanism between the government and social professionals will be widely established. China's experience in building an international community is instructive for the broader meaning of China's national governance system and the optimization of the Party's political power.

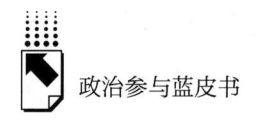

Keywords: International Community; Professional Governance; Social Governance; Community Participation

Ⅲ Data Reports

B.7 The Survey of Political Attitudes of Management and Technical Personnel in China's Foreign-funded Enterprises　　　　　　　　　　　*Lu Chunlong* / 136

Abstract: With the inflow of foreign direct investment, a new social stratum-the management and technical personnel in foreign-funded enterprises began to emerge in Chinese society. This study uses a random sample to explore the model of political attitudes and political participation of the management and technical personnel in foreign-funded enterprises, and further explain its impact upon the democratic development in China. The major findings are: both the management and technical personnel working in the secondary industry foreign-funded enterprises and those working in the tertiary industry foreign-funded enterprises are better than the management and technical personnel working in the first industry foreign-funded enterprises (setting as the reference group), showing a stronger sense of equal rights, a higher sense of political efficacy, a stronger sense of citizenship, and more political interest. Such findings are undoubtedly rich in theoretical significance and policy guidance.

Keywords: Foreign Direct Investment; The Management and Technical Personnel in Foreign-funded Enterprises; Democratic Development; Political Participation Orientations

B.8 The High-Tech White-collars' Sense of Political Identity in China
　　　　　　　　　　Chen Zhouwang, Tang Langshi and Li Zhongren / 155

Abstract: The social and political attitude of the high-tech white-collars is the key to understand the trend of social development and political participation in China. This article has surveyed the satisfaction with life and policy. We find that the high-tech white-collars' social life satisfaction is significantly affected by annual income rather than education. However, education, not annual income, has a significant effect on policy satisfaction. That means the social and political attitude varies between the high-tech white-collars from different ages. We have explored the mechanisms of the formation of the attitude of the high-tech white-collars in China. We find that the education and the opportunities in the market are most important. As a conclusion, we think that the middle-class is not a social stabilizer in China.

Keywords: High-Tech White-collar; Middle Class; Sense of Political Identity

B.9 The Relationship of Community Participation, Expression Participation and Public Service Participation of Chinese Citizens
—*A Full Model Test Based on "Cognition and Behavior"*

Zheng Jianjun / 178

Abstract: It is an important embodiment of the modernization of social governance to Multiple-subjects' participating in the governance process and sharing the results of governance. Meanwhile, the orderly participation of citizens is an important part of national political modernization. From two dimensions of individual cognition and behavior, setting express participation as mediator and moderator, this report tested the relationship between the community participation and the public service participation and the influence of boundary conditions by using the 4261 data from Chinese citizens, the results showed that: the relationship between community participation and public service participation, was mediated and moderated by express participation. For community participation, its influence on the cognition of public service participation was showed through the expression participation (cognition and behavior). The influence of community participation on public service participation (cognition and behavior) was moderated by behavior of express participation.

Keywords: Community Participation; Expression Participation; Public Service Participation; Mediating Effect; Moderating Effect

B. 10　The Research Report of Youth Participating in Public Affairs

Tian Gaiwei, Wang Bingquan, Fan Peng and Zheng Jianjun / 210

Abstract: The participation of youth groups in the public affairs presents such a trend that its scale becomes large, range becomes wide and levels become various. About the participation in public affairs, the young people mainly focus on and are active in the following three major fields: people's livelihood, politics and social public domain. From the channels of young people participating in public affairs, it can be divided into two categories: traditional and non-traditional channels. The motivational mechanisms for youth participation in public affairs include exogenous and endogenous motivation. To further perfect and lead youth to participate the public affair, we recommend that make perfecting youth abilities to participate in national and social public affairs rise to the national strategic height; give full play to the role of the Communist Youth League as a bridge and link, expand the coverage of its work, enhance the cohesion of its work, stimulate the internal vitality, do a good job as the "spokesperson" of youth; continue to broaden all aspects of the channels in young people's participation, actively create a good environment for youth participation; effectively play the role of other groups such as trade union、Women's Federation in leading the youth to participate in; pay attention to strengthen the guide standard of youth social organizations; safeguard the legal rights of youth in accordance with the law; further strengthen the CCP's leadership in youth participation.

Keywords: The Youth; The Public Affairs; Participation

B. 11　Internet-based Political Participation in China

Meng Tianguang, Ning Jing / 242

Abstract: The Internet provides richer sources of information, larger social network, more equalized channel of participation, and more influential participation mechanism for citizens to participate in state governance. It promotes deliberative democracy and participatory democracy in practice. Based on national survey, we analyzed the progress, causes and consequences of Internet-based political participation in cyber space. With the expansion of Internet in China, the society prepared well for precondition of online participation online. There exist various forms for online participation in current China, such as the acquisition of online political information, by-standing participation, action-oriented participation, social media involvement, and official-platform participation. Statistical analysis shows that the demographic variables such as gender, age, education, and the political related variables such as party membership, going abroad experience, regional Internet penetrability influence the preference of participation forms. To be concluded, the Internet helps citizens to build the orientation of digital democracy, and promotes the citizen participation in state governance furtherly.

Keywords: Internet; Political Participation; Digital Democracy; By-standing Participation; Action-oriented Participation

Ⅳ Case Reports

B. 12 The Election of Deputies to the Local People's Congress:
Selecting the Best Candidates or Gathering Public Opinion
—The Observation of the Election of the Deputies to the 15th
District People's Congress of Xihu District, Hangzhou
City, Zhejiang Province in 2016

Lang Youxing, Song Tianchu / 269

Abstract: This article focuses on the specific and detailed observation of the four polling stations' elections of the deputies to the 15th District people's Congress of Xihu District, Hangzhou City, Zhejiang Province in 2016, but the purpose is to discuss two very theoretical and realistic issues through and basing on the observation. The basic idea of the article is to demonstrate that The election of deputies to the local people's Congress in China is not about the competition between candidates, not about selecting the best candidates, but rather about reflecting public opinion, gathering public opinion, and even identifying potential weak points and problems at the local level. And local people's congresses have priority in procedural democracy over substantive democracy in the election of deputies to the people's congresses, the core of which is how to elect deputies to the people's congresses through procedures and how to enable them to carry out their duties effectively in the NPC system. In authors' mind, this is a part of the "China Model" of governance, which has not yet been identified or discussed by anyone.

Keywords: Deputy to the People's Congress; Election Observation; China Model of Governance

B. 13 Grassroot Empowerment, Organizational Mobilization, and Citizen Participation: "Xihu Model" of Participatory Budget Reform

—*Basing on the Empirical Study on "Happy Micro Matter" in Xihu District of Nanchang*

Yin Limin, Liu Wei, Huang Xueqin and Yin Siyu / 291

Abstract: Participatory budget is a repeatable decision-making process for determining all or part of the allocation of public resources by citizen, and they can be open consultation on the allocation of limit public resources. It is the innovation of local governance. The experiments of participatory budget reform have ever been done at many places in China, by which some experience have been accumulated and the development of grassroots democracy has been promoted. On the basis of learning from other local experiences, the experiment on the Reform of Participatory Budget was carried out at Xihu district in Nanchang city. The participation enthusiasm of the residents was aroused by the mobilization of social organizations to promote community and street involvement. While the district government's full empowerment for the grassroots offers the practical possibility for the openness of the decision-making process and the repeated consultations with the resident, leading to the "Xihu Model" involved in Budget Reform. Of course, some defects exist in the reform experiment, including the influence of community cadre on project proposal as well as the obvious difference between the participation of social organizations and residents, which will be improved in subsequent practice.

Keywords: Organizational Mobilization; Citizen Participation; Grassroot Empowerment; Participatory Budget

B. 14　On Practical Analysis of Citizen Participation in the
　　　　Local People's Congress Supervision　　　*Sun Caihong* / 315

Abstract: It is one of important contents to continue to expand orderly citizen political participation for developing the socialist democracy with Chinese characteristics in an all-round way. Citizen participation in the local people's congress work is in favor of upholding and improving the system of the people's congress. The important content of this report is about that how local people's congresses invite and strengthen citizen participation. From the perspective of practical development, the report analyzes main areas, items, forms and ways of citizen participation in the supervision work of local people's congresses. Then it summaries several features of this kind of citizen participation, at the same time, it points out the still existing problems of participation's scope, subject and channel. On that basis, it puts forward some suggestions for further developing citizen participation in local people's congresses. These suggestions include defining the right of citizen to participate in different fields, managing the participation relationship between citizen and the representatives of the people's congresses, amending relevant laws and regulations, and improving a series of systems.

Keywords: Local People's Congress; Citizen Participation; Supervision Work; Practical Analysis

B. 15　Practical Explorations on Cultivation and Development of
　　　　Community-based Non-governmental Organizations
　　　　—*Taking Bao'an District in Shenzhen as a Research Example*
　　　　　　　　　　　　　　　　　　　　　　　　　Yang Haobo / 336

Abstract: Communities are the basic units of society. Non-governmental

Organizations (NGOs) work as an important platform for community residents to participate in community governance, and play a crucial part both in creating the social governance pattern of "co-building", "co-governing", and "sharing", and in promoting the modernization transformation of grass-roots social governance. Taking as an example the practice on cultivation and development of community-based NGOs in Bao'an District, Shenzhen, this thesis makes an analysis of the development status quo and existing problems of community NGOs. Meanwhile, suggestions are put forward towards the cultivation and development of community NGOs in China. In order to drive the implementation of positive interactions among government administration, social participation and residents' self-governance, measures have been proposed to lead community NGOs to come into play, including improving the laws and regulations, classifying cultivations and supports, clarifying subjective relationship, enhancing endogenous power, and exploring "de-administration" of community NGOs. The practical explorations on community NGOs in Bao'an District, Shenzhen are expected to offer some reference to other Chinese cities on their way to new-type urbanization.

Keywords: Urban Community; Non-governmental Organization; Multiple Governance

社会科学文献出版社　　　**皮书系列**

✣ 皮书起源 ✣

"皮书"起源于十七、十八世纪的英国,主要指官方或社会组织正式发表的重要文件或报告,多以"白皮书"命名。在中国,"皮书"这一概念被社会广泛接受,并被成功运作、发展成为一种全新的出版形态,则源于中国社会科学院社会科学文献出版社。

✣ 皮书定义 ✣

皮书是对中国与世界发展状况和热点问题进行年度监测,以专业的角度、专家的视野和实证研究方法,针对某一领域或区域现状与发展态势展开分析和预测,具备原创性、实证性、专业性、连续性、前沿性、时效性等特点的公开出版物,由一系列权威研究报告组成。

✣ 皮书作者 ✣

皮书系列的作者以中国社会科学院、著名高校、地方社会科学院的研究人员为主,多为国内一流研究机构的权威专家学者,他们的看法和观点代表了学界对中国与世界的现实和未来最高水平的解读与分析。

✣ 皮书荣誉 ✣

皮书系列已成为社会科学文献出版社的著名图书品牌和中国社会科学院的知名学术品牌。2016年,皮书系列正式列入"十三五"国家重点出版规划项目;2013~2018年,重点皮书列入中国社会科学院承担的国家哲学社会科学创新工程项目;2018年,59种院外皮书使用"中国社会科学院创新工程学术出版项目"标识。

权威报告·一手数据·特色资源

皮书数据库
ANNUAL REPORT(YEARBOOK) DATABASE

当代中国经济与社会发展高端智库平台

所获荣誉

- 2016年，入选"'十三五'国家重点电子出版物出版规划骨干工程"
- 2015年，荣获"搜索中国正能量 点赞2015""创新中国科技创新奖"
- 2013年，荣获"中国出版政府奖·网络出版物奖"提名奖
- 连续多年荣获中国数字出版博览会"数字出版·优秀品牌"奖

成为会员

通过网址www.pishu.com.cn访问皮书数据库网站或下载皮书数据库APP，进行手机号码验证或邮箱验证即可成为皮书数据库会员。

会员福利

- 使用手机号码首次注册的会员，账号自动充值100元体验金，可直接购买和查看数据库内容（仅限PC端）。
- 已注册用户购书后可免费获赠100元皮书数据库充值卡。刮开充值卡涂层获取充值密码，登录并进入"会员中心"—"在线充值"—"充值卡充值"，充值成功后即可购买和查看数据库内容（仅限PC端）。
- 会员福利最终解释权归社会科学文献出版社所有。

卡号：776729554872
密码：

数据库服务热线：400-008-6695
数据库服务QQ：2475522410
数据库服务邮箱：database@ssap.cn
图书销售热线：010-59367070/7028
图书服务QQ：1265056568
图书服务邮箱：duzhe@ssap.cn

S 基本子库
SUB DATABASE

中国社会发展数据库（下设 12 个子库）

全面整合国内外中国社会发展研究成果，汇聚独家统计数据、深度分析报告，涉及社会、人口、政治、教育、法律等 12 个领域，为了解中国社会发展动态、跟踪社会核心热点、分析社会发展趋势提供一站式资源搜索和数据分析与挖掘服务。

中国经济发展数据库（下设 12 个子库）

基于"皮书系列"中涉及中国经济发展的研究资料构建，内容涵盖宏观经济、农业经济、工业经济、产业经济等 12 个重点经济领域，为实时掌控经济运行态势、把握经济发展规律、洞察经济形势、进行经济决策提供参考和依据。

中国行业发展数据库（下设 17 个子库）

以中国国民经济行业分类为依据，覆盖金融业、旅游、医疗卫生、交通运输、能源矿产等 100 多个行业，跟踪分析国民经济相关行业市场运行状况和政策导向，汇集行业发展前沿资讯，为投资、从业及各种经济决策提供理论基础和实践指导。

中国区域发展数据库（下设 6 个子库）

对中国特定区域内的经济、社会、文化等领域现状与发展情况进行深度分析和预测，研究层级至县及县以下行政区，涉及地区、区域经济体、城市、农村等不同维度。为地方经济社会宏观态势研究、发展经验研究、案例分析提供数据服务。

中国文化传媒数据库（下设 18 个子库）

汇聚文化传媒领域专家观点、热点资讯，梳理国内外中国文化发展相关学术研究成果、一手统计数据，涵盖文化产业、新闻传播、电影娱乐、文学艺术、群众文化等 18 个重点研究领域。为文化传媒研究提供相关数据、研究报告和综合分析服务。

世界经济与国际关系数据库（下设 6 个子库）

立足"皮书系列"世界经济、国际关系相关学术资源，整合世界经济、国际政治、世界文化与科技、全球性问题、国际组织与国际法、区域研究 6 大领域研究成果，为世界经济与国际关系研究提供全方位数据分析，为决策和形势研判提供参考。

法律声明

"皮书系列"(含蓝皮书、绿皮书、黄皮书)之品牌由社会科学文献出版社最早使用并持续至今,现已被中国图书市场所熟知。"皮书系列"的相关商标已在中华人民共和国国家工商行政管理总局商标局注册,如LOGO( )、皮书、Pishu、经济蓝皮书、社会蓝皮书等。"皮书系列"图书的注册商标专用权及封面设计、版式设计的著作权均为社会科学文献出版社所有。未经社会科学文献出版社书面授权许可,任何使用与"皮书系列"图书注册商标、封面设计、版式设计相同或者近似的文字、图形或其组合的行为均系侵权行为。

经作者授权,本书的专有出版权及信息网络传播权等为社会科学文献出版社享有。未经社会科学文献出版社书面授权许可,任何就本书内容的复制、发行或以数字形式进行网络传播的行为均系侵权行为。

社会科学文献出版社将通过法律途径追究上述侵权行为的法律责任,维护自身合法权益。

欢迎社会各界人士对侵犯社会科学文献出版社上述权利的侵权行为进行举报。电话:010-59367121,电子邮箱:fawubu@ssap.cn。

社会科学文献出版社